权威·前沿·原创

皮书系列为
"十二五""十三五""十四五"时期国家重点出版物出版专项规划项目

BLUE BOOK

智库成果出版与传播平台

汽车与保险蓝皮书
BLUE BOOK OF AUTOMOBILE AND INSURANCE

中国汽车与保险大数据发展报告
（2024）

REPORT ON DEVELOPMENT OF CHINESE AUTOMOBILE AND INSURANCE BIG DATA (2024)

研　创／中国汽车技术研究中心有限公司
　　　　中国银行保险信息技术管理有限公司

主　编／冯　屹　石一飞
副主编／王立友　任焕焕　侯明智　管　宇

社会科学文献出版社
SOCIAL SCIENCES ACADEMIC PRESS (CHINA)

图书在版编目(CIP)数据

中国汽车与保险大数据发展报告 . 2024 / 冯屹，石一飞主编；王立友等副主编 . -- 北京：社会科学文献出版社，2025.3. -- (汽车与保险蓝皮书). --ISBN 978-7-5228-4399-5

Ⅰ. F842.634

中国国家版本馆 CIP 数据核字第 2024ZT3172 号

汽车与保险蓝皮书
中国汽车与保险大数据发展报告（2024）

主　　编／冯　屹　石一飞
副 主 编／王立友　任焕焕　侯明智　管　宇

出 版 人／冀祥德
组稿编辑／任文武
责任编辑／李　淼
责任印制／岳　阳

出　　版／社会科学文献出版社·生态文明分社（010）59367143
　　　　　地址：北京市北三环中路甲 29 号院华龙大厦　邮编：100029
　　　　　网址：www.ssap.com.cn
发　　行／社会科学文献出版社（010）59367028
印　　装／天津千鹤文化传播有限公司

规　　格／开　本：787mm×1092mm　1/16
　　　　　印　张：28.25　字　数：426 千字
版　　次／2025 年 3 月第 1 版　2025 年 3 月第 1 次印刷
书　　号／ISBN 978-7-5228-4399-5
定　　价／128.00 元

读者服务电话：4008918866

▲ 版权所有 翻印必究

《中国汽车与保险大数据发展报告（2024）》
编　委　会

主　　　任　　安铁成　　谢翀达

副 主 任　　白伟群　　王　罡　　龚进峰

主　　　编　　冯　屹　　石一飞

副 主 编　　王立友　　任焕焕　　侯明智　　管　宇

编委会成员　（按姓氏笔画排序）

丁首辰　马小千　马　欣　马清佳　王龙亮
王秀旭　王铁城　王　冕　王　超　王　斌
王　镭　文　爽　方杰鸿　卢　浩　田博阳
田皓然　田　雷　付羽佳　朱　旭　庄梦梦
刘春辉　刘　树　刘　彬　刘雁鸣　许　彬
杜小刚　杜　乐　杨建奎　李玉昆　李东宇
李亚楠　李　充　李家昂　李普超　吴淑月
邹咸宇　应艳萱　张　廷　张　杰　张　渤
张　翼　陈　川　陈　昊　陈　珮　陈莉欣
武彦杰　苗　澍　尚　洁　罗　希　金　浩

周　杨	郑彬彬	赵东明	赵冬昶	赵明楠
赵　津	赵振家	胡帛涛	姜泽磊	祖天丽
祖明宇	聂　颖	徐　丹	高鹰霞	郭　旭
商博雅	彭　炜	董方岐	韩　旭	韩　星
谢侦续	廖俊伟	谭天怡	翟宇博	薛　冰

主编简介

冯　屹　正高级工程师，中国汽车技术研究中心有限公司中汽数据有限公司总经理，曾任全国汽车标准化技术委员会燃气汽车分技术委员会秘书长。主持或参与完成多项国家级重要科研课题，主要从事智能网联、乘用车企业平均燃料消耗量与新能源汽车积分并行管理、汽车有害物质管理、汽车产业碳排放、汽车大数据分析等相关研究工作。

石一飞　中国银行保险信息技术管理有限公司业务三部总经理，曾在原中国保监会统计信息部工作，长期从事保险行业信息化规划和建设、信息安全监管、行业标准化、监管信息化建设和行业信息共享平台建设运营工作。

摘　要

大数据作为数字时代的新型生产要素，正逐渐取代传统生产要素，成为推动产业创新、提升生产效率、打造新质生产力的重要力量。汽车行业和保险行业作为国民经济的两大支柱产业，在数字经济的浪潮下进入发展与挑战并存的时期。一方面，数据要素在汽车新四化和保险数字化创新发展中扮演重要角色；另一方面，数据安全、互通共享机制不健全等问题也阻碍了行业快速发展。

在此背景下，本书以"数据要素×赋能汽车与保险行业发展"为主题，围绕汽车与保险两大行业的数字化发展趋势，剖析数据要素在推动汽车与保险行业发展中的重要作用，打造典型应用场景，发挥数据要素在高质量发展阶段的核心驱动功能，塑造发展新动能，为新时代新质生产力的形成建言献策。

全书包括总报告、基础篇、汽车行业应用篇、车险行业应用篇、展望篇5个部分。

基础篇从数据供给、区域流通、安全管理三个方面介绍数据要素开发的实现基础。数据供给围绕汽车行业数字化转型发展与车险行业整体数据及分析展开，区域流通介绍地方数据交易制度体系与成熟案例，安全管理从数据要素开发过程中安全技术和资产管理进行分析。

汽车行业应用篇与车险行业应用篇基于已有数据要素的研究分析，分别从汽车行业产品、市场、售后等细分领域和车险行业分险种、分车辆类型等角度的应用分析进行介绍。

展望篇围绕产业融合、绿色低碳、车电分离等发展新趋势，探讨新能源汽车产业链与保险融合发展方向，推动产品、技术、商业模式等方面相互赋能，提出针对数据要素应用的创新性建议和策略，为行业的未来发展提供决策支持和方向指引。

关键词： 汽车与保险　数据要素与应用　融合创新　新质生产力

目 录

Ⅰ 总报告

B.1 中国汽车与保险大数据发展现状及展望
………………………………… 李普超　金　浩　陈　昊 / 001

Ⅱ 基础篇

B.2 汽车行业数字化转型发展洞察
………………………… 董方岐　王　冕　商博雅　刘　树 / 014
B.3 2023年全国车险市场业务情况分析 ………… 陈　珮　刘　彬 / 026
B.4 地方数据交易制度体系、应用案例介绍
………………………………… 张　翼　郑彬彬　谭天怡 / 039
B.5 场景化多源数据融合赋能汽车产业保险创新应用
………………………………… 杜　乐　杜小刚　罗　希 / 051
B.6 复杂多维网络的数据流通安全大模型
………………………………… 赵东明　张　杰　田　雷 / 062
B.7 数据要素开发中的数据资产合规管理
………………………………… 吴淑月　尚　洁　田皓然 / 075

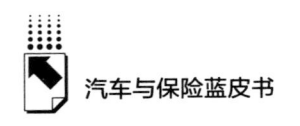

Ⅲ 汽车行业应用篇

B.8 基于用户调研和数据分析的车内环境健康技术研究
　　………………………………………… 田博阳　王秀旭　庄梦梦 / 090

B.9 基于大数据的中国乘用车市场与用户趋势研究
　　…………………………………………… 刘春辉　谢侦续　陈　川 / 110

B.10 基于大数据的新能源乘用车市场分析和趋势预测
　　……………………………………………… 杨建奎　付羽佳　韩　星 / 136

B.11 汽车工业中的大数据与人机交互技术融合应用研究
　　……………………………………………… 王　镭　张　渤　李亚楠 / 154

B.12 基于大数据的新能源汽车配件分类管理体系优化研究
　　………………………… 李普超　薛　冰　祖天丽　丁首辰 / 175

B.13 基于中国汽车产业链碳公示平台的汽车碳足迹大数据管理
研究与实践 …… 李家昂　张　廷　赵　津　赵明楠　赵冬昶 / 187

Ⅳ 车险行业应用篇

B.14 2023年全国交通事故责任保险保障程度分析报告
　　………………………………………………………… 聂　颖　刘　彬 / 202

B.15 2023年全国商业车险风险情况分析报告…… 陈莉欣　应艳萱 / 211

B.16 2023年新能源汽车保险市场业务情况分析报告
　　………………………………………………………… 陈莉欣　刘　彬 / 225

B.17 2023年家庭自用车车险市场业务情况分析报告
　　………………………………………………………… 聂　颖　陈　珮 / 233

B.18 2023年家用车新车车险市场业务情况分析报告
　　………………………………………………………… 郭　旭　高鹰霞 / 247

B.19 2023年营业货车车险市场业务情况分析报告
　　………………………………………………………… 徐　丹　应艳萱 / 261

B.20　2023年货车三者险市场业务情况分析报告
　　　　………………………………………………徐　丹　高鹰霞 / 276
B.21　2023年全国车险涉人伤案件案情通报及风险分析
　　　　………………………………………………王　超　周　杨 / 290

Ⅴ　展望篇

B.22　基于保险数据的汽车维修经济性对车辆风险影响研究
　　　　………………………………王龙亮　苗　澍　胡帛涛 / 304
B.23　"双碳"背景下汽车零部件再制造在车险理赔中的应用趋势研究
　　　　………………………………朱　旭　马小千　李东宇 / 319
B.24　我国车主碳账户发展现状及保险行业实践研究
　　　　………………………姜泽磊　许　彬　马清佳　彭　炜 / 333
B.25　天津市新能源乘用车发展现状与碳资产开发潜力分析
　　　　………………………………卢　浩　韩　旭　赵振家 / 352
B.26　新能源汽车电安全技术验证体系（NESTA）研究进展
　　　　………………………………王铁城　李　充　王　斌 / 374
B.27　新能源汽车动力电池健康度评估与应用研究
　　　　………………………………刘雁鸣　武彦杰　马　欣 / 387
B.28　充电桩风险保障的创新思考与实践…………翟宇博　文　爽 / 401

Abstract ……………………………………………………………… / 412
Contents ……………………………………………………………… / 414

总报告

B.1
中国汽车与保险大数据发展现状及展望

李普超　金浩　陈昊*

摘　要： 2023年国家数据局的成立和各项政策的发布为数据流通和数据要素潜能的激发提供了指引，大数据在跨行业生态建设和行业融合创新中扮演着日益重要的角色。本文首先概述了中国大数据产业的发展现状，包括国家层面的政策支持、技术应用和地方政策的创新实践，同时，聚焦汽车产业与保险行业，一方面对汽车大数据、保险大数据进行现状分析，另一方面针对汽车与保险大数据融合创新发展提出建议和展望。

关键词： 大数据　汽车产业　保险行业　融合创新

---

* 李普超，高级工程师，中国汽车技术研究中心有限公司中汽数据有限公司数据生态室主任，研究方向为汽车流通与后市场；金浩，中国汽车技术研究中心有限公司中汽数据有限公司数据生态室产品工程师，研究方向为汽车大数据应用场景；陈昊，中国汽车技术研究中心有限公司中汽数据有限公司数据生态室数据分析助理，研究方向为大数据应用技术。

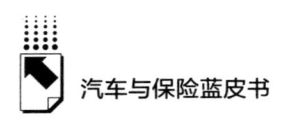

一 大数据产业发展现状

（一）政策引领，推动大数据产业蓬勃发展

随着新一轮科技革命和产业变革的深入发展，国家各个产业加速升级，数据作为关键生产要素的价值日益凸显。2023年10月25日国家数据局成立，标志着我国开始设立专门的机构负责规划数据产业的发展，统筹基础制度建设和资源整合开发。为实现各项工作良好开局，国家数据局协同相关部门出台各项顶层政策来推进大数据产业的快速发展，涵盖了数据人才培育、数据产业发展、数字社会与数字经济建设、数据安全与保障、地方政策与试点、数据资产管理等多个方面，形成了一个较为完整的政策体系，为各地数据政策的出台确立风向标（见表1）。

表1 2024年上半年国家数据政策

政策	时间	发布单位	概要
《"数据要素×"三年行动计划（2024—2026年)》	2024年1月4日	国家数据局等部门	选取工业制造、商贸流通、交通运输、金融服务、科技创新等12个行业和领域，推动发挥数据要素乘数效应，释放数据要素价值
《关于加强行政事业单位数据资产管理的通知》	2024年2月5日	财政部等部门	加强行政事业单位对数据资产的管理，明晰管理责任、健全管理制度，规范管理行为，并强调严格防控风险，确保数据安全
《关于开展全国数据资源调查的通知》	2024年2月7日	国家数据局等部门	调研各单位数据资源生产存储、流通交易、开发利用、安全等情况，为相关政策制定、试点示范等工作提供数据支持
《加快数字人才培育支撑数字经济发展行动方案（2024—2026年)》	2024年4月2日	人力资源和社会保障部等部门	明确紧贴数字产业化和产业数字化发展需要，扎实开展数字人才育、引、留、用等专项行动，为大数据产业的发展提供人才支撑
《数字社会2024年工作要点》	2024年4月24日	国家数据局等部门	围绕促进数字公共服务普惠化、推进数字社会治理精准化、深化智慧城市建设、推动数字城乡融合发展、着力构筑美好数字生活等5方面部署重点任务

续表

政策	时间	发布单位	概要
《数字经济2024年工作要点》	2024年4月29日	国家发展改革委办公厅等部门	提出适度超前布局数字基础设施、加快构建数据基础制度、深入推进产业数字化转型等9方面落实举措,以推动数字经济的高质量发展

资料来源：根据公开资料整理。

除了国家层面政策外，各省份也在紧抓机遇，积极发展大数据产业、组建地方数据局，推进数据管理措施的完善和数据工作体系的初步成型。多地政府如山东、江西、河南发布了关于加快数字经济高质量发展的意见或行动方案，提出激活数据资源价值、培育数据要素市场、强化公共数据治理等具体措施。在中央发布的"数据二十条"的基础上，各地结合自身特色陆续出台地方版"数据二十条"以及类似的数据法规（见表2）。

表2 各地方数据机构及政策

省份	主管部门	数据交易场所	政策
北京市	北京市政务服务和数据管理局	北京国际大数据交易所	《关于更好发挥数据要素作用进一步加快发展数字经济的实施意见》
上海市	上海市数据局	上海数据交易所	《立足数字经济新赛道推动数据要素产业创新发展行动方案（2023—2025年）》
天津市	天津市数据局	北方大数据交易中心	《天津市加快数字化发展三年行动方案（2021—2023年）》
重庆市	重庆市大数据应用发展管理局	西部数据交易中心	《重庆市数据要素市场化配置改革行动方案》
江西省	江西省数据局	江西省大数据交易中心	《江西省推进大数据产业发展三年行动计划（2023—2025年）》
新疆维吾尔自治区	新疆维吾尔自治区数字化发展局	亚欧大数据交易中心	《新疆维吾尔自治区公共数据管理办法（试行）》
广东省	广东省政务服务数据管理局	广州数据交易所	《关于构建数据基础制度推进数据要素市场高质量发展的实施意见》《"数字湾区"建设三年行动方案》

资料来源：根据公开资料整理。

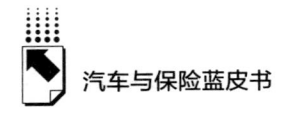

各地政策都体现地方特色，发挥自身优势，因地制宜促进当地数据产业的建设，中央与地方形成合力，共同推动大数据产业的健康有序发展。如新疆维吾尔自治区要求充分发挥能源和气候优势来建设数据中心，推动新疆积极参与"东数西算"工程建设、融入国家算力网络体系，同时利用好欧亚大陆中心的优势，积极与中亚国家开展各项数据信息交流合作。广东省要求整合粤港澳三地的网络、算力、存储、数据等资源，打造一个综合性的粤港澳大湾区数据业务网络，支持政府部门和企业开展安全可信的数据流通交易，推动建设数据要素统一大市场。北京市要求发挥首都的带头作用，推动建立供需高效匹配的多层次数据交易市场，深入探索挖掘数据资产的潜在价值，致力于发展成为数据要素配置的核心枢纽，推动数字经济全产业开放发展和国际交流合作。

（二）技术创新，驱动大数据产业高质量快速发展

大数据同智能网联、人工智能、无人机等技术的融合，促使大数据产业在存储、处理、应用等方面的技术发展，对社会产生了深刻的影响，带动了整个社会的数字化转型。

大数据产业的发展得益于各式各样的智能联网设备的普及，各类设备生成的数据量呈指数型增长。分布式存储技术的发展，为解决大数据存储和管理中遇到的效率低下和困难提供了有效的解决方案。通过分布式存储系统，数据可以被分散存储在多个节点上，这不仅提高了数据的可靠性，即使某些节点失败，数据仍然可以从其他节点恢复，还增强了数据的一致性，确保了数据在不同节点的同步更新。此外，分布式存储系统通常具备良好的扩展性，能够随着数据量的增长而水平扩展，从而满足不断增长的存储需求。同时，分布式存储还可以通过数据分区、负载均衡等技术，提高数据访问的速度和效率。

自然语言处理、机器学习等技术使得人工智能可以处理和分析大量的非结构化文本数据，如社交媒体帖子、新闻文章、客户反馈等，通过该技术可以由人工智能根据已有数据完成智能化搜索、文本数据情感分析、语言翻译

等工作，降低了处理文本数据的成本。数据自动化技术在数据管理和分析中也扮演着重要的角色，将人工智能和机器学习进一步集成到数据平台中，可以更高效地实现数据清洗、分类和分析过程，减少错误，提高数据处理的速度和质量。

无人机技术能够提供高分辨率、实时的数据采集，为大数据分析提供丰富的数据源，无人机可以搭载各种传感器，如摄像头、红外线传感器、激光雷达等，用于收集地面、空中或水下的数据，这些数据可以是图像、视频等多种形式。这些分析结果可以用于农业监测、城市规划、环境评估、灾害响应等多个领域，比如在农业方面通过对无人机传回的数据进行分析可以优化灌溉、施肥和病虫害防治；在环境保护方面，无人机可以用于监测森林、河流和海洋等环境状况，通过大数据分析及时发现污染源和生态变化。

（三）跨行业融合，促进数字化转型升级

大数据跨行业融合，将不同领域的数据资源进行整合、分析和应用，催生了新产业、新业态、新模式。各地方为推进大数据产业同各个领域的结合，积极筹办"数据要素×"大赛，基于地区特色设置特色赛道，聚焦解决数据要素应用中的实际问题、提升数据资源利用水平，如重庆结合数字建设需求，培育数字化技术、数字化思维、数字化认知，寻找使用大数据治理城市的新方法，通过大数据促进重庆城市化建设（见表3）。

此外，多个地区在赛道设置上出现相同重点领域，与顶层政策要求"选取重点领域、释放数据要素价值"相呼应。如：工业制造方面，各地区要求利用数据推动研发和生产创新，通过数据辅助企业在制造和经营过程中科学决策、促进供应链上下游协同发展；交通运输方面，各地区通过物流、遥感等数据优化货物运输贸易的效率，降低贸易运输成本，同时结合交通工具设施传回的数据，提升交通运输安全管理水平；金融服务方面，各地区聚焦于通过各项工商、税务等数据完善企业画像，运用大数据促进金融市场活跃，强化金融机构反欺诈能力，提高金融市场风险预警和防控能力。

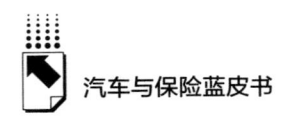

表3 部分地区对应"数据要素×"大赛聚焦赛道

地区	聚焦赛道
北京	商贸流通、社区服务、科技创新、城市治理、文化旅游、政务服务、医疗健康、交通运输、工业制造、应急管理、气象服务
安徽	工业制造、交通运输、金融服务、医疗健康、城市治理、空天信息、算力应用
重庆	工业制造、商贸流通、交通运输、金融服务、医疗健康、应急管理、城市治理、绿色低碳
天津	工业制造、交通运输、金融服务、文化旅游、医疗健康、城市治理、现代农业、商贸流通、科技创新、应急管理、气象服务、绿色低碳、京津冀区域协同
山西	能源低碳、算力服务、工业制造、交通运输、数字治理、民生服务
新疆	工业制造、现代农业、科技创新、文化旅游、医疗健康、应急管理、城市治理、商贸流通
浙江	工业制造、交通运输、金融服务、文化旅游、医疗健康、城市治理、现代农业、商贸流通、科技创新、应急管理、气象服务、绿色低碳、数据安全与治理

资料来源：根据公开资料整理。

二　汽车大数据发展综述

（一）汽车行业发展现状分析

2023年，我国汽车市场呈现恢复状态，产销累计完成3016.1万辆和3009.4万辆，比上年分别增长11.6%和12%，产销量双双突破3000万辆。从各月的产销情况来看，一季度进入促销政策切换期，市场面临较大压力，产销呈现小幅下降；二季度在政策促进和主机厂营销的作用下，市场需求逐步回升；三季度整体表现好于预期，产销量增速逐月上涨，市场呈现"淡季不淡，旺季更旺"的态势；四季度年末消费旺季到来，前期出台的地方促消费政策年末到期，用户购车意愿前置，叠加返乡潮、元旦出行需求等因素，12月销量达到315万辆，创历史新高（见图1）。

分车辆类型来看，乘用车市场表现良好，国内零售销量达到2123.5万辆，同比增长5.6%，在"90后"购车人数减少等引起的市场需求降低、新锐品牌生产效率提升等引起的市场供给增多两方面因素作用下，车辆价格下滑，"以价换量"实现市场正增长。商用车市场回暖，国内零售销量284.0

图 1　2023 年中国汽车产销量

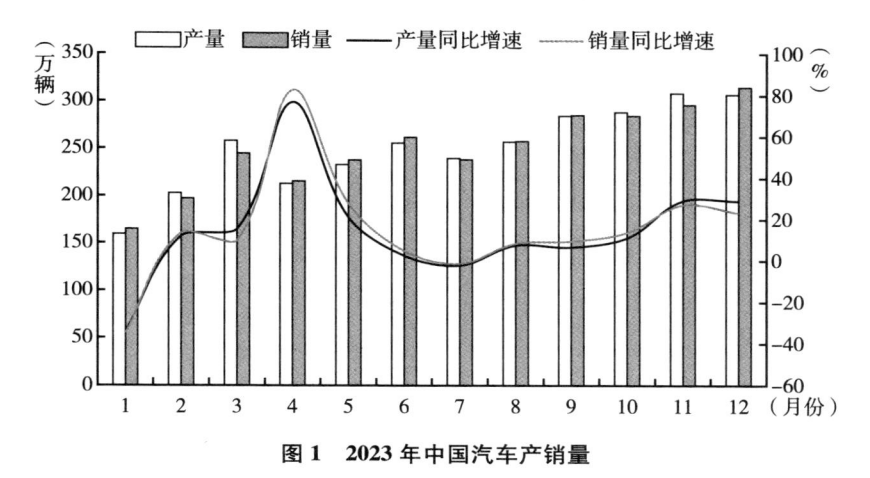

资料来源：中国汽车工业协会。

万辆，同比增长 10.0%，一方面，末端配送物流车型替代老旧三轮车、新能源皮卡乘用化、新能源窄体轻客替代新能源微面带来市场新增需求；另一方面，政策要求、成本降低驱动车主更新需求，如轻型商用车电动化进程加快、燃气重卡替代燃油重卡等，全年市场稳定恢复。

新能源汽车进一步成为市场增长的亮点，国内销量达到 761.4 万辆，同比增长 37.2%，市场占有率超过 30%，达到 31.6%。汽车出口也表现强劲，全年出口量达到 491 万辆，同比增长 57.9%，其中新能源汽车出口 120.3 万辆，同比增长 77.6%（见图 2）。

（二）汽车大数据助力产业链各环节运营效率提升

汽车产业链不仅覆盖面广，而且涉及众多的参与者，具有显著的规模化特征。这种规模化带来了数据资源的多样化，包括庞大的数据量和广泛的覆盖范围，根据《汽车数据安全管理若干规定（试行）》，汽车数据涵盖汽车设计、销售、使用、运维过程中涉及的个人信息数据和重要数据。随着数字化和智能化转型的推进，各利益相关者越来越多地利用大数据分析等技术、应用和服务来推动产业的发展。汽车行业因此积累了丰富的数据资源，成为我国数据要素市场建设的关键领域之一，同时成为打造新质生产力的重要力

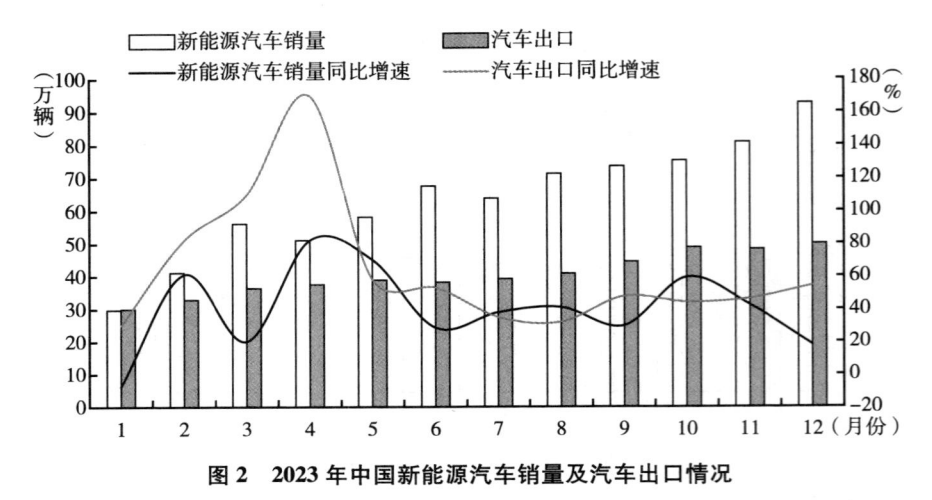

图 2　2023 年中国新能源汽车销量及汽车出口情况

资料来源：中汽数据有限公司、中国汽车工业协会。

量。生产制造端，主机厂通过 ERP、CRM、车辆管理等多个系统收集数据，整合来自业务和供应链成员的多个功能单元的信息，这有助于缩短车辆迭代周期并提高生产效率；消费购买端，通过大数据分析需求和供给因素，企业可以更好地理解消费者行为模式，从而调整市场策略；车主服务端，语言大模型的批量应用和城市级 NOA 的规模化落地等大数据服务，正在增强车辆驾驶过程中的智能性和便利性；回收报废端，利用大数据分析车辆和零部件使用状况，建立报废状况的回收方法记录，辅助回收再制造决策判断。

（三）汽车大数据创新方向介绍

随着汽车市场从成熟期步入整合期，市场竞争日益激烈。企业迫切需要深入理解市场需求的动态变化、掌握用户偏好，以在市场中占据一席之地。在确保数据安全和合规性的基础上，企业将用户属性、行为和偏好等数据与汽车流通数据进行有效整合和应用，进行用户研究并推动车辆营销。

用户研究层面，通过用户和车辆大数据划分用户人群，实现价值观、人生阶段、社会地位等用户定性研究与车辆参数定量研究的匹配，企业可以对用户进行细分，创建从宏观战略到品牌车型的大数据用户画像以洞察用户需求及其变化趋势。

汽车营销层面，企业可以构建多渠道识别潜在客户的机制，并利用个性化广告进行精准投放。这种方法不仅可以提高营销活动的效率和效果，还可以减少资源浪费。企业可以构建一个从线索获取到触达、再到验证的全链路营销闭环，更有效地跟踪营销活动的效果，并提供实时反馈，以便不断优化营销策略。

三　汽车保险大数据发展综述

（一）汽车保险行业发展现状分析

2023年我国原保险保费收入超5.12万亿元，同比增长9.13%，自2021年疫情导致原保费收入增速触底以来连续两年正增长，保险行业市场规模进一步扩大。2023年车险保费收入超0.86万亿元，除2020年、2021年受疫情影响外，2018~2023年增速平稳；同时由于其他财产险及寿险的扩张，车险保费收入占原保险保费收入的比重自2013年起逐年下降（见图3）。

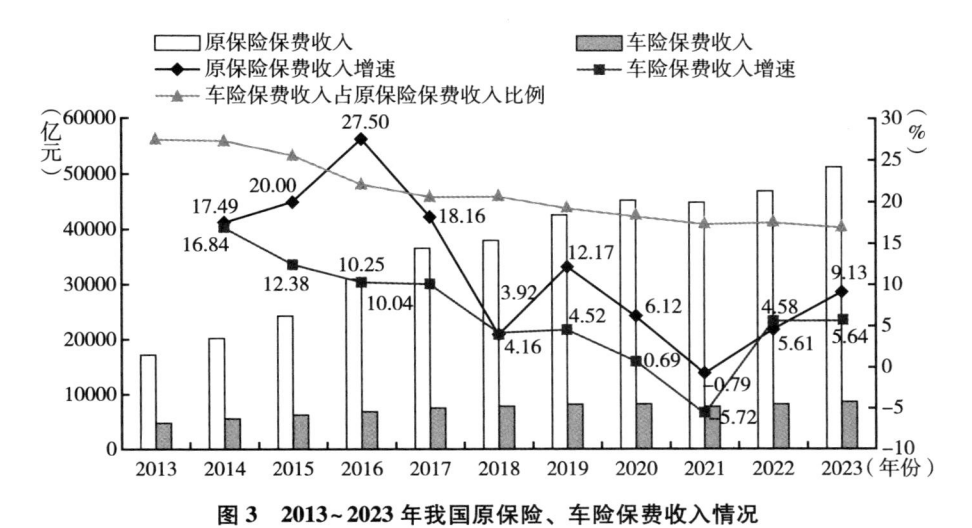

图3　2013~2023年我国原保险、车险保费收入情况

资料来源：国家金融监督管理总局。

（二）车险大数据助力行业健康发展

随着大数据、人工智能等技术的不断发展，汽车保险行业将越来越依赖数字化和智能化手段，从而提升车主服务质量、扩大与用户的连接。未来的车辆保险将更加注重投保、出险、理赔的整体化服务，将车险作为汽车生态的重要节点，通过整合各方资源和技术优势，共同推动汽车保险行业的健康发展。

1. 大数据赋能保费合理化

利用大数据技术，保险公司能够更精准地制定保险费率并增强风险评估的准确性。通过处理和分析庞大的数据集，如车辆行驶记录和驾驶行为信息，保险公司能够洞察驾驶者的驾驶模式，并识别出不同驾驶习惯所对应的风险等级。基于这些分析，保险公司可以为每位驾驶员量身定制保险费率，例如，对那些倾向于频繁急加速的驾驶员提高保费，而对那些驾驶风格更为谨慎的投保者则提供优惠费率。进一步地，将大数据与人工智能技术相结合，保险公司能够预测潜在的交通事故风险，并向投保人发出预警，提醒他们注意驾驶行为或车辆可能存在的安全隐患。

2. 大数据赋能服务个性化

借助大数据技术，保险公司可以推进个性化服务和创新产品的开发，以满足参保人的多样化需求。通过分析车主的驾驶习惯和行驶里程等关键因素，保险公司能够设计出符合个人需求的定制保险方案。例如，为经常长途驾驶的车主提供专门的道路救援和驾驶疲劳预警服务。此外，保险公司正通过整合大数据与物联网技术拓宽服务范围，推出智能停车解决方案和车辆健康监测服务，从而为车主提供更全面的保障。

3. 大数据赋能理赔智能化

保险公司通过大数据技术实现理赔流程的智能化。结合人工智能，保险公司能够自动化地处理理赔请求，显著缩短处理时间，实现快速赔付。通过车联网技术收集的数据，如车辆轨迹和碰撞力度，保险公司能够重建事故现场，这不仅能够帮助精确判定事故责任，还提升了理赔的公正性。此外，人工智能技术的应用使得智能定损成为可能，根据车辆的损坏程度和维修历史，迅速提供定损结果和维修建议。

（三）车险大数据创新方向介绍

车险行业与汽车行业深度绑定，随着汽车行业向绿色低碳、智能化、网联化等方向的快速发展，保险行业也在不断探索新的增长点和业务模式，为新时代新质生产力的建设提供坚实基础。

1. 绿色低碳

随着社会发展，绿色低碳的观念越来越受到公众欢迎。保险公司可以利用各种车载设备收集的行驶数据、驾驶数据等，计算车辆使用过程中的碳排放量，对表现出节能习惯的车主提供创新保险产品，鼓励驾驶员的低碳驾驶习惯，而对碳排放量高的客户，保险公司可以为客户提供购买碳信用或参与植树等环保项目的途径，以抵消其碳排放，促进碳中和。同时，保险公司也可以将相关数据同主机厂、政府部门共享，推进制造商以技术升级的方式减少车辆的碳排放，推广绿色交通理念，鼓励全民养成低碳出行习惯。

2. 车电分离

车电分离是指将整车和电池视作完全独立的两个商品进行独立运营，保险公司可以围绕车电分离模式下的电池租赁服务定制一些个性化理赔产品，比如针对电池的损坏、丢失或盗窃等风险，结合相关数据设计专门的保险产品，扩展自身业务，促进产品创新。除了在电池租赁服务上设计产品之外，保险公司还可以在电池性能保证上推出产品。保险公司通过数据监测电池运行情况，确保电池在一定时间内维持一定的性能水平，当电池性能低于保证水平时，保险公司提供赔偿、更换服务或是电池电量耗尽时的救援服务。同时，保险公司可以利用大数据技术对电池状态进行监控，并根据用户的充电习惯和电池健康状况调整保费参数，实现更加公平和个性化的保险定价。

3. 智能网联

近几年，越来越多的汽车搭载了智能网联设备，这使得人、车、路、后

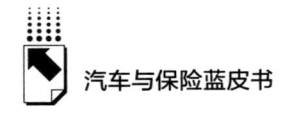

台等智能信息交换共享成为可能。保险公司通过智能网联汽车收集的车速、加速度等行驶数据，实时监控驾驶行为，评估驾驶员驾驶习惯带来的风险，对保险产品进行优化。而对于事故现场的车辆，根据车载设备返回的数据，保险公司可以利用人工智能技术进行智能定损，并对事故进行复盘，判断事故责任，同时判断是否存在潜在的欺诈行为。

对于目前新兴的无人驾驶车辆如"萝卜快跑"的无人驾驶网约车等，存在事故责任认定复杂等问题。针对这类问题，保险公司可以通过智能网联设备传回数据，结合大数据技术，快速定位事故现场。同时，保险公司可根据无人驾驶车辆的特性，推出组合产品，针对车辆推出机动车损失险等产品，针对驾乘人员推出意外伤害险等产品，并根据传回的数据规划相应的保费，合理分担风险。针对无人驾驶网约车的组合产品可以在一定程度上降低网约车运营企业的保险负担。

四　汽车和车险大数据发展面临的挑战

汽车和车险大数据因其来源和用途的特殊性，在数据所有权问题上面临一些整合应用的障碍和挑战，限制了其全部优势的发挥。首先，数据来源的多样性意味着所有权往往分散于众多领域和机构，例如用户、汽车制造商、经销商、金融机构、监管机构等，这造成了数据整合的困难，难以实现数据资源的全面优化和利用。其次，汽车数据中的个人信息，如行车轨迹、驾驶习惯等，具有很高的隐私敏感性，需要特别的保护措施。此外，技术标准的不统一制约了数据的融合，跨企业、跨行业中数据的格式和协议存在差异，导致不同来源的数据难以兼容和整合。

我国的法律法规重点关注数据安全和合规处理。企业作为数据的收集者和控制者，在实践中拥有数据的实际控制权，但车主作为数据主体，对其个人信息和车辆使用数据享有知情权和决定权。这要求企业在收集和使用数据过程中，既要严格遵守相关法律法规、保护车主的隐私权益，同时也要积极探索数据整合和应用的有效途径，以充分发挥大数据的潜力。

为了解决这些问题，行业需要建立更加完善的数据治理机制，包括制定统一的技术标准、加强数据安全保护、明确数据所有权和使用权的界限，以及推动跨领域和跨机构的数据共享和合作。通过这些措施，促进大数据的整合应用，为产业创新转型提供更加坚实的数据支持。

参考文献

［1］中国汽车工业协会：《2023年汽车工业经济运行报告》。

基础篇

B.2 汽车行业数字化转型发展洞察

董方岐　王冕　商博雅　刘树*

摘　要： 随着全球数字化浪潮的推进，各行各业都在积极探索数字化转型之路，汽车行业作为国民经济的支柱产业，数字化转型如火如荼。本文总结了当前车企数字化转型现状及特点，梳理转型存在的问题并结合当前已有工作基础提出可行的转型方案，从而为行业企业转型发展及相关企业的业务布局提供参考借鉴。

关键词： 汽车　数字化转型　业务布局

---

* 董方岐，博士，高级工程师，中国汽车技术研究中心有限公司中汽研汽车工业工程（天津）有限公司汽车平台方向主任，研究方向为企业数字化转型、智能制造；王冕，工程师，中国汽车技术研究中心有限公司中汽研汽车工业工程（天津）有限公司前瞻业务部研究员；商博雅，工程师，中国汽车技术研究中心有限公司中汽研汽车工业工程（天津）有限公司前瞻业务部研究员；刘树，工程师，中国汽车技术研究中心有限公司中汽研汽车工业工程（天津）有限公司前瞻业务部研究员。

一 引言

21世纪以来，全球科技创新进入密集活跃期，自动化加速走向数字化、网络化、智能化。新技术、新产业、新模式、新产品大规模涌现，深刻影响着全球的科技创新版图、产业生态格局和经济发展走向。许多国家的政府选择数字化战略作为疫情后重振经济的战略。"十四五"规划纲要提出，加快建设数字经济、数字社会、数字政府，以数字化转型整体驱动生产方式、生活方式和治理方式变革。国家发展改革委、工信部等17部门在2020年5月联合发起了"数字化转型伙伴行动"，加快各行业各领域数字化转型。汽车行业作为国民经济的重要支柱，正面临一个高度竞争、瞬息万变的市场现状。行业侧呈现新势力品牌洗牌加速、传统品牌急求技术合作、自主品牌矩阵迅速扩容的态势，车企的销售压力倍增，汽车行业竞争不断加剧，变化结构加快、强弱差距拉大、智能化程度不断提高。用户侧呈现用户群体年轻化、用户意识多元化、用户需求精致化、用户决策理性化等特征。技术侧呈现各种新技术变革交会的局面，AI、大数据、云计算、IoT等数字技术正全面融入车企全生命周期运营体系，深度重构汽车价值链及运营模式。在这样的背景下，越来越多的车企拥抱数字化，数字化转型升级也在不断加速。本文通过对汽车行业数字化转型的观察，总结行业转型现状及问题，并结合行业发展现状提出转型参考方案。

二 汽车行业数字化转型发展现状

（一）发展路径：组织上下同步探索

在重视程度及管控方式差异下，汽车行业数字化转型主要存在自上而下、自下而上两种发展模式。自上而下即从战略层面自上而下、统筹规划，指基于企业战略目标，从端到端的价值流出发，梳理企业核心能力诉求及重点建设场景，统筹规划部署数字化项目。自下而上即从执行层面自下而上、由点及面，挖掘企业业务视图中的高价值业务场景，从业务痛点问题出发开展数字化探索并持续迭代优化，最终找出转型目标。不同企业结合自身特点采取不同发展路径，均实现了一定的成效。广汽集团采用了自上而下的模式，搭建以"1个一"和"5个一"体制机制为牵引的顶层设计。把集团以及各个业务单元的一把手作为数字化转型的关键少数，统一团队、统一投入、统一规划、统一建设，最后统一标准。在统一团队方面，广汽集团建立了统一组织、两级架构的数字化转型核心团队，统一投入确定了"统谈统签"机制，所有数字化项目统谈统签给大圣科技，实现集中力量办大事。蔚来采用了自下而上的模式，聚焦质量数字化，提出了三大战略目标：零件的可靠性、快速有效解决问题、过程能力的稳定性。针对这三个业务战略目标制定整体数字化架构，从业务架构、流程、规则、能力等方面进行底层建设。

（二）切入场景：研产供销服全面开花

信息化基础及战略导向差异决定车企数字化转型切入点产生于研产供销服各环节。结合中汽中心对汽车行业企业重点建设场景的调研梳理，我们发现车企数字化转型主要发生于研发、生产、供应、营销、服务、协同及管理七大场景，每个场景下形成多样化二级场景。以供应场景为例，已探索形成采购策略优化、供应链可视化、物流实时监测与优化、风险预警与弹性管控、供应链协同等场景（见图1）。例如，上汽通用五菱围绕供应链诉求搭建产业链智能协同平台。平台以"一朵云、一张网、N个边云"为基础，构建了新一代的数字基础设施，通过这个基础设施的建设为"一个中心、三个链"提供稳定、可靠的基础环境。"一个中心"指卓越运营数字化平台EODP，是企业决策运营的大脑，以市场为导向，从实销出发，从生产计划，到智能排产、物料齐套、库存控制，通过对全流程的管控和资源配置，实现精准的预测，提供管控和决策支持。"三个链"包括销售链、智造链和供应链。在销售链，利用EODP基于实销大数据提供精准预测。在智造链，从计划排产到产品入库的交付实现生产计划协同、线边配送协同、生产执行协同、智能检测协同和自动入库协同。在供应链，从五个场景出发，基于需求、配送、交易、运输和结算五大场景,构建一体化供应链运作平台。通过这个平台实现了配置级的预测精度,从原来对于车型的预测精准到对车辆配置的预测,细分品种的满足率达到了90%以上,缩短交付的周期。同时,持续构筑安全防护体系,来应对新的安全挑战。

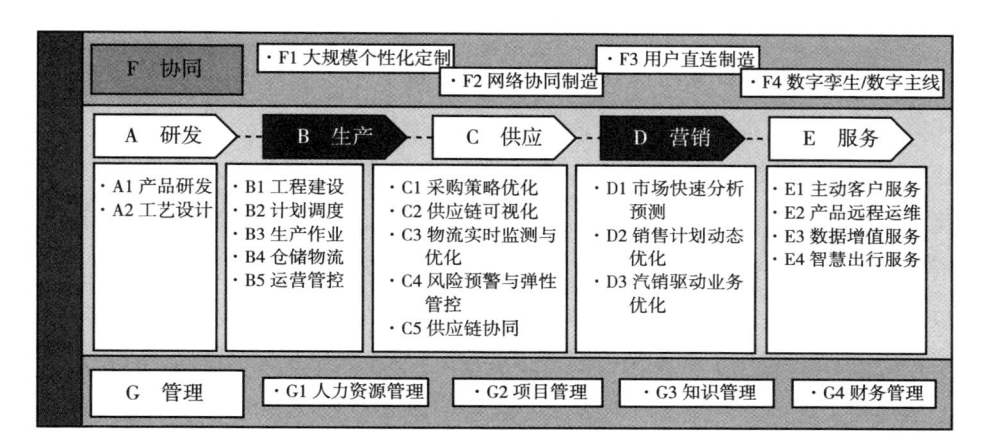

F 协同	·F1 大规模个性化定制	·F3 用户直连制造		
	·F2 网络协同制造	·F4 数字孪生/数字主线		

A 研发	B 生产	C 供应	D 营销	E 服务
·A1 产品研发 ·A2 工艺设计	·B1 工程建设 ·B2 计划调度 ·B3 生产作业 ·B4 仓储物流 ·B5 运营管控	·C1 采购策略优化 ·C2 供应链可视化 ·C3 物流实时监测与优化 ·C4 风险预警与弹性管控 ·C5 供应链协同	·D1 市场快速分析预测 ·D2 销售计划动态优化 ·D3 汽销驱动业务优化	·E1 主动客户服务 ·E2 产品远程运维 ·E3 数据增值服务 ·E4 智慧出行服务

G 管理	·G1 人力资源管理	·G2 项目管理	·G3 知识管理	·G4 财务管理

图 1 汽车行业场景建设图谱

资料来源:中汽研汽车工业工程(天津)有限公司。

(三)发展阶段:信息化向数字化平稳过渡

车企不同场景呈现不同特征及发展成熟度,整体处于数字化发展阶段。数字化发展阶段可划分为信息化、数字化、智能化三大阶段。信息化指将传统业务流程进行线上部署,沉淀线下流程数据用于业务和组织管理,优化组织内部的信息流程,典型特征为搭建基本经销商管理系统、销售订单系统、财务系统等,目前车企研发场景已初步度过信息化阶段,生产与供应环节已基本落实关键环节的信息化改造。数字化指用可联动、一体化的数据形成洞察,驱动更为精准的业务决策,典型特征是搭建可视化工作平台,高效实施数据分析与决策产出,深度挖掘数据价值,新势力品牌车联网水平已迈入数字化阶段。智能化指更为个性化、定制化、自动化的全生命周期业务经营与管理,提供更具竞争力的产品与服务,典型特征在于引入人工智能技术作为

数智大脑，通过数据挖掘与 AI 建模实现智能决策，提供智能化产品与技术，车企营销投放环节已度过自动化，迈入智能化阶段。

（四）发展特点：方法维、执行维、保障维全面探索

1. 架构方法全面融入数字化转型

近年来，各行各业均在开展不同程度的数字化转型探索，形成了对数字化的广泛认知，涌现出大量开展数字化转型的差异化方法。其中，企业架构作为企业 IT 建设的核心方法论，经过近 40 年的迭代、优化与发展，成为数字化时代企业转型发展的重要抓手，得到了国家层面的认可及推广。国务院国资委《关于加快推进国有企业数字化转型工作的通知》指出，要"加快企业数字化治理模式、手段、方法升级，以企业架构为核心构建现代化 IT 治理体系，促进 IT 投资与业务变革发展持续适配"。车企数字化转型实践不断融合企业架构相关理论，一汽、广汽等企业纷纷围绕企业架构开展了不同程度的探索：一汽结合架构理论搭建了员工工作台，实现了跨组织的系统及一体化治理；广汽将架构理论融入项目治理，实现了立项管理的集约化及资产建设的全局管控。企业架构的意义和价值逐步被车企认识及重视。

2. 组织架构调整基本完成

为了让数字化真正落地，数字化转型的第一步是要先调好姿态，把体制机制设计好。从战略布局可看出，车企纷纷通过自主构建数字化中心、成立独立软件子公司或与软件公司达成战略合作协议、联合第三方平台企业成立汽车创新技术中心等方式，巩固和落实企业整体数字化转型战略。例如，广汽首先在集团层面设立数字化部，其在负责保障集团运行的系统建设与信息安全的同时，专门推动数字化转型，涉及规划审批、预算编制、集团事务，以及与各业务公司的协调沟通。核心的数字化落地任务被放在了下属投资企业大圣科技，集团专职部门与专攻数字化转型的子公司相互配合的方式让广汽以更加灵活的姿态开展数字化转型。

3. 保障手段多方探索

战略的全面拆解及项目的精准落地需要协同机制、数字人才、组织文化

等全方位变革，不明确的协同机制会导致相关部门转型职责模糊。当前，车企都基于自身现状进行数字化转型部署，尤其是在组织架构、人员岗位职责、管理制度的配套落地等方面。部分企业变革组织机制，成立了数字化转型相关部门，部分企业围绕员工数字意识薄弱等问题，组织数字化相关培训及赛事活动等，转型氛围浓厚。

三 汽车行业数字化转型问题

（一）方法体系：全局视角转型方案缺失

数字化转型不是一蹴而就的，也不是信息技术和工具的简单叠加，而是需要兼顾技术、行业知识、组织、业务和流程的变革，盲目转型不可取。如缺少体系理论作为支撑，最终会演变成头疼医头、脚痛医脚的情况，和转型初衷相差甚远。当前，汽车行业面临如下问题。一方面，场景级解决方案存在孤立想象。随着数字化转型的不断深入，车企业务部门在应对特定场景的挑战时，倾向于与服务商合作开展技术引进和数据应用，以增强业务的智能化和柔性化。这些成熟的解决方案往往针对单个场景，而忽视了全局的整合。这种局部视角的优化并不足以支撑整个企业的数字化转型，以至于成为被动响应，与数字化转型的核心目标——全局效用的最大化并不相符。另一方面，各企业的企业级数字化转型解决方案普遍缺失。车企在尝试从全局视角出发，系统推进数字化转型时，面临着如何实现企业全局目标与场景局部优化之间良性互动的挑战。中汽中心与中国一汽等企业联合发布的汽车企业数字化转型路线图，给出了一定指引，但还需进一步细化实施顺序、情境适应性和权责分配等方面的具体指导。

（二）业务执行：纵向不同步，横向不联动

数字化转型需要纵向管理、业务、技术等人员的协同，横向研产供销服等部门的联动。如缺少精准、高频的互动，最终会出现建设方向的偏离及数字资产的冗余。当前，汽车行业面临如下问题。一方面，纵向业技不同步。

受信息化建设惯性的影响，项目团队容易以建系统为目标导向，而忽视对业务运作模式本身的分析，存在将数字化简单归结为 IT 系统建设的问题，出现系统"烟囱"想象，在数字化战略任务布置后，从决策到业务、系统、组织很难实现自上向下的精益化管理，陷入业务方难以主导、引领的困局，数字化或 IT 部门独立发起的项目缺乏对业务现状痛点的理解，落地产出不符合业务期望，导致系统落地后功能荒废或使用率极低的情况，继而造成数字化进程缓慢。另一方面，横向能力不联动。高度竞争的市场环境下各组织各自能够发挥自己的能力，结合业务需要开展自身的数字化转型，但集团的集约化能力和战略合力较差，从团队、投入、规划、建设到标准，集团层面缺乏对全局业务能力的体系化认识和集中性调配，无法实现全局的能力共享和调用。

（三）技术实现：技术平台难治理，通用标准难落地

"数字化转型"的本质是业务与技术的融合。当前，汽车行业面临如下问题。一方面，技术平台治理困难。企业需要应对多种技术平台的并存，如云计算、大数据、物联网和人工智能等，这些平台各自的技术架构和运营要求复杂多样，导致集成和兼容性问题频发；同时，数据安全和隐私保护的需求使得平台治理更加复杂；此外，技术的快速迭代要求企业不断投入资源进行升级维护，而专业人才的短缺又加剧了这一难题。另一方面，行业通用标准落地困难。目前，企业数字化转型以及智能制造相关的国标、行标、团标在统一性、关联性、互证性上存在问题，企业难以在转型过程中形成有效的共识和协同；部分标准的部分环节由于覆盖不全或过于宽泛，其通用性和适用性难以协调，导致与实际需求脱节，在标准执行过程中遇到重重阻力，使得行业标准难以在企业内部得到有效贯彻。

（四）资源保障：项目预算不足，人才储备不足

数字化转型是一个牵一发而动全身的过程，如不能实现各环节的协同联动，则转型成效将大打折扣。当前，汽车行业面临如下问题。一方面，数字化资金保障不足。数字化转型项目由于缺少统筹规划，无法按照整体估算和

分期投入进行评估。同时管理层有时会将数字化转型项目对标 BI 数据分析项目，要求周期短、见效快，在项目预算受限、项目成果无法短期见效的情况下，数字化转型持续性、稳定性、连续性大打折扣。另一方面，数字化人才储备不足。数字化转型最终会落实到人的思维和行为上，数字化意识是行动的基础和前提，数字素养是行动成功的关键。数字时代背景下，各类人才的职责边界不断扩展，能力要求不断提升，然而车企对数字化人才或能力的需求认知不足，对不同部门与岗位协同人员需要具备怎样的数字化能力要求不清晰，继而导致人才招聘或培训方向不明确。车企数字化人才储备多涉及外部多元人才的外聘，而在此过程中可能会出现人才"水土不服"、专业能力利用不充分、人才流失率高等问题。

四 汽车行业数字化转型方案参考

（一）步骤一：数字化转型现状评估

车企可以对标《汽车企业数字化转型成熟度模型》（T/AIITRE11002-2024）团体标准，从发展战略、新型能力、系统性解决方案、治理体系、业务创新转型 5 个域对数字化转型现状进行调研，结合成熟度等级、水平档次要求确定企业所属的等级及档次，了解价值链各个环节应用数字技术的深度、广度和应用效果，分析车企各领域的不足及需求，从而明确企业进行数字化转型的基础，并提出提升目标和改进方案（见图2）。

在数字时代背景下，企业边界不断外延的同时，企业内部业务间也因服务对象、服务模式等差异存在一定的边界性及灵活性，导致企业不同业务场景间数字化转型进程的差异。因此，相较于单一的企业级成熟度及档次评价，面向不同业务场景的差异化评价或更能洞察业务现状、赋能业务发展。此时，企业可考虑引入行业诊断、贯标经验丰富的外部咨询机构参与企业转型现状的评估，行业级咨询机构可结合行业最佳实践分析，根据重要度与可行性来识别企业推进数字化转型的突破口，以得出更有针对性且更具体的发展建议。

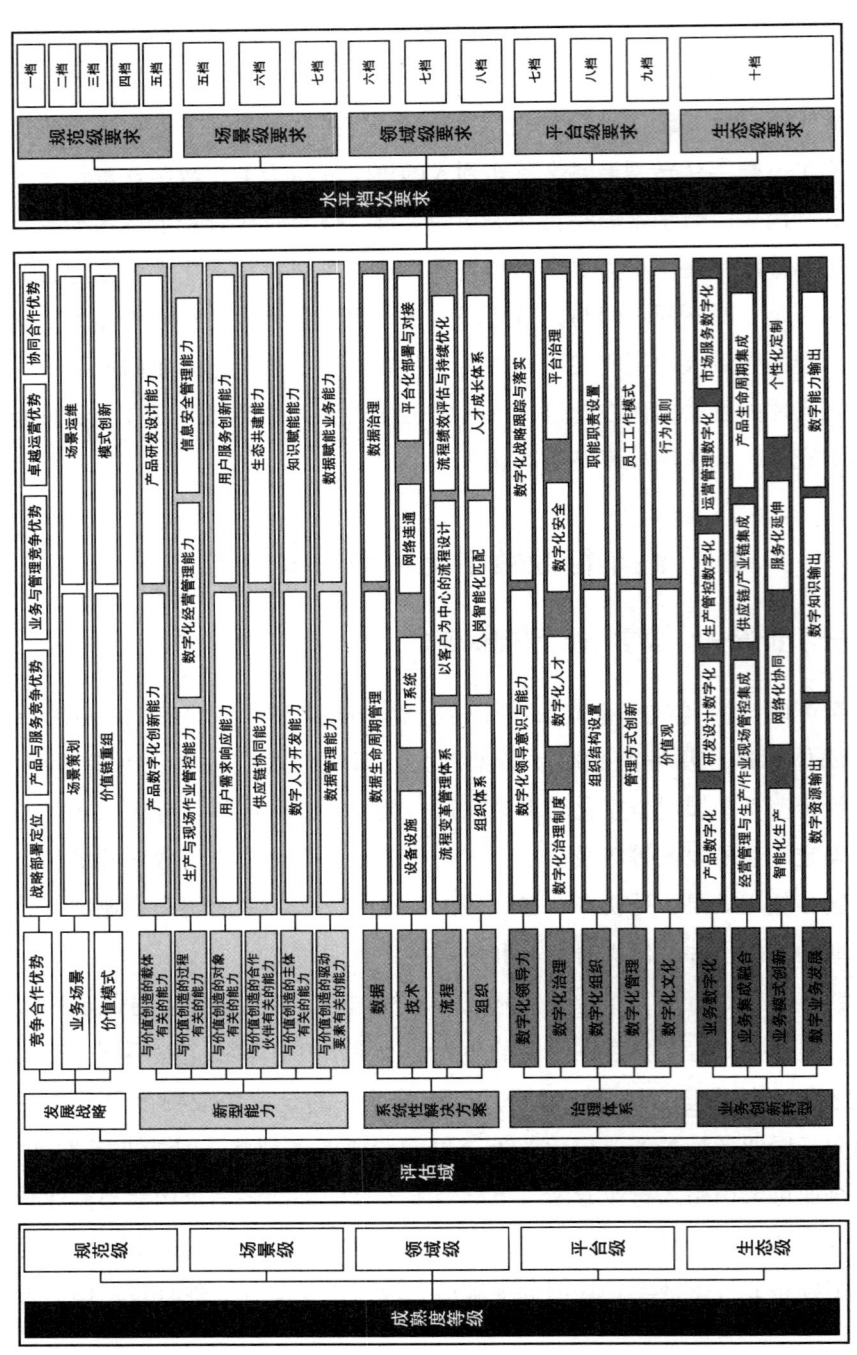

图 2 《汽车企业数字化转型成熟度模型》标准概要

资料来源:中汽研汽车工业工程(天津)有限公司。

在开展现状评估前，企业应尽可能全面地收集企业经营管理、业务发展等方面的信息。结合行业企业实践经验发现，自下而上的自梳理、自表达对业务描述的全面性及准确性远高于自上而下的强制性摸排，因此企业在开展自评估及外委评估之前可采用场景赛事、成果评选等形式调动自下而上信息表达的积极性，在标准化模板的基础上形成以业务/场景为载体的企业场景图谱，助力企业现状的精准评估。

（二）步骤二：数字化转型战略规划

开展数字化转型，首要的工作就是制定数字化转型战略，明确数字化转型的目标、方向和重点，为数字化转型提供明确的指导和方向。制定数字化战略规划，必须贯彻三个导向：问题导向、目标导向、结果导向。问题导向要求数字化战略规划制定时，深入分析当前存在的问题，针对问题的解决明确相应措施，并将解决措施纳入数字化战略规划中。目标导向要求数字化战略规划制定时，必须明确数字化建设目标，即围绕目标的达成来制定关键任务和行动计划。结果导向要求数字化战略规划制定时必须明确数字化建设结果的评价标准，强调数字化建设要达到预期的效果。

企业架构为数字化战略规划的制定提供了框架指导。企业架构中业务架构从能力组合、流程架构等角度描绘了企业应该如何运作，信息架构以信息的定义、建模、产生、分布和流向描绘了企业是如何使用信息的，应用架构描绘了企业的数字化应用全景和组合，技术架构描绘了企业数字化的技术支撑要素。从内容上看，数字化战略规划的制定就是对企业架构进行内容填充、细化和上色，以企业架构做框架指导，数字化战略规划的制定就不会无处着手，也不会信马由缰。

（三）步骤三：数字化项目实施

设计好数字化转型蓝图后，企业需要制定具体的实施策略和计划、分配资源和预算，还需要建立监督和评估机制，确保数字化转型的进度和效果符合预期。该过程应重点关注项目的执行边界、项目推进的组织机制及方式方法。

项目执行边界方面，场景是锚定价值实现、汇聚相关资源、开展转型变革的最佳载体，凝聚最小作战单元，可让数字化转型直面业务实际问题，以问题为牵引将数字技术融入业务迭代，缩短转型效果触达利益相关者的时间，因此企业可以场景为单位开展项目推进。

组织机制方面，数字化转型不是为了随大流、赶时髦，而是为了更好地服务于业务，提高企业的效率和竞争力。只有将数字化转型与具体业务场景结合起来，才能够真正地推动数字化转型的落地实施，实现可持续的业务价值。数字化转型需要深入了解公司的内部运作和业务需求，以确保数字工具的应用能够对业务产生积极影响。业务人员以其对业务场景的深入理解和对市场动态的敏锐感知，能够将创新思维直接融入业务流程的每一个环节，这种从内到外的创新，使得数字化不是技术上的叠加，而是真正成为推动业务模式进化、实现企业全面升级的强大引擎。因此，为了让企业更好地把握数字化转型的方向和节奏，为企业带来更多的数据洞察力，更好地监测业务运营状况并优化业务策略，应建立以业务为导向的转型推进模式，可采用"战略驱动、业务主导、技术赋能"的组织机制，场景创新训练营、场景创新基地等均可成为上述复杂机制的试验场。

方式方法方面，在推进数字化转型规划落地的过程中，要注意所有小场景必须回归全局，理清集成关联关系，局部优秀不代表全局最优，转型过程全局视角很重要。企业架构将视角提升到企业层面，全局系统性地看问题，理清各领域间的关联关系，为转型提供从整体层面把控业务运作转变的可能。在将顶层规划内容推进落地过程中，项目团队可以从解决局部的现实痛点问题出发，分析痛点问题的根因，发现业务运作过程的优化点或变革点，同时明确跨领域业务集成关系，掌握其与其他项目之间的关联关系，串起从战略源头到战略落地的整个过程，从全局的视角驱动业务的优化或重塑，而不是基于局部的痛点实现业务的信息化，上述整体与局部间的交互关系，可依托规范化平台提供的伴随式治理（见图3）。

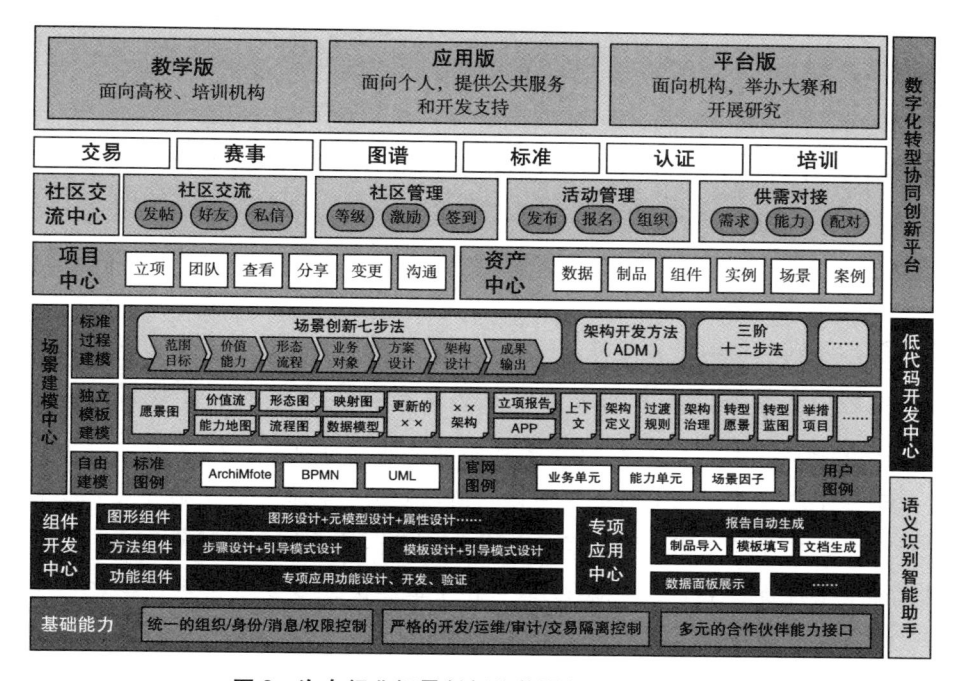

图 3　汽车行业场景创新公共服务平台功能模块

资料来源：中汽研汽车工业工程（天津）有限公司。

参考文献

陈倩慈、柳芃：《企业架构在数字化转型中的探索应用与思考》，《城市轨道交通》2023 年第 10 期。

邓斌：《华为，行业数字化转型"六步曲"》，《经理人》2023 年第 9 期。

付晓岩：《企业架构驱动的数字化转型》，《中国金融》2023 年第 1 期。

范斌、付晓岩：《"十四五"开局之年再谈企业架构驱动的数字化转型》，《中国金融电脑》2021 年第 5 期。

B.3
2023年全国车险市场业务情况分析

陈珮 刘彬*

摘　要： 机动车辆保险是与人民群众利益关系密切的险种，长期以来是财险领域第一大业务。本文立足中国银保信全国车险信息平台数据，聚焦2023年交强险、商业险的市场规模状况与发展趋势分析，从多个不同维度开展中国车险行业研究分析。在承保方面，分别从新旧车、车辆种类等维度进行分析；在理赔方面，分析了案均赔款情况；最后针对交强险和商业险的区域经营情况进行分析。总体来看，2023年全国车险整体保费规模稳中有升，车险综合改革政策红利在逐渐向市场释放。

关键词： 车辆保险　承保　理赔

一　业务情况概述

2023年，机动车辆保险签单保费①共计9237.24亿元，同比增长5.48%。车险保费逐月变化情况如图1所示。

在理赔方面，2023年车险的案均赔款金额为0.57万元，相较于上一年下降了1.46%。图2展示了车险案均赔款金额的逐月变化趋势。

---

* 陈珮，任职于中国银行保险信息技术管理有限公司业务五部；刘彬，中国银行保险信息技术管理有限公司业务一部保险精算与数字化监管服务处经理，中国精算师，研究方向为精算分析与保险科技。

① 签单保费按保单起保口径的含税保费统计。

2023年全国车险市场业务情况分析

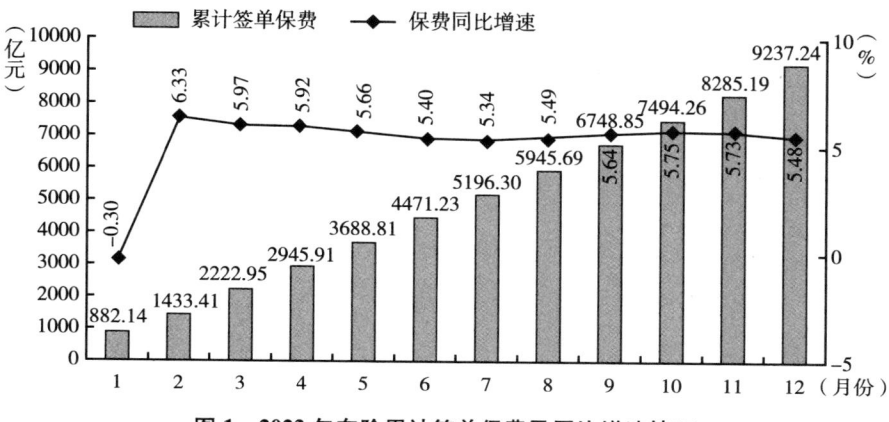

图1　2023年车险累计签单保费及同比增速情况

累计签单保费（亿元）与保费同比增速（%）：

月份	累计签单保费（亿元）	同比增速（%）
1	882.14	-0.30
2	1433.41	6.33
3	2222.95	5.97
4	2945.91	5.92
5	3688.81	5.66
6	4471.23	5.40
7	5196.30	5.34
8	5945.69	5.49
9	6748.85	5.64
10	7494.26	5.75
11	8285.19	5.73
12	9237.24	5.48

资料来源：全国车险信息平台。

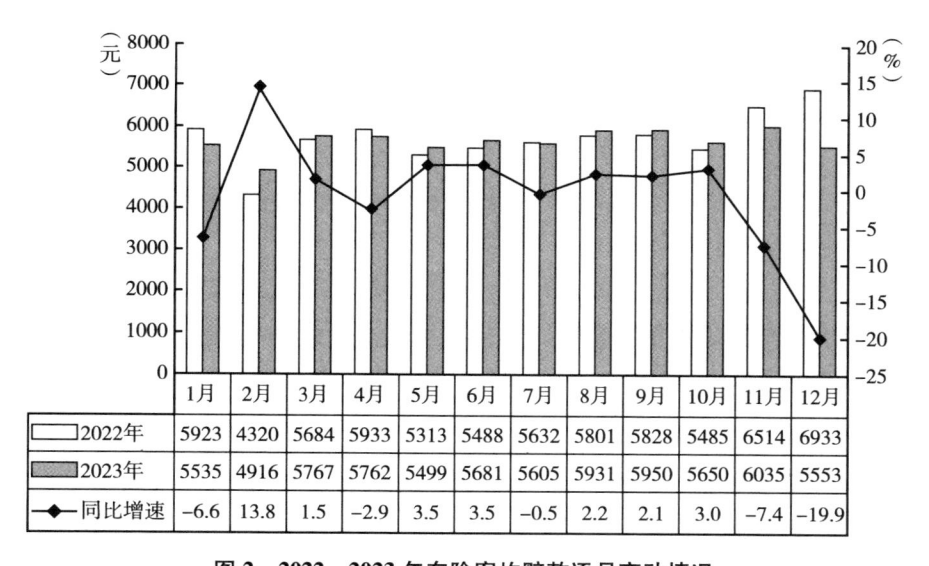

图2　2022、2023年车险案均赔款逐月变动情况

	1月	2月	3月	4月	5月	6月	7月	8月	9月	10月	11月	12月
2022年	5923	4320	5684	5933	5313	5488	5632	5801	5828	5485	6514	6933
2023年	5535	4916	5767	5762	5499	5681	5605	5931	5950	5650	6035	5553
同比增速	-6.6	13.8	1.5	-2.9	3.5	3.5	-0.5	2.2	2.1	3.0	-7.4	-19.9

资料来源：全国车险信息平台。

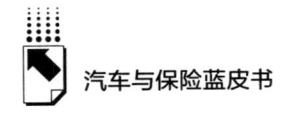

二 交强险业务基本情况

(一)承保业务情况

2023年,交强险签单保费共计2746.83亿元,同比增长5.41%。保费逐月变化情况如图3所示。

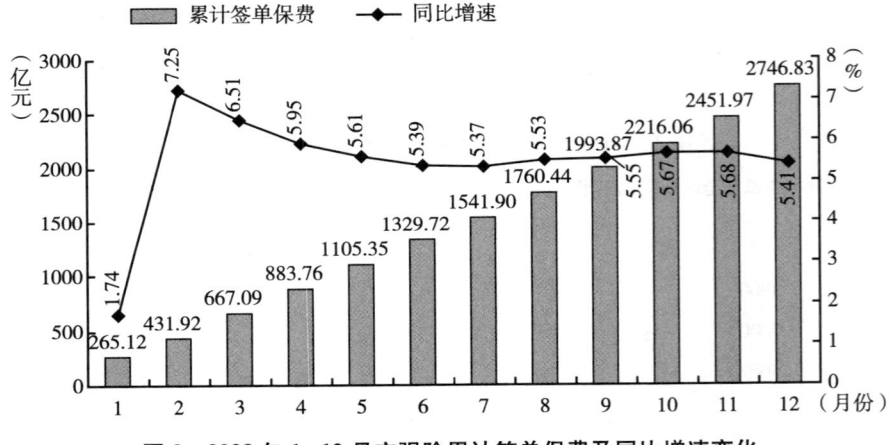

图3 2023年1~12月交强险累计签单保费及同比增速变化

资料来源:全国车险信息平台。

从新旧车辆承保情况来看,交强险新车承保保单① 2748.74万件,同比增长6.77%,签单保费278.88亿元,同比增长7.57%;旧车承保保单29055.81万件,相较上年增长6.26%,签单保费2467.95亿元,同比增长5.17%(见图4)。

从车辆分类的视角下,营业客车交强险保费的增加幅度最为突出,同比增长率达到11.29%;相比之下,营业货车交强险保费的减少幅度最大,同比下降了0.39%。从保费份额的角度来看,营业货车的保费份额变化最为显著,相比同期下降了0.65个百分点(见图5)。

---

① 保单件数统计口径为起保日期在统计期间内的有效保单数量。

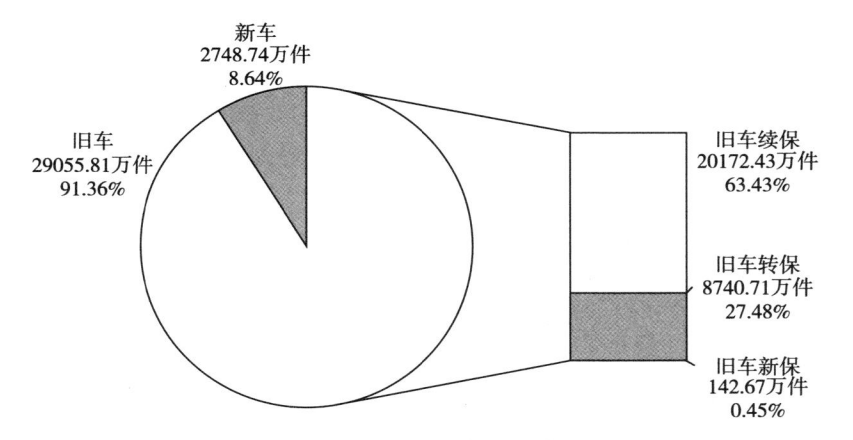

图 4　2023 年交强险新旧车承保件数及占比

资料来源：全国车险信息平台。

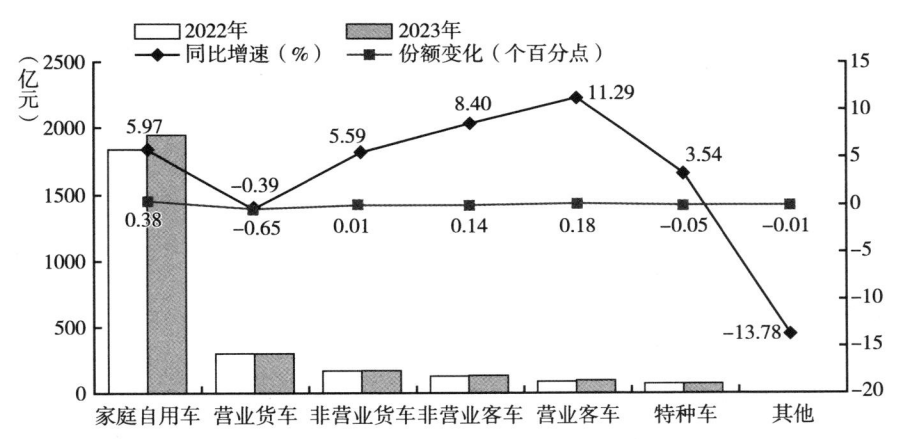

图 5　2022、2023 年各车辆种类交强险保费收入、同比增速及份额变化

资料来源：全国车险信息平台。

（二）理赔业务情况

2023 年，机动车交强险案均赔款 0.41 万元，同比下降 2.78%。2023 年机动车交强险案均赔款逐月变化情况如图 6 所示。

在车辆分类的细分领域中，营业货车的交强险案均赔款额位居首位，达到 0.71 万元；而非营业客车的案均赔款额则处于最低水平，仅为 0.36 万元。此外，非营业货车的案均赔款额增长幅度最为显著，同比增长率达到 0.95%（见图7）。

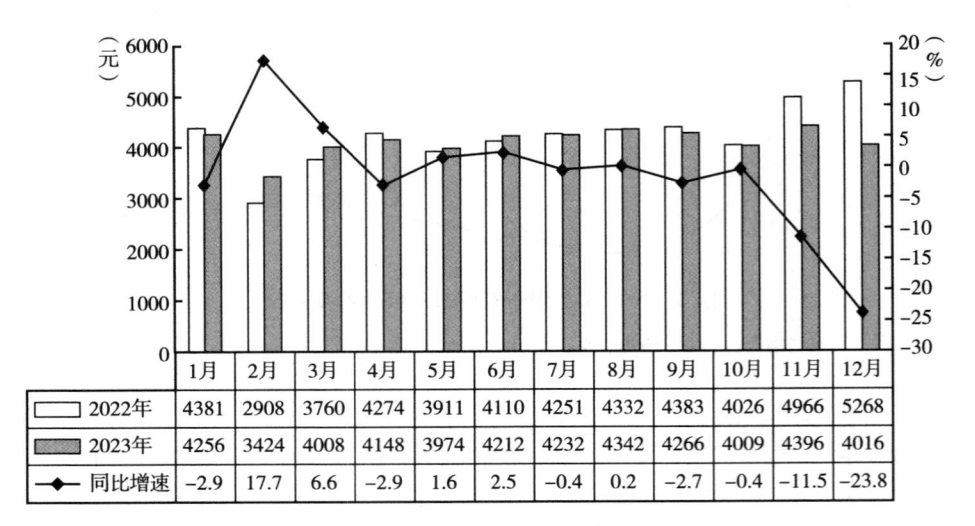

	1月	2月	3月	4月	5月	6月	7月	8月	9月	10月	11月	12月
2022年	4381	2908	3760	4274	3911	4110	4251	4332	4383	4026	4966	5268
2023年	4256	3424	4008	4148	3974	4212	4232	4342	4266	4009	4396	4016
同比增速	-2.9	17.7	6.6	-2.9	1.6	2.5	-0.4	0.2	-2.7	-0.4	-11.5	-23.8

图 6　2022、2023 年交强险案均赔款逐月变动情况

资料来源：全国车险信息平台。

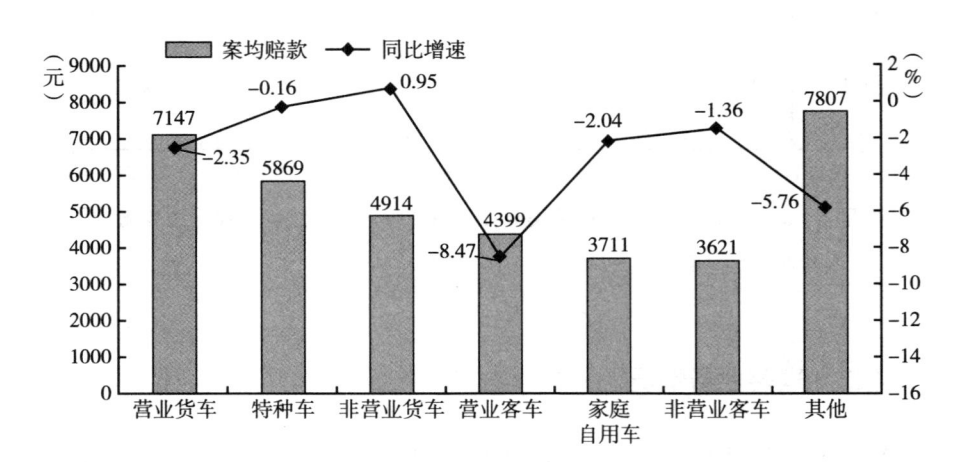

图 7　2023 年交强险各细分种类车辆案均赔款及同比增速

营业货车 7147（-2.35）；特种车 5869（-0.16）；非营业货车 4914（0.95）；营业客车 4399（-8.47）；家庭自用车 3711（-2.04）；非营业客车 3621（-1.36）；其他 7807（-5.76）。

资料来源：全国车险信息平台。

三 商业险业务基本情况

（一）承保业务情况

2023年，商业险签单保费共计6490.41亿元，同比增长6.50%。保费逐月变化情况如图8所示。

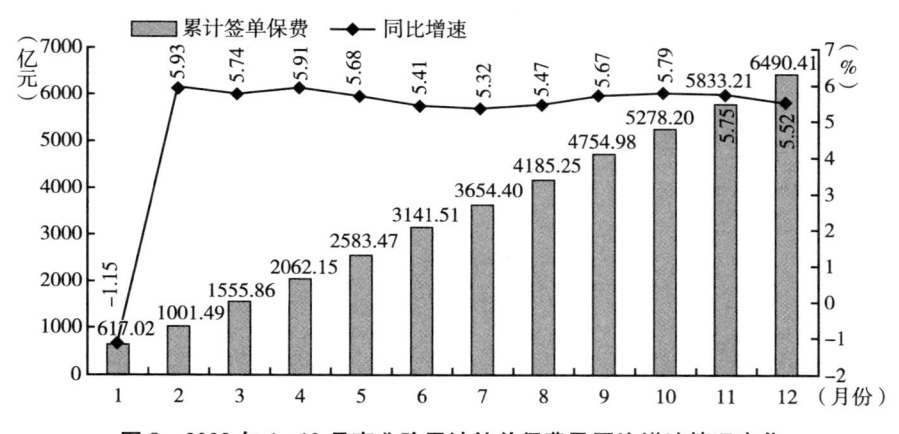

图8 2023年1~12月商业险累计签单保费及同比增速情况变化

资料来源：全国车险信息平台。

针对新旧车辆保险承保数据进行分析，可以观察到，2023年商业险新车承保的保单数量达到了2528.31万件，同比增长了6.87%，同时，其签单保费总额为1171.74亿元，增长率为10.21%。旧车承保的保单数量为25247.37万件，增长率为6.47%，而其签单保费总额为5318.66亿元，同比增长率为4.54%（见图9）。

从车辆细分种类来看，营业客车的商业险保费增长最为显著，实现了19.77%的同比增长；而营业货车的商业险保费则呈现出最大的降幅，同比下降了1.61%。就市场份额的变化而言，营业货车的商业险保险费用份额变化最为明显，同期减少了0.85个百分点（见图10）。

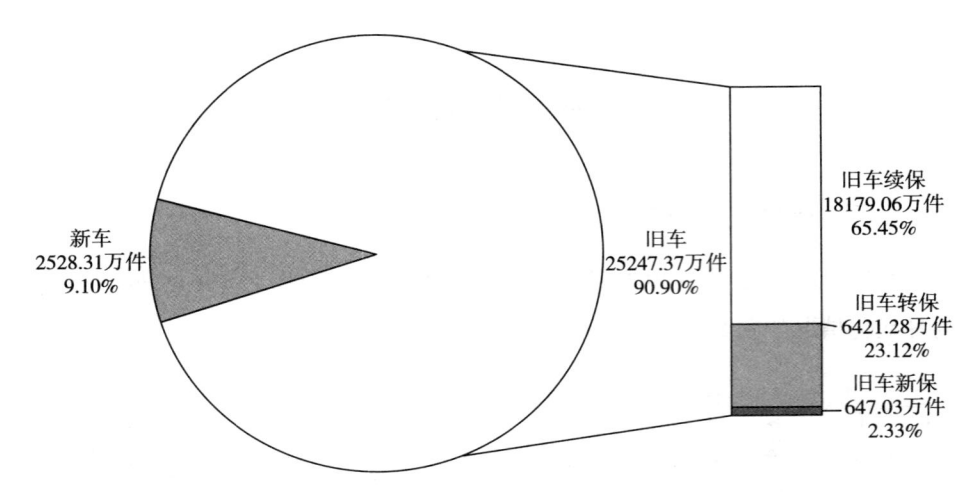

图 9　2023 年商业险新旧车承保件数及占比

资料来源：全国车险信息平台。

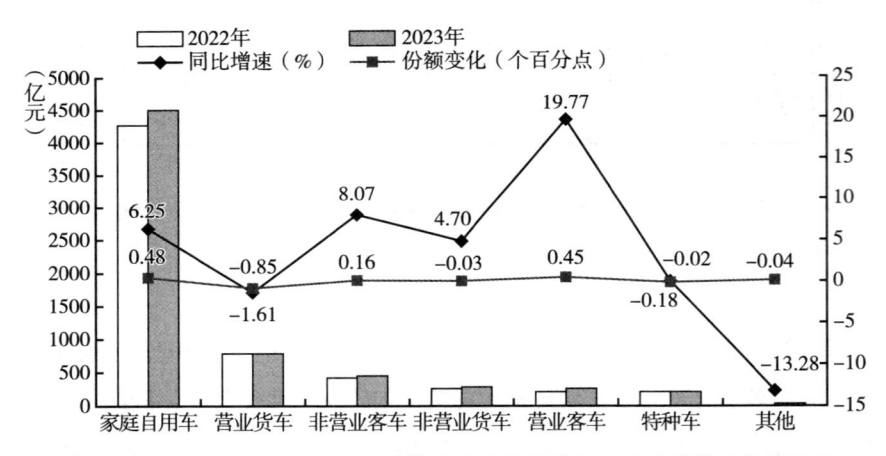

图 10　2022 年、2023 年各车辆种类商业险保费收入、同比增速及份额变化

资料来源：全国车险信息平台。

（二）理赔业务情况

2023 年，商业险的案均赔款金额为 0.70 万元，相较于上年下降了 0.18%。图 11 详细展示了商业险案均赔款金额的逐月变动情况。

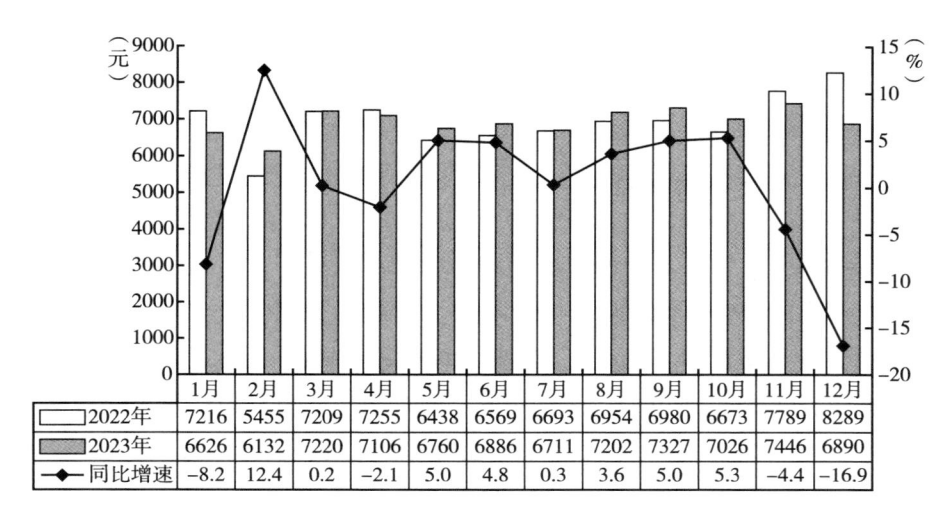

	1月	2月	3月	4月	5月	6月	7月	8月	9月	10月	11月	12月
2022年	7216	5455	7209	7255	6438	6569	6693	6954	6980	6673	7789	8289
2023年	6626	6132	7220	7106	6760	6886	6711	7202	7327	7026	7446	6890
同比增速	-8.2	12.4	0.2	-2.1	5.0	4.8	0.3	3.6	5.0	5.3	-4.4	-16.9

图 11　2022、2023 年商业险案均赔款逐月变动情况

资料来源：全国车险信息平台。

从车辆细分种类来看，营业货车的案均赔款金额位居首位，达到 1.62 万元；而非营业货车的案均赔款金额则处于最低水平，仅为 0.61 万元。此外，非营业客车的案均赔款增长速度最为显著，同比增长率达到 2.84%（见图 12）。

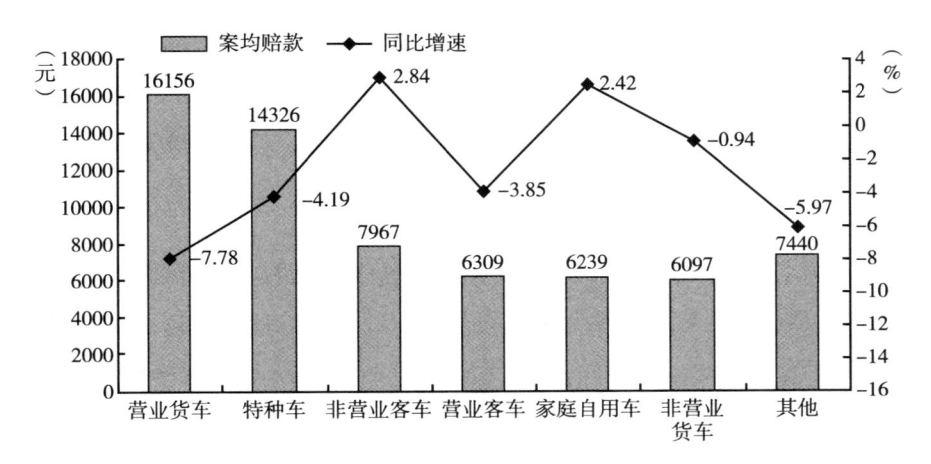

图 12　2023 年商业险各细分种类车辆案均赔款及同比增速

资料来源：全国车险信息平台。

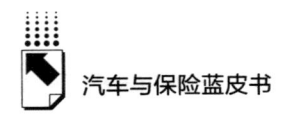

四 区域经营情况分析

（一）区域业务概况

我国机动车保险在不同地区的分布呈现显著的差异。具体而言，2023年，广东省的签单保费达到了850.96亿元，位居全国之首；而西藏自治区的签单保费则仅为14.45亿元。在增长率方面，西藏自治区的签单保费增长速度最快，实现了16.92%的同比增长；相比之下，厦门市的签单保费则出现了0.89%的同比下降，降幅最为明显（见图13）。

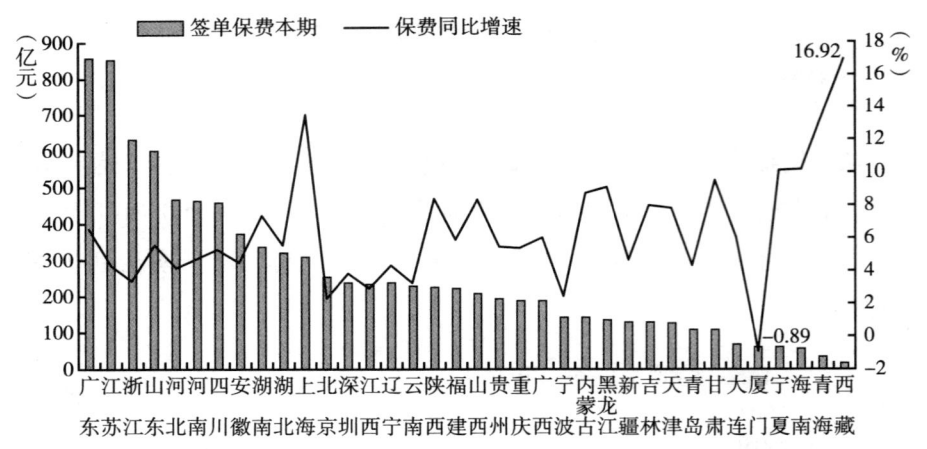

图13 2023年31个省（自治区、直辖市）和5个计划单列市车险保费情况

资料来源：全国车险信息平台。

在赔款金额方面，北京的车险案件案均赔款额最高，接近0.70万元；而新疆的案件案均赔款额最低，仅为0.42万元。在增速方面，福建的案均赔款增长速度最为显著，同比增长率达到17.06%；河南的案均赔款则呈现出最大的降幅，同比下降11.67%（见图14）。

（二）交强险业务区域情况

在交强险的承保与理赔数据分析中，2023年，广东省的签单保费最高，

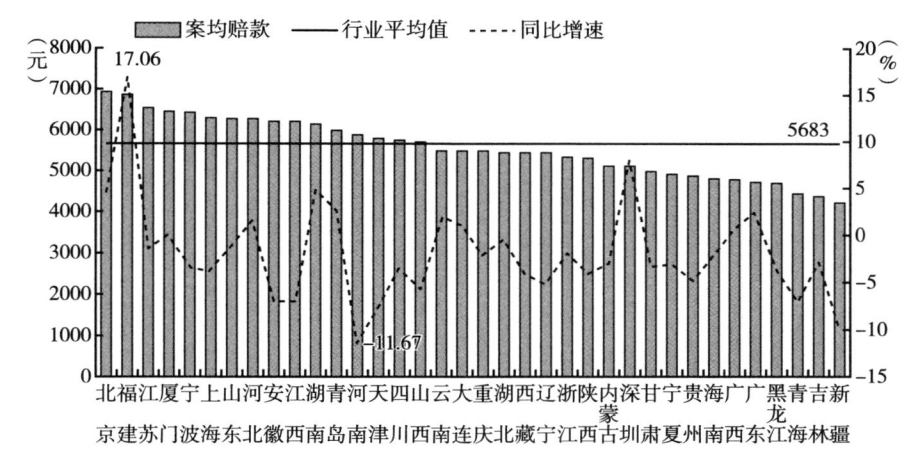

图14 2023年31个省（自治区、直辖市）和5个计划单列市车险案均赔款情况

资料来源：全国车险信息平台。

具体为225.68亿元；而西藏自治区的签单保费则最低，仅为5.45亿元。在增长率方面，西藏自治区的签单保费增长最为显著，达到了14.80%的同比增长，而上海市的签单保费则出现了下降，同比下降0.20%（见图15）。

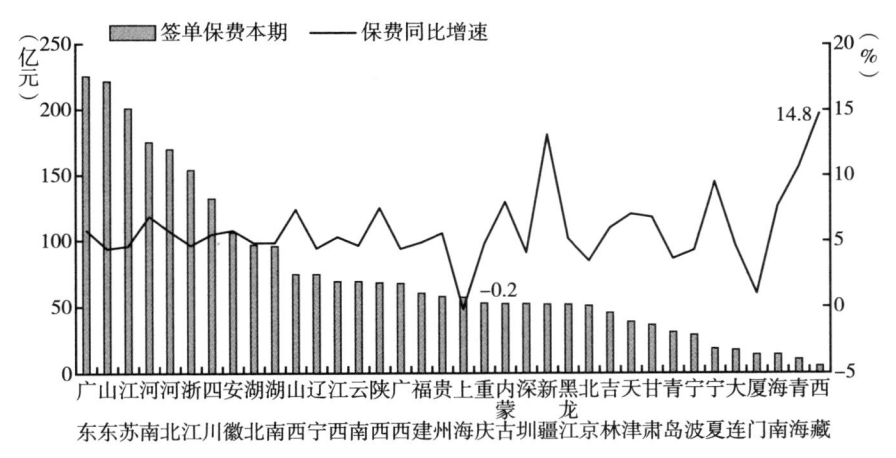

图15 2023年31个省（自治区、直辖市）和5个计划单列市交强险保费情况

资料来源：全国车险信息平台。

在赔款方面，安徽的交强险案均赔款数额最高，达到0.54万元；而青海的案均赔款数额最低，仅为0.24万元。在增速方面，深圳的案均赔款增速最为显著，同比增长率为6.10%；河南的案均赔款降幅最为明显，同比下降幅度达到11.61%（见图16）。

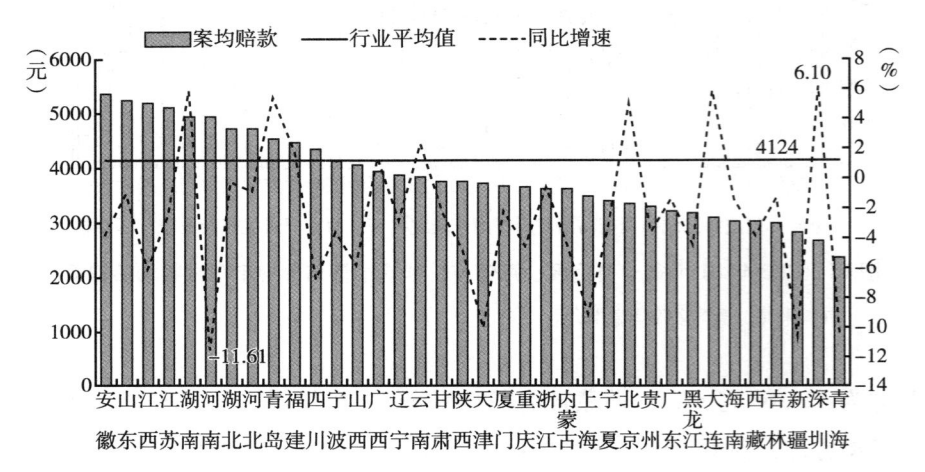

图16 2023年31个省（自治区、直辖市）和5个计划单列市交强险案均赔款情况

资料来源：全国车险信息平台。

（三）商业险业务区域情况

在商业险的承保与理赔数据分析中，2023年江苏省的签单保费在各地区中位居首位，达到了645.89亿元；而西藏自治区的签单保费则最低，仅为9.01亿元。从增长速度的角度来看，西藏自治区的签单保费增速最为显著，同比增长率为18.23%，而厦门市的签单保费则出现了最大的降幅，同比下降了1.49%（见图17）。

在赔款金额方面，北京的商业险案均赔款最高，达到0.94万元；而广西的商业险案均赔款最低，仅为0.54万元。在增速方面，福建的案均赔款增速最为显著，同比增长23.58%；相比之下，河南的案均赔款则呈现出最大的降幅，同比下降11.02%（见图18）。

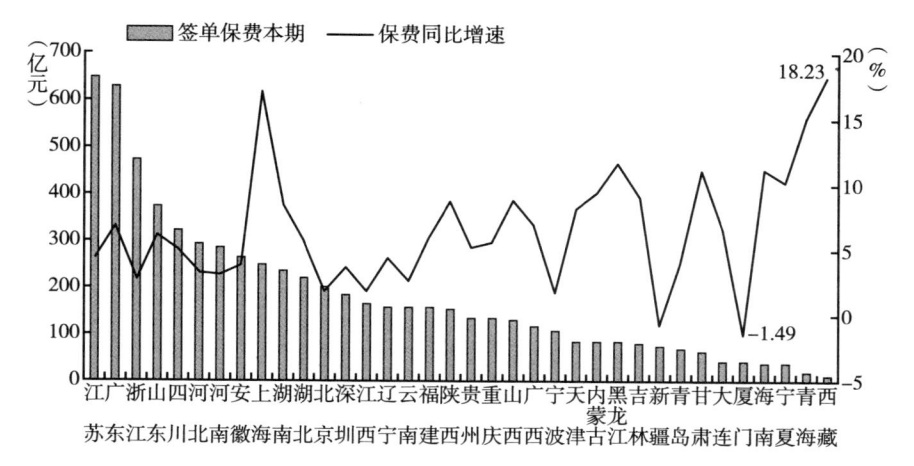

图17 2023年31个省（自治区、直辖市）和5个计划单列市商业险保费情况

资料来源：全国车险信息平台。

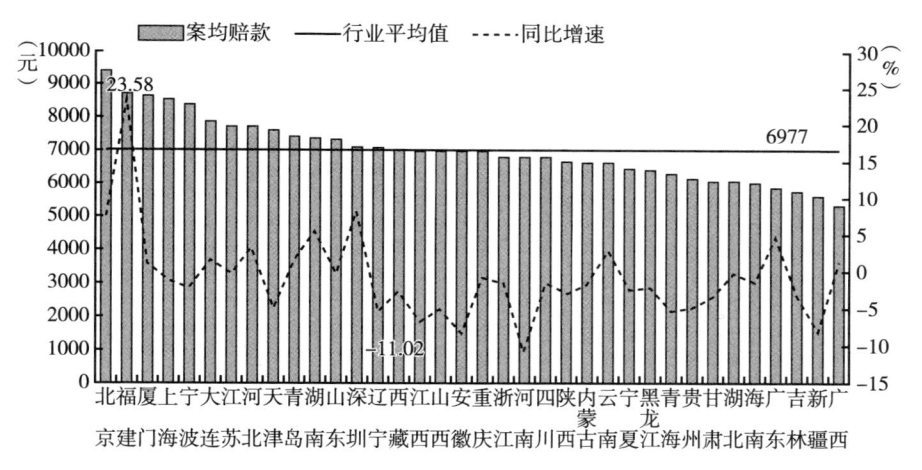

图18 2023年31个省（自治区、直辖市）和5个计划单列市商业险案均赔款情况

资料来源：全国车险信息平台。

五　结论与启示

伴随疫情影响的消退以及汽车保有量的持续增长，2023年全国车险整体保费规模稳中有升,案均赔款相对稳定,车险综合改革政策红利进一步向市场持续释放。结合中国经济的复苏趋势,未来预计车险市场的规模将会继续保持增长态势,车险行业也将在人工智能、大数据等技术的协助下,向着更加智能化、数字化的方向发展。

B.4 地方数据交易制度体系、应用案例介绍

张翼 郑彬彬 谭天怡*

摘　要： 随着数字经济的兴起，数据交易市场迅速扩张，成为经济增长的关键。政府出台了一系列法律法规，推动数据交易规范化和市场化。本文分析了数据交易市场的规模、增长趋势、参与主体和驱动因素；深入探讨了我国地方数据交易制度体系的现状、特点及发展趋势，重点介绍了广东省和上海市在数据交易制度建设方面的实践和创新；同时，指出了数据确权、技术标准统一、监管一致性和市场成熟度等挑战。通过三个应用案例，展示了数据交易在促进产业发展和提升服务效率方面的潜力。

关键词： 数据交易　数据交易制度　数据合规确权

一　引言

随着数字时代的到来，数据已成为推动经济增长和社会发展的重要资源。在全球范围内，数据交易市场正在迅速扩张，成为数字经济的核心组成部分。在我国，随着《中华人民共和国数据安全法》《中华人民共和国个人信息保护法》等一系列法律法规的出台，数据交易的规范化和市场化程度得到了显著提升。各级地方政府积极响应国家政策，纷纷构建和完善数据交易制度体系，旨在促进数据资源的有效流通，激发数据的经济价值，同时保

---

* 张翼，广州数据交易所交易管理部副总经理，研究方向为数据要素市场；郑彬彬，副高级工程师，广州数据交易所生态合作部高级经理，研究方向为数据要素市场；谭天怡，博士，广州数据交易所数据要素研究员，研究方向为数据要素市场。

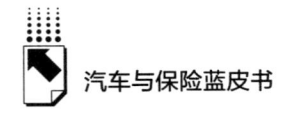

障数据安全和个人隐私。

本文旨在深入探讨我国地方数据交易制度体系的现状、特点及发展趋势。通过对不同省份和城市制度设计、运行机制、监管框架的比较分析，力求揭示数据交易市场中地方制度体系的共性和特性，以及这些制度如何影响数据的收集、存储、处理和交易。

二 我国数据交易市场概述

（一）发展背景与政策环境

我国数据交易市场的兴起与国家层面的大数据发展战略密切相关。2020年3月，中共中央、国务院印发《关于构建更加完善的要素市场化配置体制机制的意见》，提出要加快培育数据要素市场，提升社会数据资源价值。2022年6月，中央全面深化改革委员会第二十六次会议审议通过《关于构建数据基础制度更好发挥数据要素作用的意见》，强调推进数据产权、数据要素流通和交易、数据要素收益分配、数据要素安全治理，加快构建数据基础制度体系。同月，国务院印发《关于加强数字政府建设的指导意见》，提出建立健全数据要素市场规则，完善数据要素治理体系。2022年10月，党的二十大报告指出，要深化要素市场化改革，建设高标准市场体系，完善按要素分配制度，着力提高全要素生产率。

（二）市场规模与增长趋势

我国数据交易市场近年来呈现爆发式增长。相关报告显示，2022年，我国数据交易市场规模已达到876.8亿元，预计到2025年，这一数据将超过2200亿元。未来几年，受益于新型智慧城市的建设、"数字中国"战略的实施以及数据交易环境的持续优化，数据交易市场规模将继续保持高速增长。

（三）市场参与主体

我国数据交易市场的参与者主要包括交易供方、交易需方、数据交易平台、监管机构以及第三方服务机构。交易供方包括拥有数据资源及提供数据清洗、加工、分析的企业、机构等；交易需方则涵盖了各行业企业、研究机构等，寻求获取特定类型的数据以支持业务决策或产品创新；数据交易平台起到中介作用，负责数据的标准化、定价、交易撮合以及后续交付、结算等服务；监管机构则负责制定行业标准、规范市场行为，确保数据交易的合法合规；第三方服务机构提供评估、入表及质量认证等增值业务。

（四）市场驱动因素

1. 政策支持

国家和地方政府出台的一系列政策鼓励数据要素的市场化配置，为数据交易创造了良好的外部环境。

2. 技术进步

云计算、大数据、人工智能等技术的发展降低了数据处理成本，提高了数据利用效率。

3. 市场需求

各行业对高质量数据的强烈需求，尤其是金融、医疗、零售等行业，推动了数据交易市场的繁荣。

4. 数字经济转型

随着我国经济向数字化、智能化转型，数据作为关键生产要素的地位日益凸显，刺激了数据交易的活跃。

三 地方数据交易制度体系概览

（一）地方数据交易制度体系的构建

我国地方政府在响应国家政策的同时，也在积极探索适应本地特色的数

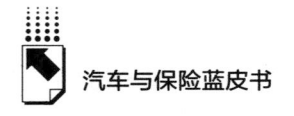

据交易制度体系。这些体系通常涵盖以下几个核心领域。

1. 确权与登记

明确数据产权归属，建立数据产品或资产的登记制度，确保数据交易的合法性。

2. 合规与安全

制定数据交易的合规标准和安全规范，保护个人隐私和商业秘密。

3. 交易场所

设立专门的数据交易所，提供交易撮合、交付、结算等服务。

4. 市场监管

建立健全的市场监管机制，包括交易规则、争议解决机制和违法行为处罚等。

5. 促进与激励

出台政策支持数据交易市场的发展，如税收优惠、补贴、资金扶持等。

（二）广东省数据交易制度体系

2020年以来，广东积极谋划数据要素市场化配置改革工作并在全国率先破题，经过改革实践，逐步建立健全统一的数据要素法规制度，搭建两级数据要素市场体系，推进省数据运营管理机构、数据交易场所、一体化基础运营体系三大核心枢纽建设，并取得政府首席数据官、个人和法人数字空间、公共数据资产凭证及数据经纪人等国内首创标志性成果。

在法规保障方面，广东省先后出台《广东省数字经济促进条例》《广东省公共数据管理办法》，《广东省数据条例》正在编制中，为保障和推动数据交易的合法、安全和高效进行奠定了基础。在政策供给方面，广东省政府印发全国首份省级数据要素市场化配置改革文件《广东省数据要素市场化配置改革行动方案》，随后广州、珠海、河源、惠州、中山和江门等地市结合实际制定市级数据要素市场化配置改革政策文件，广州市海珠区发布全国首份区县级数据要素市场化配置改革行动方案。2023年6月24日，省委省政府印发《关于构建数据基础制度推进数据要素市场高质量发展的实施意见》，从探索推进数据产权制度建设、完善数据要素流通和交易制度、构建数据要素收益分配制度等方面提出 20 条具体举措，推动广东省构建数据基础制度，推进数据要素市场高质量发展。

2020 年以来，广东省政务服务和数据管理局持续推进数据产权、供给、流通和分配等制度建设，基本形成全省统一的数据流通交易规则体系，围绕数据流通交易管理规定，从合规登记、监督管理、交易场所、服务生态、技术与安全 5 个方面，在制度和操作层面对数据流通交易全过程做出详细规范和有力支撑。通过合规登记规则，明确数据资源持有权益、数据加工使用权益和数据产品经营权益，确保数据产品和服务合法合规，保障数据资产权益。通过监督管理规则，建立相关部门协同的监管机制，压实地方属地监管责任，优化数据流通交易环境，实现对数据流通交易全过程的监管。通过交易场所规则，对交易主体、交易标的、交易活动和交易行为等进行规范，确保"无场景不登记、不登记不交易、不合规不挂牌"。通过服务生态规则，探索行业数据空间建设，丰富数据流通新模式，释放数据流通价值。通过技术与安全规则，推动实现数据"可用不可见、可控可计量"以及"数据不出域"，促进数据流通交易全流程协同，保障数据流通交易全过程安全可控。

2023 年 4 月，广东省政务服务和数据管理局牵头起草了《广东省数据流通交易管理办法（试行）》及《广东省数据资产合规登记规则（试行）》《广东省数据流通交易监管规则（试行）》《广东省数据经纪人管理规则（试行）》《广东省数据流通交易技术安全规范（试行）》系列文件，并公开征求社会各界意见。上述系列制度文件涵盖了数据资产合规登记、数据流通交易监管、数据经纪人管理等规则，并对数据流通交易技术安全进行规范。上述制度文件明确了省数据流通交易主管部门应建立数据资产合规性审核和登记制度，并要求数据产品和服务进场交易前，应当开展数据资产登记。根据公共数据和社会数据的区分，省公共数据运营管理机构根据授权重点开展公共数据产品和服务的资产登记；数据交易所根据授权重点开展社会数据产品和服务的资产登记。在登记程序上亦有区分，涉及公共数据、重要数据，或国家与公共安全、商业秘密、个人信息和隐私等数据，资产登记应

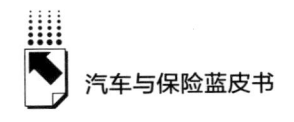

当实行普通程序，除此之外的数据可实行简易程序登记。同时，将首次登记、变动登记、注销登记等登记类型一一区分。

广州数据交易所在省政务服务和数据管理局指导下，按照全省统一合规登记规则和实施框架，统筹推进交易规则体系建设，逐步形成相对完备且具备执行效力的规则体系。广州数据交易所先后制定了《广州数据交易所交易工作指引（试行）》《广州数据交易所服务基地管理与服务专区办法（试行）》《广州数据交易所会员管理办法》《广州数据交易所行业数据空间服务管理规范》，编制《数据资产登记申报材料说明》《广东数据资产登记合规审核材料清单》《数据产品合规登记工作指引》《数据产品合规登记样例说明》《合规要点100问》《合规产品案例集》等数据资产合规登记指引材料，在保障安全的同时提升产品合规登记工作效率。

（三）上海市数据交易制度体系

上海在全国首发了数商体系和数据交易配套制度，探索数字化数据交易系统，旨在解决数据流通交易中的确权、定价、互信等问题，促进数据资产化进程。上海市政府出台了《上海市数据条例》，强化数据保护并鼓励数据交易。同时，上海市还发布了《促进浦东新区数据流通交易若干规定（草案）》和《立足数字经济新赛道推动数据要素产业创新发展行动方案（2023—2025年）》，进一步完善数据治理和市场运营体系。

2023年3月15日，上海市经济信息化委员会发布《上海市数据交易场所管理实施暂行办法》，旨在规范本市数据交易场所，构建健康、高效、活跃的数据要素市场。其主要特征包括"规范确权、统一登记、集中清算、灵活交付"。2023年11月，上海数据交易所发布《上海数据交易所数据交易安全合规指引》及配套清单，明确了数据交易的合规操作路径。在全国范围内率先构建了"办法—规范—指引"三个层级的交易规则体系，为市场参与者提供了行为指南。

此外，上海在数据跨境政策和制度体系建设方面也展开了积极的探索。上海自由贸易试验区临港新片区发布了《中国（上海）自由贸易试验区临港新片区数据跨境流动分类分级管理办法（试行）》，对数据跨境流动进行了分类分级管理。这一管理办法明确了核心数据、重要数据和一般数据的定义，并建立了相应的管理机制，确保数据跨境流动的安全性和合规性。其中，一般数据清单是针对企业数据跨境需求最紧迫的场景，在评估论证的基础上进行归纳，明确无须纳入数据出境安全评估的数据形成的。

四 数据交易制度体系的关键要素

（一）数据确权

数据确权是数据交易的前提，它涉及数据所有权、使用权和收益权的界定。清晰的数据确权机制有助于保护数据提供者的权益，同时为数据的合法交易奠定基础。国家层面上，《中共中央 国务院关于构建数据基础制度更好发挥数据要素作用的意见》（简称"数据二十条"）提出了建立数据产权制度的基本框架，强调了数据产权结构性分置和有序流通的重要性，并要求推进数据分类分级确权授权使用和市场化流通交易。

多个省市已经将数据产权工作纳入本地数字经济发展规划，例如济南市发布了《济南市数据登记暂行办法（征求意见稿）》，提出数据登记范围和发放数据登记证书。一些地方政策提出对公共数据加强汇聚共享和开放开发，如上海市在《上海市数据条例》中明确了建立公共数据授权运营机制，提高公共数据社会化开发利用水平，并规定了授权运营的具体管理办法。地方政策鼓励探索企业数据授权使用新模式，保障企业在数据采集加工中形成的合法权益，例如浙江省在相关政策中提出建立数据知识产权登记制度，对数据知识产权进行保护。针对个人信息数据确权授权机制，地方政策中强调了对个人信息的保护。

（二）安全与风险管理

数据交易的安全性直接关系到交易双方的信任和市场的稳定。这包括数据传输的安全、数据存储的安全以及数据使用的安全。建立健全的数据安全

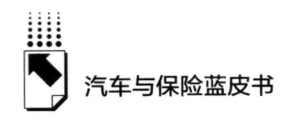

管理体系，采用先进的加密技术，以及设置严格的数据访问控制和审计机制，都是保证数据交易安全的关键措施。

广东省在《广东省数据流通交易管理办法（试行）》中规定了数据流通交易主体承担数据安全主体责任，健全数据全流程合规体系，确保流通数据来源合法、隐私保护到位、流通交易规范，加强对个人隐私、商业秘密等数据的保护并做出明确承诺。广西提出了数据交易场所需提供的环境和服务功能，并列出了数据交易场所负面清单，规定了场内交易流程。上海数据交易所发布了《上海数据交易所数据交易安全合规指引》和《上海数据交易所数据交易合规注意事项清单（第一版）》，为降低数据交易和流通风险提供了指导。深圳市在《深圳市数据商和数据流通交易第三方服务机构管理暂行办法》中明确了第三方服务机构在数据开发、交易代理等方面的安全义务，安全保护管理体系和应急处置机制等要求。

（三）价格形成机制与价值评估

数据的价值评估是数据交易中的难点之一。数据的价格受到数据的质量、稀缺性、时效性、应用范围等多种因素的影响。因此，需要建立科学合理的数据定价模型，通过市场供需关系、数据产品的附加值以及数据交易历史记录等因素综合确定数据价格。

2021年11月，工业和信息化部印发了《"十四五"大数据产业发展规划》，提出到2025年初步建立数据要素价值评估体系，并推动建立市场定价、政府监管的数据要素市场机制。国家发改委和国家数据局正在加快研究建立公共数据价格形成机制，并制定相关制度规定，以促进公共数据合规高效流通使用。北京市启动了数据基础制度先行区建设，探索适合国情的公共数据资产政府指导定价办法。泰州市制定了三年行动计划，探索企业和个人数据资产市场化定价路径，包括卖方"报价"、第三方"估价"和买卖双方"议价"相结合的方式。

（四）法律框架与合规性

法律框架为数据交易提供了基本的规则和指导，确保数据交易的合法性。这包括但不限于数据保护法、合同法、知识产权法等。合规性则是指数据交易活动必须遵循所有适用的法律法规，任何违反合规性的交易都可能面临法律风险和制裁。

以广东省的实践为例，根据《广东省数据资产合规登记规则》、《广东省公共数据管理办法》及《广东省数据流通交易管理办法》，广州数据交易所的合规登记步骤根据所涉数据类型的不同分为普通程序和简易程序两种。对于涉及公共数据、重要数据、国家与公共安全、商业秘密、个人信息和隐私、关键信息基础设施、数据跨境等内容的数据产品需要提交广东数据资产登记合规委员会进行审核。

五 地方数据交易制度体系的成效与问题

（一）制度体系的成效

1. 市场激活与数据要素流动

地方数据交易制度体系的建立激活了数据市场，促进了数据要素在不同行业之间的流动，提升了数据的利用效率和经济价值。

2. 合规框架的完善

各地通过制定交易规则、确权机制和安全标准，为数据交易提供了明确的合规框架，减少了市场参与者的不确定性和风险。

3. 地方经济的数字化转型

通过数据交易，地方政府能够更好地利用数据资源推动公共服务、城市管理的智能化，加速了地方经济的数字化转型。

（二）面临的问题与挑战

1. 确权难题

数据确权仍然是一个复杂的问题，特别是在涉及个人数据、企业数据以及公共数据的混合场景下，如何平衡各方利益、明确权属关系仍是难点。

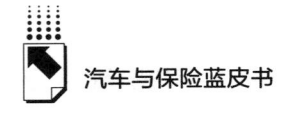

2. 技术标准不统一

地方数据交易市场存在技术标准不统一的情况，这增加了跨区域、跨行业数据交换的难度，影响了数据市场的整体效率。

3. 监管尺度差异

不同地方的监管政策和执行力度存在差异，可能导致数据交易市场的不公平竞争，以及市场参与者的合规成本增加。

4. 市场成熟度不足

尽管数据交易市场快速发展，但在数据定价、市场透明度、长期交易机制等方面仍处于探索阶段，市场成熟度有待提升。

六　结论

我国地方数据交易制度体系的构建与实践，标志着我国在数据要素市场化的道路上迈出了坚实的步伐。通过政策引导、市场培育和技术支撑，各地不仅激活了数据交易市场，而且在确权、定价、交易规则、安全保护等方面积累了宝贵经验。数据交易市场的蓬勃发展，不仅推动了数据资源的有效配置，促进了数字技术的创新应用，也加速了地方经济的数字化转型，展现了数据作为新型生产要素的巨大潜力。然而，地方数据交易制度体系仍然面临诸多挑战，包括数据确权的复杂性、市场规则的统一性、监管机制的完善以及市场成熟度的提升等。我国地方数据交易制度体系的完善，将推动数据要素市场的健康稳定发展，也将为全球数据治理贡献中国智慧和中国方案。

七　应用案例介绍

（一）某科技股份有限公司——货车车载导航产品

产品内置全国导航地图数据，覆盖全国范围内的高速公路、国道、省道等道路网络。同时，产品集成货车限行数据、货车专题数据等，如限行区域、限高限重信息、加水加气站、4S 店、维修站等，为货车司机提供出行参考。系统的导航引擎能够通过调用电子地图数据属性的关键字段进行运算和规划，实现智能规避限行区域、合理绕行，同时根据货车的实际载重、尺寸等参数规划出最优行驶路线。

在数据安全和合规性方面，产品确保所有传输的数据都经过严格的安全处理。同时，系统还配备了完善的信息保护机制，只收集必要的车辆信息，确保用户隐私得到充分保护。在流通环节，由某科技股份公司每年发布标准版数据产品，可根据各大车企对导航产品的需求定制导航引擎功能。车企向某科技公司采购导航产品后，完成安装激活交付车主进行使用。本产品的推出，不仅为物流企业提供了全新的导航解决方案，更为整个物流行业树立了新的标杆。

（二）某电子服务公司——高速公路车流量分析数据产品

产品基于海量高速公路通行相关数据，以特定业务应用如高速公路运营、政务服务为导向对数据资源进行再加工、分析及处理，通过在系统界面输入高速公路主线区间名称或唯一编码及指定日期、时间，查询当日高速公路省界车流量通行的统计情况。

高速公路车流量分析数据产品的用户对象为政府部门，如高速公路监管部门、公安执法部门等，本数据产品旨在面向高速公路运营、政务服务的业务场景中应用，能够帮助用户及时掌握高速公路省界车流通行情况，从而为政府部门交通规划、交通监管和疏导及应急指挥提供数据支持，为交通建设和城市管理提供科学依据，提高车道的通行效率，让车主和出行的群众受益。

本产品通过多种手段采集高速公路相关多源异构数据，包括高速公路入口卡口数据、高速公路主线卡口数据、高速公路入口视频数据、高速公路主线视频数据、高速公路设备基础信息、高速公路车辆档案库等。准实时采集高速公路路段多源数据后对数据进行采集汇总和治理，利用 flink 技术实时对数据进行一系列的数据加工后形成多个业务主题的应用层数据，

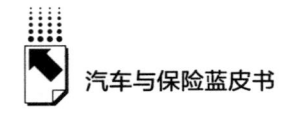

包括交通、公安、安全、营运、应急等，最终以API接口的方式推送给服务方。

（三）某地铁集团公司——线网客运量数据产品

产品运用地铁全线网闸机设备数据，记录出入闸信息，如出入闸时间、交易类型、卡ID或账户ID等，闸机记录数据不含个人信息数据。在保证数据隐私安全及合法合规的基础上，加工形成地铁线网客运量数据集，客户通过地铁公司提供的全线网日均客运量数据，掌握公共交通拥挤情况。应用场景主要包括以下两个。

1. 场景一：共享交通服务设施投放

依据地铁站的客流数据，实时获取指定区域的人群流量，为共享交通服务设施投放企业提供准确、及时的乘客流量统计信息，可辅助应用于地铁车站附近的接驳安排以及周边接送设施服务，如共享单车、共享汽车等。

2. 场景二：商业服务开发或房地产开发

地铁站的客流主要取决于周围人口的密度和客流的速度，并且还受到其他公共交通的影响。通过线网客运量数据可以掌握区域客流情况，并根据客流情况对周边的乘客消费需求进行分析与预测，辅助商业服务开发决策或房地产开发决策。

B.5
场景化多源数据融合赋能汽车产业保险创新应用

杜乐 杜小刚 罗希*

摘 要： 汽车保险经历数十年的发展已经成为我国主要的财险品种，但近年来随着保险综改的不断深入、汽车电动化智能化转型的深入，汽车保险也进入了新时期，汽车保险的总保费收入增长放缓，新能源汽车、网约车、无人驾驶汽车等新领域产品开发、风险控制相对滞后。面对此挑战，企业需要整合多源数据，充分利用大数据技术手段，提供风险分析、风险定价营销等服务。

关键词： 多源数据 汽车保险创新 保险科技

一 汽车保险市场发展历程

1981年，为了适应当时经济发展的需要，我国恢复了中断25年的汽车保险业务，随着改革开放的深入，汽车保险业务也出现快速的增长。2001年后，我国加入WTO，外资保险进入中国，车险费率的改革也在探索中逐步推进，但费率的放开直接导致各险企为占领市场份额而大打价格

---

* 杜乐，高级工程师，武汉东湖大数据科技股份有限公司总经理，中南财经政法大学法律硕士导师、南京信息工程大学大数据法治研究院执行院长，研究方向为数据要素市场、区块链与数据安全、数据要素产学融合；杜小刚，武汉东湖大数据科技股份有限公司数据流通事业部总经理，研究方向为数据核验、数据接口应用；罗希，武汉东湖大数据科技股份有限公司课题负责人，研究方向为数字经济、金融科技应用。

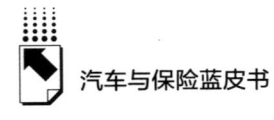

战，暴露出保险行业普遍存在的经营数据不真实问题。针对上述问题，国家采用了"信息化、上平台"的措施，交强险的实施加速了各保险公司的信息化进程，为车险信息化平台建设和未来的联网联控创造了绝佳机遇。

2015年起，"互联网+保险"兴起，行业的数字化程度进一步提高，改革进一步推进。2020年9月，汽车保险综合改革开始实施，改革内容包括提高交强险责任限额、优化交强险道路交通事故费率浮动系数、合理下调附加费用率等。2021年，我国推出全球首款新能源车险专属产品，为新能源汽车消费者提供有效和有针对性的风险保障。

2023年，我国进一步推进汽车保险综合改革，《关于进一步扩大商业车险自主定价系数浮动范围等有关事项的通知》发布，将商业车险自主定价系数浮动范围由［0.65~1.35］扩大为［0.5~1.5］，旨在健全以市场为导向、以风险为基础的车险条款费率形成机制，优化车险产品供给，推进车险高质量发展（见图1）。

阶段一（1981~2000年）
- 逐步全面恢复中断25年的车险业务，以适应国内企业和单位对于车险的需要。

阶段二（2001~2006年）
- 加入WTO，引入外资保险机构，逐步推进车险费率的改革。
- 车险成为最主要的财险。
- 行业管理能力滞后和车险费用率居高问题显现。

阶段三（2007~2014年）
- 针对上阶段暴露问题，推行"信息化、上平台"措施，全国商业车险平台陆续启动建设，并于2010~2011年分批次上线。
- 2013年，中国保险信息技术管理有限责任公司成立，中国保险行业有了自己的行业信息平台。

阶段四（2015年至今）
- 中国保监会印发《深化商业车险条款费率管理制度改革试点工作方案》，车险费率市场化改革开始实施。
- 2020年，汽车保险综合改革开始实施。
- 2021年，中国保险行业协会正式发布《新能源汽车保险商业保险专属条款（试行）》，新能源车险开始上线。

图1　我国汽车保险发展历程

资料来源：根据公开资料整理。

二 汽车保险市场的现状

随着汽车保险综合改革的不断深入，车险进入存量精细化运营和变革阶段。车险保费增速放缓，科技驱动产品创新、精算定价、风险管理、营销、客户服务等流程显得尤为重要。

（一）车险市场份额下降，但仍占市场主导地位

随着汽车从奢侈品逐渐变为日用品，并走进了千家万户，汽车保险的市场份额在不断增长。在汽车保险恢复之初，汽车保险仅占财险市场份额的2%，之后快速增长，1988年成为中国财险中的第一大险种，2006年车险保费首次超过千亿元，车险市场份额超过财险市场的70%。虽然近几年随着汽车保险综合改革的推进，车险市场份额呈现下降的趋势，从2015年的73.6%下降至2023年的54.7%，但车险在我国财产保险的保费收入结构中仍然保持着重要地位（见图2、图3）。

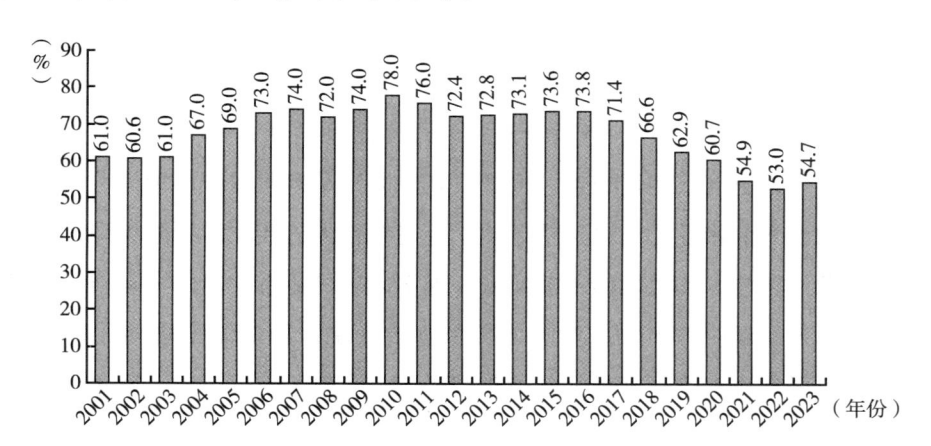

图2 2001~2023年中国车险保费收入占财产保险保费总收入的比重

资料来源：国家金融监督管理总局。

虽然车险总体市场增速放缓，但新能源车险市场当前仍处于高增速阶段，保费规模快速增长，发展潜力巨大。新能源汽车市场规模的快速增长，

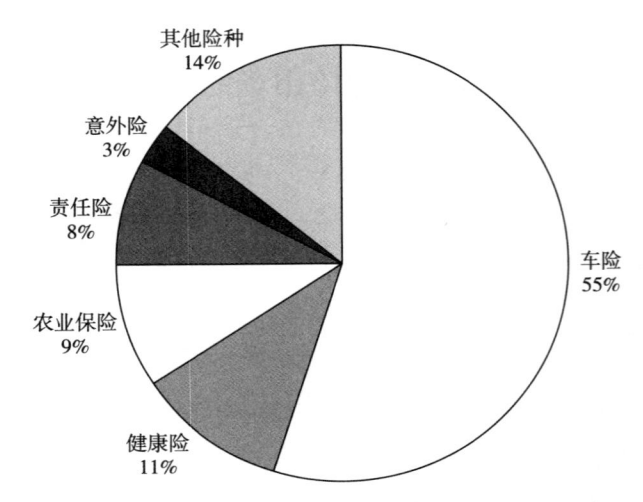

图 3　2023 年全年中国财产保险保费收入结构

资料来源：国家金融监督管理总局。

带动了新能源车险需求的快速增加，新能源车险的保费规模增速远超过总体车险保费增速。

新能源车险保费收入的高增速，来源于市场规模和险种类型两方面的原因。在市场规模方面，新能源汽车总销售量和保有量快速增长，直接带动了新能源车险规模的扩张。在险种类型方面，新能源车险多样化的险种使得险企有机会寻找更多新的增长点。例如，新能源汽车专属保险政策许可企业针对新能源汽车的特性，设立包括电网、充电桩在内的四项专属附加险，且随着新能源汽车技术和性能的不断发展，现实需求可能带动新的车险类型的产生，进而带动新能源车险保费的增长。总的来说，新能源车险相比传统车险，在市场规模和险种类型上都独具优势，是当前车险领域中充满潜力的增量市场。

（二）产品和应用场景复杂化，消费者需求多样化

我国汽车产业的新能源化进程不断加快，相应而来的是保险公司面临着新型的汽车产品和使用场景。

1. 新能源汽车产品构造与燃油车差异大，费率高于传统车险

新能源汽车与燃油车在产品构造、生态系统方面差异巨大，维修成本高。新能源汽车目前仍未形成有效且低成本的维修体系，送修成本较高，车企议价能力较强，与此前燃油车下保险公司与4S店实现送修资源互换的模式存在差异，不利于保险公司控制维修成本。

另外，随着车电分离和换电模式的兴起，新能源车险的风险因素也更加复杂。车电分离模式指车身和电池产权分离，在换电模式基础上，车主向整车制造企业购买不含电池的整车，并支付电池的租赁费用以获得电池使用权。车电分离模式下，车辆车身所有者和电池所有者不同，保险公司面临的风险管理问题更为复杂。车电分离模式在承保标的、承保风险范围、赔付责任等方面对保险行业提出了新的挑战（见表1、图4）。

表1 非营业燃油车与新能源车保费对比

项目	燃油车	新能源汽车
车险组合	交强险+车损险+第三者责任险+附加险	
承保对象	发动机、变速箱等	三电系统（电池、电机、电控等）
附件险	盗抢险、车上人员责任险等	附加外部电网事故损失险、自用充电桩损失险、自用充电桩责任险、火灾事故限额翻倍险等
折旧比例	每月0.6%	每月0.63%~0.82%（折旧比例整体高于燃油车，纯电动类采用按汽车价值梯级折旧系数）

注：商业车险定价方式：商业车险保费=基准保费×NCD无赔款优待系数×交通违法系数×自主定价系数。

资料来源：车e估。

2. 网约车、无人驾驶汽车等多平台兴起，多元使用场景下保险要求不一致

伴随着互联网的兴起、无人驾驶技术的逐渐成熟，汽车的使用场景更为多元化，这对保险产品提出了新的要求。

从公开信息可以了解到，目前任何单一险种产品均无法满足智能网联汽车基于其科技环境和差异化场景的保障需求，现阶段路测的智能网联汽车多采用"车险+财产险+责任险"的组合方案承保。以"萝卜快跑"为例，其

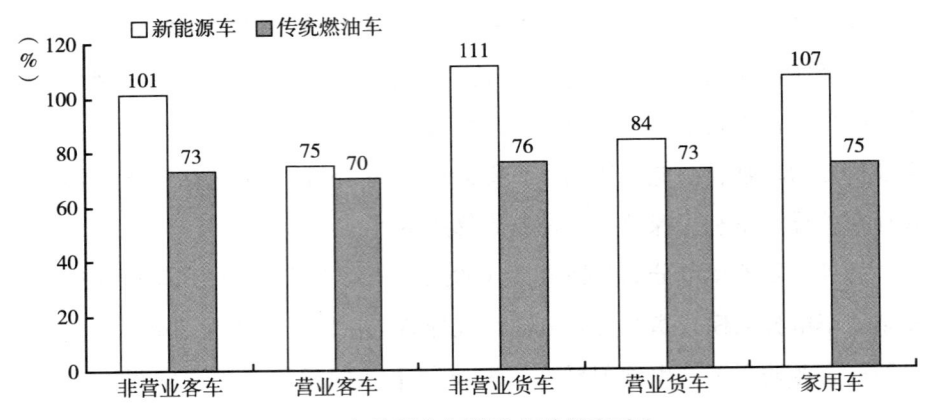

图 4 新能源车与燃油车赔付率对比

资料来源：中再产险。

试点车辆按照现有车险条款投保了交强险和交通事故责任险等产品，被保险人录入的是每辆车配备的安全员信息。但即使采用组合方案承保，无人驾驶车辆也存在涉车产品以非车险种形式承保的合规问题、各险种的适用标准和赔付依据差异问题、责任划分与赔偿时效问题等。

（三）汽车产业变革之下，车企积极布局汽车保险产业

汽车保险参与者众多，随着技术不断进步，业内参与者也在不断变化。当前阶段，业内除了有传统险司、中介公司、科技平台公司以外，越来越多的车企也进入了汽车保险产业中。车企作为国内汽车保险产业的新兴玩家，进入保险市场的方式主要为设立保险经纪公司，如比亚迪、广汽（见图5）。

车企具有先天的数据获取优势。作为汽车的生产商，大部分车企，特别是新能源车企拥有天生的数据化、在线化和智能化优势，在驾驶行为数据和数字化车主服务等方面能力突出，且车企对新能源汽车的技术、风险、性能等情况更了解，也更具专业性。车企掌握了数据资源，有助于依照用户行为进行风险刻画，为未来个性化的车险产品定价提供数据支撑。

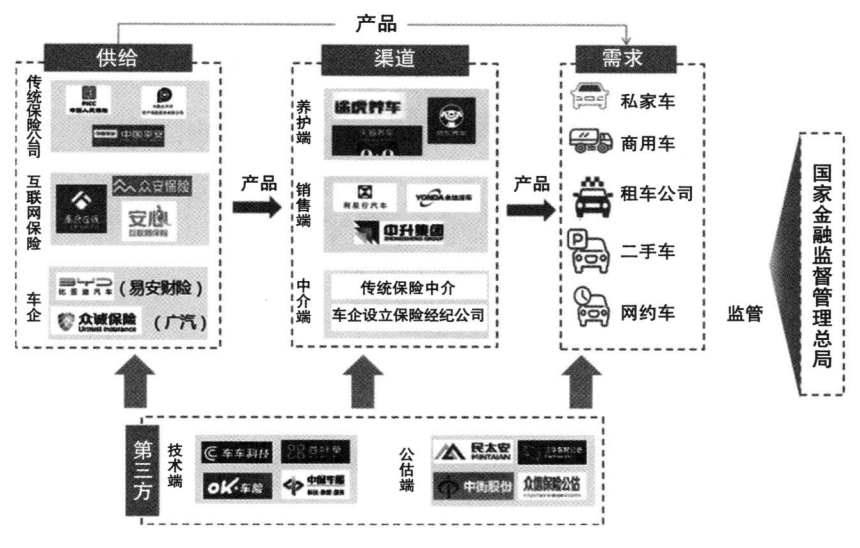

图 5　汽车保险产业主要参与者

资料来源：根据公开资料整理。

三　多源数据在汽车保险产业的应用

（一）汽车保险产业多源数据介绍

多源数据指的是从多个不同来源收集的数据，这些数据可以是结构化的、半结构化的或非结构化的。具体到汽车保险产业，则是囊括车辆数据、行驶数据、人员数据等多个维度的数据。在汽车保险产业，多源数据的应用可以极大地丰富风险评估和定价策略，多源数据的整合和分析可以提供更全面的视角，帮助保险公司更准确地识别和量化风险，从而制定更合理的保险费率，同时也为保险公司提供了个性化服务和产品创新的机会。汽车保险产业多源数据的构成如图6所示。

（二）多源数据应用的技术基础

伴随着我国数字经济的不断发展，汽车保险领域积累了海量的数据，涉

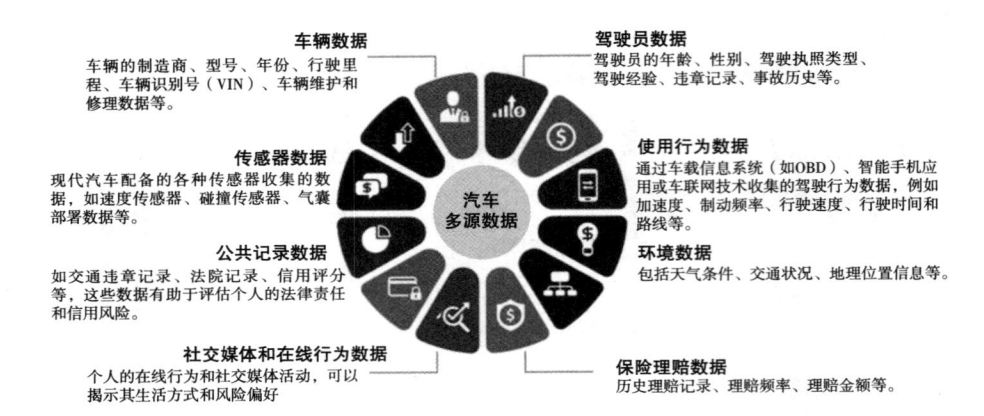

车辆数据
车辆的制造商、型号、年份、行驶里程、车辆识别号（VIN）、车辆维护和修理数据等。

驾驶员数据
驾驶员的年龄、性别、驾驶执照类型、驾驶经验、违章记录、事故历史等。

传感器数据
现代汽车配备的各种传感器收集的数据，如速度传感器、碰撞传感器、气囊部署数据等。

使用行为数据
通过车载信息系统（如OBD）、智能手机应用或车联网技术收集的驾驶行为数据，例如加速度、制动频率、行驶速度、行驶时间和路线等。

公共记录数据
如交通违章记录、法院记录、信用评分等，这些数据有助于评估个人的法律责任和信用风险。

环境数据
包括天气条件、交通状况、地理位置信息等。

社交媒体和在线行为数据
个人的在线行为和社交媒体活动，可以揭示其生活方式和风险偏好。

保险理赔数据
历史理赔记录、理赔频率、理赔金额等。

图 6　汽车保险产业多源数据的构成

及保险产品数据、车辆数据、事故数据等多个方面，存储的形式也涵盖了图片、文字、视频、语音等多模态数据，但由于数据量庞大、数据格式不统一、数据架构混乱等问题，IT系统无法对车险数据进行精准的识别与分析，车险数据价值没有充分发挥。近年来，随着知识图谱、区块链、大模型等技术的发展，基于汽车保险场景的多源数据融合分析成为业内关注的重点。在此思路下，以车险场景下原始数据为基础数据库，从中提取不同场景下的业务特征和知识特征作为构建保险场景下知识和业务库的数据，随后进行特征与知识的融合，可以使人们更好地从海量、复杂的多源数据中获得更多洞察，从而实现在保险场景下多源数据的智能认知和自动分析，为各类车险场景业务赋能。

（三）多源数据在汽车保险产业的应用发展

1. 利用数据分析预防欺诈风险

保险公司利用过去的欺诈事件数据建立预测模型，将理赔申请分级处理，可以很大程度上解决车险欺诈问题，包括车险理赔申请欺诈、业务员及修车厂勾结欺诈等。

2. 搭建多源数据风险评估体系，精准化产品定价

在车险的风险定价方面，大数据分析的应用使得保险公司有能力通过更精确的定价模型预测保费金额，从而实现基于预判风险水平的风险定价。

3. 多维度洞察客户喜好，利用大数据开展精准营销

大数据可以帮助保险公司分析客户信息和行为数据，进行市场细分，实现精准营销。例如，通过分析客户的社交媒体行为、消费习惯等，保险公司可以预测客户需求，推荐适合的保险产品。

四　总结与展望

（一）加速保险科技整合，向定制化车险迈进

在汽车智能化的大趋势下，针对具体车型、不同驾驶员的习惯，设计精准化保费已成为越来越多消费者的诉求。保险行业要加速与智能驾驶和车联网技术的融合，充分利用汽车丰富的传感器数据，开发基于用户驾驶行为的个性化保险产品。依托数据驱动的转型，特别是深化对"人—车—环境"综合数据的分析，利用多源数据交叉分析，真正为车主提供优质的产品。

（二）针对自动驾驶技术开发新产品

自动驾驶技术不断成熟，在现实生活场景中的应用也越来越多，但针对自动驾驶开发的产品却处于空白状态，而市场上的消费者对自动驾驶车险的需求正在迅速增长。一些车主表示，他们更愿意为高安全性的自动驾驶车险支付较高的保费。目前市场普遍认为 L3 级自动化是高级驾驶辅助系统（ADAS）和智能网联汽车（CAV）之间的临界点。该级别以上的自动驾驶面临着车辆自身损失（含传感器、车上相关设备）、财物等经济损害或人身意外伤害等一系列风险，因此需要形成一个单独的产品形态，以适应自动驾驶汽车的测试和商用需求。

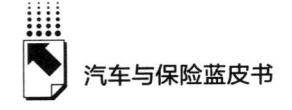

（三）利用数据开展风险减量，降低赔付成本

2023年，国家监管部门发布了《关于财产保险业积极开展风险减量服务的意见》，这意味着保险的作用在原有风险"等量转移"的基础之上提出了新的要求。一是做好事前的预防与管理，降低风险发生的可能性；二是事后紧急应对，降低损失。可利用车辆VIN码、车主驾驶行为、气象等数据对风险行为提前预警，降低事故发生的概率；同时搭建应急预案模型，做到事后的最优化救援，降低赔付金额。

（四）整合上下游多源数据，融入汽车产业链

汽车保险产业的未来发展应更深入地融入汽车产业生态系统，成为该生态中的一个重要环节。这意味着保险产品和服务不仅仅局限于传统意义上的风险覆盖，更应与汽车的销售、维护、修理多个市场服务紧密结合，为消费者提供一站式、无缝连接的服务体验。产业链之间通过建立更加开放的数据交流和共享机制，各方可以实时准确地收集和分析有关新能源汽车的使用数据、维修数据和驾驶行为数据。这不仅有助于保险公司开发出更符合市场需求的保险产品，也能够帮助汽车制造商优化产品设计，最终实现新能源汽车产业链的整体优化，降低成本，提升效率。保险公司可以更好地理解消费者需求，同时也为汽车制造商提供增值服务，共同挖掘新能源汽车的市场潜力。

参考文献

[1] 腾讯研究院等：《守正创新·2024新能源车险发展报告》。

[2] 崔锁峰：《车联网大数据时代下汽车保险理赔存在问题及对策》，《汽车测试报告》2023年第21期。

[3] 桂文东：《车联网时代的保险服务创新及保费定价探析》，《浙江保险科研成果选编（2016年度）》，2017。

［4］吴晓军：《全国车险信息平台大数据战略实践》，《金融电子化》2016年第2期。

［5］郁佳敏：《车联网大数据时代汽车保险业的机遇和挑战》，《保险研究》2013年第12期。

［6］罗承舜、李理、张雨培等：《汽车驾驶行为保险助力车险高质量转型发展的前瞻性研究》，《西南金融》2023年第5期。

B.6
复杂多维网络的数据流通安全大模型

赵东明 张 杰 田 雷*

摘 要： 为解决跨行业的数据融通难题，在确保符合国家、行业数据安全保护要求前提下，可以通过构建面向"汽车流通大数据"的跨行业复杂多维安全大模型，支持跨行业数据安全融通，实现智能化安全检测分析、智能化应用。通过联邦学习、隐私计算、区块链、知识图谱、大语言模型等技术实现多方数据共享交互，构建复杂多维的安全大模型分析架构，实现数据监测、分析和汽车市场、营销、战略产品研究等，面向汽车行业输出行业化分析应用。

关键词： 安全大模型 多模异态网络 可信数据流通

一 打造汽车行业大模型需要安全的数据流通

数据作为数字经济的关键生产要素，受到国家高度重视。国家发改委《"十四五"推进国家政务信息化规划》提出3大任务、11项工程，明确指出要坚持"大平台、大数据、大系统"数据赋能，加快数据融合，健全国家数据共享开放体系。近年来国内出台了一系列相关政策与法律法规，以培育数据要素市场，激活数据要素潜能，做大做强做优数字经济。2019年11月，我国首次将"数据"列为生产要素，2021年9月，《中华人民共和国数

---

* 赵东明，中国移动通信集团天津有限公司AI实验室主任，研究方向为AI大数据技术；张杰，中国移动通信集团天津有限公司信息技术中心大数据产品经理，研究方向为大数据技术；田雷，中国移动通信集团天津有限公司信息技术中心大数据室经理，研究方向为大数据技术。

据安全法》出台,在国家层面建立健全数据交易管理制度。2022年9月,国务院批准了《全国一体化政务大数据体系建设指南》,做出加快推进全国一体化政务大数据体系建设的决策部署,完善了数字生态。

(一)产业升级急需汽车行业的数据融通应用

随着汽车行业的不断演进和市场竞争的加剧,汽车流通大数据的跨行业融通应用已成为行业内的迫切需求。这种需求不仅源自对消费者行为、市场趋势和竞争格局的深入洞察,更是推动汽车产业全价值链数字化转型升级的客观要求。

通过对汽车行业多维数据的有机结合,为企业构建全面、立体的市场视图,不仅能够揭示消费者需求、偏好和购买行为的深层次模式,还能为企业提供精准的产品定位、市场细分和营销策略。在此基础上,企业可以更加敏锐地捕捉市场变化,优化产品组合,提升服务品质,进而在激烈的市场竞争中占据先机。

因此,行业内对汽车流通大数据的跨行业融通应用有着强烈而迫切的需求。满足这一需求,不仅需要先进的技术支持和完善的数据治理体系,更需要行业各方的深度合作和开放共享,充分释放大数据的潜力,推动汽车行业实现全面升级转型。

(二)汽车行业数据流通机制

数据要素投入生产的途径可概括为三次不同的价值释放过程。具体到汽车流通数据领域来说,一次价值体现在业务贯通层面,通过实体的数字化、数据的标准化打通数据间的流通壁垒,夯实汽车行业数据与电商等数据间的融通应用基础;二次价值体现在数智决策层面,通过数据挖掘和分析,洞察汽车流通市场中的消费者行为模式、市场趋势和竞争格局,为企业的市场定位、产品优化和营销策略提供有力支持;三次价值则体现在数据流通层面,通过数据在主体之间的流动,让数据流通到需要的行业和企业,实现数据要素价值的更大释放。

为了更好地解决行业合作、交互可信和数据共享问题，实现跨行业的模型共享训练以及生态构建，中国移动通信集团天津有限公司（以下简称"天津移动"）与中汽数据（天津）有限公司（以下简称"中汽数据"）联合建设了安全大模型系统并实现规模化应用。一方面，天津移动与中汽数据合作构建面向大型数字网络复杂多维安全任务的大模型，建设智能分析引擎技术，增强人机交互过程中对机器理解安全知识的自我修订和持续修正能力，替换原有的多安全系统的查询搜索、人工研判功能。实现多维问题数据关联和智能化处置决策建议，实现自动化智能化高效运行。另一方面，天津移动与中汽数据合作，构建面向隐私计算的多方数据共享模型训练引擎，实现通信运营商和汽车行业的信息交换安全可控，用于汽车增换购推荐、风险控制识别、智慧零售、安全评估、信息保护等场景，在数据融合赋能前提下实现多方隐私保护和可信 AI 模型迁移训练，构建通信和汽车跨行业数据合作生态，联结数据孤岛，挖掘数据联合价值。

二 数据流通安全大模型在汽车行业的应用场景

汽车流通数据的迅速增长已成为行业发展的重要驱动力，其涵盖车辆销售、车辆库存、车辆价格、消费者行为以及市场趋势等多个方面，为汽车产品的优化和市场策略的调整提供了有力支撑。充分发挥汽车流通数据的价值，不仅可以提升汽车流通效率、优化消费者购车体验，也是推动汽车行业数字化转型和赋能新经济发展的必然选择。因此，深入挖掘和应用汽车流通数据，对于促进汽车行业的持续健康发展具有重要意义。

当前，实现汽车行业和电信行业的跨行业数据融通，存在以下典型问题。

（1）缺少跨行业的数据交互保护基础手段。在国家和行业高度重视数据隐私保护的背景下，确保数据交易合规成为复杂的问题，企业对数据外部交互的可行性和合规性信心和手段不足，严重阻碍了跨行业的数据融合应用。

（2）缺少行业化安全知识融通识别能力。汽车行业数据涉及生产、制造、流通、交通运输等多个领域，数据专业背景知识构成复杂，在多维数据联合分析背景下，缺少行业化的知识语料实现对复杂行业数据的精准识别分析，严重影响了数据融合分析效能和实现能力。

（3）缺少行业化安全检测建模分析能力。目前行业内数据持有方普遍缺少总结行业内在生产、制造、流通、运行各环节异常场景的模型化分析能力，难以发掘海量数据价值，实现数据有效精准分析。

（4）缺少深度学习和自优化手段。目前行业内数据深度挖掘分析的智能化技术应用能力不足，使用的统计型分析手段严重依赖人工调优和干预，难以实现基于智能化技术的自动数据分析。

通过利用 LLM 大模型、区块链、同态加密、联邦学习、多方计算等技术，探索大模型联合训练，为车联网数据流通中的隐私保护提供了创新工作思路。

为解决汽车行业与电信行业之间跨行业数据融通的难题，我们应该在确保符合国家、行业数据安全流通要求前提下，通过构建面向"汽车流通大数据"的跨行业复杂多维安全大模型，支持跨行业数据安全融通，实现智能化安全检测分析。

这一模型需要包括如下模块。

（1）基于区块链、隐私计算的可信数据交互技术。通过结合区块链技术、多方计算、同态加密等新技术，构建中汽数据与天津移动的可信数据交互机制，在符合国家、行业数据安全流通要求前提下，引入隐私计算数据交互机制，实现复杂多维数据的多方碰撞交互。通过同态加密实现数据交互过程的数据通道加密，确保数据在交互过程中的防窃取特性。

（2）跨行业数据解析和内容识别技术。该技术可以解决在多模异态状况下对汽车行业数据语义认知能力显著不足的问题，针对传统基于深度学习的多模态情感分析技术，模态浅层特征与语义向量在广域场景下特征融合匮乏，难以完成跨域场景下多情感任务处理、跨域语义因果认知、多区域间深度语义情感理解等现状问题，研发多模异态状况下的网络安全数据语义情感

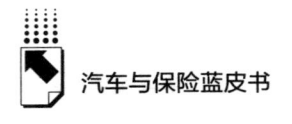

认知机制。

基于提示学习的跨域多情感任务联合分析方法，旨在检测广域、跨域对话过程中所传达的情感模式，研究跨域情况下情感共性和唯一性对最终分类结果的影响。本研究采用具有固定体系结构的工具来微调预训练语言模型（PLMs），通过引入额外的参数和使用特定任务的目标函数来对模型进行优化，以获得最优结果。提示学习充分利用了语言模型在学习大规模安全语料后得到的知识、模式以及文本生成能力，在训练数据很少甚至没有的情况下完成情感认知任务。设计多任务提示学习交互层（MPIL），MPIL 利用交互学习网络来建模单任务提示和多任务共享提示之间的共性以及个性，通过预训练语言模型分别获得情感、情绪、讽刺的分类结果。克服多模异构数据情感分析任务交互停留在共享表征的现状，能够更充分利用异构数据（网络安全二义性、多义性）之间的交互信息，有效地提高多情感联合分析的效率和准确率。针对网络安全中常见的非结构化跨域长文本语义分析问题，以 Transformer 模型为核心，研究更具逻辑性、更能利用跨域因果语义关系的情感分析模型，以因果关系的上下文语义信息，实现整条长文本对话记录的情感分析结果判定。辅以专业化网络安全知识标注，实现跨域情感因果认知分析结果的可解释性。

（3）基于可信 AI 的安全大数据分析模型技术。通过可综合多模态、异源异构网络安全数据，实现数据深度分析，面向网络安全运营的常态工作场景，以实现高效安全监测、溯源、定位、预警处置所需的智能化核心分析能力为目标，解决当前安全运营工作中安全警告日志数据、流量数据单一分析，安全分析无法有效结合业务价值、资产状态、人员操作行为、威胁情报数据，安全分析效能不足的问题。

基于多模态的安全大数据分析模型及实现方法，包括安全智能分析和深度学习所需的安全语料库，通用型的网络安全知识图谱、基于图计算设计的数据关系推理算法，可实现从多模态数据中提取安全实体、关系和属性信息，并表示为图结构，通过多模态知识图谱技术帮助学习不同模态数据之间的关联性，基于图卷积网络（GCN）学习图谱中实体之间的关联及实体之间的跨模态关系、语义等；研发基于大模型的推理分析技术，使用图神经网络（GNN），发现隐藏的关系和模式；设计高效能安全推理引擎及算法技术，包括可自监督学习的调整算法和奖励算法，实现大数据量背景下的可持续改进分析模式。

三　具体实施技术方案

（一）业务流程和部署架构

通过构建跨行业的数据融通机制，利用隐私计算、区块链等技术实现在确保符合行业数据保护要求条件下的多方数据碰撞交互，天津移动在通信网侧通过结合自有汽车运行态数据，构建复杂多维的安全大模型分析架构，协助中汽数据监测、分析汽车市场、营销、战略产品研究等情景，面向行业输出行业化分析应用（见图1）。

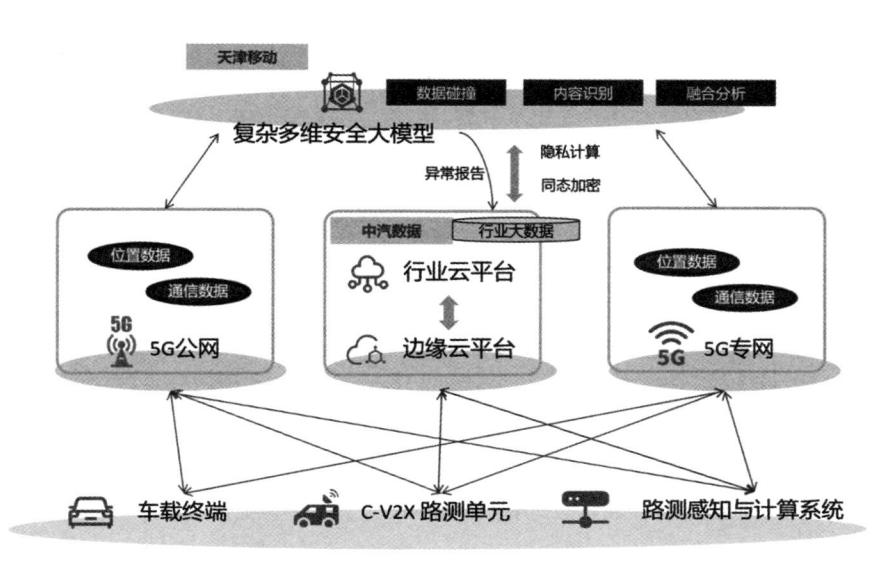

图1　面向汽车行业的安全大模型分析架构

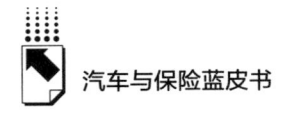

（二）主要功能

1. 多模异态网络安全风险语义认知功能

在多模异态状况下的网络安全数据语义情感认知机制，实现面向投诉工单、事件报告、管理规定、运行记录等文本信息的潜在安全语义认知，以发现风险事件，解决了在多模异态状况下对网络安全数据语义认知能力存在显著不足的问题，以及模态浅层特征与语义向量在广域场景下特征融合匮乏，难以完成跨域场景下多模异态任务处理、跨域语义因果认知能力弱等现状问题。多模异态网络安全数据语义认知模型技术架构如图2所示。

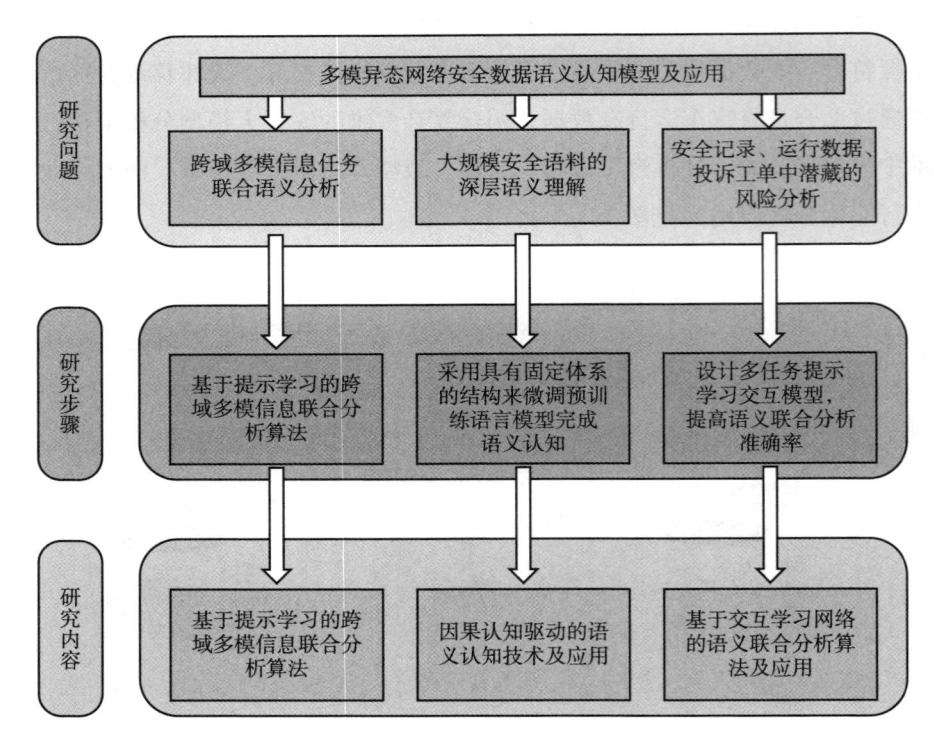

研究问题	多模异态网络安全数据语义认知模型及应用		
	跨域多模信息任务联合语义分析	大规模安全语料的深层语义理解	安全记录、运行数据、投诉工单中潜藏的风险分析
研究步骤	基于提示学习的跨域多模信息联合分析算法	采用具有固定体系结构来微调预训练语言模型完成语义认知	设计多任务提示学习交互模型，提高语义联合分析准确率
研究内容	基于提示学习的跨域多模信息联合分析算法	因果认知驱动的语义认知技术及应用	基于交互学习网络的语义联合分析算法及应用

图2 多模异态网络安全数据语义认知模型技术架构

多模异态网络安全数据语义认知模型有四大能力。

实现基于提示学习的跨域多模信息联合分析算法，支持检测广域、跨域的文本信息处理过程中所传达的潜在风险,精准分析跨域情况下的情感共性和唯一性对最终分类结果的影响。

采用具有固定体系的结构来微调预训练语言模型(PLMs)达到深层语义理解目标,通过引入额外的参数和使用特定任务的目标函数来对模型进行优化,以获得最优结果。充分利用了语言模型在学习大规模安全语料后得到的知识、模式以及文本生成能力,在训练数据很少甚至没有的情况下完成语义认知任务。

设计多任务提示学习交互模型(MPIL),利用交互学习网络来建模单任务提示和多任务共享提示之间的共性以及个性,通过预训练语言模型分别获得安全记录、运行数据、投诉工单中潜藏的风险、情绪、讽刺的分类结果,克服多模异构数据情感分析任务交互停留在共享表征的现状,能够更充分利用异构数据(网络安全二义性、多义性)之间的交互信息,有效地提高多模数据中语义联合分析的效率和准确率。

另外,在语义认知模型构建后,与传统自然语言处理模型融合,解决了安全管理实际问题,例如针对网络安全中常见的非结构化跨域长文本语义分析问题,以 Transformer 模型为核心,实现更具逻辑性、更能利用跨域因果语义关系的风险挖掘模型,以因果关系的上下文语义信息,实现对整条长文本对话记录风险挖掘结果的判定,辅以专业化网络安全知识标注,实现跨域风险挖掘认知分析结果的可解释性。

2. 建设面向隐私计算的可信数据要素流通管理功能

复杂多维网络安全大模型系统,不仅可实现漏洞监控、攻击溯源、风险监测等安全管理功能,更重要的是在跨行业数据合作过程中实现了信息共享的安全。通过构建可信数据要素流通管理能力,依托隐私计算技术,打造了面向数据隐私保护的可信 AI 数据要素流通新体系,在"数智联邦、数智联链、数智联图、联邦大模型"四方面开展了技术创新,打造通信、金融、汽车、医疗、政务的数据合作新范式,尤其重塑了中国移动与中汽数据的大数据合作模式,构建了多方数据分布式联邦学习平台,实现多种数智创新功能:数智联邦,实现"通信-汽车"数据融通合作可信,多方数据分布式计算,原始数据在本地进行模型训练,只交互模型中间计算结果,实现安全可信的跨行业联防联合可信 AI 平台。数智联链,"联邦学习+区块链"实现数据融通合作可信,区块链技术解决隐私计算的去中心化及可信安全问题,实现通信和汽车行业的模型共享训练以及生态构建。数智联图,联邦学习与图网络技术融合赋能,实现交往圈融通合作可信,打破图计算的数据边界,以"通信-汽车"深层内在逻辑识别更复杂、更全面的关系链条,以及汽车新购、增换购商机。联邦大模型,建设面向通信运营商和汽车行业领域知识库融合的大模型联邦迁移学习(FTL-LLM)平台,通过联邦学习将大模型的通用知识迁移给运营商和汽车企业本地端的领域大模型,同时通信、汽车领域小模型的专业知识也可以反馈给通用大模型,融合通信服务和汽车专业信息后,可以辅助两者的业务画像分析、商机挖掘、营销话术推荐等场景,从而达到通用大模型和本地小模型性能的共同提升。

(三)主要技术指标

采用 LLaMA-2 作为基座模型,该模型具备强大的跨模态理解和生成能力。其次,基座模型提供了在大型数据集上(2 亿张图像,220 万段音频,2800 万段视频)预先训练的投影层,系统构建的非结构化数据识别可支持亿级网络安全数据并发处理,多模态语音情感分类模型达到 80% 范围覆盖处理,文本客户情绪识别模型达到 80% 以上。

预训练数据配对的文本描述,使用多模态指令调整(M-IT)数据集进行额外的调整,经过训练后得到多模态编码器集合 AnyMAL(Any-Modality Augmented Language Model),将基于区块链、隐私计算等可信数据交互机制得到的合规数据转换到 LLM 的文本嵌入空间,构建强大的跨三种模态(图像、视频和音频)的多模态指令集对基座模型进行进一步微调(中汽数据和中移数据的特权威性决定了这是一个高质量的人工收集指令数据集),微调后的结果为后续复杂多模态推理任务提供了一个高可信的基准。最后,经过调试的最佳模型在各种多模态任务、自动和人工评估中都取得了很好的零误差性能,在 VQAv 上提升了 7.0% 的准确率,在零误差 COCO 图像字幕上提升了8.4%的CIDEr，在AudioCaps上提升了14.5%的CIDEr，获得了很高的SOTA。

基于经过训练后的多模态安全大模型，在跨行业数据解析和内容识别、保证数据安全和隐私的前提下，为智能网联汽车领域提供可信的数据分析和服务。

四　场景运行效果

（一）复杂多维网络安全大模型实现安全管理能力提升

复杂多维网络安全大模型系统，在安全运营场景中的应用为提高网络安全性、加强威胁检测和响应提供了有力的手段。其自动化和智能化能力有助于安全团队更好地保护组织的网络和数据，降低潜在威胁的风险。应用效果包括以下几个方面。

1. 自动化威胁检测和分析

大模型分析庞大的网络流量、事件日志和威胁情报，识别异常活动和潜在的安全威胁，大大减少面对安全风险防控的响应时间，帮助企业迅速应对威胁事件。

2. 智能威胁情报整合及分析

大模型从多个来源整合和分析威胁情报，包括来自公共数据库、内部日志和外部合作伙伴的情报信息。助力安全团队更好地了解威胁趋势，及时采取相应的预防措施。

3. 自动化响应及应急处理

大模型根据威胁的严重性自动执行一系列响应措施，例如隔离受感染的设备、封锁恶意IP地址等。降低了潜在威胁的影响，同时减轻了人工干预的负担。

4. 自然语言问答交互

大模型赋予安全管理语言生成、语义理解等深层问题认知能力，安全管

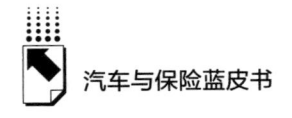

理专员能够直观地了解网络安全状况，并使用自然语言查询系统获取有关威胁情况的信息。

（二）以联邦学习技术构建跨行业合作的信息安全新模式

行业合作安全案例：随着汽车市场逐渐饱和，行业竞争日益激烈，汽车行业亟待引入人车打通的，全面、系统、精准的跨行业数据体系和能够保障多方数据安全的智能算法模型，以支撑深刻的用户洞察和精准营销触达。但用户数据与汽车数据、营销素材数据等分散在电信行业、汽车行业等不同主体，并且涉及个人隐私以及商业机密，面临数据应用壁垒。同时，业务场景应用需要基于大量、多元、异构数据间的联合应用与精准识别需求。因此，天津移动和中汽数据联合搭建面向数据安全、网络安全的人工智能大模型，将用户的属性数据、行为数据、偏好数据等与车辆数据、营销素材数据等联合，构建首购、增换购等场景下的精准营销算法，针对不同阶段、风格的用户制定千人千面的营销策略。目前，天津移动和中汽数据已实现在天津区域内重点车企的业务落地，已完成天津地区经销商 DSP 营销试点。

司法矫正人员进行风险评估案例：通过可信 AI 数据要素流通的数智联图技术"联邦学习+图网络"，天津移动与天津市司法局合作，实现交往圈融通合作可信，打破图计算的数据边界，识别更复杂、更全面的关系链条以及社交风险。联邦学习与图计算结合：联邦学习是一种分布式机器学习方法，它允许多个参与方在不共享数据的情况下进行模型训练和推断，从而保护数据隐私，而图计算则是一种处理图结构数据的方法，它可以用于社交网络分析、推荐系统、网络安全等领域。2022 年 1 月，应司法局要求，实现重点监控在刑保释与刑满释放的矫正人员的通信交往圈联系情况，司法局对矫正人员信息进行保密不能泄露，天津移动对用户通信交往圈保密不能泄露，通过隐私计算技术实现司法局、运营商数据联合建模，对司法矫正人员进行风险评估。

联合营销案例：结合"多方安全计算""大众市场 App 使用分析查询"

"外部行业数据解析"等12种能力,已完成洞见科技、富数科技、惠计算联邦学习平台的部署,与公安机关进行电信反欺诈的跨行业合作,和渤海银行合作进行信用卡风控、信用卡联合营销,与浦发银行开展资金价值提升潜客识别,与招商银行达成大数据商机挖掘合作意向,和司法局合作进行司法矫正人员风险评估。2021年12月,天津移动与渤海银行联合营销,融合运营商的消费等级、上网偏好、用户忠诚度、语音流量使用习惯等数据,解决银行营销目标用户不精确问题;结合运营商的用户位置、银行厅店位置信息,为线下银行业务引流。

(三)模型应用前景

复杂多维网络安全大模型系统已广泛应用于企业集中化监测工作中,处置复杂网络安全事件,具有优秀的推广价值,未来可拓展到民生、政务、金融、能源、交通等关键信息基础设施行业,可适用于具有内部独立管理的IT基础架构、面临复杂网络安全威胁、需要实现集中化安全运营管理的组织单位。

该模型未来在汽车行业的推广应用前景广阔。基于面向网络安全的多模态大模型,可以实现敏感数据不出库,并以预训练+微调的服务方式解决应用迁移和产品推荐中的冷启动问题,实现汽车行业多业务场景下的快速应用。

在用户研究领域,可基于用户评论、浏览等行为数据,通过情感大模型分析用户对汽车产品、营销策略的情感态度,提供精准化推荐,并指导产品设计、调整品牌策略,实现从用户到产品再到用户的业务闭环。

在行业研究领域,将市场产销等数据与政策咨询、行业动态、宏观经济等数据结合,通过网络安全的大模型,融入车企、咨询公司等汽车行业的市场研究知识库,构建知识图谱,实现汽车市场变化的归因分析,帮助车企快速掌握市场动向,及时调整战略及产品走向。

在汽车售后领域,将用户行为数据、车辆数据、零部件等数据与4S店营销话术及维修知识等相结合,构建智能化汽车售后客服,为用户及时推送

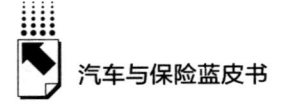

维修保养建议，为4S店提供维修方案建议，降低业务门槛，同时帮助保险公司预防保险欺诈，降低维保成本。

在汽车金融领域，基于用户价值属性数据、消费习惯等数据，构建用户信用模型和购车金融产品偏好模型，一方面帮助银行避免不良贷款，另一方面为用户推荐更加合适的贷款及保险产品。

B.7 数据要素开发中的数据资产合规管理

吴淑月 尚洁 田皓然*

摘 要： 在国家数据产业政策推动下，数据要素市场加快形成。在实践中，数据要素开发过程仍存在数据产权界定不清、数据质量风险、数据违约使用等问题，企业需重视数据资产合规管理体系建设。从企业实践角度，本文提出开展数据交易合规性审查、开展数据资源入表登记、建立数据全生命周期安全管理机制、增强数据合规文化保障等四方面建议。同时伴随着数据产业新业态，企业可积极关注数据保险等第三方专业服务模式。

关键词： 数据要素 数据资产管理 数据交易风险 合规管理

一 数据资产相关概念的基本内涵

在数字经济时代，数据要素开发中的数据资产合规管理已成为推动企业数字化转型与高质量发展的关键路径。讨论数据要素开发中的数据资产合规管理，首先应厘清数据要素、数据资产、数据资产化等基本概念。

（一）数据要素

根据《中华人民共和国数据安全法》第三条，数据是指"任何以电子

---

* 吴淑月，中国汽车技术研究中心有限公司中汽数据有限公司数据与信息化发展室研究经理，研究方向为数据资产管理与数据要素开发；尚洁，中国汽车技术研究中心有限公司中汽数据有限公司数据与信息化发展室研究经理，研究方向为数据资产管理与数据要素开发；田皓然，中国汽车技术研究中心有限公司中汽数据有限公司数据与信息化发展室研究经理，研究方向为数据资产管理与数据要素开发。

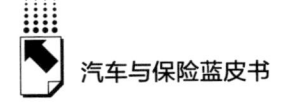

或者其他方式对信息的记录"。2020年，国务院发布的《关于构建更加完善的要素市场化配置体制机制的意见》，明确将数据列为五大生产要素之一，强调数据已成为国家战略资源，成为目前我国发展新质生产力的关键要素。对数据要素的开发和利用，需要进一步释放算法、算力等新的生产力，引发生产力和生产关系的重大变革。从这个定义上来说，数据要素与数据资源含义类似，只是在不同语境下有所区分。

（二）数据资产

数据资产强调数据作为企事业单位核心资产的价值。参考中国资产评估协会《数据资产评估指导意见》，数据资产可定义为"特定主体合法拥有或者控制的，能进行货币计量的，且能带来直接或者间接经济利益的数据资源"。由此分析，数据资产具备经济性、可计量性、管理性等基本特征。经济性具体指数据资产可直接或间接带来经济效益和社会效益，不能产生效益的数据不能纳入数据资产。可计量性具体指数据资产可以计量或交易，难以计量成本或效益的数据不能纳入数据资产。管理性具体指数据资产需要由组织或个人积极管理，开展数据加工、数据挖掘、数据治理等方面的工作，一般而言不建议将未经任何处理的原始数据直接纳入数据资产。

财政部在2023年发布《企业数据资源相关会计处理暂行规定》在鼓励和引导企业核算"数据资产"上具有里程碑式的意义，它将数据要素开发与企业资产管理挂钩，推动企业释放对数据研发的投入和数据购买交易需求。同时，推动企业普遍认可和重视数据要素开发中的数据资产合规管理，加快数据资产合规体系建设，推动数据资产合规开发、有序开发。

（三）数据资产化

数据资产化实际上是指原始数据要素通过数据要素开发，转化为企业数据资产，并进行有效登记、财务入表，并逐渐形成数据交易市场与数据可信流通体系，在合规流通使用中持续激活数据价值的过程。换言之，数据资产化就是对数据要素进行价值化开发，持续释放数据价值，使其成为数据资产的过程，数据资产合规管理为数据资产化提供必要的安全前提与保障。

二 当前发展进展

目前，国内数据资产实践处于初步发展阶段，发展趋势稳中有进。数据资产相关管理政策尤其是数据资产合规管理相关政策法规不断出台和优化，推动数据基础制度不断丰富完善。各行各业积极探索数据资产合规发展路径，加快数据产业生态的培育壮大。

（一）相关政策法规进展

国家层面，聚焦于数据资产合规管理，国家陆续出台《中华人民共和国数据安全法》《中华人民共和国个人信息保护法》等针对数据安全保护的法律法规，《中华人民共和国民法典》明确将数据纳入民法保护范围。国务院在2022年发布《关于构建数据基础制度更好发挥数据要素作用的意见》，首次明确提出构建数据基础制度体系，全面激活数据要素潜能。目前的数据基础制度体系主要包含数据产权制度、数据要素流通交易制度、数据要素收益分配制度、数据要素安全治理制度等四个方面，国家数据局明确表示近期抓紧出台包含数据产权、安全治理、企业数据开发利用等8项制度文件，将数据要素开发中的安全治理、风险防范、合规发展贯穿到数据生产、流通、交易全过程中。

地方层面，地方政府积极响应中央政策，出台相关规定，推动数据资产合规管理与有序开发。例如，北京出台《关于更好发挥数据要素作用进一步加快发展数字经济的实施意见》等多部数据要素地方法规，明确提出促进数据合规高效流通使用，保证数据供给、流通、使用全过程安全合规，重点推动建立数据资产登记和评估制度，支持数据投资、数据征信等数据资产化创新试点。上海出台了《立足数字经济新赛道推动数据要素产业创新发展行动方案（2023—2025年）》《上海市数据条例》等文件，积极推进数

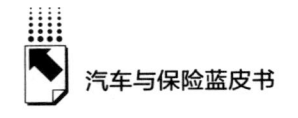

据资产化评估和试点，完善数据资源、产品、资产分类分层操作规程和安全规范，为数据要素合规开发积累先行经验。

（二）数据资产化实践进展

在政策推动下，我国数据资产化实践取得重大进展。根据《数字中国发展报告（2022）》，2022年我国数据产量达到8.1ZB，占全球总量的10.5%，居世界第二位，可供开发的数据资源十分丰富。各地纷纷建立数据交易场所，加速数据要素转化，促进数据资产化开发，截至2022年底，由副省级以上政府主导建立的数据交易场所超过30家。分行业看，目前金融、通信等领域数据资产化探索走在前列。金融领域，中国人民银行2021年印发《金融业数据能力建设指引》，指导金融行业数据要素开发，中国银行保险监督管理委员会2021年发布《商业银行监管评级办法》，将"数据治理"要求纳入商业银行监管评级要素，商业银行以客户精细化管理、金融产品创新等为代表的数据应用新场景已形成落地经验。通信领域，工信部2021年发布《信息通信业发展"十四五"规划》，提出要加强数据资源管理，研究制定信息通信领域公共数据开放和数据资源流动管理规定，探索建立数据应用加工、数据产品标准化、数据确权、数据定价、数据交易信任、数据开放利用等全流程数据资源管理体系，加强数据资源监管和数据要素市场行业自律。

（三）数据资产合规管理实践进展

基于目前数据资产化实践情况，数据资产存在价值易变性、低成本/零成本复用性、交易非排他性、共享性、时效性等方面的特征，为数据资产合规管理带来一定挑战。因此，需要通过有效手段，明晰界定数据生产、流通、使用过程中各个参与方的权限与权益，明确对公共数据、企业数据、个人数据等不同分类分级数据的授权要求与权限情况。

从数据产权研究角度，数据产权制度出台在即，目前主要将数据产权分为数据资源持有权、数据加工使用权、数据产品经营权，不纠结数据所有权，提倡三权分置的产权运行机制。数据资源持有权方面，主要指对数据要素的持有、管理、防侵害方面的权利，保障数据采集机构、原始数据持有机构权益，同时鼓励原始数据持有方对加工后的数据持有进行合规授权，推进数据要素复用与价值挖掘。数据加工使用权方面，主要指经过持有方的授权，能够在授权的方式与范围内，使用技术手段进行数据加工处理、挖掘数据价值的权利，鼓励数据持有方通过合规授权和有偿使用，推动数据使用权市场化流通，持续促进跨领域数据融合、数据深度加工与价值创造。数据产品经营权方面，主要指针对数据要素加工后形成的数据产品和服务，进行数据产品交易并获益的权利，鼓励数据参与方创新商业模式并合规获取数据收益，保障数据开发过程中投入的劳动、资本、知识等要素贡献获得合理回报，持续推进数据要素价值变现，繁荣数据流通市场。

从数据登记入表角度，目前各地方积极推进数据登记试点工作，截至2023年底，已有17个省份开展专项行动，具体包括搭建登记平台、出台地方登记办法、启动登记工作等，已颁发数据知识产权登记证书5000余张，累计接收申请超1.1万份。2024年5月，国家数据局推动全国24家数据交易机构联合发布《数据交易机构互认互通倡议》，实现数据产品"一地上架，全国互认"，数据产权登记工作向全国范围扩大推进。同时，2024年也是数据资产入表元年，目前仅有18家上市公司在财务报告中公开数据资产信息，整体处于起步推进阶段。

三　数据资产合规保障要点

（一）从数据参与方视角

参与数据要素开发的不同主体一般可分为数据卖方（数据产品及服务提供者）、数据交易中介方（数据交易所等平台方）、数据买方（数据产品及服务付费者）。不同主体基于数据交易的不同立场，数据资产合规保障面临不同风险。

1. 数据卖方的风险点

数据卖方需确认己方有提供数据产品及服务的权利，对原始数据，数据卖方需避免原始数据直接提供，对加工后的数据产品及服务，数据卖方需确认己方的持有权及经营权范围，并判断数据买方的数据使用方式、使用范围。数据卖方会对买方的数据使用存有疑虑，由于数据有零成本/低成本复用特征，在实际操作中，容易出现买方违约使用（如私下复用转卖数据）的情况，且使用情况难以留痕和追溯，损害到卖方数据权益。

2. 数据交易中介方的风险点

数据交易中介平台在交易担保过程中，对是否可以缓存数据的界定模糊。当买卖双方存在合规风险纠纷时，数据交易中介方是否要承担连带风险尚未有明确标准。目前国内数据交易仍在起步发展阶段，数据交易所交易模式、交易机制尚在探索中，各类风险防范措施仍有待进一步完善。

3. 数据买方的风险点

数据买方对卖方的数据来源合规性确认存在挑战，目前数据登记刚刚起步，数据交易市场信息壁垒较高，买方较难在交易前完全确认卖方数据合规，确认不涉及个人信息、隐私信息违规风险。由于数据要素市场初步建立，买方对从哪里可以合规获取有价值的数据存在挑战，优质数据产品与服务对接渠道获取仍有难度。同时，数据产品与服务的交付质量存在风险，由于数据价值目前没有统一衡量标准，数据质量评估结果与数据实际业务价值存在差异，一旦数据交付后出现质量问题，如何证明质量问题、如何进行维权、是否能索赔或退货等问题仍会带来困扰。

（二）从数据要素开发过程视角

1. 数据来源合规

目前数据产权制度尚未正式出台，缺少对数据资源持有权、数据加工使用权、数据产品经营权的合规性确认公示环节，业内尚未出现权威的、有行业公信力的、信息全面的数据权属公示平台。由此，在数据产品与服务流转交易的实践中，数据买卖双方存在较大信息差，存在卖方出售本身并无合法授权的数据产品的风险，如违规采集个人数据、违反协议倒卖数据、销售数据产品权属不清等。

2. 数据内容合规

数据分级分类及个人信息保护仍处于落地推进过程中。一般而言，数据内容合规需要注意是否含有危害国家安全和利益的内容、是否违反公序良俗、是否侵犯第三方合法权益（如商业秘密、知识产权、个人隐私、竞争性财产权益）等。

3. 数据质量风险

目前数据质量标准和数据定价标准尚未建立，数据产品及服务价值效果较难准确描述并达成共识。在数据产品及服务交付前，买方难以掌握数据质量的真实情况，难以预计数据应用效果及价值情况。在数据交付后，容易出现数据产品及服务价值不及预期的风险问题，导致买卖双方产生对数据查得率、数据准确率、数据真实性的争执。

4. 数据处理合规

数据在企业内进行处理的各个环节，需按照数据分级保护要求及业务需要，做好各个环节数据处理流程、人员权限的细化确认，采取必要的加密技术和安全措施，定期开展数据安全审计和数据风险监测，防止数据在加工处理过程中出现数据损坏、数据泄露等安全问题。

（三）数据资产合规保障需求分析

在数据要素开发的过程中，企业既需要重视对外数据产品与服务采购和销售过程，也需要重视建设内部数据资产开发利用能力，建立全方位数据资产合规管理机制，确保数据来源合法、产权清晰、开发合规。

四 企业数据资产合规管理的实施路径

（一）来源可信：数据交易合规性审查

要确保数据资产合规，首先要确保数据来源可信。目前，基于数据交易的模式、制度、流程的探索实践，数据来源的合规审查成为确保数据交易合

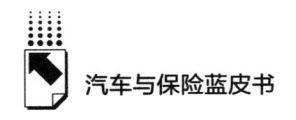

法、安全、有序进行的关键环节。数据交易主体需重点把握好数据交易前和交易中两个重要阶段的合规问题。交易前,需重视数据合规尽职调查和评估,订立严谨全面的交易合同,最大限度地规避数据交易风险。交易中,应做好全流程的数据交易跟踪监测,确保数据交易过程的全面合规。

1. 主体资质

数据交易合规性审查的首要任务是确认数据提供者是否具备从事数据交易的合法资格,具体审查其是否为数据的合法持有者、是否有权使用和处置数据、是否存在侵犯他人合法权益的风险。具体来看,针对数据主体合规性,可重点审查以下几个方面。

(1)经营资质,审查数据提供者是否具有经营相应业务所需的资质证明;

(2)人员保密,审查数据提供者是否有网络系统安全等级保护证书以及其他信息安全证明材料;

(3)安全管理,审查数据提供者的董事、监事、高级管理人员和数据、信息安全负责人是否签署了保密协议;

(4)诉讼纠纷,审查数据提供者是否因数据业务或产品与他人产生争议,是否有诉讼纠纷或行政处罚;

(5)安全事件,审查数据提供者是否发生过数据泄露等安全事件。

2. 数据来源

数据来源的合法性是数据交易合规性的基础。在审查数据来源时,需注意数据收集方法是否合法合规,是否已获得数据主体的明确同意,尤其是涉及敏感个人信息的。此外,保险期间,应确认数据是否为原始数据或是否来自可靠的第三方,是否存在数据伪造、篡改等风险。跨境数据交易需要特别注意数据来源国或地区的数据出口限制和法律要求,确保数据来源的合法性和正当性。具体来看,针对数据来源合法性,可重点审查以下几个方面。

(1)自采数据,审查是否有真实的场景,是否有成本投入,是否具有相应的处理能力;

(2)授权采集,审查是否有明确授权,授权内容是否合法合规,授权范围是否包括本批次数据，是单次授权还是期限授权，为期限授权的是否超过授权的期限；

（3）外购数据，审查是否有交易合同，是否允许交易方享有再次加工经营的权利，交易合同的内容是否合法合规，交易的内容是否与本批次数据一致；

（4）公开爬取，审查是否遵守了 robots 协议告知的可爬取范围，是否具有市场替代性，是否妨害了被收集者的政策运行。

3. 数据内容

数据内容审查是确保数据交易不违反法律法规和公共利益的重要步骤。具体来说，需要根据《中华人民共和国数据安全法》审查数据内容是否包括核心数据和重要数据，原则上来说，核心数据不能流传，重要数据有条件流传。同时，需要注意数据是否包含国家秘密、商业秘密、个人隐私等敏感信息，是否涉及违法犯罪活动或有害信息。对于个人信息数据，需要进行脱敏处理或获得数据主体的明确授权。对于政府公共数据，要审查是否涉及国家秘密、国家安全，是否涉及国民经济命脉，是否涉及重要民生，是否涉及其他重大公共利益。此外，建议对数据的质量和价值进行评估，避免低质量或无效的数据交易，确保数据交易的公正性和合理性。

4. 交易合同

数据交易合同是明确交易双方权利义务、保障交易合规性的重要法律文件。合同审查应重点关注以下几个方面。

（1）合同条款是否明确、具体，包括数据的范围、数量、质量、价格、交付方式、使用限制等；

（2）合同是否约定了数据的安全保障措施和违约责任，确保数据在交易和使用过程中的安全；

（3）合同是否明确了数据的合法使用范围和目的，防止数据被滥用或用于非法活动；

（4）合同是否约定了争议解决机制和法律适用条款，为可能出现的纠纷提供解决路径。

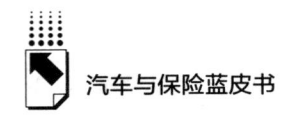

5. 合作过程的持续性监督

数据交易不是一次性活动，而是一个持续的过程。因此，合作过程中的持续监督对于确保数据交易的合规性至关重要。一般而言可以通过定期审计、风险评估、交易培训等方式来实现，确保交易过程持续性合规管理及风险预防。需要在合作过程中进行持续性监督的情况包括以下几个方面。

（1）交易双方是否按照合同约定的方式和范围使用数据；

（2）是否存在数据泄露、滥用或非法交易的行为；

（3）数据安全措施是否得到有效执行；

（4）是否及时调整和适应新的法律法规和监管要求。

（二）资产确认：数据资源入表登记

数据资源入表登记能够有效推进企业梳理相关数据资源，并聚焦于孵化孕育有价值的数据产品与服务，推动企业建立数据要素开发合规流程与持续性运转机制，为促进数据资产化与全生命周期管理提供有力支撑。从实践角度上看，数据资源入表登记工作以资产识别、成本计量、信息披露、价值管理为主要实施路径，范围覆盖分类体系、创利模式、授权链路、成本分摊、质量模型、披露管理等领域工作。

1. 资产识别

入表数据资源的识别主要有两个"基本条件"和四个"核心判断条件"。两个"基本条件"是指：第一，需要属于数据要素；第二，需要满足时间条件，按照现行法规，满足在2024年1月1日后产生的且可发挥价值的数据才能进行入表登记。四个"核心判断条件"是指：第一，已完成数据资源盘点梳理，入表的数据资源在已有的数据资源目录中；第二，企业拥有或控制，企业对该项数据拥有合法清晰的数据权属；第三，已经或者预期能为企业带来经济利益，有较为明确的价值应用场景；第四，成本和价值能够可靠计量，能够从财务角度按照成本法的要求准确归集和分摊数据相关成本。基于以上六个条件，企业数据资源主要包括内部系统数据、外部采购数据、通过业务创新产生的数据产品等，此外，少部分满足条件的集团层共享数据也可纳入入表范围。

2. 数据分级分类

数据分级分类首先是要做好数据资源的梳理盘点。基本步骤包括：第一，组织数据资源盘点培训，针对业务类系统和数据类系统分别开展，并从系统内容与底座关系、资产盘点统筹要求、盘点工作关注重点等方面介绍盘点工作，介绍各类盘点模板填写要求；第二，开展数据资源盘点，组织风险部门、运营部门等多个部门的业务与技术人员分批次进行数据资源集中盘点；第三，持续跟进盘点问题，定期对接业务和技术人员，了解盘点情况，解答盘点中出现的问题，形成问题清单，帮助盘点人员顺利开展盘点工作；第四，数据资产发布和维护，编写数据资产规则，对接数据资产平台发布的数据资产盘点成果；对存量变更数据资产与模型团队、盘点人员进行确认并在资产平台统一维护。

基于数据目录进行数据资源分级分类。可将数据资源按照不同业务领域进行主题域划分，并逐级向下细分为各级类目。例如，按照业务维度分类，可分为研发生产、销售业务、售后业务、客户管理等；按照技术分类可分为基础数据、指标数据、标签数据、图谱数据、模型数据、知识数据等。数据级别可分为核心数据、重点数据、一般数据等。

3. 明晰产权

通过对数据资源授权链路进行分析，判断数据资源是否为"企业控制或拥有"，并对数据资源进行溯源。具体可参考数据交易合规性审查部分。

4. 盈利模式

衡量数据资源预期能带来的经济利益，要以创造经济利益的业务场景、创造经济利益的数据要素、创造经济利益的数据模型为出发点，建立"业务价值-数据要素-数据价值"的对应关系。

5. 成本计量

根据对数据资产的全生命周期以及数据价值链路的分析，梳理各阶段的成本类型与分摊比例，为计量提供输入信息。关键环节在于打通数据视角和项目视角两个不同维度下成本分类的关联关系。数据视角着眼于数据全生命

周期管理，包含采集、治理、合规、研发、运营等不同过程的成本支出。项目视角着眼于项目全生命周期管理，包含人工、硬件、软件、咨询等成本支出。一般需要数据管理团队、项目团队与财务团队系统配合，对各阶段的成本类型和分摊比例做具体确认。

6. 数据质量

数据质量往往成为影响数据交易效果以及持续性的重要因素。需要综合判断数据资源的完整性、一致性、准确性、有效性和及时性，对数据价值进行基础评估，具体分析数据资源是否能够达到入表状态。

7. 信息披露

按资产入表相关要求，数据资产相关信息披露包含强制披露与自愿披露两部分，两部分披露的主要不同表现在披露信息主体不同、披露位置不同、披露内容维度不同。强制披露要求从财务角度对数据的存货、无形资产方面进行披露，包括账面原值等具体的定量信息。自愿披露主要围绕应用场景与价值创造、原始数据基本情况、加工维护和安全保护、数据资源的应用情况、对重大交易的影响、数据资源权利变化、数据资源权利限制等内容进行披露。相比之下，自愿披露信息维度更加丰富，能够对企业打造数字化品牌带来更多有利影响。

（三）流程管控：数据全生命周期安全管理与风险防范

根据2020年正式实施的《GB/T 37988-2019 信息安全技术数据安全能力成熟度模型》国家标准（简称"DSMM"），企业应在数据要素从创建到销毁的全生命周期各个阶段建立数据安全管理机制，并在这个过程中，开展数据安全审计、数据安全事件应急响应机制建设等风险防范专项工作。

1. 数据全生命周期安全管理

（1）数据创建或收集

数据在初始创建时，要确保其访问权限和修改权限，保证其在创建过程中的完整性。需要对数据进行适当加密处理，保护数据不被随意篡改，保障数据传输存储安全。数据在收集时，由于来源多样，且具有不同的格式类型，更需要清晰明确数据来源，保证数据本身及来源、渠道合规合法，确定数据敏感程度，通过加密技术防止数据泄露。

（2）数据存储

数据在存储状态下，会面临多重挑战，比如数据权限滥用、内部人员窃取、黑客攻击等。数据存储阶段的安全需要通过物理隔离和数据保护技术相结合的模式来实现。同时，还应有严格完善的安全制度作为保障，推动做好数据访问控制、数据加密、数据备份等工作。

（3）数据使用

在数据被访问和使用的过程中，应确保数据授权清晰明确，不同角色用户对数据的访问界限应做科学划分。应做好数据跟踪，检测数据访问情况，必要时发出预警信号。从用户角度考量，应保障用户隐私不被泄露，做好对应的隐私保护措施。

（4）数据共享

在数据共享的过程中，应通过数据加密方式保证数据传输安全，并且基于数据共享协议开展数据共享活动，使用数据匿名化、隐私计算等方式保护数据中的敏感信息不被泄露。

（5）数据销毁

数据销毁的方式有多种，比如彻底损坏数据存储硬盘、覆盖写等，保证数据被完全擦除、无法恢复，并且对数据销毁证明等备案材料进行归档存储。

2. 风险防范专项工作

数据安全审计是保障企业数据合规、规避数据安全问题的有效手段。数据安全审计主要包括数据安全治理、数据安全管理、数据平台技术等方面的安全合规检查，必要时，可开展特定专题的审计工作，作为传统数据安全审计工作的补充。

数据安全事件应急响应机制是通过标准化流程机制的建设，在监测预警系统或人工方式发现数据安全事件时，尽快对事件做初步的分析与评估，确定影响范围和性质，根据评估结果决定是否启动应急响应流程，组建数据安

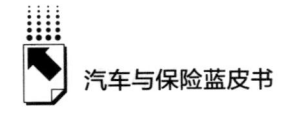

全应急响应团队，合理分工、落实责任、高效沟通，推动妥善解决数据安全事件，并在解除警报后总结经验，制定提升计划。

适时开展数据安全应急响应演练。当数据安全事件发生后，应急响应的速度快慢、方案适配度、实施力度都决定了事件造成的后续影响和危害大小，适时在日常正常状态下模拟开展数据安全应急响应演练，可发现疏漏点，完善响应机制，提高真实事件下应急响应工作的反应速度和落实质量，避免造成更严重的后果。

（四）组织保障：数据合规文化保障

加强数据安全合规制度体系建设。建立完善的数据安全合规制度体系，为数据安全合规提供工作指引，有利于整体把控数据安全管理工作，提升数据合规管理效能。数据安全合规制度需从数据的全生命周期切入，制定相关保障措施，保障数据在采集、传输、存储、使用、销毁等流程中的安全性和合规性。

定期开展数据安全合规培训。提高组织人员的数据安全合规意识，尽可能减少工作中可能造成数据安全合规事件的风险。应定期组织相关培训，树立员工的数据安全意识，强化员工数据合规防范能力，减少在日常工作中由于人为原因出现的数据安全隐患，保障企业生产活动数据的安全合规。

五 数据资产合规管理的发展展望

伴随数据要素开发的持续深化，数据要素市场加快形成，行业中已经开始出现围绕数据资产合规管理的新模式与新业态，比如数据保险服务、数据合规认证服务、数据安全审计服务、数据争议仲裁服务、数据风险评估服务等。国内已有保险公司推出数据资产合规管理系列保险产品，"数据安全产品"为企业在合法开展数据处理活动中由数据安全事故导致的损失进行理赔，"数据知识产权保险"为任何第三方对被保险人合法拥有的数据知识产权实施侵权导致的损失进行理赔，"数据资源入表费用损失险"对被保险人聘用第三方机构协助开展数据资源入表的费用进行保险，对入表失败风险进行理赔。由此可以展望，在数据要素市场的加快发展过程中，企业除了关注数据交易管理、内部数据合规开发能力建设之外，还可选择更多第三方专业服务业态，加速推进企业数据资产合规体系建设，为数据要素开发保驾护航。

汽车行业应用篇

B.8 基于用户调研和数据分析的车内环境健康技术研究

田博阳　王秀旭　庄梦梦*

摘　要： 随着我国民众健康意识的日益提升，车内环境健康状况已成为社会各界普遍关注的焦点。历经十多年的不懈努力，我国健康汽车技术领域取得了显著成就，有效回应了消费者对于健康出行的迫切需求。本文通过深入调研我国消费者的车内健康性能感知情况，直接捕捉其对健康汽车的真实期待与诉求。在此基础上，结合行业发展现状，依据《健康汽车技术规则（2022年版）》，对2024年的市售主流车型进行测试分析，揭示了我国健康汽车技术当前的发展状况与行业水平，进一步明确了未来的发展方向与提升空间。结果显示，我国汽车的健康水平可以满足消费者的基本健康需求，但在臭气浓度等气味性能指标上有待提升。

---

* 田博阳，中国汽车技术研究中心有限公司中汽数据有限公司回收利用室咨询研究员，研究方向为车内环境健康性能；王秀旭，中国汽车技术研究中心有限公司中汽数据有限公司可持续发展业务部部长，研究方向为车内环境健康性能；庄梦梦，中国汽车技术研究中心有限公司中汽数据有限公司回收利用室主任，研究方向为车内环境健康性能。

基于用户调研和数据分析的车内环境健康技术研究

关键词： 健康汽车　数据调研　消费者

一　中国健康汽车技术研究背景

在国家发展的宏伟蓝图中，健康不仅关乎每一个个体的福祉，更是国家和民族长远繁荣的基石。在"健康中国"战略背景下，健康消费观念深刻转变并持续升级，这给各行各业带来了新的挑战与机遇，汽车行业亦不例外。面对这一时代浪潮，探索并建立车辆从设计、生产到报废的全生命周期内更加环保、更加健康的技术发展路径，是汽车行业面临的重要课题。但健康化的转型之路，并非一蹴而就的，所以汽车行业应秉持开放合作的精神，积极寻求与医疗等行业的跨界融合，搭建信息交流平台。在这个过程中，正向引导的力量也至关重要，为此需要借助媒体的力量，传播健康出行的理念，提高公众对汽车车内健康的重视程度，向"健康化"的发展目标迈进。

同时，用户消费需求层面，一个现象正悄然引领着市场变革，那就是健康消费需求的显著增长与深化。近期，央行发布的2024年第一季度城镇储户问卷调查报告显示，高达26.3%的城镇储户明确表示，在未来三个月内，他们计划将更多的资金投入医疗保健领域，这一比例在众多消费意向中脱颖而出，超越了旅游、社交娱乐、购房等多个热门选项。与此同时，中汽数据有限公司2023年消费者健康性能感知调研数据显示，接近七成的受访者选择将车内空气安全、健康作为购车的考虑因素之一。上述两项调研结果清晰地映照出，用户健康消费意识的全面觉醒与持续强化，预示着汽车健康产业也将迎来新的更大的发展机遇。

面对健康汽车产业发展机遇，我们要认识到，技术创新不仅是推动产业前行的核心动力，更是连接用户心灵、满足其深层次需求的桥梁。所以行业发展应秉持一个核心理念：技术创新要与用户的真实需求同频共振，致力于打造能让用户"感同身受"的健康汽车。具体而言，聚焦包括嗅觉健康、听觉健康、视觉健康、触觉健康、舒适保健在内的5大维度提升。为了实现这些目标，可以从空气污染防治、表面污染防治、噪声污染防治、光污染防治，以及人机工程与舒适保健、车内环境健康大数据、车内环境与健康关系、车内环境监管技术8大技术方向发力，将健康理念融入汽车的每一个细节之中，日益丰富车内健康的内涵，支撑打造全方位的健康驾乘新体验，打造核心的品牌竞争力。

为响应国家政策号召，满足消费者日益增长的健康用车需求，在中国消费品质量安全促进会指导下，中汽数据有限公司开展了一系列研究工作。2022年，启动了"中国健康汽车研究计划"，发布了《健康汽车技术规则（2022年版）》，促进行业技术进步和可持续发展。综观前一阶段的研究工作，健康汽车的技术路线不断丰富和完善，研究成果也引发了社会各界的广泛关注。

二 中国消费者车内健康性能感知调研结果

（一）调研目的及主要内容

不同于众多权威机构开展的传统意义上的综合性满意度研究，中汽数据有限公司精准聚焦于消费者最为关切、最为敏感的几大车内健康环境问题，开展车内健康感知专项调研，具体包括车内气味、过敏反应、车内辐射、空调过滤，以及车内紫外线隔绝效果等。采用电话调研的方法，调研对象为2023年度在国家市场监督管理总局缺陷产品召回中心采信的第三方平台上有过车内健康问题投诉的513位用户，调研范围覆盖全国158个城市。从多维度了解、分析用户对于车内健康问题的感知以及用户对于智能健康设备的了解与使用情况，厘清车内健康问题对用户及品牌形象的影响程度，为车内健康属性提升提供数据支持。调研对象覆盖自主、德系、日系、美系、韩系、法系等主流汽车品牌的车主，调研结果代表了中国车主对车内健康性能的真实感知情况。

（二）调研结果分析

1. 用户对车内健康问题的整体关注情况

从用户关注点来看，最关注的问题为车内气味，占比 89.6%。此外，过敏反应、车内辐射、空调过滤、紫外线隔绝，以及智能健康配置等其他方面也有不同程度的关注度（见图 1）。为此，本次调研围绕上述六个主要方面开展深入分析，为车企开发健康汽车提供数据支撑。

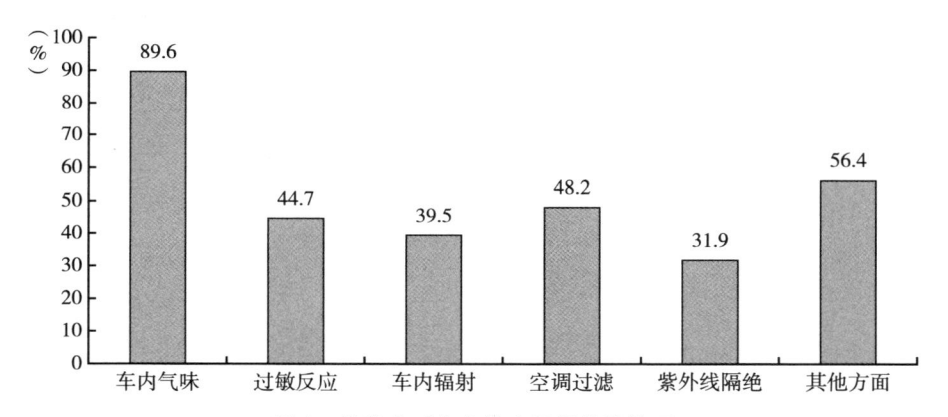

图 1　消费者对车内健康问题关注情况

资料来源：中汽数据有限公司。

2. 车内气味调研结果分析

车内气味是消费者嗅觉对车内空气的主观体验，影响因素繁多。本文从气味强度、气味类型、气味出现时间三方面对消费者进行调研，力求准确真实地反映消费者对车内气味的感知情况。

整体来看，32%的被访用户表示感知到车内的气味。在这些用户中，15%的车主认为车内的气味虽然较轻，但也能够感受到气味的存在。值得注意的是，有2%的车主认为车内的气味达到了不可忍受的程度（见图 2）。

车内出现频率最高的三种气味类型依次为皮革味、塑料味和橡胶味，占比分别为 42.3%、30.1% 和 18.4%。这三种气味类型在车内往往无法避免，例如高端车型内饰件使用皮质材料较多，经济型车型内饰件采用塑料制品较

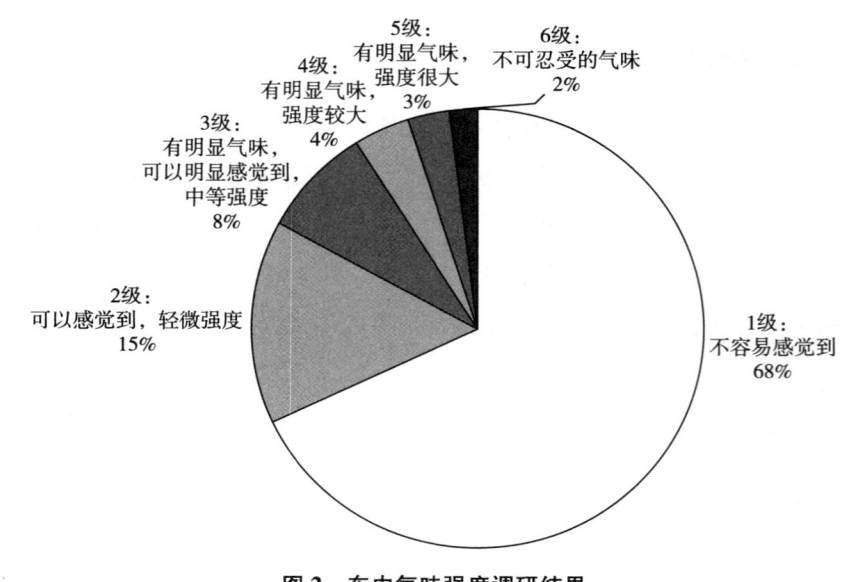

图2 车内气味强度调研结果

资料来源：中汽数据有限公司。

饼图数据：
- 1级：不容易感觉到 68%
- 2级：可以感觉到，轻微强度 15%
- 3级：有明显气味，可以明显感觉到，中等强度 8%
- 4级：有明显气味，强度较大 4%
- 5级：有明显气味，强度很大 3%
- 6级：不可忍受的气味 2%

多，都会产生相应类型的气味。相比较而言，消费者比较反感的气味类型是腐臭味、刺激味、焦烟味、农药味等，当车内出现这些气味类型时，消费者对该车型的投诉量就会升高，这是车企在进行车内性能开发时需要极力避免出现的气味类型（见图3）。

值得注意的是，新车出厂即带有的气味问题尤为突出，高达67.5%的消费者在购车初期便遭遇了这一困扰，这凸显了新车气味管理作为行业共性问题的紧迫性。此外，调研还揭示了一个不容忽视的现象：即便车辆使用3年以上，仍有3.1%的消费者反馈车内持续存在明显气味（见图4），这不仅是对品牌忠诚度的潜在威胁，更是对车企长期质量管理与用户关怀能力的严峻考验。

3. 过敏反应调研结果分析

绝大多数用户未出现过敏情况，仅有4.5%的用户出现了过敏反应。尤为引人注目的是，这一小比例的过敏案例中，成年人占据了显著比例，而传统上被认为因抵抗力较弱而更易受过敏影响的儿童、老人及孕妇群体，却并

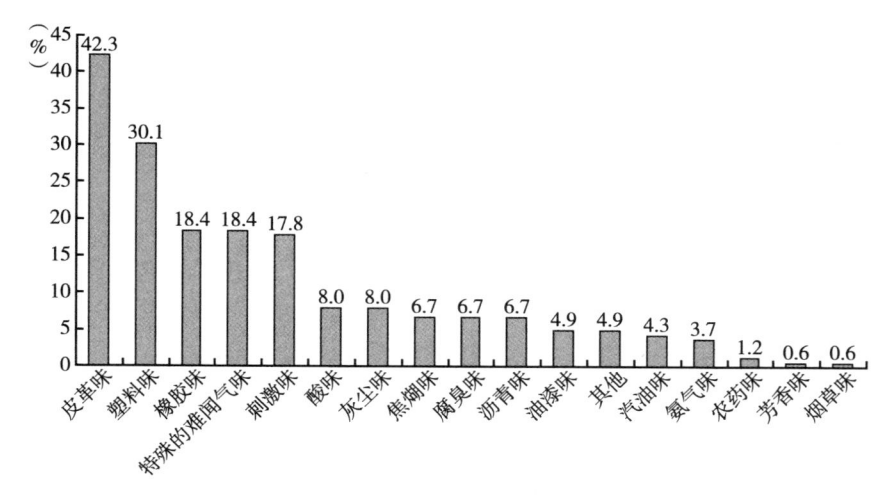

图3 车内气味类型调研结果

资料来源：中汽数据有限公司。

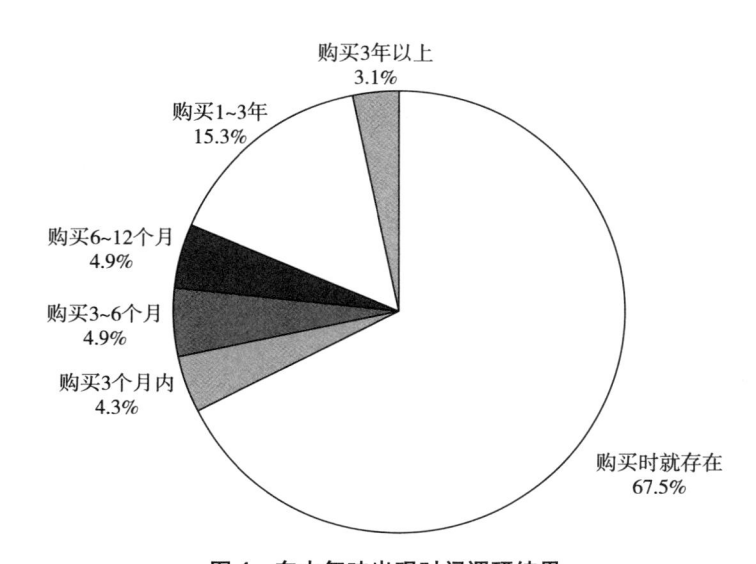

气味类型数据（%）：皮革味 42.3、塑料味 30.1、橡胶味 18.4、特殊的难闻气味 18.4、刺激味 17.8、酸味 8.0、灰尘味 8.0、焦糊味 6.7、腐臭味 6.7、沥青味 6.7、油漆味 4.9、其他 4.9、汽油味 4.3、氨气味 3.7、农药味 1.2、芳香味 0.6、烟草味 0.6。

图4 车内气味出现时间调研结果

- 购买3年以上 3.1%
- 购买1~3年 15.3%
- 购买6~12个月 4.9%
- 购买3~6个月 4.9%
- 购买3个月内 4.3%
- 购买时就存在 67.5%

资料来源：中汽数据有限公司。

未成为主要的受害对象。这一发现颠覆了公众的普遍认知，为我们重新审视过敏反应的易发因素提供了新的视角。深入探究其背后原因，我们推测成人较高的过敏比例可能与他们相对更长的用车时间密切相关。相较于其他年龄段，成人在日常生活中往往更加频繁且长时间地接触车辆内部环境，这种持续性的暴露可能增加了他们遭遇潜在致敏因素的机会，从而导致了过敏反应的相对高发（见图5）。

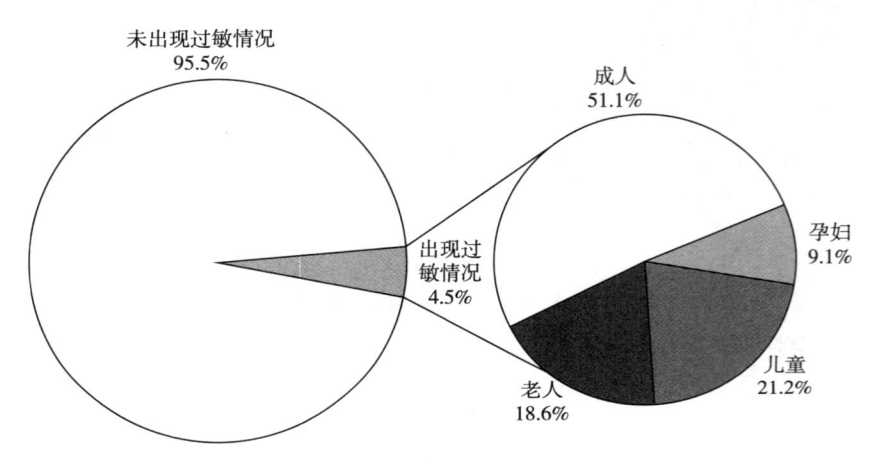

图5　车内过敏问题对消费者影响调研结果

资料来源：中汽数据有限公司。

4. 车内辐射调研结果分析

在当前的车内环境研究中，车内辐射问题逐渐浮出水面，成为不容忽视的健康隐患。具体而言，车内辐射主要涵盖了电磁辐射与蓝光辐射两大方面。针对电磁辐射，调研结果显示了一个令人瞩目的现象：超过四成的用户表达出对车内电磁辐射影响健康的深切忧虑，更有高达13.7%的用户直接反馈，他们亲身体验到了由此引发的头痛或恶心的不适症状（见图6）。

蓝光辐射同样不容忽视。调研指出，有10.9%的用户在长时间注视车载屏幕后遭遇了视疲劳的困扰。蓝光作为一种高能可见光，其长时间照射不仅可能损伤视网膜细胞，还可能干扰人体正常的生物钟节律，对驾驶者的视力健康与睡眠质量构成双重挑战。

5. 空调过滤调研结果分析

车内空调系统作为现代出行中不可或缺且频繁运用的舒适性配置，其对

车内电磁辐射是否会影响健康

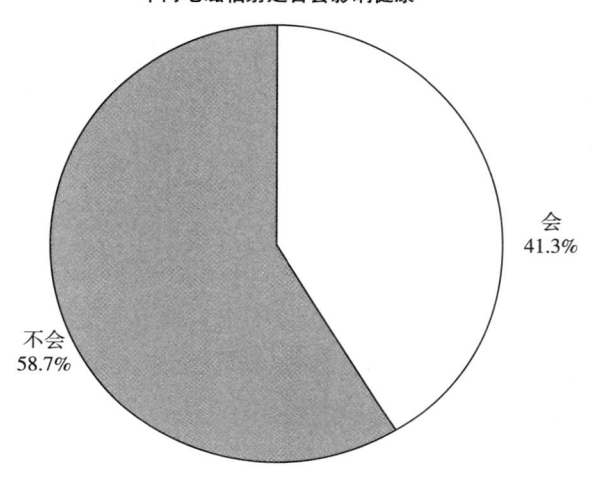

- 会 41.3%
- 不会 58.7%

健康影响

- 其他症状 75.0
- 头痛 13.7
- 恶心 13.7
- 易疲劳 8.5
- 脱发 3.8

(单位：%)

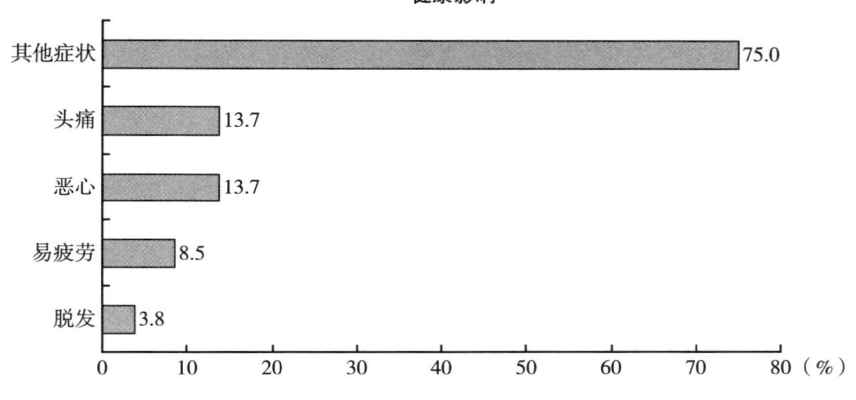

图 6　车内电磁辐射问题对消费者影响调研结果

资料来源：中汽数据有限公司。

观察车载屏幕导致的视疲劳

- 有过 10.9%
- 没有 89.1%

图 7　车内蓝光辐射问题对消费者影响调研结果

资料来源：中汽数据有限公司。

于乘客健康的影响日益成为公众瞩目的焦点。本文深入探索了车内空调在健康保障方面的两大关键维度：PM2.5高效过滤效能及空调异味的控制情况。

调研结果显示，被访用户车辆中具备PM2.5过滤功能的汽车产品已达到69.4%，这一比例彰显了汽车行业对提升车内空气质量的不懈追求。进一步分析发现，有高达44.4%的用户积极启用并享受了PM2.5过滤带来的清新空气，充分证明了消费者对健康出行环境的迫切需求与高度认可（见图8）。

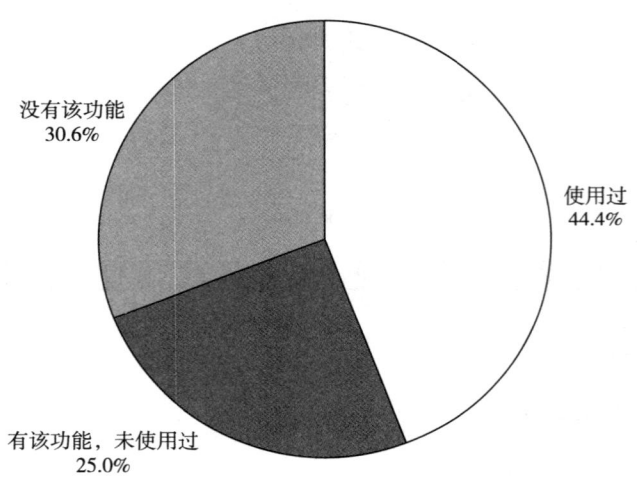

图8　车内PM2.5过滤功能使用情况调研结果

资料来源：中汽数据有限公司。

然而，在空调使用体验的另一面，调研也揭示了一个亟待解决的问题——空调异味的困扰。具体而言，约27.9%的用户反馈，其车辆在长时间使用后出现了空调异味。尤为值得关注的是，新能源汽车在此问题上显现出了较高的发生率，相较于传统燃油车更为显著（见图9）。这一现象的根源可追溯到新能源汽车的独特设计：由于缺乏内燃发动机这一热源，空调系统产生的冷凝水无法像传统燃油车那样，通过发动机运行时的余热进行自然烘干与排放，从而造成空调系统内部环境潮湿，为霉菌滋生提供了温床，最终导致了异味的产生。

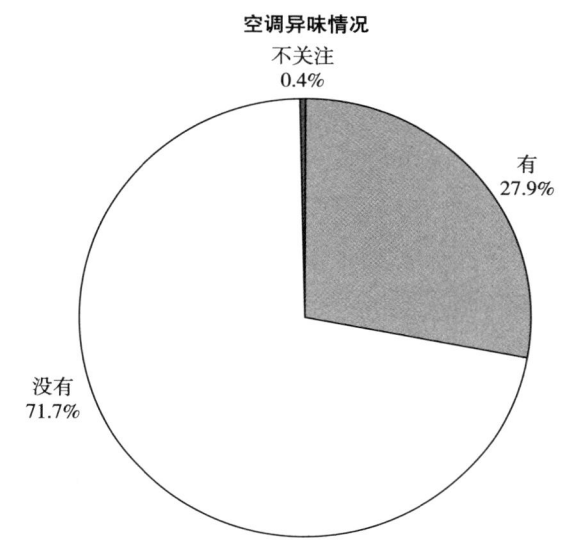

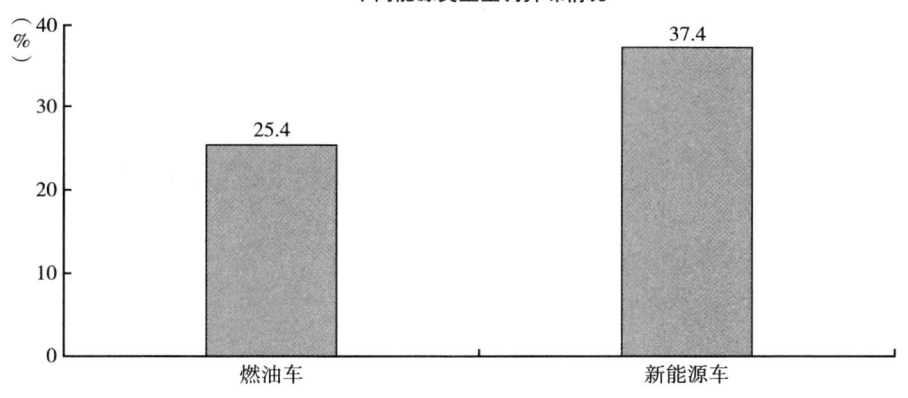

图 9　车内空调异味出现情况调研结果

资料来源：中汽数据有限公司。

6. 紫外线隔绝调研结果分析

在探讨阳光照射对驾驶者健康造成的潜在危害时，一个不容忽视的数据是，高达 6.0% 的驾驶者在日常驾驶过程中曾经历过不同程度的晒伤情况。这一现象不仅影响驾驶者的舒适度，还可能引发皮肤炎症、加速皮肤老化，甚至增加患皮肤癌的风险，特别是在夏季高温和阳光强烈的时段。因此，如

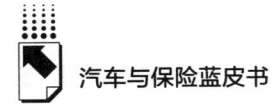

何有效减轻阳光照射对驾驶者的危害，成为汽车行业及消费者共同关注的焦点。

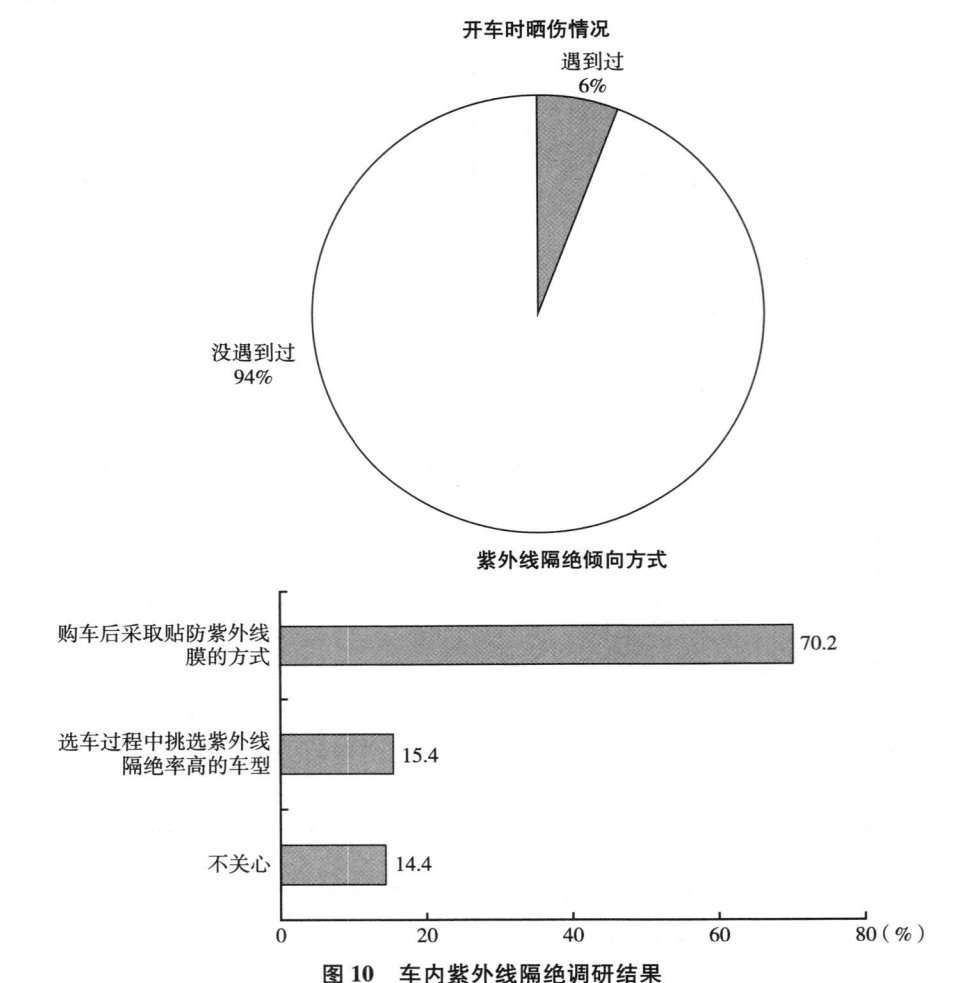

开车时晒伤情况
- 遇到过 6%
- 没遇到过 94%

紫外线隔绝倾向方式
- 购车后采取贴防紫外线膜的方式：70.2
- 选车过程中挑选紫外线隔绝率高的车型：15.4
- 不关心：14.4

图 10　车内紫外线隔绝调研结果

资料来源：中汽数据有限公司。

绝大多数受访用户（85.6%）采取了积极的防护措施。他们中，一部分选择为车辆贴上高质量的防晒膜，这些膜材通常采用先进的紫外线隔绝技术，能有效阻挡大部分有害紫外线穿透车窗，为车内营造一个更加安全的防晒环境。另一部分用户则在购车时就已考虑到防晒需求，倾向于选择那些具备高紫外线隔绝率的车型,这些车型的车窗玻璃往往经过特殊处理,如采用多层镀膜技术或加入紫外线吸收剂,从而在源头上减少紫外线对车内人员的侵害(见图10)。

7. 智能健康配置调研结果分析

整体来看,消费者对车辆智能化与健康化配置的重视程度显著提升,用户对于"车内生命体征监测系统"、"空气质量管理系统"以及"远程净化"的关注度颇为相近,均接近30%,同时"健康关怀服务"等新兴配置也受到了消费者的关注。从性别角度看,这些配置对女性车主的吸引力更高。女性车主往往更加注重细节与安全性,对车内环境的舒适度与健康度有着更高的期待。因此,具备这些健康与安全配置的车型,更容易赢得女性消费者的青睐。汽车制造商应当充分把握这一市场趋势,继续深化技术创新与服务升级,以更好地满足消费者的多元化需求(见图11)。

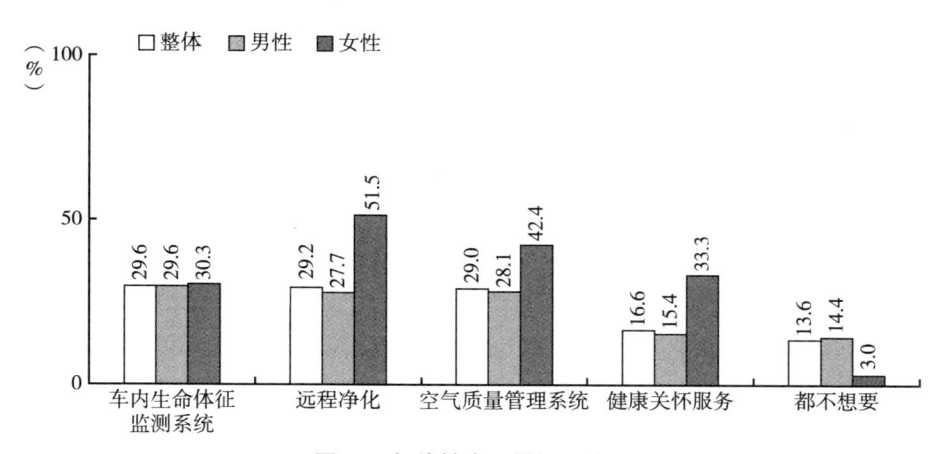

图11 智能健康配置调研结果

资料来源:中汽数据有限公司。

三 中国健康汽车技术规则研究

(一)健康汽车行业现状分析

2024年,中汽数据有限公司基于中国消费品质量安全促进会发布的

《健康汽车技术规则（2022年版）》，通过对15款市售主流车型进行健康性能测试，研究了我国健康汽车的行业现状，考察车型的被动健康指标和主动健康指标。《健康汽车技术规则（2022年版）》规定，被动健康针对汽车内饰材料所引起的车内空气污染给驾乘人员身心健康带来的不良影响，包括：车内VOC散发、车内SVOC散发、车内气味以及车内空气致癌风险。主动健康是指对改善车内空气质量或对车内驾乘人员体征状态实时监测并做出相应决策的功能性装置，包括：抗菌抑菌、空气净化以及智能配置。

1. 车内VOC散发

VOC八项物质方面，经过行业多年的努力，国标管控的VOC八项物质整体管控水平良好。在常温条件下，各车型VOC八项物质管控水平相差不大；在高温条件下，部分车型甲苯和二甲苯较其他车型浓度偏高。但整体上各车型VOC八项物质管控情况较好，均满足《健康汽车技术规则（2022年版）》的指标要求（见图12）。

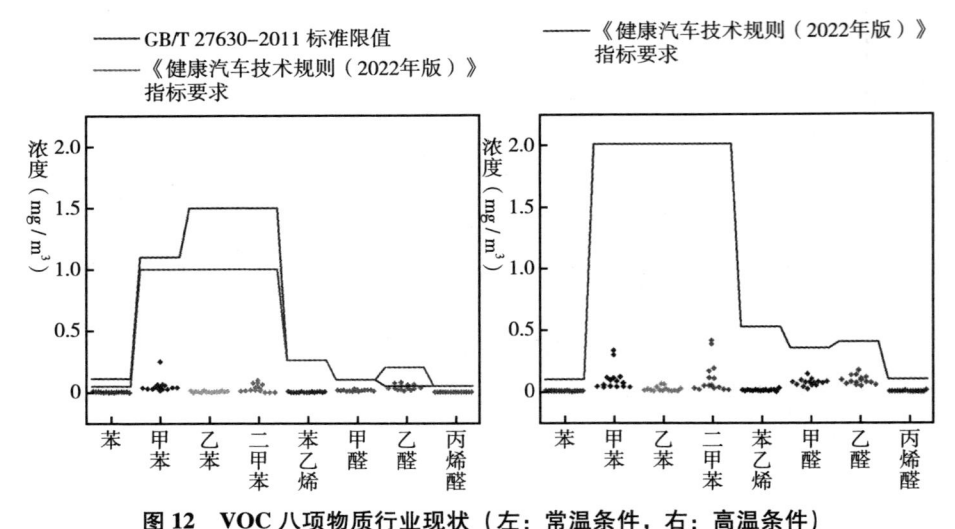

图12 VOC八项物质行业现状（左：常温条件，右：高温条件）

资料来源：中汽数据有限公司。

致敏物质数量方面，60%的车型符合健康汽车指标要求（不得检出7种致敏气味物质）。2023年该项指标的达标率为43%，今年达标率有所上升。

常温条件下，有4款车内有1~2种致敏物质；高温条件下，6款车内有1~3种致敏物质（见图13）。

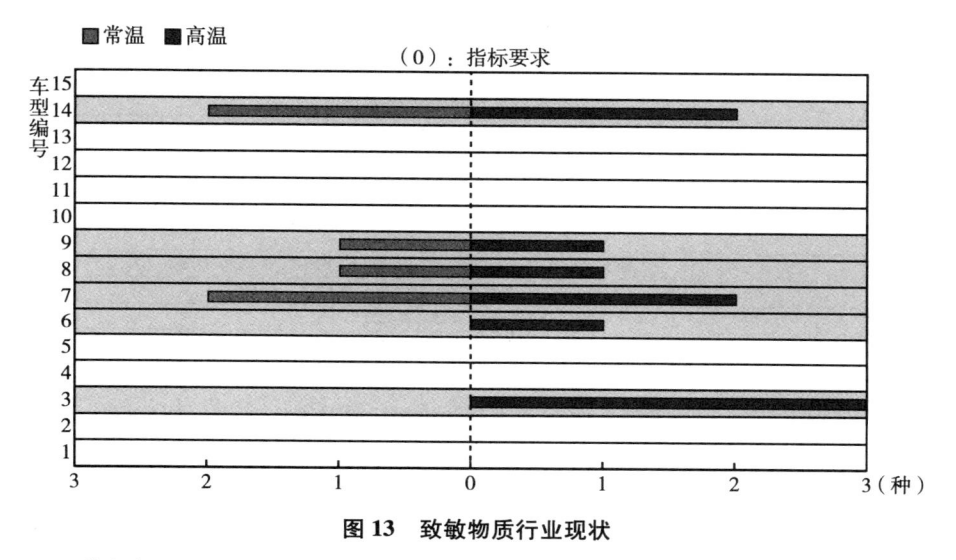

图 13 致敏物质行业现状

资料来源：中汽数据有限公司。

高风险气味污染物指的是阈稀释倍数（物质浓度/嗅阈值）大于1的物质，大于1表示会引起嗅觉刺激，数值越高刺激程度越大，高风险气味污染物数量越多，说明车型气味管控难度越大。高风险气味污染物方面，33%的车型符合健康汽车指标要求（VOC全谱分析后，常温条件≤4种，高温条件≤10种）。2023年该项指标的达标率为25%，2024年达标率有所上升。常温条件下，满足该项指标的车型有7款；高温条件下，满足该项指标的车型有8款（见图14）。

2. 车内SVOC散发

邻苯二甲酸酯类物质沸点较高，因此只对高温条件进行测试。73%的车型符合健康汽车指标要求［邻苯二甲酸二甲酯、邻苯二甲酸二乙酯、邻苯二甲酸二异丁酯、邻苯二甲酸二丁酯、邻苯二甲酸丁苄酯、邻苯二甲酸二(2-乙基己基)酯、邻苯二甲酸二正辛酯，7种物质总浓度≤4.1μg/m³］，该项指标上年达标率为68%，15款车型中邻苯二甲酸酯类物质的最高浓度接

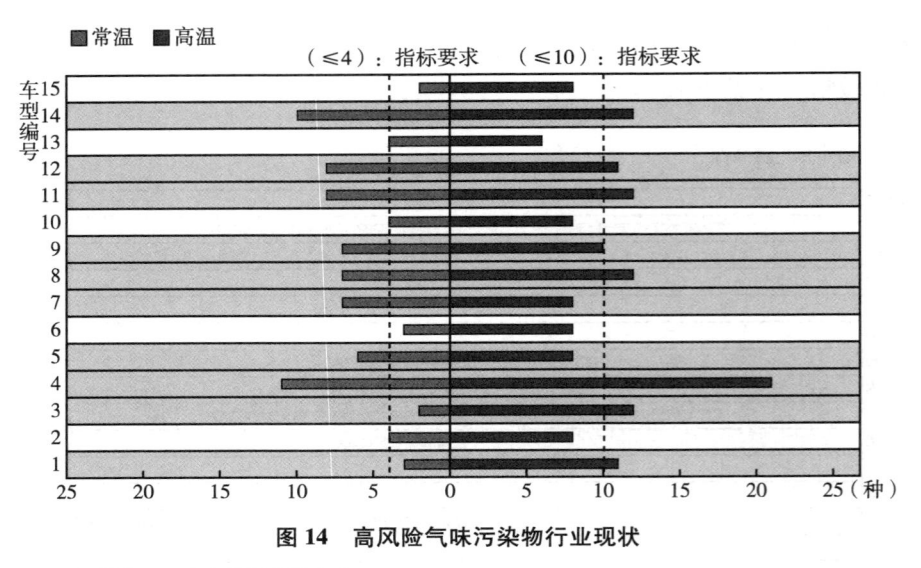

■ 常温　■ 高温

图14　高风险气味污染物行业现状

资料来源：中汽数据有限公司。

近指标要求的2倍，有一定风险（见图15）。研究发现，邻苯二甲酸酯在人体内展现出类似雌激素的效应，能够扰乱内分泌系统，进而引发一系列男性生殖健康问题，极端情况下甚至可能诱发睾丸癌，是男性生殖障碍的主要诱

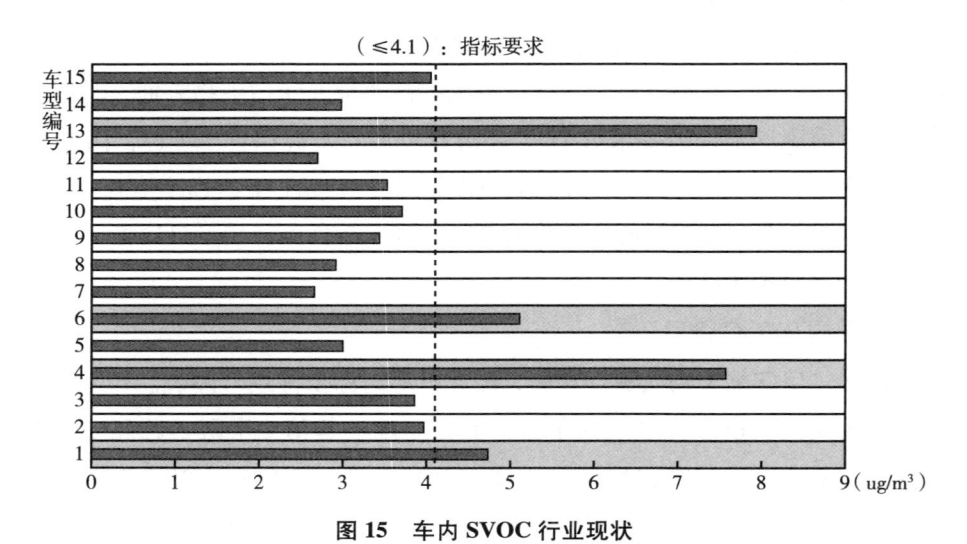

图15　车内SVOC行业现状

资料来源：中汽数据有限公司。

因之一。这类化学物质主要被用作增塑剂,旨在提升塑料制品的柔韧性和可塑性,广泛存在于塑料内饰产品中。鉴于此,汽车行业及相关领域应高度关注并重视车内环境中邻苯二甲酸酯的污染问题,采取有效措施保障乘客的健康安全。

3. 车内气味

车内气味是指由汽车零部件散发到车内空间的挥发性化学物质引起,通过人的嗅觉器官产生响应,可使人愉悦、无感或反感的嗅觉感受,包含气味客观强度、臭气浓度、气味类型等指标。

气味客观强度方面,33%的车型符合健康汽车指标要求(常温条件≤3.3级,高温条件≤3.8级),该项指标上年达标率为21%,常温条件下,有5款车型的气味客观强度符合要求;高温条件下,有5款车型的气味客观强度符合要求(见图16)。

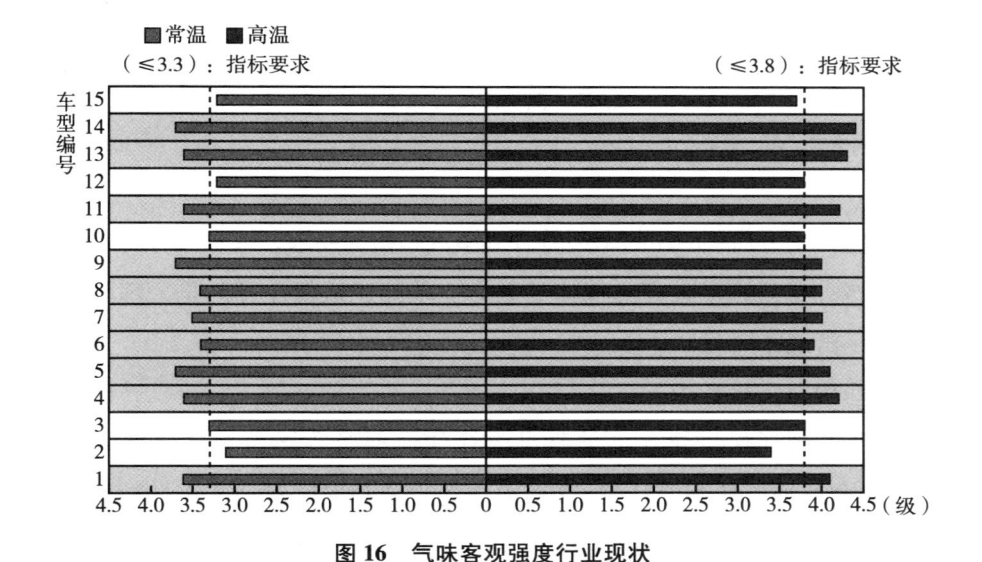

图16 气味客观强度行业现状

资料来源:中汽数据有限公司。

臭气浓度方面,33%的车型符合健康汽车指标要求(常温和高温条件下均≤20),该项指标上年达标率为39%。常温条件下,满足指标的车型有9

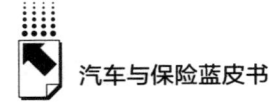

款；高温条件下，满足指标的车型有5款（见图17）。该项指标是指用洁净空气或氮气对气体样品进行连续稀释，达到评价员嗅阈值时的稀释倍数，表征车内气味易消散程度。

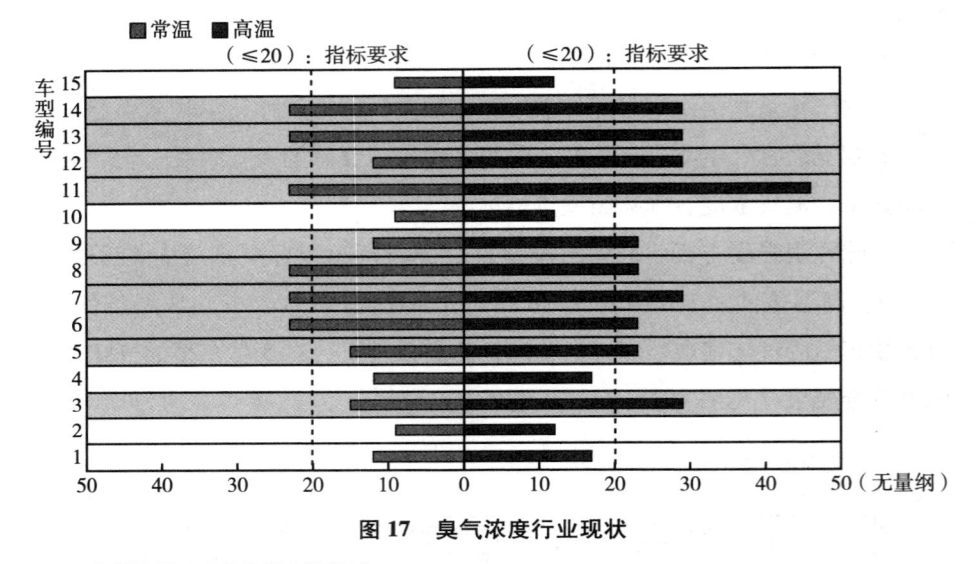

图17 臭气浓度行业现状

资料来源：中汽数据有限公司。

气味类型方面，87%的车型符合健康汽车指标要求，该项指标上年达标率为71%，出现频率最高的气味类型为皮革味，值得注意的是，部分车型中出现了溶剂味（见图18）。

4. 车内空气致癌风险

基于美国环保署建立的健康风险评估模型及我国生态环境部编制的《中国人群暴露参数手册》，计算车内空气中苯和甲醛对驾乘人员的致癌风险。当某个物质的致癌风险大于1.0×10^{-4}时，认为该物质对驾乘人员存在致癌风险。常温和高温条件下，15款车型数据均满足要求，表明汽车行业对苯和甲醛的管控效果良好（见图19）。

5. 主动健康配置

主动健康配置方面，技术规则考察空气质量管理系统、远程净化、自清

基于用户调研和数据分析的车内环境健康技术研究

○ 该项满足　○ 该项待提升

气味\车型编号	1	2	3	4	5	6	7	8	9	10	11	12	13	14	15
溶剂味				○	○										
塑料味														○	
发泡味							○		○		○	○			
皮革味	○	○	○								○		○		○
甜味						○		○							

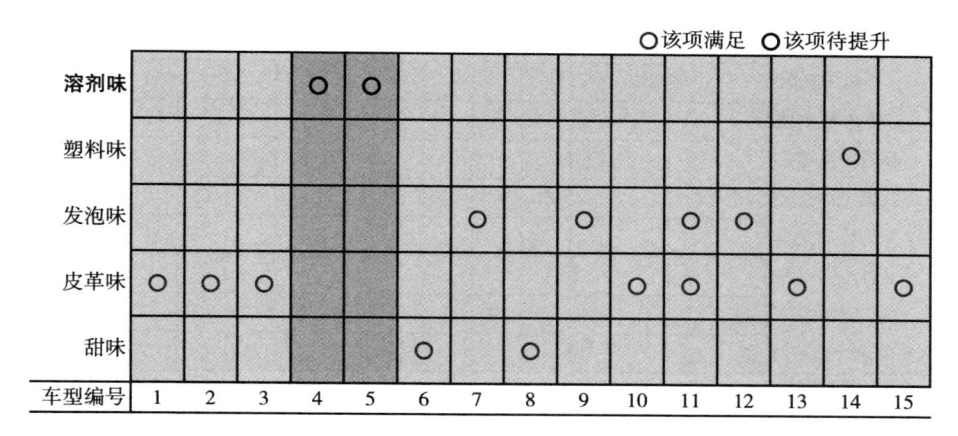

图18　气味类型行业现状

资料来源：中汽数据有限公司。

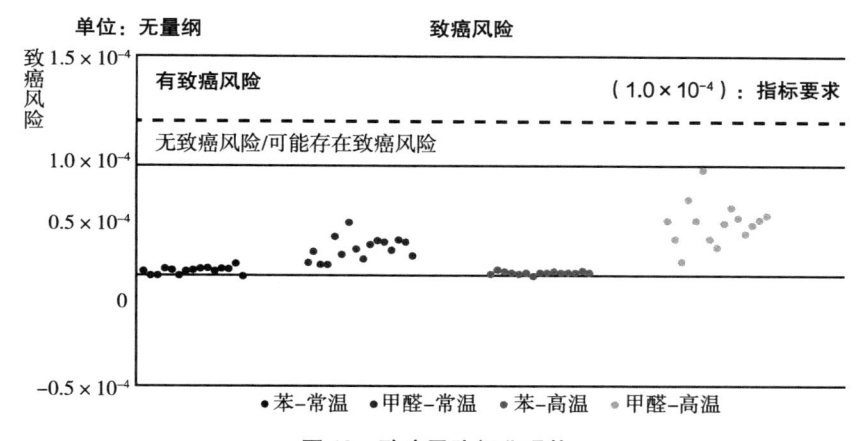

图19　致癌风险行业现状

资料来源：中汽数据有限公司。

洁空调、等离子净化器、负离子净化器、高效空调滤芯、紫外线杀菌、抗菌材料7项指标，认为车型只要具备上述配置中的一项，即可满足要求。该项指标的数据来源为企业官网或消费平台，满足指标的车型占比100%，该项指标上年的满足率为86%；值得注意的是，有10款车搭载了2个及以上主动健康配置，说明汽车企业对车内健康的重视程度有所提高（见图20）。

车型编号	1	2	3	4	5	6	7	8	9	10	11	12	13	14	15
抗菌材料								O					O		
紫外线杀菌								O					O		
高效空调滤芯				O											
负离子净化器		O			O			O				O		O	O
等离子净化器															
自清洁空调															
远程净化	O	O	O	O	O	O	O	O	O	O	O	O	O	O	O
空气质量管理系统	O	O						O			O	O	O		

主动健康指标 O 该项满足

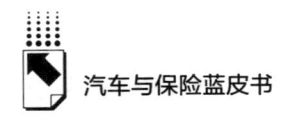

图20 车内主动健康配置行业现状

资料来源：中汽数据有限公司。

四 结论

（一）车内健康性能感知调研

第一，车内气味方面，用户最关注的车内健康问题为车内气味，超过六成的用户认为购车时车内已存在异味。第二，过敏反应方面，部分人群出现了过敏情况，其中普通成年人超半数，需引起行业关注。第三，车内辐射方面，超四成用户认为车内电磁辐射会对身体健康产生不良影响，超一成用户出现过观察车载屏幕导致的视疲劳。第四，车内空调方面，消费者对空调过滤功能较为关注，部分用户表示空调出现过异味，且绝大多数用户一年更换滤芯一至两次。第五，车内紫外线隔绝方面，部分用户在开车过程中出现过晒伤现象，其中大部分用户采取相关措施来隔绝紫外线照射。第六，智能健康配置方面，近三成用户对于"车内生命体征监测系统"、"空气质量管理系统"以及"远程净化"有需求。

（二）健康汽车行业现状

我国车内健康水平可以满足用户的基本诉求，大部分单项满足率相较上年有所提高，但部分指标仍待提升。第一，VOC散发方面，苯和甲醛的管控效果较好，均不存在致癌风险；高风险气味污染物数量满足率较低，仅为33%；致敏物质数量达标率提升17个百分点；高风险气味污染物数量达标率提升8个百分点。第二，SVOC散发方面，行业对邻苯二甲酸酯散发控制整体较好，个别车型存在明显差距，但最大值较上年下降，邻苯二甲酸酯类浓度达标率提升5个百分点。第三，气味性能方面，行业对气味类型和气味愉悦度管控效果较好，气味客观强度和臭气浓度有待提升，达标率均为33%。第四，主动健康配置方面，有67%的车型搭载2个以上配置，远程净化配置的搭载率明显提升，15款车均满足该项指标，满足率100%。

B.9
基于大数据的中国乘用车市场与用户趋势研究

刘春辉　谢侦续　陈　川*

摘　要： 2024年上半年经济继续企稳修复，随着国家"以旧换新"政策的出台，地方政府积极响应，持续加码出台促消费和以旧换新补贴政策，同时企业为抢占市场份额进一步升级价格战，多因素共同为车市景气度提供支撑。受新能源渗透率以及增换购率变化影响，不同技术路线产品的用户结构也逐步发生差异化演变。本文通过对乘用车市场发展趋势进行深度解读，从市场结构和用户特征等多维度挖掘特征趋势，并对典型市场的用户画像、消费趋势进行分析洞察。

关键词： 中国乘用车市场　市场结构　用户特征

一　中国乘用车市场发展现状分析

2024年1~6月，中国乘用车市场销量1000万辆，在2023年初燃油车购置税和新能源补贴政策退出导致的低基数作用下，同比增长3.6%，但相比历史同期仍处于偏低水平，市场表现整体稳中偏淡（见图1）。

---

* 刘春辉，高级工程师，中国汽车技术研究中心有限公司中汽数据有限公司产品与技术战略部业务总监，研究方向为汽车产业市场、汽车产业低碳发展路径；谢侦续，工程师，中国汽车技术研究中心有限公司中汽数据有限公司产品与技术战略部研究员，研究方向为新能源乘用车市场与用户；陈川，高级工程师，中国汽车技术研究中心有限公司中汽数据有限公司产品与技术战略部部长，研究方向为汽车产业节能政策、节能与新能源技术路线、汽车产业低碳发展路径。

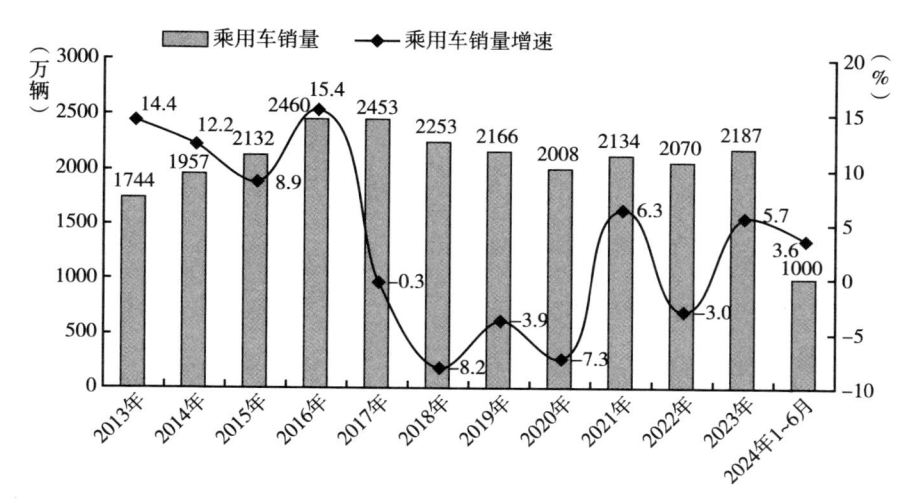

图 1　2013~2024 年 6 月乘用车市场销量走势

资料来源：中汽数据有限公司。

（一）乘用车市场影响因素分析

从经济方面来看，疫后经济曲折复苏，对乘用车市场修复形成支撑但力度不大。疫情管控放开后我国经济在稳增长政策下实现复苏，但疫情疤痕效应下市场预期和需求持续低迷，经济复苏动能受到制约，支撑乘用车市场修复的经济基础改善但力度有限。同时我国消费者和企业仍处于"信心不足、需求不足、购买力不足"的困境中，居民消费需求和企业投资需求明显不足，进而制约企业盈利和居民收入提升，车市增长受到一定程度的制约。

从政策方面来看，央地促消费、扩内需"组合拳"显成效，持续提升市场"热"力。中央层面，一方面，延续新能源购置税减免政策，持续引导生产企业加大研发投入，降低消费者购车成本，提振新能源汽车消费效果，稳定市场预期；另一方面，在 2024 年 4 月底发布《汽车以旧换新补贴实施细则》，加快老旧车淘汰更新，盘活车市存量，支撑 2024 年上半年新车销量。地方层面积极响应中央政策，持续加码出台促消费和以旧换新补贴政策，广州、海南等地也持续优化汽车限购管理政策，激发市场活力。

从市场方面来看,车市价格战愈演愈烈,成为车市增长的主驱力。特斯拉 Model 3 在 1 月份两次降价,打响新年"价格战"第一枪,春节后比亚迪率先打出"电比油低"价格策略,主力车型纷纷推出荣耀版,进一步以价换量抢占市场。一汽丰田、长城汽车、吉利汽车、理想汽车、哪吒汽车等多个汽车品牌紧随其后,通过保险补贴、定金抵现、金融政策及置换补贴等措施,推出新一轮促销活动,引领新一波降价潮,支撑市场景气度。

(二)乘用车市场结构特征分析

1. 供给主驱下购车需求大型化、中高端化提速,需求升级趋势显著

随着我国经济发展和居民收入增长,乘用车市场消费升级趋势持续走强。从车型级别来看,车辆大型化趋势显著,无论是首购用户还是增换购用户,对 B 级及以上车型的市场需求逐年提升,2024 年上半年 B 级及以上乘用车市场份额明显走高,达到 46.2%,相较上年提升 5.3 个百分点,进一步挤压 A 级及以下市场份额。同时在宏光 MINI、奔奔等纯电新能源产品驱动下,A00 级市场份额 2021~2022 年提升明显,但随着 2023 年五菱缤果等 A0 级车型的热销,A00 级市场份额收窄(见图 2)。

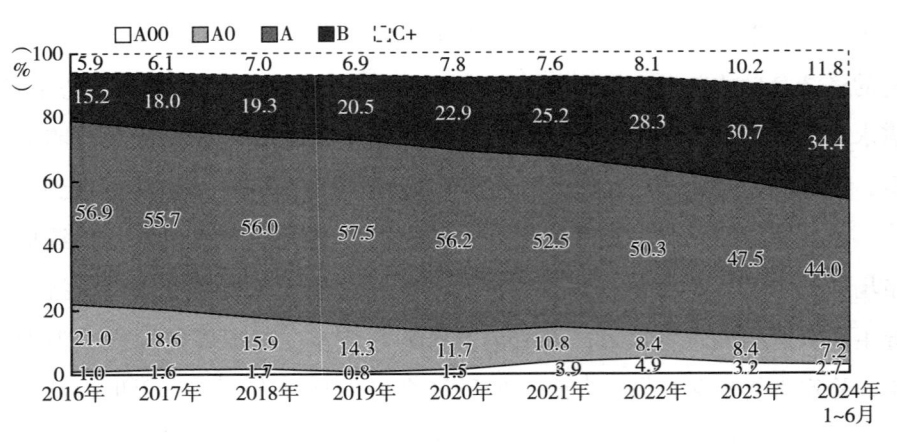

图 2 2016~2024 年 6 月乘用车市场分车型级别占比走势

资料来源:中汽数据有限公司。

从不同价格段来看，车市呈现"由低向高"转移态势，价格高端化趋势强化。一方面，新能源高端化产品供给提升，智电体验需求驱动消费者选购高价格段产品；另一方面，降价潮也在一定程度上驱动部分消费者升级购车。2024年上半年25万元及以上的乘用车市场销量占比达27.7%，除了主流BBA等合资品牌热销外，理想、问界成功突围，坦克等品牌也处于上升阶段，自主品牌凭借新能源发展高端化成效初显（见图3）。

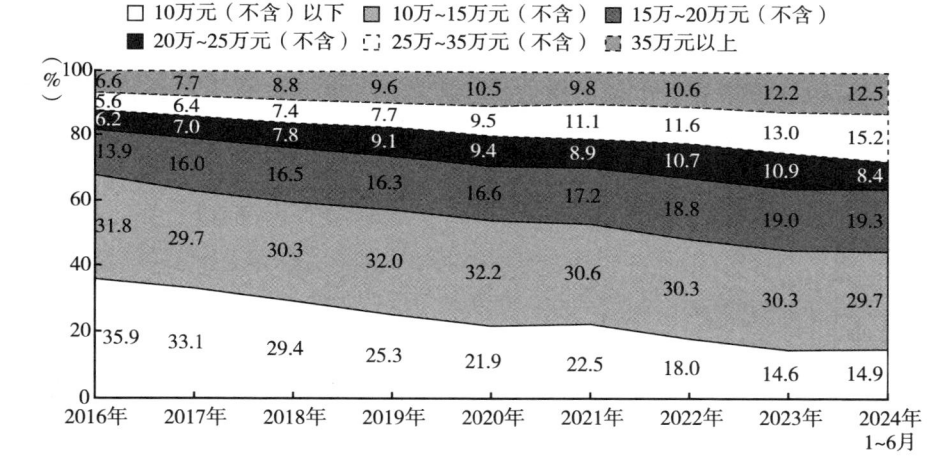

年份	10万元（不含）以下	10万~15万元（不含）	15万~20万元（不含）	20万~25万元（不含）	25万~35万元（不含）	35万元以上
2016年	35.9	31.8	13.9	6.2	5.6	6.6
2017年	33.1	29.7	16.0	7.0	6.4	7.7
2018年	29.4	30.3	16.5	7.8	7.4	8.8
2019年	25.3	32.0	16.3	9.1	7.7	9.6
2020年	21.9	32.2	16.6	9.4	9.5	10.5
2021年	22.5	30.6	17.2	8.9	11.1	9.8
2022年	18.0	30.3	18.8	10.7	11.6	10.6
2023年	14.6	30.3	19.0	10.9	13.0	12.2
2024年1~6月	14.9	29.7	19.3	8.4	15.2	12.5

图3　2016~2024年6月乘用车市场分价格段占比走势

资料来源：中汽数据有限公司。

2. 新能源乘用车渗透率延续高位增长，加速对传统燃油车的替代

政策和市场双重利好下，新能源乘用车市场保持快速增长的良好发展势头，2024年上半年新能源乘用车销量405万辆，同比增长37.4%，渗透率创新高，至40.5%。受益于动力电池成本下降，新能源乘用车价格持续下探，"电比油低"大趋势下新能源乘用车经济性优势再提升。随着产品续航里程的持续走高，配套设施和充电技术日益完善，高效解决用户里程焦虑痛点，用户体验感显著提升，从而吸引了更广泛的消费者群体，加速新能源乘用车全区域渗透。此外，新能源乘用车的智能座舱、智能驾驶搭载率逐年提升，持续赋能电动化进程。

相对于新能源乘用车市场，传统燃油车市场表现低迷，2024年上半年销量596万辆，同比下降11.2%。一方面，相对新能源乘用车市场，传统燃油车新品驱动力不足，新产品投放速度相对新能源乘用车较慢；另一方面，传统产品设计保守导致新品表现不佳，传统合资品牌最新投放的车型不仅价格高于同级新能源乘用车，而且造型与在售车型风格无明显差异，设计相较新能源乘用车偏保守，空间实用性和智能化体验弱于同级新能源新品，导致传统市场新品上市表现不佳。同时传统车企在2023年整体让利幅度已达历史高峰，为维持利润基线，2024年实行保守策略，并未大规模跟进价格战，市场份额被新能源乘用车加速抢占，传统燃油车被加速替代（见图4）。

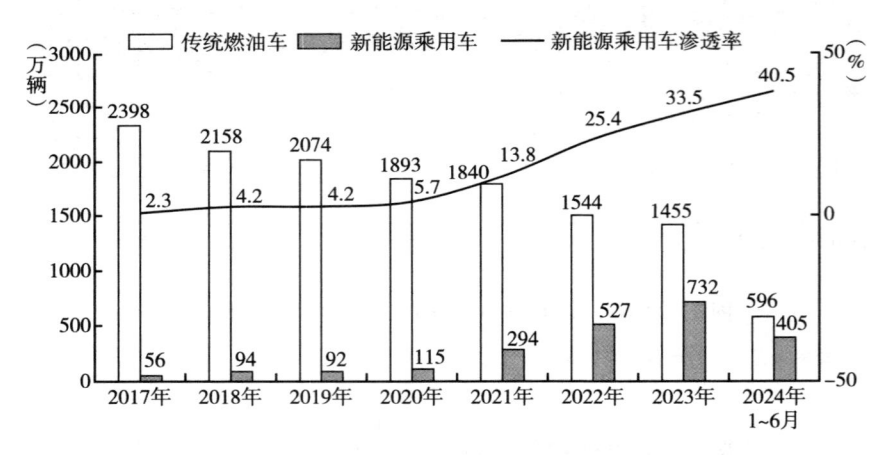

图4 2017~2024年6月乘用车市场新能源渗透率走势

资料来源：中汽数据有限公司。

3. 插电混动汽车延续高增长，与纯电动汽车维持较高的增速剪刀差

新能源乘用车市场发展势头向好，但其内部结构有所分化。受益于产品本身的经济性优势以及可油可电的便利性优势，叠加新产品供给丰富度提升以及价格持续下探等影响，插电混动汽车市场实现快速增长，2024年上半年插电混动汽车市场销量达到165.9万辆，同比增长77.2%，增速超纯电动汽车市场58.4个百分点，成为新能源乘用车销量增长的主要驱动力。其中，

A级以上产品主导插电混动汽车市场，驱逐舰05、宋Pro等A级插电混动汽车价格下探显著，满足A级车用户对经济性的追求，促进销量增量贡献率高增；同时，B级及以上市场中问界M9、理想L6、五菱星光、领克08等新车型持续放量，助推插电混动汽车市场高增长。

相比之下，纯电动汽车受限于续航里程、充电便利性等多重因素，叠加市场高基数，增速明显放缓，2024年上半年销量为238.6万辆，同比增长18.8%。从产品层面来看，宏光MINI、长安Lumin等A00级市场需求大幅萎缩，同比下降13.0%，拖累整体市场增速，海鸥、五菱缤果等A0级小车和秦PLUS、大众ID.3等热门车型在降价刺激下增长显著，叠加小米SU7、宋L和极氪007等新车销量持续爬坡，共同驱动纯电动汽车市场同比正增长（见图5）。

总体来看，A0级纯电动汽车小车的热销和A级以上插电混动汽车新车持续放量，驱动新能源乘用车渗透率由高低两端向中端市场递减，其中高端市场由插电混动汽车市场驱动，低端市场由纯电动汽车市场驱动。

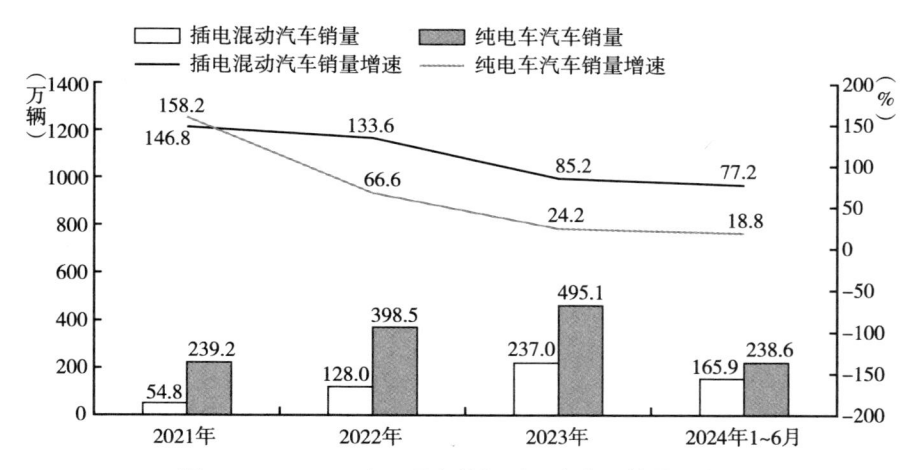

图5 2021~2024年6月新能源乘用车市场销量及增速

资料来源：中汽数据有限公司。

4. 价格战下自主新能源乘用车优势显著，自主品牌份额突破50%

在乘用车市场由增量向存量转变，以及电动化加速转型的时代，行业竞争本质发生变化，加速演变为传统和新能源、自主和合资车企的竞争。其中，自主品牌紧抓汽车产业电动化、智能化变革机遇，2024年上半年市场占比创新高，达到54.6%（见图6），依托高端化品牌和高性价比产品在除15万~20万元、35万~50万元以外的各价格段均实现市占率明显提升，呈现多点开花的势态。在自主品牌市场，比亚迪一家独大，吉利、理想等颈部企业在高基数下增速放缓，问界、启源、小米等新颈部企业凭借智能生态、性价比、营销等优势，均为自主品牌市场增长贡献增量。比亚迪海鸥、问界M7、旅行者等明星车型凭借其高性价比和卓越的产品力，成为众多消费者心中的首选，在市场上占据了一席之地，进一步带动自主品牌快速发展。

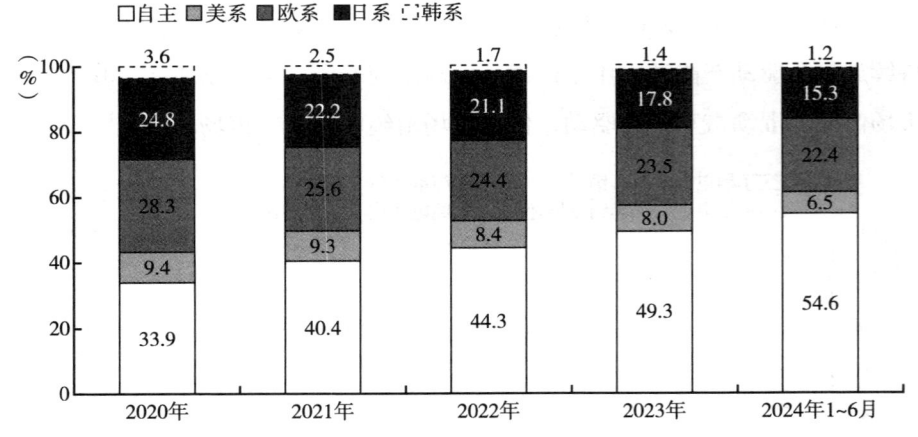

图6 2020~2024年6月乘用车市场分系别占比走势

资料来源：中汽数据有限公司。

技术创新是新能源汽车自主品牌能够在价格战中脱颖而出的关键。以电池技术为例，宁德时代作为全球领先的动力电池供应商，为众多自主品牌提供了高性能、高安全性的电池解决方案。这使得自主品牌的新能源汽车能够在续航里程、充电效率等方面领先全球。同时，自主品牌还在智能驾驶、车联网等领域不断探索和创新，为用户提供更加便捷、智能的出行体验。这些技术创新成果的应用,不仅提升了产品的竞争力,也满足了消费者对高品质、高科技新能源汽车的期待。

5. 市场竞争日益激烈,企业集中度迈上新台阶

2024年价格战的本质也是企业的竞争,竞争加剧下市场集中度进一步提升。2024年上半年TOP10企业份额达58.2%,相较2023年提升1.7个百分点。其中比亚迪汽车一边凭借荣耀版车型快速渗透各个价格段,一边加快推进元UP、宋L、秦L等车型上市,市场份额相较上年提升2.1个百分点。在领克08、极氪001、旅行者等新车热销叠加花式促销活动影响下,吉利汽车和奇瑞汽车市场份额和排名双双提升。一汽大众、上汽大众、广汽丰田等合资品牌受朗逸、卡罗拉、宝来等燃油车销量下滑拖累,市场份额均呈现不同程度的下滑(见表1)。

表1 2023年和2024年1~6月TOP10企业及市场份额

单位:%

2023年TOP10企业	市场份额	2024年1~6月TOP10企业	市场份额
比亚迪汽车	11.5	比亚迪汽车	13.6
一汽大众	8.3	一汽大众	7.7
长安汽车	6.4	吉利汽车	7.3
吉利汽车	6.2	长安汽车	6.2
上汽大众	5.4	上汽大众	5.2
广汽丰田	4.1	奇瑞汽车	4.8
上汽通用	4.0	上汽通用五菱	3.6
上汽通用五菱	3.8	广汽丰田	3.5
一汽丰田	3.5	华晨宝马	3.2
长城汽车	3.4	长城汽车	3.2
总计	56.5	总计	58.2

资料来源:中汽数据有限公司。

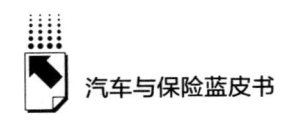

二 乘用车市场用户特征分析

（一）用户向大龄化演变，新能源市场与传统市场趋势相反

2024年，从整体乘用车市场来看，用户大龄化趋势显著，其中35岁及以下用户占比较2020年下滑7.2个百分点。从用户购车偏好度来看，不同年龄层用户对于B级及以上产品的偏好度均显著提升，B级及以上产品市场份额较2020年增长17.5个百分点，大型化趋势明显。

分能源形式来看，相比于整体市场明显的大龄化趋势，新能源市场用户呈现一定程度的年轻化趋势，尤其是30岁及以下用户对于新能源产品的接受度提升最为显著，占比较2020年提升2.0个百分点。除此之外，与整体乘用车市场用户主要对B级及以上产品偏好度提升不同，新能源市场用户主要是对于A级产品偏好度大幅提升。而传统市场的用户结构和偏好度与整体乘用车市场基本趋同，趋于大龄化和大型化，其中35岁及以下用户份额下滑9.5个百分点，A级及以下市场份额下滑15.9个百分点，但A级市场并非完全没有机会，46岁及以上用户对于A级市场偏好明显增长（见表2）。

（二）随年龄增长，呈现"SUV偏好度增加，市场集中度减小"一增一减趋势

21~25岁用户收入较低，个人独资购车和父母资助购车两种情况分别导致对低价A级燃油轿车和中高端合资B级轿车偏好程度高。26~40岁用户收入提升，对新能源乘用车偏好增长，基于接送孩子需求，对于A00/A0新能源乘用车偏好增加，同时受豪华品牌降价驱动，尝鲜B级豪华轿车。41~60岁用户收入提升，子女长大成人，因而对于大空间的SUV偏好增加，对于A00/A0新能源乘用车偏好减少。61岁及以上用户多处于退休阶段，基于城市代步需求，对于新能源乘用车偏好增长显著。相关车型销量情况见表3。

表 2　2024年用户年龄和车型级别的市场结构

级别	整体乘用车市场						传统市场						新能源市场					
	A00 3.0%	A0 7.5%	A 43.4%	B 35.5%	C+ 10.5%	较2020年变化	级别	A0 4.8%	A 51.2%	B 34.8%	C+ 9.2%	较2020年变化	级别	A00 7.7%	A0 11.8%	A 31.2%	B 36.7%	C+ 12.6%	较2020年变化
30岁及以下 28.1%	0.9%	1.9%	12.0%	10.9%	2.3%	-5.1个百分点	30岁及以下 27.9%	1.1%	14.4%	10.7%	1.7%	-5.7个百分点	30岁及以下 28.5%	2.4%	3.4%	8.3%	11.3%	3.1%	2.0个百分点
31~35岁 18.7%	0.7%	1.5%	7.5%	6.7%	2.2%	-2.1个百分点	31~35岁 16.8%	0.7%	8.3%	6.0%	1.8%	-3.8个百分点	31~35岁 21.6%	1.9%	2.8%	6.2%	7.9%	2.8%	-3.7个百分点
36~40岁 17.3%	0.5%	1.4%	7.3%	6.0%	2.1%	2.7个百分点	36~40岁 16.5%	0.8%	8.3%	5.6%	1.8%	2.0个百分点	36~40岁 18.6%	1.4%	2.3%	5.7%	6.7%	2.6%	0.2个百分点
41~45岁 12.1%	0.3%	0.9%	5.4%	4.1%	1.4%	0.9个百分点	41~45岁 12.3%	0.6%	6.3%	4.0%	1.3%	1.2个百分点	41~45岁 11.6%	0.7%	1.3%	3.8%	4.1%	1.7%	0.6个百分点
46岁及以上 23.8%	0.5%	1.8%	11.2%	7.8%	2.5%	3.7个百分点	46岁及以上 26.5%	1.6%	13.8%	8.5%	2.6%	6.3个百分点	46岁及以上 19.2%	1.3%	2.1%	7.2%	6.7%	2.4%	0.9个百分点
较2020年变化	1.4个百分点	-4.6个百分点	-14.3个百分点	13.3个百分点	4.2个百分点	—	较2020年变化	-7.5个百分点	-8.4个百分点	12.9个百分点	3.0个百分点	—	较2020年变化	-26.6个百分点	3.9个百分点	12.1个百分点	7.0个百分点	3.6个百分点	—

资料来源：中汽数据有限公司。

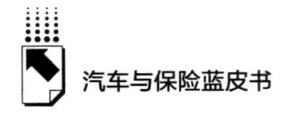

表3 2024年不同年龄段用户主要购买车型前十

单位：辆，%

排名	21~25岁 车型	销量	26~30岁 车型	销量	31~40岁 车型	销量	41~50岁 车型	销量	51~60岁 车型	销量	61岁及以上 车型	销量
1	长安UNI-V	19973	Model Y	38057	Model Y	92482	轩逸	43307	轩逸	26160	轩逸	4871
2	速腾	19560	海鸥	33683	海鸥	76775	宋PLUS	39139	秦PLUS	23844	宋PLUS	4612
3	帕萨特	18889	秦PLUS	32212	秦PLUS	69279	秦PLUS	37358	宋PLUS	21431	秦PLUS	4377
4	星瑞	18634	宋PLUS	28673	宋PLUS	65384	Model Y	34918	锋兰达	17501	丰田RAV4	3866
5	红旗H5	17812	宋Pro	24396	轩逸	52788	锋兰达	29417	丰田RAV4	15716	卡罗拉锐放	3822
6	艾瑞泽8	17538	驱逐舰05	23042	宋Pro	45559	元PLUS	29400	卡罗拉锐放	15094	锋兰达	3781
7	秦PLUS	17459	速腾	22887	元PLUS	44074	海鸥	25918	元PLUS	14748	Model Y	3316
8	雅阁	15453	宝马3系	21934	问界M7	43693	问界M7	25186	宋Pro	13426	问界M7	3228
9	海鸥	14946	奔驰C级	21885	宏光MINIEV	37190	丰田RAV4	24903	威兰达	12321	元PLUS	3090
10	Model Y	14625	星瑞	21320	奔驰C级	36966	卡罗拉锐放	23808	朗逸	12221	宋Pro	3045
合计占比	—	18.3	—	17.4	—	17.1	—	16.0	—	15.8	—	15.6

资料来源：中汽数据有限公司。

（三）续航、补能便利性以及技术成熟度是阻碍新能源乘用车发展的主要原因

长途高速充电不方便，担心新能源车技术不成熟；续航短不满足需求以及保值率低等问题是用户不敢购买新能源乘用车而选择燃油车的主要原因。与之对应，用户期望新能源产品提升续航能力，避免频繁充电，提升电池技术，改善安全性和续航衰减问题，同时进一步完善充电基础设施，避免补能焦虑，做到这些将会进一步增强用户对于新能源产品的购买欲望（见图7、图8）。

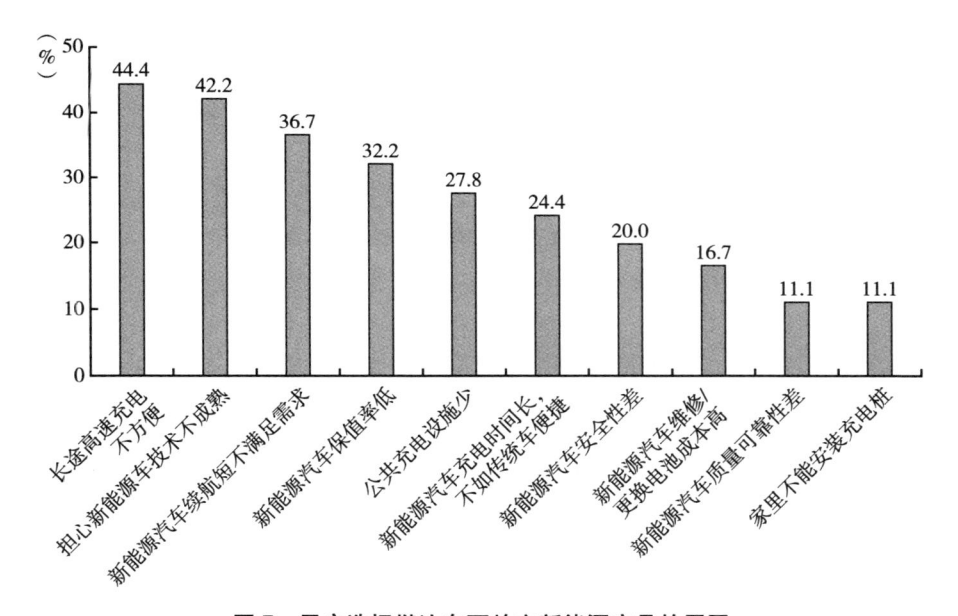

图7　用户选择燃油车而放弃新能源产品的原因

资料来源：中汽数据有限公司。

（四）成本、体验以及续航和补能提升驱动用户选购新能源产品

相较于燃油车用户在考虑购买新能源乘用车时的诸多顾虑，成本、体验以及续航和补能提升是用户选购新能源乘用车的主要原因。具体来看，超6成的用户是因为新能源产品更好的经济性优势而选择新能源产品。此外，新

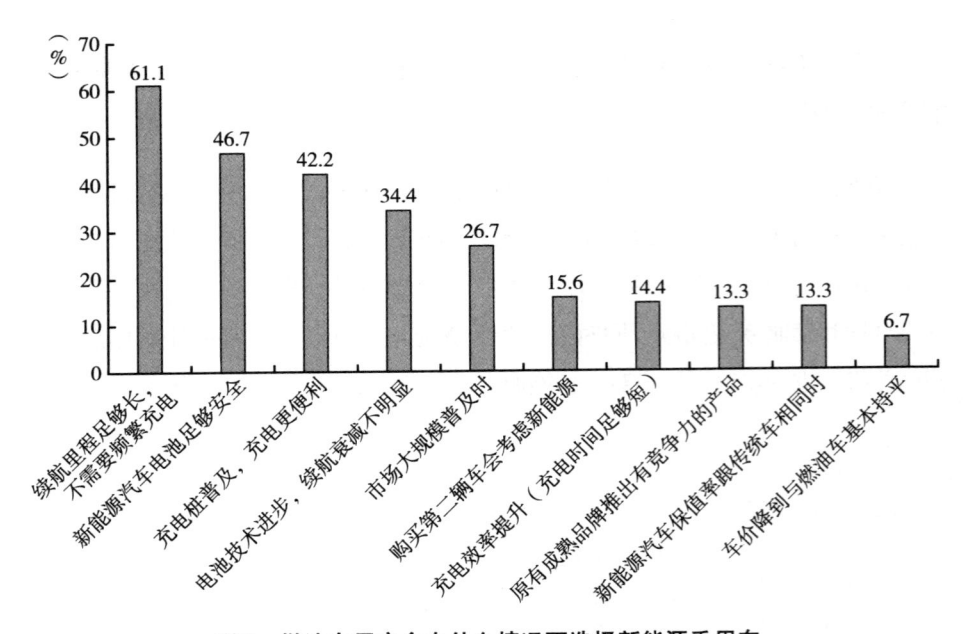

```
 %
70
      61.1
60
50         46.7
              42.2
40                  34.4
30                       26.7
20                             15.6  14.4  13.3  13.3
10                                                     6.7
 0
   续航里程足够长，新能源汽车电池足够安全  充电桩普及，充电更便利  电池技术进步，续航衰减不明显  市场大规模普及时  购买第二辆车会考虑新能源  充电效率提升（充电时间足够短）  原有成熟品牌推出有竞争力的产品  新能源汽车保值率跟传统车相同时  车价降到与燃油车基本持平
```

图 8 燃油车用户会在什么情况下选择新能源乘用车

资料来源：中汽数据有限公司。

能源产品在智能化等方面的优势，也是超 4 成用户选购新能源车的主要原因（见图 9）。同时受电池技术的进步、政府和企业加大在充电基础设施建设方面投入的驱动，新能源乘用车的续航能力、充电速度以及充电设施均提升显著，驱动用户流入新能源乘用车市场。

（五）增换购规模和增量贡献率持续走高，新能源产品是主要驱动项

随着居民收入增长及汽车保有量提升等，增换购需求仍保持增长态势，对新车零售市场贡献度不断提升。在比亚迪、理想、传祺、特斯拉等品牌的拉动下，2024 年上半年新能源乘用车增换购市场增换购率提升至 42.6%，是拉动整体增换购市场的重要力量（见图 10）。

乘用车市场处于换购高峰期，庞大的保有基盘为存量用户提供可观的增换购新车需求。从各车龄年保有基盘来看，6 年以上车龄的规模有明显增长。前车换购周期年主要集中在 4~10 年（含 10 年），合计占比超 52%，为

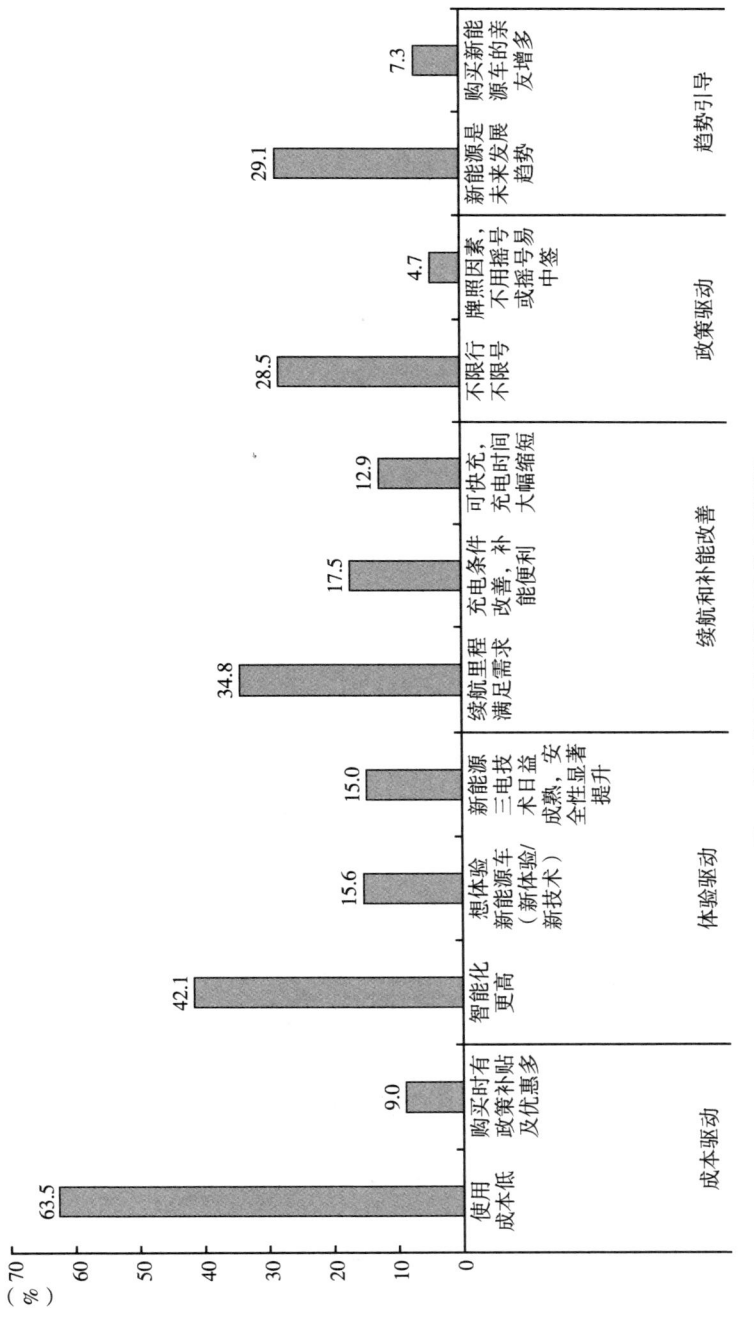

图9 用户选购新能源产品的主要原因

成本驱动：
- 使用成本低 63.5
- 购买时有政策补贴及优惠多 9.0

体验驱动：
- 智能化更高 42.1
- 想体验新能源车（新体验/新技术）15.6
- 新能源三电技术日益成熟，安全性显著提升 15.0

续航和补能改善：
- 续航里程满足需求 34.8
- 充电条件改善，补能便利 17.5
- 可快充，充电时间大幅缩短 12.9

政策驱动：
- 不限行不限号 28.5
- 牌照因素，不用摇号或摇号易中签 4.7

趋势引导：
- 新能源是未来发展趋势 29.1
- 购买新能源车的亲友增多 7.3

资料来源：中汽数据有限公司。

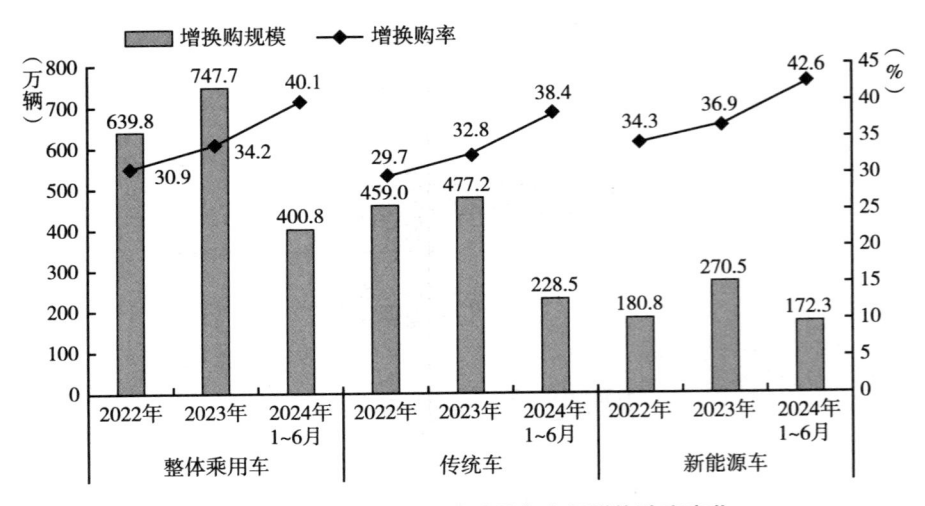

图 10　2022~2024 年 6 月乘用车市场增换购率变化

资料来源：中汽数据有限公司。

新车市场提供可观的增换购需求（见图11）。而新能源乘用车市场增换购规模快速增长的主要原因有两点：一方面国际原油价格高涨，带动成品油价格处于高位，相较而言，新能源产品的经济性优势显著，驱动新能源乘用车市场增换购需求释放；另一方面，新能源乘用车市场快速发展，带动用户积极尝鲜。

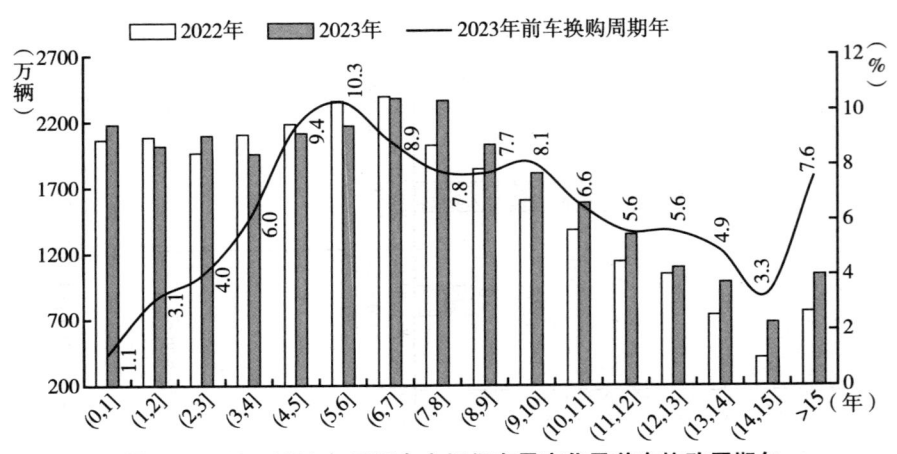

图 11　2022、2023 年乘用车市场保有量变化及前车换购周期年

资料来源：中汽数据有限公司。

三 典型市场用户特征分析

(一) A级新能源乘用车市场用户特征分析

1. A级新能源乘用车用户基础画像

A级新能源乘用车市场用户年龄以31~40岁为主，2024年1~6月40岁及以下用户占比64.8%，高于传统市场的60.5%，用户结构更加年轻化。从历史变化趋势来看，A级新能源乘用车用户逐渐趋于大龄化，其中41岁及以上用户的占比2024年1~6月、2023年分别增长3.0个百分点、0.8个百分点，而A级传统市场则分别增长3.9个百分点、3.8个百分点，相较于A级传统市场用户，大龄化趋势略微平缓（见图12）。性别结构方面，A级新能源乘用车用户以男性为主，2024年1~6月男性用户占比60.9%，相较于传统市场男性用户占比略低（见图13）。

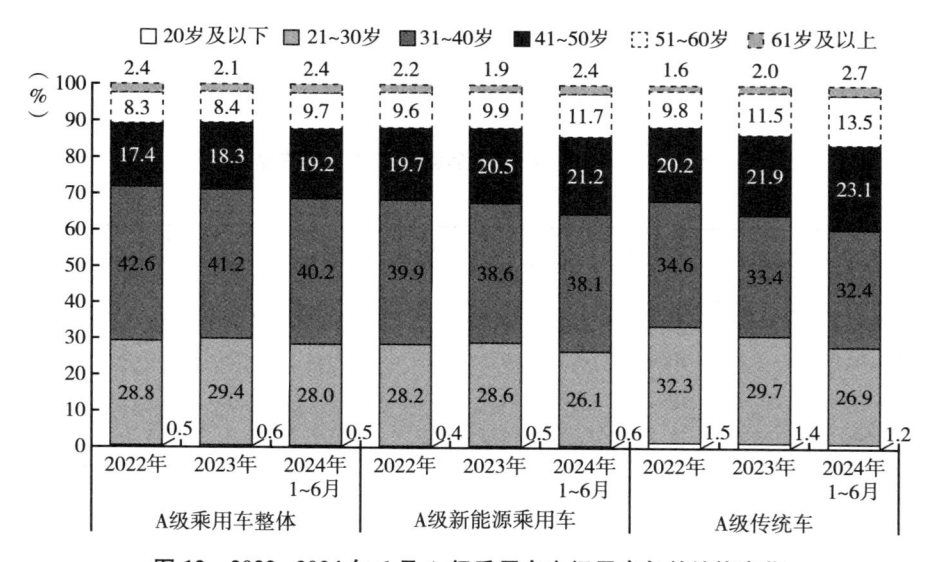

图12 2022~2024年6月A级乘用车市场用户年龄结构变化

资料来源：中汽数据有限公司。

□男 ■女

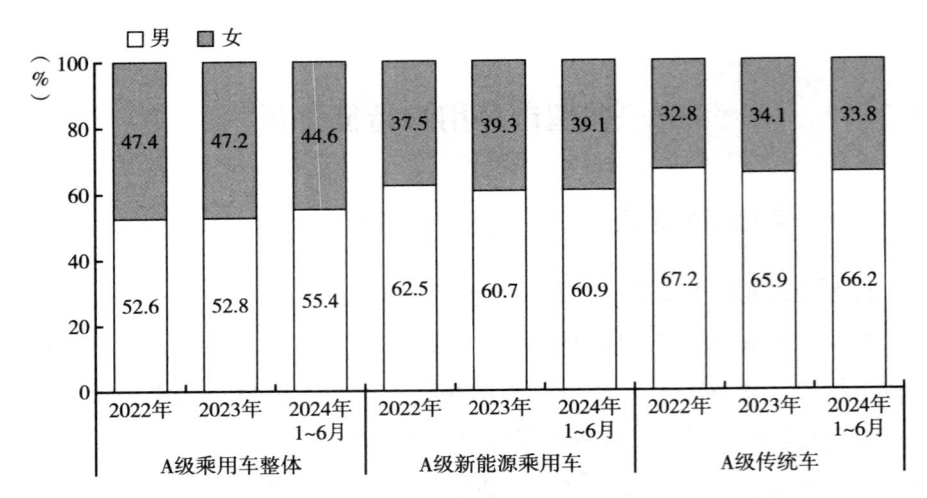

图表数据（A级乘用车整体）：
- 2022年：男52.6，女47.4
- 2023年：男52.8，女47.2
- 2024年1~6月：男55.4，女44.6

A级新能源乘用车：
- 2022年：男62.5，女37.5
- 2023年：男60.7，女39.3
- 2024年1~6月：男60.9，女39.1

A级传统车：
- 2022年：男67.2，女32.8
- 2023年：男65.9，女34.1
- 2024年1~6月：男66.2，女33.8

图13　2022~2024年6月A级乘用车市场用户性别结构变化

资料来源：中汽数据有限公司。

2024年1~6月，A级纯电用户中女性占比44.8%，作为家庭补充用车，A级女性纯电用户占比远高于插混市场和传统市场，而A级插混市场的用户结构则与传统市场更加趋同，主要是因为插混产品无里程焦虑、不受充电基础设施限制的产品优势，更加适合替代传统市场产品（见表4）。

表4　2024年1~6月A级乘用车市场用户结构

单位：%

年龄	A级纯电用户			A级插混用户			A级传统用户		
	男	女	总计	男	女	总计	男	女	总计
20岁及以下	0.2	0.2	0.4	0.5	0.2	0.7	1.0	0.2	1.2
21~30岁	8.2	10.1	18.3	20.1	11.0	31.2	18.0	9.0	26.9
31~40岁	21.0	20.2	41.2	21.7	14.4	36.1	19.2	13.2	32.4
41~50岁	15.1	10.2	25.3	12.1	6.5	18.6	15.3	7.8	23.2
51~60岁	8.8	3.6	12.4	8.3	2.9	11.2	10.5	3.1	13.5
61岁及以上	1.9	0.5	2.4	1.9	0.4	2.4	2.2	0.4	2.7
总计	55.2	44.8	100.0	64.7	35.3	100.0	66.2	33.8	100.0

资料来源：中汽数据有限公司。

A 级新能源乘用车用户以已婚一孩的小家庭为主，其中已婚占比79.2%，已婚用户中一孩家庭占比80%，且大部分用户是三口之家，A 级乘用车新能源用户的家庭结构与整体新能源乘用车用户相比无明显差异。相较于整体新能源乘用车市场，A 级新能源乘用车用户本科及以上学历占比58.4%，低于整体水平（67.5%），收入水平也低于整体。此外，A 级新能源用户大部分从事初级管理和技术岗位，家庭年收入主要集中在 10 万~30 万元（不含），收入水平低于整体新能源市场（见图14）。消费观方面，A 级新能源乘用车用户消费更加理性务实，日常消费注重实用性和价格，同时主要将汽车视为交通工具，并没有更多的情感属性（见图15）。

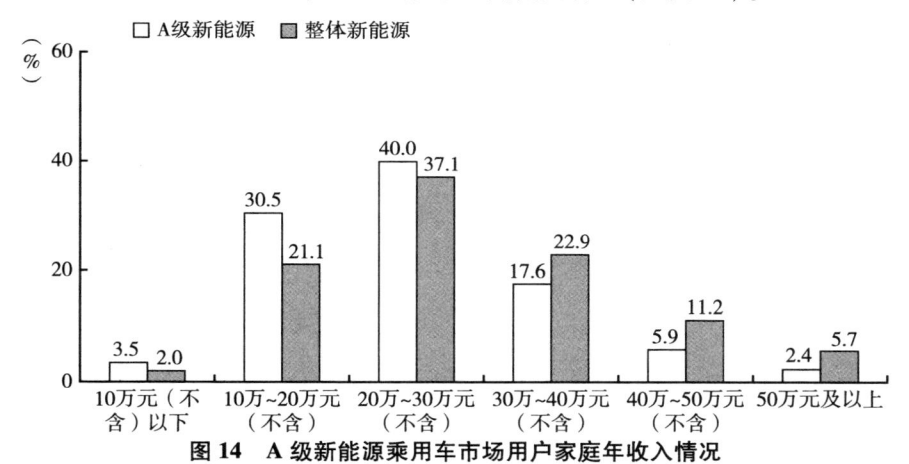

图 14　A 级新能源乘用车市场用户家庭年收入情况

资料来源：中汽数据有限公司。

2024 年 1~6 月，A 级新能源乘用车用户的增换购比例41.2%，略低于整体新能源乘用车市场（42.6%）。增换购用户中50.5%来源于 A 级传统市场，前车主要是轩逸、朗逸、卡罗拉等 A 级传统产品（见表5）。

2. A 级新能源乘用车用户购车选择过程分析

收入增加、希望拥有专属空间和家庭需求是 A 级新能源乘用车用户最主要的购车动机，相较于整体新能源乘用车市场而言，恰好出现喜欢的车型以及想尝鲜新能源车等因素占比低于整体新能源乘用车市场。综合而言，A 级新能源乘用车市场用户更多的是由需求驱动（见图16）。

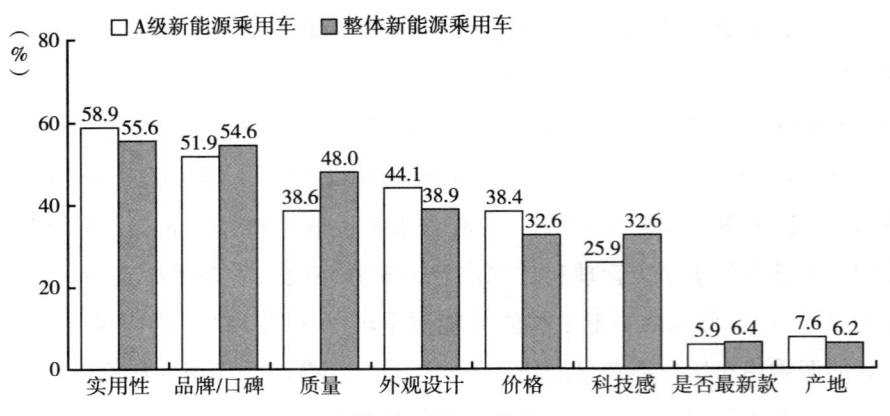

图 15　A级新能源乘用车市场用户日常消费关注情况

资料来源：中汽数据有限公司。

表 5　2024 年 1~6 月 A 级新能源乘用车市场增换购用户前车来源

单位：%

	传统燃油	常规混动	插电混动	纯电动	总计
A00	1.6	0.0	0.0	2.7	4.3
A0	17.5	0.0	0.0	1.1	18.6
A	50.5	0.8	0.9	1.7	53.9
B	15.3	0.4	0.4	0.6	16.7
C级及以上	6.1	0.1	0.2	0.1	6.5
总计	91.0	1.3	1.5	6.2	100.0

资料来源：中汽数据有限公司。

A级新能源乘用车用户最终选择新能源乘用车而放弃传统车的主要原因是成本驱动，之后才是体验驱动。具体来看，使用成本低是最核心原因，占比64.7%，略高于整体新能源乘用车市场（63.5%）。除此之外，A级新能源乘用车用户受智能化、三电技术提升等体验驱动影响明显低于整体市场，但受市场趋势引导而尝鲜购买的占比更高。因此除成本驱动外，A级新能源乘用车用户更多的是从众心理下的尝鲜需求（见表6）。

基于大数据的中国乘用车市场与用户趋势研究

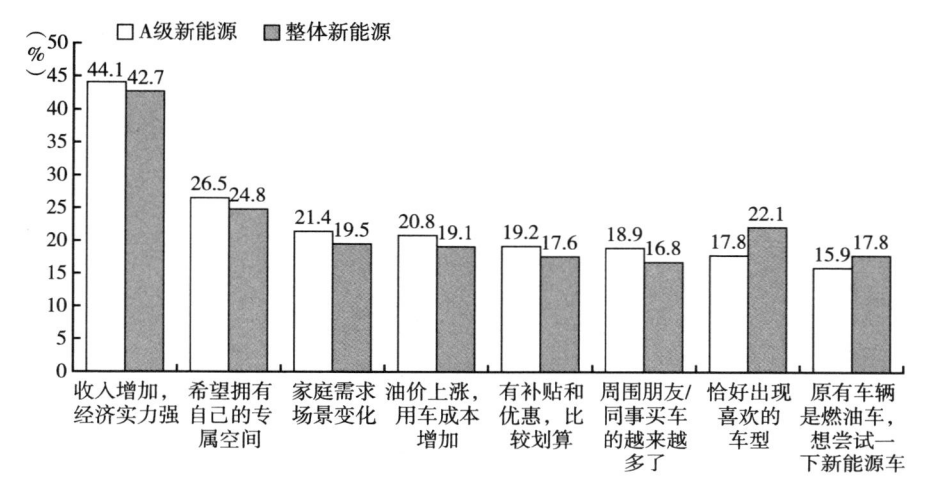

图中数据（A级新能源 / 整体新能源）：
- 收入增加，经济实力强：44.1 / 42.7
- 希望拥有自己的专属空间：26.5 / 24.8
- 家庭需求场景变化：21.4 / 19.5
- 油价上涨，用车成本增加：20.8 / 19.1
- 有补贴和优惠，比较划算：19.2 / 17.6
- 周围朋友/同事买车的越来越多了：18.9 / 16.8
- 恰好出现喜欢的车型：17.8 / 22.1
- 原有车辆是燃油车，想尝试一下新能源车：15.9 / 17.8

图16　A级新能源乘用车市场用户购车动机分析

资料来源：中汽数据有限公司。

表6　A级新能源乘用车市场用户选购新能源车的原因

单位：%，个百分比

选购新能源车的原因		整体新能源	A级新能源	差值（A级-整体）
成本驱动	使用成本低	63.5	64.7	1.2
	购买时有政策补贴及优惠多	9.0	11.2	2.2
体验驱动	智能化更高	42.1	32.6	-9.5
	想体验新能源车（新体验/新技术）	15.6	18.8	3.2
	新能源三电技术日益成熟，安全性显著提升	15.0	9.8	-5.2
续航和补能改善	续航里程满足需求	34.8	28.8	-6.0
	充电条件改善，补能便利	17.5	12.9	-4.6
	可快充，充电时间大幅缩短	12.9	8.7	-4.2
政策驱动	不限行不限号	28.5	29.9	1.4
	牌照因素，不用摇号或摇号易中签	4.7	3.3	-1.4
趋势引导	新能源是未来发展趋势	29.1	41.3	12.2
	购买新能源车的亲友增多	7.3	8.5	1.2

资料来源：中汽数据有限公司。

纯电动乘用车用户对比其他技术路线的比例较小，纯电动乘用车的市场竞争关系主要是纯电动乘用车市场的内部竞争。插电混动乘用车是纯电动乘用车用户对比最多的技术路线，成本和体验优势是驱动用户最终选择纯电动乘用车放弃插电混动乘用车的核心原因（见图17）。

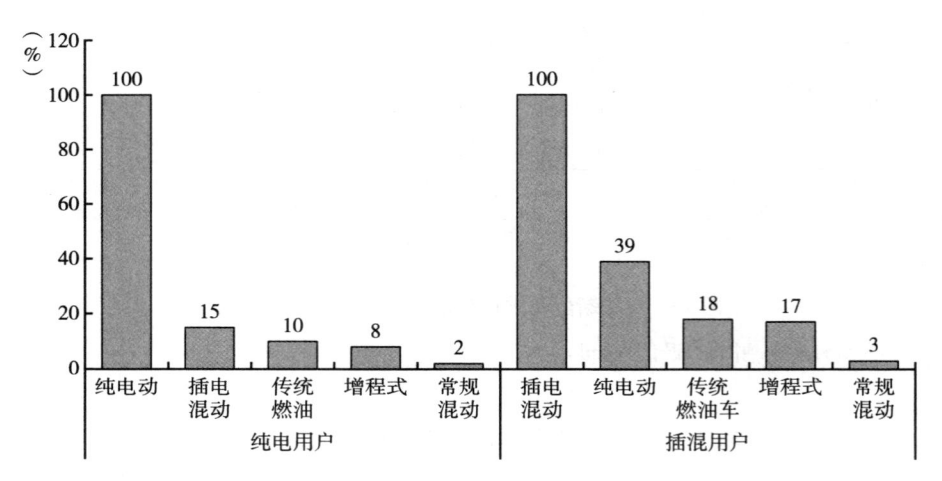

图17 A级新能源车用户购车对比技术路线分析

资料来源：中汽数据有限公司。

（二）B级及以上新能源乘用车市场用户特征分析

1. B级及以上新能源乘用车用户基础画像

2024年1~6月，B级及以上新能源乘用车市场以40岁及以下用户为主，占比69.8%，高于整体新能源乘用车市场（68.7%）和B级及以上传统车市场（62.7%）；但趋势变化方面，40岁及以下用户占比均呈现下滑趋势。B级及以上新能源乘用车市场以男性用户为主，但女性用户占比也高达38.6%，高于传统车市场（见图18、图19）。

B级及以上新能源乘用车用户增换购规模和增换购率逐渐上升，2024年1~6月增换购率45.1%，高于整体新能源乘用车市场（42.6%）。前车来源中，除大众、丰田、本田等品牌外，宝马、奔驰、奥迪等豪华品牌占比较高（见图20）。

基于大数据的中国乘用车市场与用户趋势研究

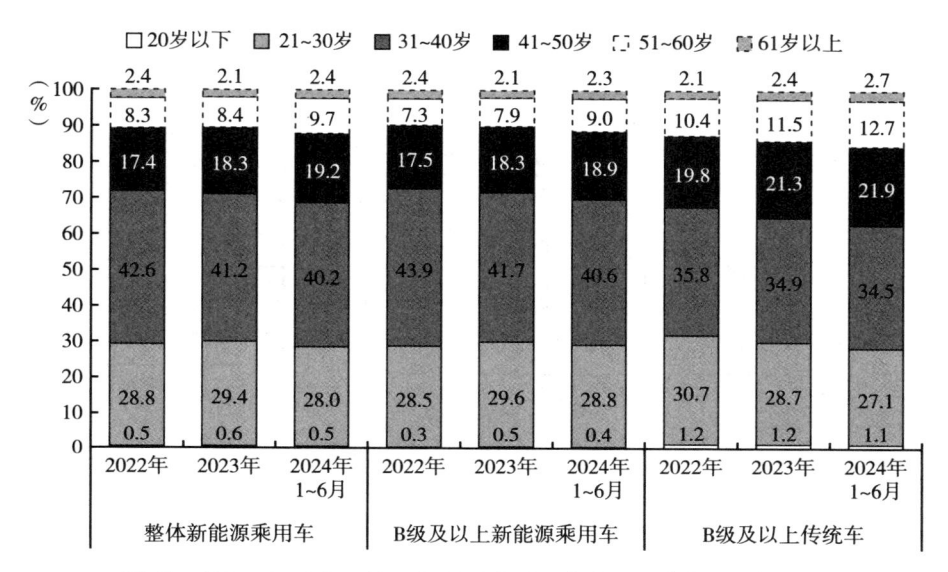

图18 2022~2024年6月B级及以上乘用车市场用户年龄结构分析

资料来源：中汽数据有限公司。

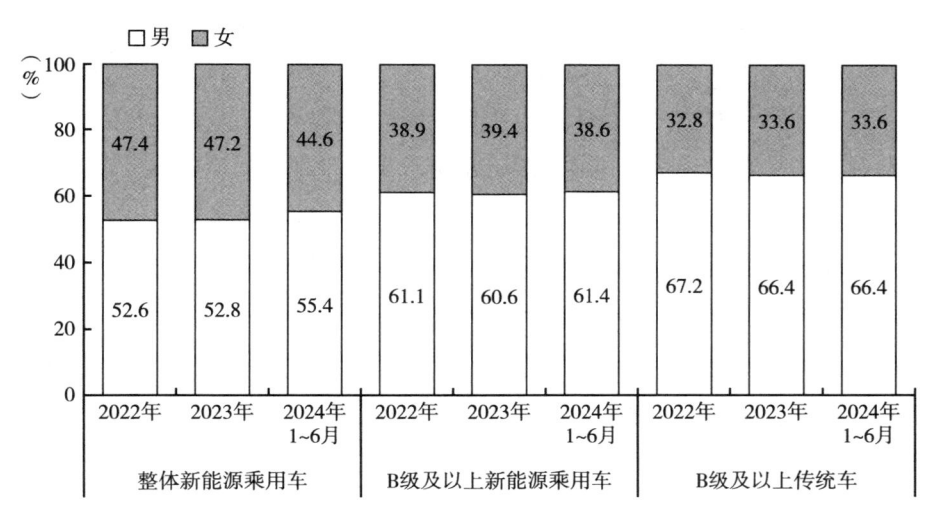

类别	年份	20岁以下	21~30岁	31~40岁	41~50岁	51~60岁	61岁以上
整体新能源乘用车	2022年	0.5	28.8	42.6	17.4	8.3	2.4
整体新能源乘用车	2023年	0.6	29.4	41.2	18.3	8.4	2.1
整体新能源乘用车	2024年1~6月	0.5	28.0	40.2	19.2	9.7	2.4
B级及以上新能源乘用车	2022年	0.3	28.5	43.9	17.5	7.3	2.4
B级及以上新能源乘用车	2023年	0.5	29.6	41.7	18.3	7.9	2.1
B级及以上新能源乘用车	2024年1~6月	0.4	28.8	40.6	18.9	9.0	2.3
B级及以上传统车	2022年	1.2	30.7	35.8	19.8	10.4	2.1
B级及以上传统车	2023年	1.2	28.7	34.9	21.3	11.5	2.4
B级及以上传统车	2024年1~6月	1.1	27.1	34.5	21.9	12.7	2.7

图19 2022~2024年6月B级及以上乘用车市场用户性别结构分析

资料来源：中汽数据有限公司。

类别	年份	男	女
整体新能源乘用车	2022年	52.6	47.4
整体新能源乘用车	2023年	52.8	47.2
整体新能源乘用车	2024年1~6月	55.4	44.6
B级及以上新能源乘用车	2022年	61.1	38.9
B级及以上新能源乘用车	2023年	60.6	39.4
B级及以上新能源乘用车	2024年1~6月	61.4	38.6
B级及以上传统车	2022年	67.2	32.8
B级及以上传统车	2023年	66.4	33.6
B级及以上传统车	2024年1~6月	66.4	33.6

图 20　2020~2024 年 6 月 B 级及以上新能源乘用车市场增换购率和前车来源分析

资料来源：中汽数据有限公司。

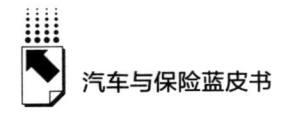

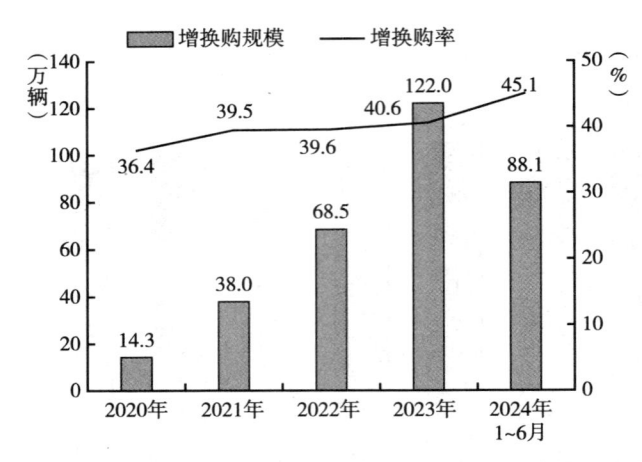

B 级及以上新能源乘用车用户以家庭成熟度高、学历高、收入水平高以及品牌关注度高的"四高"群体为主。其中纯电用户以时尚尝鲜族为主，用户群体年轻化，女性占比较高，80%的用户学历水平在本科及以上，从事技术岗位的占比多，日常消费关注品牌、外观、实用性和科技感。插混用户则以实力顾家族为主，有孩家庭占比近8成，且25%的用户是二孩家庭。日常消费关注品牌、时尚感和科技感，希望汽车能带来家一样的安全感与舒适感（见图21）。

2. B 级及以上新能源乘用车用户购车选择过程分析

收入增加、家庭和工作需求以及产品吸引是用户购车的主要原因。除经济因素外，首购用户更多的是基于家庭和工作需求，换购用户主要是因为看到喜欢的车、前车到了换购周期，或者前车功能落后，而增购用户较多的是想体验新能源车（见表7）。

纯电用户和插混用户选购新能源乘用车的原因并无显著差异，主要均是成本驱动、体验驱动以及续航和补能提升，两者相较来看，插混用户受产品智能化吸引选购的比例更高，纯电用户受充电条件改善影响的比例更高（见表8）。

基于大数据的中国乘用车市场与用户趋势研究

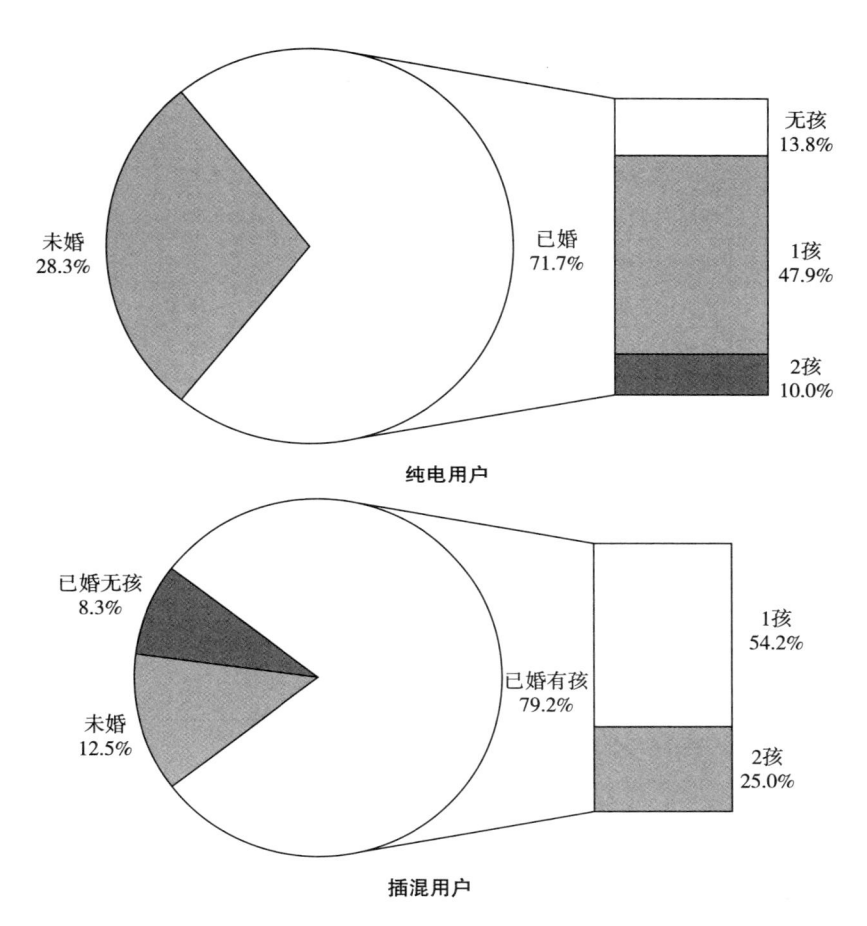

未婚 28.3%
已婚 71.7%
无孩 13.8%
1孩 47.9%
2孩 10.0%

纯电用户

已婚无孩 8.3%
未婚 12.5%
已婚有孩 79.2%
1孩 54.2%
2孩 25.0%

插混用户

图 21　B 级及以上新能源乘用车市场用户家庭结构分析

资料来源：中汽数据有限公司。

表 7　B 级及以上新能源乘用车用户购车动机分析

单位：%

首购用户		换购用户		增购用户	
收入增加,经济实力强	54	看到喜欢的车	61	收入增加,经济实力强	51
恰好出现喜欢的车	44	前车车龄长,功能落后	45	原有油车,想体验新能源车	44
家庭需求场景变化	39	收入增加,经济实力强	41	家庭人口增多	38
工作场景需求变化	28	到了换车周期	25	工作场景需求变化	29

资料来源：中汽数据有限公司。

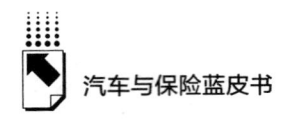

表 8　B 级及以上新能源乘用车用户选购新能源乘用车原因分析

单位：%

选购新能源车的原因		纯电用户	插混用户
成本驱动	使用成本低	62.5	60.8
	购买时有政策补贴及优惠多	7.1	5.0
体验驱动	智能化更高	50.0	61.7
	新能源三电技术日益成熟，安全性显著提升	21.3	21.7
	想体验新能源车（新体验/新技术）	10.8	13.3
续航和补能提升	续航里程满足需求	43.8	39.2
	充电条件改善，补能便利	26.7	15.8
	可快充，充电时间大幅缩短	21.7	10.8
政策驱动	不限行不限号	26.3	27.5
	牌照因素，不用摇号或摇号易中签	5.8	7.5
趋势引导	新能源是未来发展趋势	10.0	21.7
	购买新能源车的亲友增多	5.4	6.7

资料来源：中汽数据有限公司。

B 级及以上纯电市场用户购车对比其他技术路线产品的比例较小，主要竞争来源于纯电市场内部，但是相较于 A 级市场而言，对于传统燃油和增程式的对比比例更高。这主要是因为 A 级纯电产品主要作为家庭补充用车，使用场景更加单一，因而用户需求更为明确，而 B 级及以上纯电产品则主要是作为家庭用车的升级改善，因此使用场景多样化，需求多样化，同时 B 级及以上市场纯电产品供给少，用户不可避免地会进行多种技术路线产品对比。而增程式用户对比过纯电产品的比例高达 78.3%，竞争关系较强，可油可电、无里程焦虑的产品属性以及产品动力性是用户选择增程放弃纯电的核心原因（见图 22）。

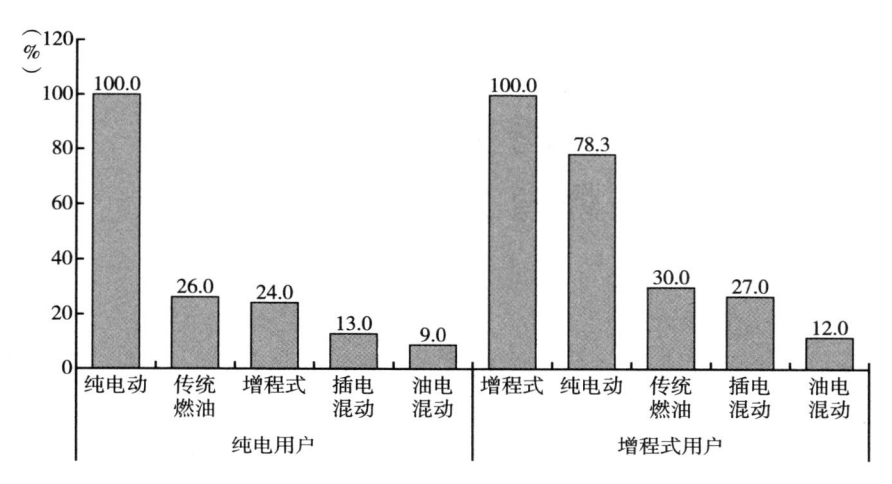

图 22 B 级及以上新能源乘用车市场用户对比技术路线分析

资料来源：中汽数据有限公司。

B.10
基于大数据的新能源乘用车市场分析和趋势预测

杨建奎　付羽佳　韩　星*

摘　要： 国内新能源乘用车市场在历经多年的政策引导、技术积淀与市场培育后，已逐步形成较稳定的发展格局。2023年以来，在历经激烈价格战、行业持续洗牌等背景下，新能源乘用车从投放规模到结构也呈现出一些新的特点。总体来看，纯电动车型仍是企业新能源乘用车产品布局重点方向，插电式混动车型布局速度较前几年显著提升，燃料电池车型受技术、产业配套等制约发展缓慢。此外，伴随新能源市场产品布局的逐步完善以及产品生命周期产品力更迭需求，目前市场产品投放呈现全新车型投放高位企稳，年型及增补类车型款型投放逐步加大的状态。而聚焦全新车型投放，SUV仍是布局重点但节奏略放缓，MPV延续高投放节奏，投放数量及占比显著增加；C、D级新产品投放比例持续提升，大尺寸、高端化定位趋势不变，但在行业价格战背景下，产品价格有下探趋势。里程方面，受补贴政策退坡、产品向上布局及电池技术升级等因素驱动，高纯电续航里程产品布局趋势明显，500公里以上续航里程是纯电动产品布局重点，150公里以上续航里程插混产品布局提速。大批量新车投放也促进了汽车整体智能化配置水平有了进一步增长。消费者对汽车的期待也不再局限于基本的驾驶功能，而是更加注重其智能化体验，如语音控制的便捷

---

* 杨建奎，中国汽车技术研究中心有限公司中汽数据有限公司产品与技术战略部产品技术主管，研究方向为节能与新能源技术路线、汽车产品技术战略；付羽佳，中国汽车技术研究中心有限公司中汽数据有限公司产品与技术战略部研究员，研究方向为乘用车产品智能化与用户；韩星，工程师，中国汽车技术研究中心有限公司中汽数据有限公司产品与技术战略部技术总监，研究方向为汽车产品战略与用户，牵头用户联合实验室建设。

性、导航系统的准确性以及车辆与手机等外界设备的互联互通性。在百花齐放的市场上，一些智能化配置逐渐成为标配类基础功能，一些则在低价位市场逐渐开始普及，还有一些则是各家车企积极跟进的配置，搭载率上升迅速。

关键词： 新能源乘用车　投放特征　智能化配置　搭载率

一　新能源乘用车投放特征

（一）新能源乘用车新车投放规模

新能源乘用车是企业布局重点，产品投放进一步提速。国内新能源乘用车市场在历经多年的政策引导、技术积淀与市场培育后，已逐步形成较稳定的发展格局，行业整体也已基本完成新能源化转型之路。从各车企产品布局及投放节奏来看，新能源乘用车已成企业布局及发展的重点方向，以比亚迪为代表的头部企业基本采用完全投入新能源的方式，将企业产品战略全面转型新能源乘用车市场；以长城、奇瑞等为代表的车企纷纷推出新能源专属品牌，着力聚焦新能源市场；以理想、问界等为代表的新势力企业持续以强竞争力的产品在新能源乘用车市场大放光彩。

具体到产品投放来看，车企新能源车型投放数量呈显著增长态势，新能源车型投放量由2020年的549款迅速提升至2023年的1345款，特别是2024年以来车企新能源车型投放实现新的增长，仅上半年新能源车型投放数量已达879款（见图1），整体投放占比也由2023年的36.9%飞速提升至2024年1~6月的53.0%，行业新能源产品投放进一步提速（见表1）。

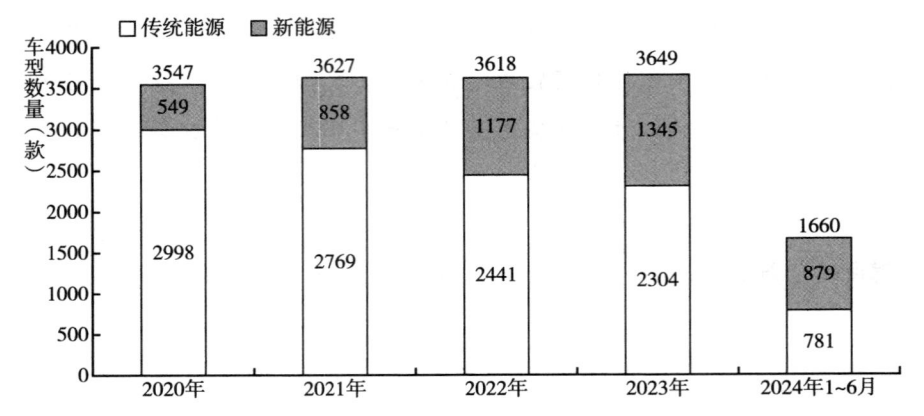

图1 2020~2024年6月乘用车市场分能源类型新产品投放车型情况

资料来源：中汽数据有限公司。

表1 2020~2024年6月乘用车市场分能源类型新产品投放车型占比情况

单位：%

类别	2020年	2021年	2022年	2023年	2024年1~6月
新能源占比	15.5	23.7	32.5	36.9	53.0
传统能源占比	84.5	76.3	67.5	63.1	47.0

资料来源：中汽数据有限公司。

纯电动车型仍为车企新能源乘用车产品布局重点方向，但各车企插混车型布局速度较前几年显著提升，燃料电池车型受技术、产业配套等制约发展缓慢。

伴随汽车行业新能源转型逐渐步入正轨，车企纯电动车型布局速度迈上新的台阶，中汽数据有限公司车型统计数据显示，2023年全年车企投放纯电动车车型数1005款，2024年上半年累计投放纯电动车车型数549款（见图2）。

插混车型因路权、无续航里程焦虑、低油耗等优势近年来在市场获得消费者一致青睐，市场的良好反响也为企业进行插混车型布局进一步提振了信心。目前，除以比亚迪、理想等为代表的先发型企业持续布局插混市场外，问界、深蓝、长安等诸多企业也开始着力布局插混市场，整体市场投放持续提速。

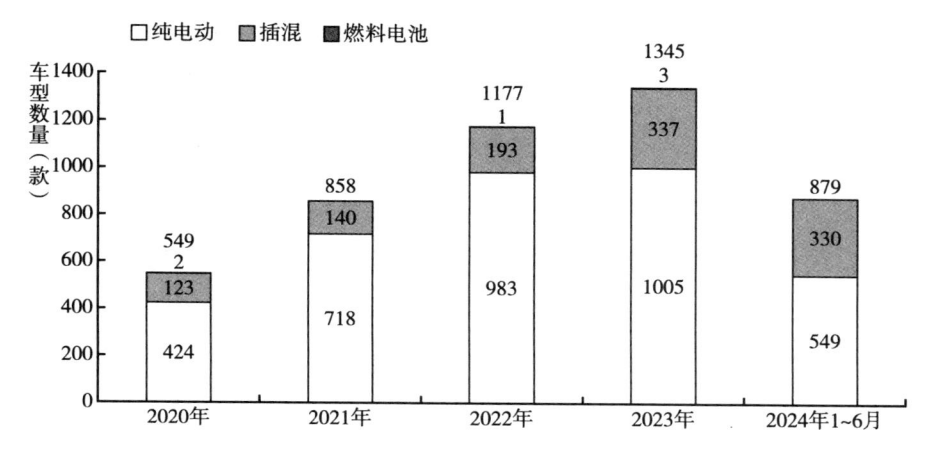

基于大数据的新能源乘用车市场分析和趋势预测

图 2 2020~2024 年 6 月新能源乘用车分技术路线新产品投放车型数量

资料来源：中汽数据有限公司。

中汽数据有限公司车型统计数据显示，2023 年插混车型投放 337 款，较 2022 年的 193 款增长 74.6%，占整体新能源乘用车投放总数的 25.1%，而 2024 年这一数量将进一步提升，仅 2024 年上半年插混新车款型数量便达到 330 款，接近 2023 年全年的投放量，其在新能源乘用车中的占比也进一步提升至 37.5%（见表2）。预计伴随行业对插混市场的持续看好，插混车型在短期内仍会迎来井喷式投放。

表 2 2020~2024 年 6 月新能源乘用车分技术路线新产品投放车型占比情况

单位：%

时间	2020 年	2021 年	2022 年	2023 年	2024 年 1~6 月
纯电动车型占比	77.2	83.7	83.5	74.7	62.5
插混车型占比	22.4	16.3	16.4	25.1	37.5
燃料电池车型占比	0.4	0.0	0.1	0.2	0.0

数据来源：中汽数据有限公司。

从新产品投放车型来看，新能源全新车型投放数量在经历早期快速增长后，目前整体呈高位企稳状态，中汽数据有限公司车型统计数据显示，2023 年全新车型投放 374 款，按照 2024 年上半年 196 款的投放量初步估计全年投放量将与上年基本持平。同时，伴随新能源市场产品布局的逐步完善以及产品生命周期产品力更迭，年型及增补车型投放也成为车企新能源产品布局的重点，2024年1~6月年型车型数量达到427款，增补车型投放量达到223款（见图3）。

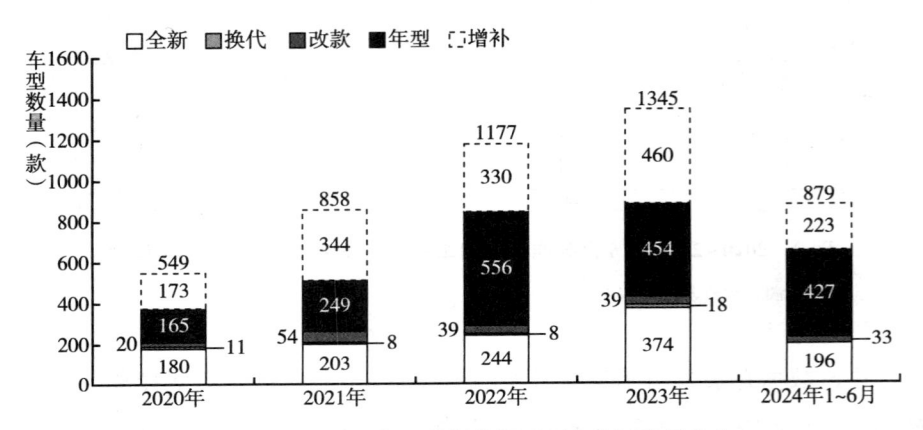

图3 2020~2024年6月新能源乘用车车型数量分布

资料来源：中汽数据有限公司。

（二）细分市场新车投放特点

1. SUV仍是布局重点但节奏略放缓，MPV延续高投放节奏

SUV作为车企新能源化转型的先头兵，近年来一直是行业布局重点，中汽数据有限公司车型统计数据显示，2023年新能源SUV新车投放车型占比达到54.3%，远高于新能源轿车投放车型占比。截至2023年底，以蔚小理、问界、智己、腾势、比亚迪、哈弗、别克等为代表的主流品牌已基本完成SUV产品线的组合布局，并持续发力中高端新能源乘用车市场。步入2024年以来，企业SUV车型布局速度稍微放缓，2024年上半年新能源SUV车型投放占比缩减至49.5%（见图4）。

此外，早期国内市场MPV车型主要面向对公领域，企业MPV车型定义也聚焦商用场景。伴随生育政策的逐渐放开，二孩、三孩家庭用户对于带有

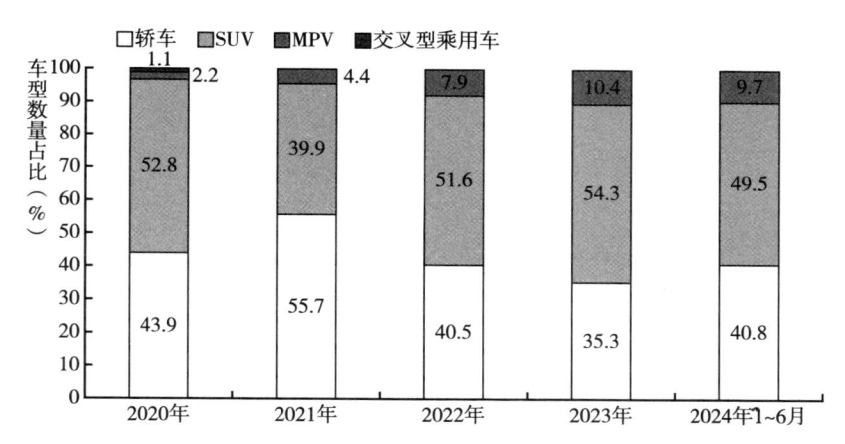

图4 2020~2024年6月新能源乘用车投放"全新车型"类别分布

资料来源：中汽数据有限公司。

第三排、大空间的车型诉求显著提升，这为MPV产品的发展提供了一定契机。2022年定位宜商宜家的MPV车型腾势D9的推出成功引动MPV竞争格局变化，并有效开启MPV定义及发展新篇章。腾势D9上市后销量的一路走高及取得的骄人成绩，让行业看到当前国内MPV市场的发展潜力及产品定义新方式，并进一步增强了企业布局MPV市场的信心。近两年来，各车企持续布局并推出MPV车型，如，传祺E8、上汽大通MIFA 7、沃尔沃EM90、星海V9、小鹏X9、理想MEGA等，整体MPV市场车型投放数量及占比显著增加。

2. C、D级新产品投放比例持续提升，大尺寸、高端化定位趋势不变

从车型投放级别来看，基于市场由增量向存量转换的大背景，以及车企品牌向上的产品战略定位，新能源乘用车市场新产品投放大尺寸、高端化定位趋势进一步凸显。中汽数据有限公司车型统计数据显示，得益于问界M9、飞凡F7、智己LS7、岚图追光、阿维塔12、仰望U8、银河E8、小米SU7、坦克700、宝马i5等车型的投放，2023年到2024年1~6月，C、D级高端车型投放比例提升显著（见图5）。预计伴随行业对国内经济企稳复苏及消费升级的良好预期，未来中高端市场仍将是企业进一步布局和拓展的重要细分市场。

此外，伴随补贴退坡等因素的影响，近几年以来A00、A0级市场全新车型投放份额呈下降趋势，目前A0级及以下新产品的投放主要受五菱、宝骏、比亚迪等传统自主优势企业产品投放及以东风纳米等为代表的新创品牌入场驱动。

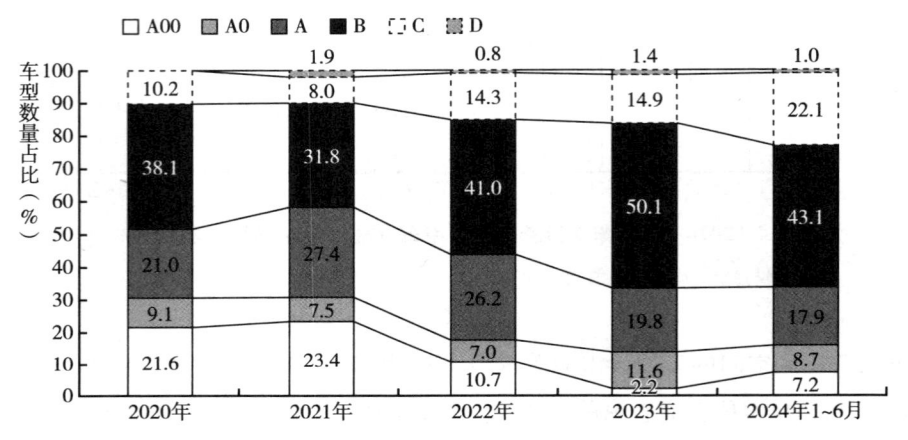

图5　2020~2024年6月新能源乘用车投放"全新车型"级别分布

资料来源：中汽数据有限公司。

（三）分价格段新车投放特点

在激烈价格战背景下，车企在向上布局谋求突围的同时，产品指导价亦持续下探，以增强产品价格竞争力。为满足企业向上发展战略要求，同时应对新能源乘用车高昂的电池成本，增强与传统燃油车的价格竞争力，前些年以蔚小理、高合、问界、岚图、腾势等为代表的众多品牌纷纷借助智能网联、智能驾驶技术的赋能，依托豪华品牌定位或品牌向上布局策略推出众多高端产品，这也带动新能源乘用车全新投放产品价格带连续多年上移，中汽数据有限公司车型统计数据显示，截至2022年25万元及以上价格段投放车型占比一路走高，其中2022年得益于蔚来ES7、问界M7、小鹏G9、理想L8/L9、岚图梦想家、腾势D9等众多高端、高价位车型的推出，当年投放35万~50万元（不含）新能源全新车型数量占比高达20.5%（见图6）。

而 2023 年以来，为应对日益激烈的价格战，稳住市场基盘，各大车企在继续坚持品牌高端化、产品向上布局的同时，进一步严控成本、压缩利润空间，降低新投放产品指导价，通过越级尺寸空间及低维价格迎战激烈的市场竞争。

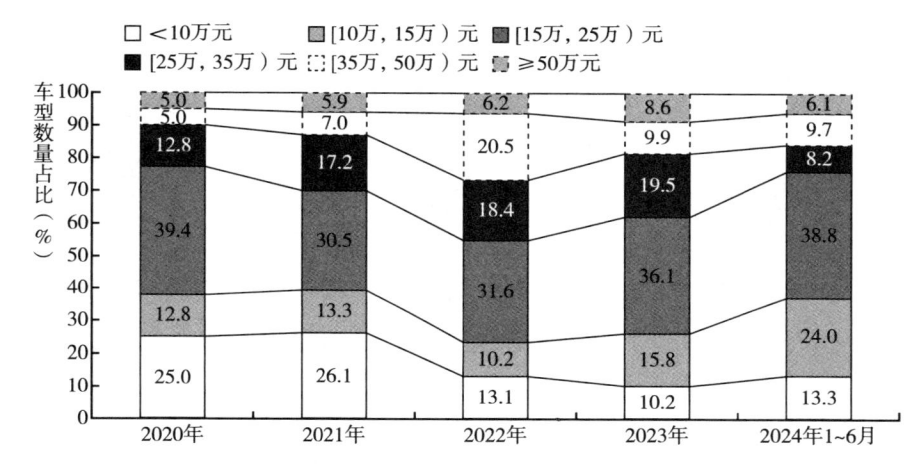

图例：
- □ <10万元
- ▨ [10万, 15万) 元
- ▨ [15万, 25万) 元
- ■ [25万, 35万) 元
- ▫ [35万, 50万) 元
- ▨ ≥50万元

年份	<10万元	[10万,15万)	[15万,25万)	[25万,35万)	[35万,50万)	≥50万元
2020年	25.0	12.8	39.4	12.8	5.0	5.0
2021年	26.1	13.3	30.5	17.2	7.0	5.9
2022年	13.1	10.2	31.6	18.4	20.5	6.2
2023年	10.2	15.8	36.1	19.5	9.9	8.6
2024年1~6月	13.3	24.0	38.8	8.2	9.7	6.1

图 6 2020~2024 年 6 月新能源乘用车投放"全新车型"价格带分布

资料来源：中汽数据有限公司。

（四）分续航里程新车投放特点

高纯电续航里程产品布局趋势明显，500 公里以上续航里程是纯电动产品布局重点，150 公里以上续航里程插混产品布局提速。

伴随新能源补贴政策退坡，近几年纯电动产品中低续航新产品投放占比持续缩减。同时，为进一步满足消费市场对纯电续航里程的需求、缓解用户用车焦虑，企业纯电动新产品布局逐步呈现长续航趋势，500 公里以上产品成为企业布局重点（见图 7）。此外，为进一步支撑企业产品高端化布局，以吉利、岚图、飞凡、奇瑞、腾势、小米、小鹏、长安、智己、一汽、沃尔沃、理想等为代表的企业已着力布局 700 公里以上产品，其中以远航 Y7、传祺 AION LX 为代表的车型纯电续航里程已突破 1000 公里。

在新能源补贴政策逐步退坡的大背景下，为更好契合消费市场对插电式混动产品纯电续航里程的需求，进一步提升产品竞争力，2023 年以来各车

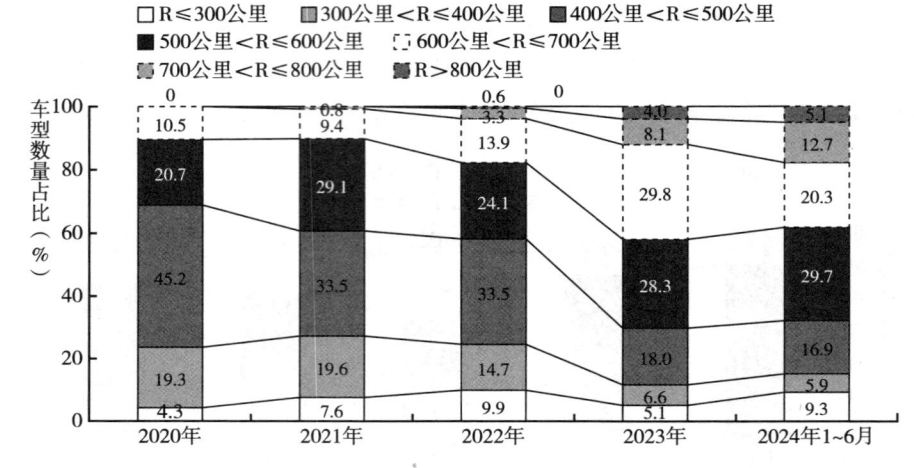

■ R≤300公里　■ 300公里<R≤400公里　■ 400公里<R≤500公里
■ 500公里<R≤600公里　□ 600公里<R≤700公里
■ 700公里<R≤800公里　■ R>800公里

图7　2020~2024年6月纯电动"全新车型"分续航里程车型投放情况

资料来源：中汽数据有限公司。

企新投放的插电式混动产品纯电续航里程进一步上移。中汽数据有限公司车型统计数据显示，自2023年以来，百公里及以下纯电续航插电式混动车型投放占比急剧收缩，100（不含）~150公里成为企业重点布局里程区间（见图8）。同时，伴随电池技术的持续提升及成本的进一步下降，为进一步

■ R≤50公里　■ 50公里<R≤80公里　■ 80公里<R≤100公里
■ 100公里<R≤150公里　□ 150公里<R≤200公里　■ R>200公里

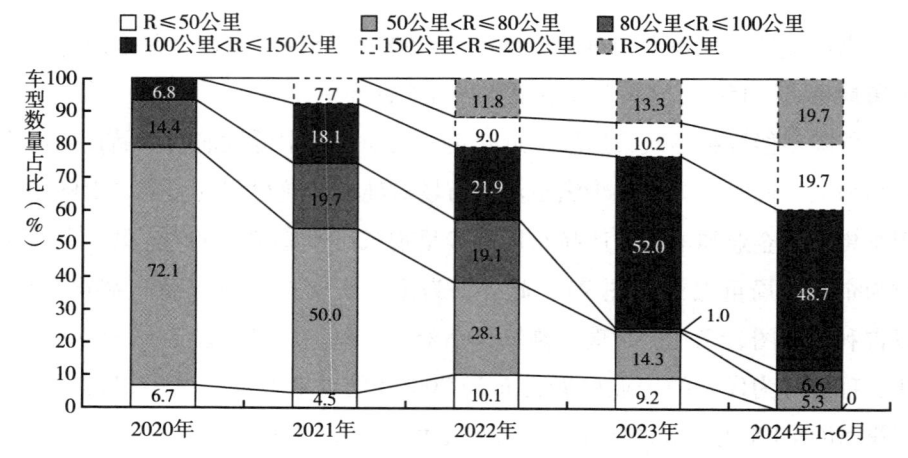

图8　2020~2024年6月插电式混动"全新车型"分续航里程车型投放情况

资料来源：中汽数据有限公司。

缓解用户出行里程焦虑，带给消费者更好的出行里程体验，以理想、零跑、吉利、合众、腾势、奇瑞、北汽、金康等为代表的众多车企纷纷积极布局并推出200公里以上的插电式混动车型，其中极石01、哪吒L、问界M9等车型纯电续航里程已突破250公里。

二 新能源乘用车市场智能化配置发展趋势

（一）新能源乘用车市场智能化配置整体搭载情况

基础类智能化配置加速标配化，L2+及后排娱乐等高阶功能开始下放。

在电动化的趋势下，汽车市场正经历着一场前所未有的智能化变革，新能源乘用车市场整体智能化水平不断攀升，从自动驾驶技术的日益成熟到车载智能系统的全面升级，每一款车型都将"智能"视为重要的竞争力表现，2024年在大批量新车投放的推动下新能源乘用车市场整体智能化配置水平有了进一步增长，智能化的发展方向也逐步明晰。

中汽数据有限公司将473项智能化配置划分为7个一级分类、23个二级分类、82个三级分类（见表3），根据搭载率的计算方式［见公式（1）］，图9描述了2024年1~6月82个三级分类的搭载率及相较于2023年的变化情况，其中有69个三级分类的搭载率变化大于1个百分点，有较明显的上升，4个三级分类的搭载率变化小于-1个百分点，较去年搭载率下降，9个三级分类的搭载率变化在±1个百分点以内，较上年波动较小。整体来看，多数配置正处于加速普及中，智能钥匙、车载Wi-Fi等基础类的智能化配置逐渐标配化，在高搭载率的基础上仍保持5个百分点以上的增长，领航辅助、后排控制等高阶智能化配置的增速也在5个百分点以上，说明智舱智驾高阶功能也正在下放普及。

$$搭载率 = \frac{\sum 装备此配置的款型销量}{在售的所有款型销量} \qquad 公式(1)$$

表3 新能源乘用车智能化配置三级分类示例

一级分类(7项)	二级分类(23项)	三级分类(82项)
安全	状态感知	司机监控系统
	环境感知	360影像
	身份识别	面部识别
	……	……
交互	座舱内部件	屏幕
	语音交互	语音控制
	触控交互	输入法
	……	……
服务	场景化服务	睡眠模式
		其他智能模式
	车载应用生态服务	导航
		应用商店
	云端服务	OTA
	……	……
互联	V2X	远程控制
	手机车机互联	无线充电
		投屏
	……	……
智驾	L0	泊车预警
	L1	行车辅助
	L2	泊车辅助
	L2+	领航辅助
	……	……
部件	车身部件	座椅
	驾舱内部件	音响
	……	……
系统	三电系统	电源控制

资料来源：中汽数据有限公司。

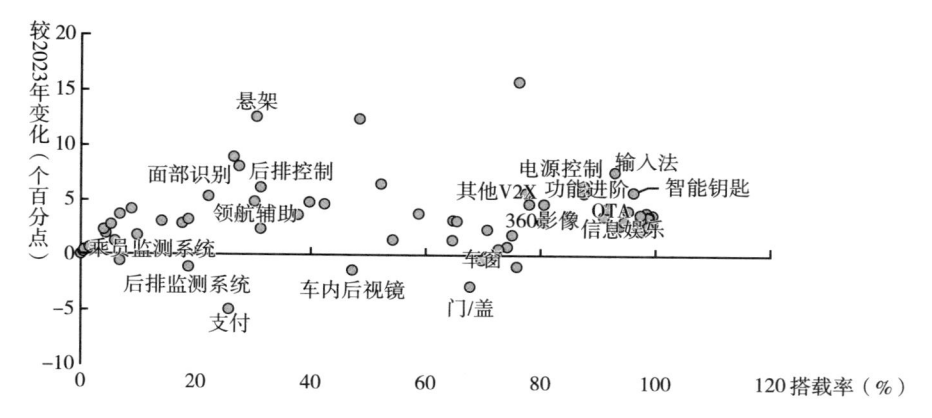

基于大数据的新能源乘用车市场分析和趋势预测

图9　2024年1~6月新能源乘用车智能化配置三级分类的搭载率及变化情况

资料来源：中汽数据有限公司。

（二）新能源乘用车市场搭载率上升类配置原因分析

1. 标配类基础配置，搭载率随新车上市数量增多而提升

2024年1~6月，针对标配类的基础功能项，搭载成本低，新能源乘用车全新产品基本均会搭载，因此搭载率随着新车上市数量增多呈现上升趋势，重点包含输入法、电源控制、其他V2X及OTA等配置（见图10）。

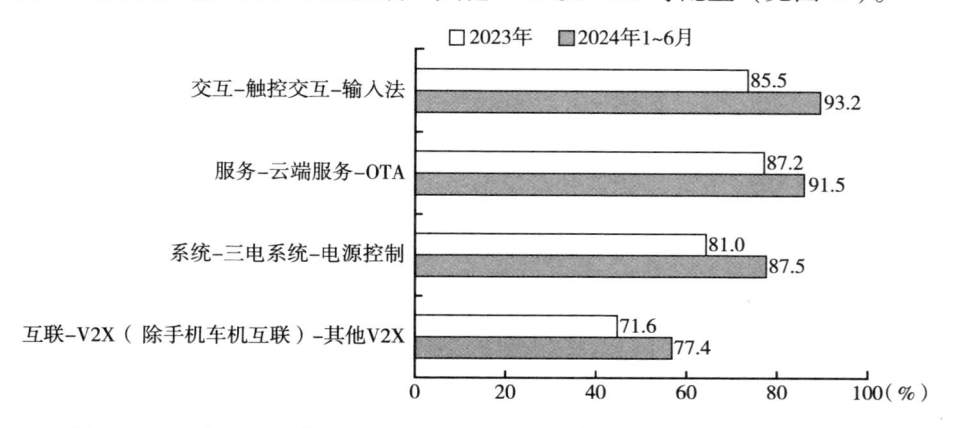

图10　2023年、2024年1~6月新能源乘用车重点标配类配置搭载率变化情况

资料来源：中汽数据有限公司。

具体来看，智能车机已逐渐成为新能源汽车标配装备，OTA、输入法等软件类功能作为智能车机的重要组成部分，已成为车机功能实现的基础项，主要对车机系统进行功能拓展，研发更新速度较快，搭载成本较低；输入法配置下输入法联想功能和手写输入功能搭载率上升明显。相较于2023年，2024年1~6月，输入法联想搭载率由75.2%上升到87.1%，增长11.9个百分点；手写输入搭载率由62.0%上升到75.9%，增长13.9个百分点；OTA配置下语音识别升级功能和辅助驾驶系统升级功能搭载率上升明显，语音识别升级功能搭载率由83.1%上升到89.6%、增长6.5个百分点，辅助驾驶系统升级功能搭载率由52.5%升级到58.5%、增长6.0个百分点。

新能源产品渗透率不断提升同时带动了三电类、网联类配置搭载率提升，其中电源控制类功能、车载Wi-Fi等基本成为新上市新能源车型的标配，搭载率受新车产品数量和渗透率增速的影响较大。电源控制配置下外放电功能搭载率上升明显，由70.9%上升到79.1%，增长8.2个百分点；其他V2X配置下车载Wi-Fi功能搭载率由71.6%上升到77.4%，增长5.8个百分点（见图11）。

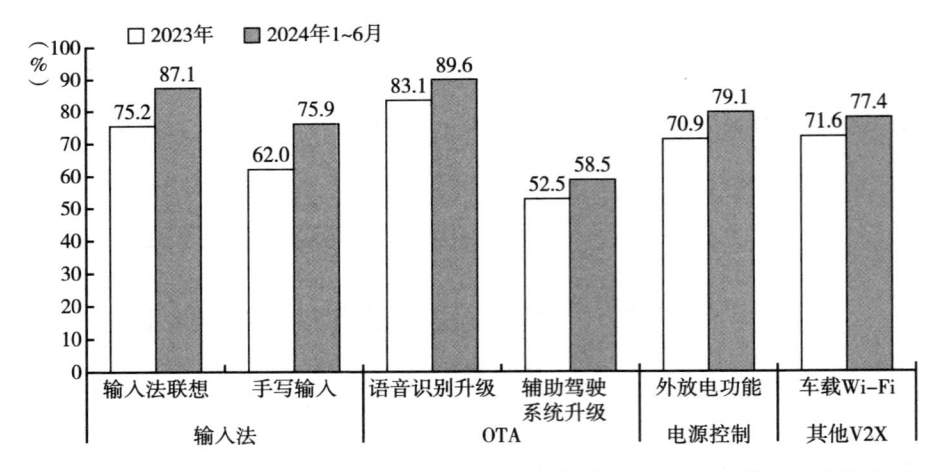

图11　2023年、2024年1~6月新能源乘用车重点标配类配置下功能搭载率变化情况

资料来源：中汽数据有限公司。

2. 低配普及类配置功能，低价位段车型销量增高促进搭载率提升

低价位段车型开始快速搭载且销量具备一定规模，导致低配普及类配置功能搭载率呈现上升趋势，重点包含智能钥匙、360影像、功能进阶及信息娱乐等配置（见图12）。

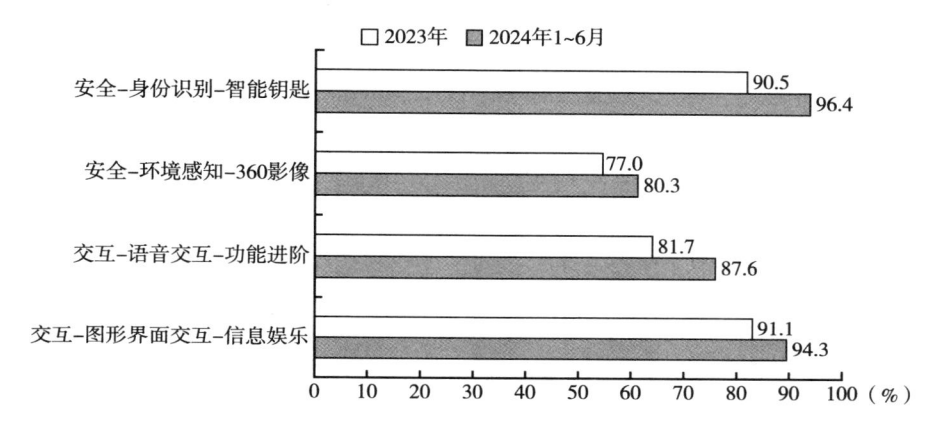

```
                                    □ 2023年   ■ 2024年1~6月

安全–身份识别–智能钥匙 ████████████████████ 90.5
                      ██████████████████████ 96.4

安全–环境感知–360影像  ████████████████ 77.0
                      █████████████████ 80.3

交互–语音交互–功能进阶 █████████████████ 81.7
                      ██████████████████ 87.6

交互–图形界面交互–信息娱乐 ███████████████████ 91.1
                          ████████████████████ 94.3

                      0  10  20  30  40  50  60  70  80  90  100（%）
```

图12　2023年、2024年1~6月新能源乘用车重点低配普及类配置搭载率变化情况

资料来源：中汽数据有限公司。

随着用户对场景体验需求的提升，舒适类配置与娱乐类配置需求度大幅提升，装备配置向低价位车型下放趋势明显，以低价位纯电产品为代表，带动了配置装备搭载率的上升，例如海鸥、宝骏云朵、五菱缤果等车型拥有较高的配置装备水平以及较高的销量，带动了包含智能钥匙、360影像、功能进阶及信息娱乐等配置搭载率的提升。

具体来看，相较于2023年，2024年1~6月，原车钥匙一键进入与手机无感解锁是上车场景中的重要舒适性配置，搭载率提升明显。其中原车钥匙一键进入搭载率由40.2%提升至51.6%，增长11.4个百分点；手机无感解锁搭载率由36.9%提升至44.6%，增长7.7个百分点。结合用户调研，安全性重要度逐年提升，透明底盘可有效提升车辆通过安全性，搭载率上升明显，由42.2%提升到50.0%，增长7.8个百分点；全车监视系统可有效降低驾驶员因疲劳而引发的意外事故，搭载率由62.5%提升到66.3%，增长3.8个百分点；新能源车渗透率提升带动了智能座舱发展，语音交互是座舱智能化重要载体，连续指令识别功能搭载率快速提升，由10.1%提升至17.7%，增长7.6个百分点；同时，随着车机信息娱乐功能的不断增强，桌面自定义调节功能搭载率由69.1%提升至76.2%，增长7.1个百分点（见图13）。

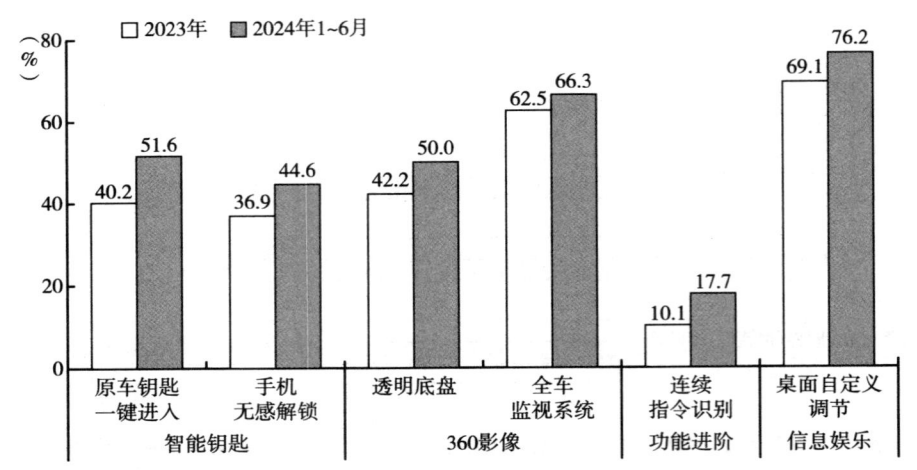

图13 2023年、2024年1~6月新能源乘用车重点低配普及类配置下功能搭载率变化情况

资料来源：中汽数据有限公司。

3. 积极跟进类配置功能，企业跟进较快，基数小，搭载率提升明显

汽车技术内卷日益严重，为打造更加契合用户需求的产品，豪华科技感为企业普遍认同且跟进的方向。在操控性、后排舒适空间打造、驾乘安全性等方面，许多企业都在着力布局打造，该类配置本身基数较小，搭载率提升明显，重点包含悬架、面部识别以及领航辅助等配置（见图14）。

悬架方面，过去空气悬架等只有豪华车才有装备，在电气化的推进下，蔚来、智己等新能源车企也开始跟进布局，如智己LS7搭载与玛莎拉蒂Levante同系列的德国大陆空气悬架系统，蔚来ET7搭载空气悬架+CDC+ICC，提供极致舒适驾乘体验；后排空间舒适方面，D9、理想L9、问界M7、极氪001等中大型车或MPV对后排的智能化舒适空间打造尤为重视，如理想L9考虑后排每一位乘坐人员的舒适感受，首创二排四向电动腿托及全车座椅电调及加热。

具体来看，相较于2023年，2024年1~6月，悬架方面，可变悬架阻尼调节功能搭载率由13.2%提升至22.3%，增加9.1个百分点，电磁感应悬架功能搭载

基于大数据的新能源乘用车市场分析和趋势预测

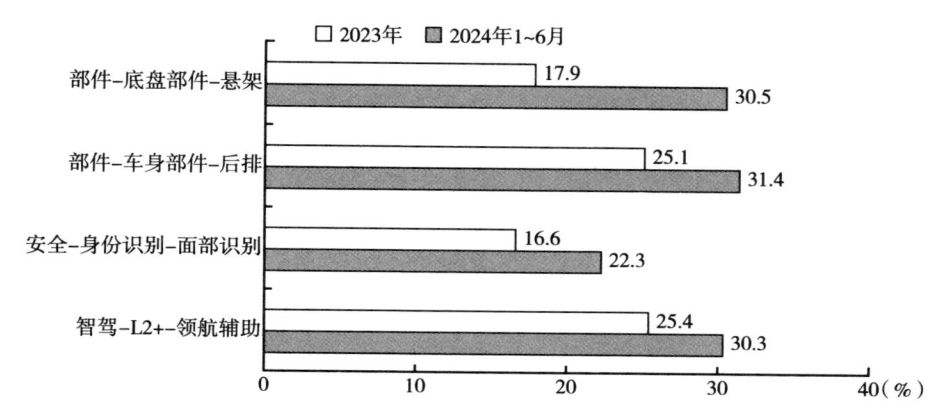

图14 2023年、2024年1~6月新能源乘用车重点积极跟进类配置搭载率变化情况

资料来源：中汽数据有限公司。

率由2%提升至6.1%，增加4.1个百分点；后排功能方面，后排控制空调功能搭载率由20.4%提升至26.7%，增长6.3个百分点，后排控制音响功能搭载率由12.2%提升至16.9%，增长4.7个百分点；面部识别方面，ID登录功能搭载率15.6%提升至21.2%，增长5.6个百分点；高速领航驾驶辅助功能搭载率由6.8%提升至19.2%，增长12.4个百分点（见图15）。

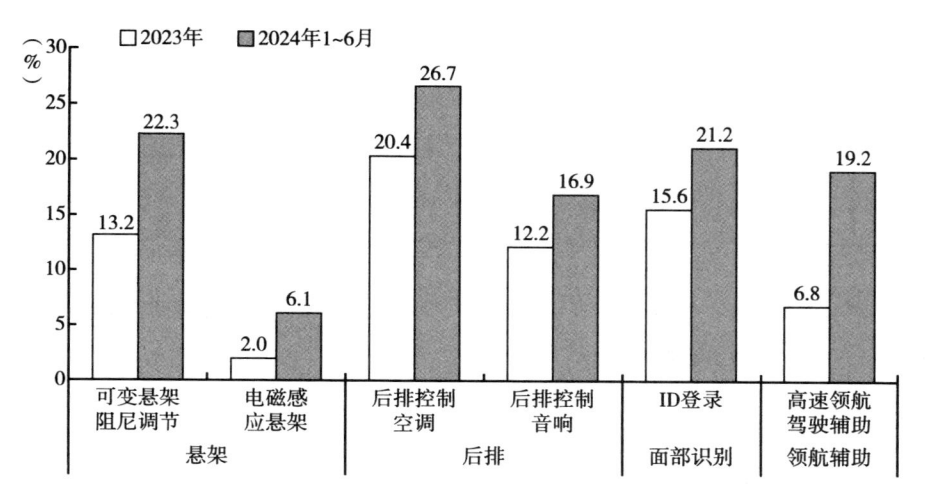

图15 2023~2024年6月新能源乘用车重点积极跟进类配置下功能搭载率变化情况

资料来源：中汽数据有限公司。

（三）搭载率下降类配置原因分析

1. 中高端产品销量衰退导致高阶配置搭载率下滑

中高价位段车型会根据用户更细致的用车需求搭载更高阶的智能化配置，但该类配置的搭载率易随着中高端产品或高配产品的销量下滑而下降，例如活体生命监测和感应式后备厢。

活体生命监测功能通常搭载在25万~50万元（不含）区间的中高端车型上，例如理想L9、腾势D9、阿维塔11，25万~50万元（不含）区间搭载活体生命检测的车型总销量在2024年1~6月同期略微下滑，因此活体生命监测功能搭载率下滑1.1个百分点。感应式后备厢多装备在传统豪华品牌35万元以上中高端车型，如奥迪Q5 etron、宝马i5、奔驰EQS，以及新势力品牌车型如蔚来、问界，传统豪华品牌新能源车型2024年销量出现下滑，感应式后备厢的搭载率也由23.2%下滑至19.0%（见图16）。

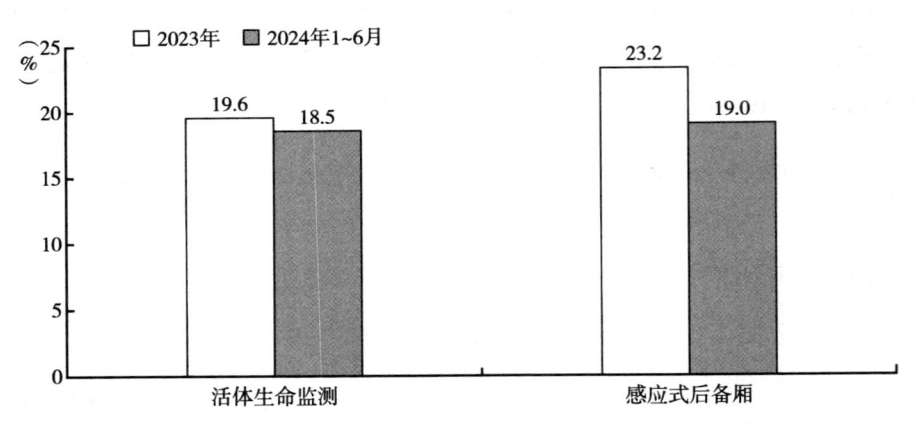

图16 2023年、2024年1~6月中高端产品搭载类配置搭载率及搭载率变化情况

资料来源：中汽数据有限公司。

2. 功能感知价值较低，并非用户用车核心需求

自动防眩目内后视镜、外折式隐藏电动门把手、前备厢、ETC装置等智能化配置搭载率的下滑主要是由于用户在购车时对该类智能化配置关注度不高,用车使用场景较低,并非用户核心需求配置,故这些功能的装车率逐渐降低,限制其搭载率的增长(见图17)。

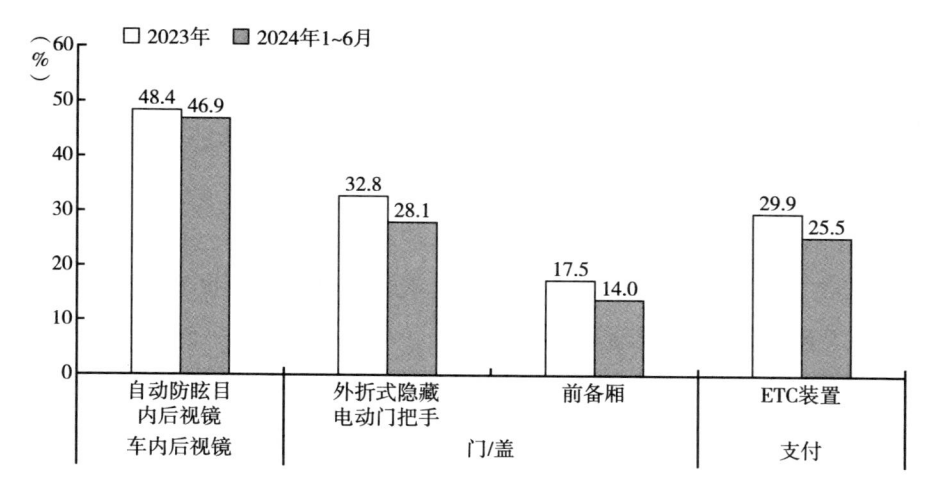

图17 2023年、2024年1~6月新能源乘用车下滑类配置搭载率及搭载率变化情况

资料来源:中汽数据有限公司。

B.11
汽车工业中的大数据与人机交互技术融合应用研究

王镭 张渤 李亚楠*

摘　要： 本文简要探讨了汽车工业中大数据与人机交互技术的融合应用。通过对大数据和人机交互技术的概念、特点及发展现状进行分析，阐述了两者融合在汽车工业中的重要意义。另外，本文还详细研究了融合应用在汽车设计与研发、生产制造、销售与服务以及智能驾驶等领域的具体表现和优势。同时，也指出了融合过程中面临的挑战，并提出了相应的解决策略。最后，对汽车工业中大数据与人机交互技术融合应用的未来发展趋势进行了展望。

关键词： 汽车工业　大数据　人机交互技术　融合应用

一　研究背景

随着信息技术的飞速发展，大数据和人机交互技术在各个领域都发挥着越来越重要的作用。汽车工业作为国民经济的重要支柱产业，也在积极探索和应用这些先进技术，以提高生产效率、提升产品质量、改善用户体验，增强市场竞争力。

---

* 王镭，中国汽车技术研究中心有限公司中汽智联技术有限公司座舱技术室主任工程师、高级技术经理，研究方向为智能座舱人机交互体验及测评；张渤，中国汽车技术研究中心有限公司中汽智联技术有限公司座舱技术室研究员，研究方向为智能座舱人机交互体验及测评；李亚楠，中国汽车技术研究中心有限公司中汽智联技术有限公司座舱技术室研究员，研究方向为智能座舱人机交互体验及测评。

本文简要分析了汽车工业中大数据与人机交互技术的融合应用，探讨其现状、优势、挑战及未来发展趋势，为汽车企业的创新发展提供理论支持和实践指导。

汽车工业中大数据与人机交互技术融合应用研究意义在于以下几个方面。

（1）推动汽车工业的智能化发展。大数据与人机交互技术的融合应用可以实现汽车的智能化设计、生产和服务，提高汽车的性能和安全性，为用户提供更加便捷、舒适的出行体验。

（2）提升汽车企业的竞争力。通过融合应用，汽车企业可以更好地了解市场需求和用户行为，优化产品和服务，提高生产效率和质量，降低成本，增强企业的核心竞争力。

（3）促进相关产业的协同发展。汽车工业的发展与信息技术、电子、通信等产业密切相关，大数据与人机交互技术的融合应用可以带动这些产业的协同创新，推动整个产业链的升级和发展。

二 大数据与人机交互技术概述

（一）大数据的概念、特点及应用领域

大数据是指无法在一定时间内用常规软件工具对其内容进行抓取、管理和处理的数据集合。大数据具有数据量大、数据类型多样、数据处理速度快、价值密度低等特点。

（1）数据量大。大数据的数据量通常以 TB、PB 甚至 EB 为单位，远远超过传统数据处理技术所能处理的数据量。

（2）数据类型多样。大数据包括结构化数据、半结构化数据和非结构化数据，如文本、图像、音频、视频等。

（3）数据处理速度快。大数据要求能够在短时间内对大量数据进行处理和分析，以满足实时性要求。

（4）价值密度低。大数据中蕴含着大量的信息，但价值密度相对较低，

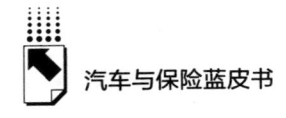

需要通过数据挖掘和分析等技术手段才能提取出有价值的信息。

大数据的应用领域非常广泛，包括金融、医疗、电商、物流、交通等。在汽车工业中，大数据可以应用于产品研发、生产制造、销售服务、智能驾驶等领域。

（二）人机交互技术的概念、发展历程及分类

人机交互技术是指人与计算机之间进行信息交流和互动的技术。人机交互技术的目的是使计算机能够更好地理解人的需求和意图，提高人机交互的效率和质量。

人机交互技术的发展经历了几个阶段，从早期的命令行界面到图形用户界面，再到自然用户界面。随着技术的不断进步，人机交互技术越来越人性化、智能化。

人机交互技术可以分为以下几类。

（1）输入技术。包括键盘、鼠标、触摸屏、语音输入、手势输入等。

（2）输出技术。包括显示器、打印机、扬声器等。

（3）多模态交互技术。结合多种输入和输出技术，实现更加自然、高效的人机交互。

三 汽车工业中大数据与人机交互技术融合的必要性

（一）满足用户个性化需求

随着消费者需求的不断升级，用户对汽车的个性化需求越来越多。大数据可以收集和分析用户的行为数据、偏好数据等，为人机交互技术提供数据支持，使汽车能够更好地满足用户的个性化需求。

（二）提高汽车的智能化水平

大数据与人机交互技术的融合应用可以实现汽车的智能化设计、生产和

服务。通过大数据分析,汽车可以了解用户的驾驶习惯、路况信息等,为用户提供个性化的驾驶建议和服务。同时,人机交互技术可以使汽车更加智能化、便捷化,提高用户的驾驶体验。

(三)提升汽车企业的竞争力

在激烈的市场竞争中,汽车企业需要不断提高产品质量和服务水平。大数据与人机交互技术的融合应用可以为汽车企业提供更加精准的市场分析和用户需求预测,优化产品设计和生产流程,提高企业的竞争力。

四 汽车工业中大数据与人机交互技术融合应用情况分析

(一)汽车设计与研发领域

在汽车设计与研发中,大数据与人机交互技术可以通过以下方式实现融合应用。

1. 市场需求分析

大数据收集:利用大数据技术收集海量的市场数据,包括消费者的购车偏好、使用习惯、对不同车型的评价等。例如,通过汽车销售平台的交易数据、汽车论坛和社交媒体上的用户讨论、市场调研公司的报告等渠道,获取关于车型外观、内饰风格、功能配置等方面的信息。

数据分析:运用数据分析算法对收集到的数据进行处理和分析,挖掘出消费者的潜在需求和趋势。比如,发现消费者对新能源汽车续航里程、充电设施便利性的关注度不断提高,或者对智能驾驶辅助功能的需求日益增长。

人机交互反馈:通过人机交互界面,如触摸屏、语音助手等,向设计师和研发人员直观地展示分析结果。设计师可以根据这些反馈,快速了解市场需求,为汽车的设计提供方向。例如,设计一款具有长续航里程和便捷充电功能的新能源汽车,或者在车内配备更加智能的驾驶辅助系统,以满足消费者的需求。

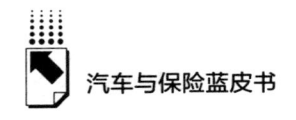

2. 产品性能优化

大数据监测：在汽车的使用过程中，利用车载传感器和大数据技术收集车辆的性能数据，如油耗、动力输出、刹车性能、悬挂系统的响应等。例如，通过安装在车辆上的传感器，实时监测车辆在不同路况下的油耗变化、发动机的工作状态等。

数据分析与改进：对收集到的性能数据进行分析，找出性能优化的关键点。例如，分析发现某款车型在高速行驶时油耗偏高，可能是由于空气动力学设计不合理。通过人机交互技术，设计师可以在虚拟设计环境中对车辆的外观进行调整，优化其空气动力学性能，降低油耗。

用户反馈与迭代：通过人机交互界面，收集用户对车辆性能的反馈意见。例如，用户可以通过车载智能系统或手机应用程序反馈车辆在使用过程中出现的问题或提出改进建议。研发人员根据这些反馈，结合大数据分析结果，对产品进行迭代优化，不断提高汽车的性能。

3. 创新设计

大数据灵感挖掘：利用大数据技术挖掘全球汽车设计趋势、新兴技术和创新理念。例如，通过分析国际车展上的新款车型、科技公司的创新成果等数据，发现新的设计元素和技术应用。

人机交互设计工具：借助虚拟现实（VR）、增强现实（AR）和人机交互技术，设计师可以更加直观地进行创新设计。例如，设计师可以使用 VR 设备，在虚拟环境中对汽车的外观和内饰进行设计，通过手势和语音指令进行操作，快速尝试不同的设计方案。同时，AR 技术可以将虚拟设计与现实场景相结合，让设计师更好地评估设计效果。

协同设计与用户参与：利用人机交互平台，实现设计师、工程师和用户之间的协同设计。例如，通过在线设计社区或汽车品牌的官方平台，用户可以提交自己的设计想法和建议，设计师和工程师可以根据用户的反馈进行设计优化，共同创造出更符合用户需求的汽车产品。

4. 虚拟仿真设计

大数据驱动的仿真模型：利用大数据建立更加准确的汽车性能仿真模

型。例如，通过收集大量的车辆测试数据和实际行驶数据，对车辆的动力学模型、空气动力学模型等进行优化，提高仿真的准确性。

人机交互仿真环境：设计师和工程师可以在虚拟仿真环境中，通过人机交互界面进行汽车的设计和测试。例如，使用虚拟现实技术，设计师可以身临其境地感受汽车的外观和内饰设计，进行细节调整。工程师可以在仿真环境中对车辆的性能进行测试，如碰撞测试、风洞测试等，通过直观的人机交互界面查看测试结果，及时发现问题并进行改进。

快速迭代设计：基于大数据和人机交互技术的虚拟仿真设计可以实现快速迭代。设计师可以在短时间内尝试多种设计方案，通过仿真测试评估其性能和可行性，选择最优方案进行实际生产。这大大缩短了汽车的设计与研发周期，降低了成本。

5. 应用案例分析

案例　基于汽车交互多模态感知底层数据的人机共驾柔性研发测评应用集成平台

在汽车工程开发过程中，中汽智联技术有限公司（以下简称"中汽智联"）基于中国特色道路场景与不同用车情景，面向不同用户特征和用户行为习惯等数据采集，并开展各类别数据同步，进行数据库的建设。基于数据智能标注的弱监督与自学习方法，进行半自动化数据标注平台的构建，可支持语音、图像和文本等 9 种数据类型。

通过将人机共驾技术和测评体系技术集成，构建人机共驾柔性研发测评应用集成平台，采集建立标准化数据库，切实解决现阶段智能汽车工程开发中人机共驾相关技术问题。

基于完整的用车周期细分座舱功能点，中汽智联建成了驾驶场景库、用车情景库、人机交互数据库以及驾驶员行为库，结合自研数据管理平台，能够为人机共驾和人机交互提供丰富完备的数据来源。通过多维数据的提取与融合，基于建成的人机共驾接管算法和判定机制，使车辆与驾驶员准确、安全可靠切换（见图1）。

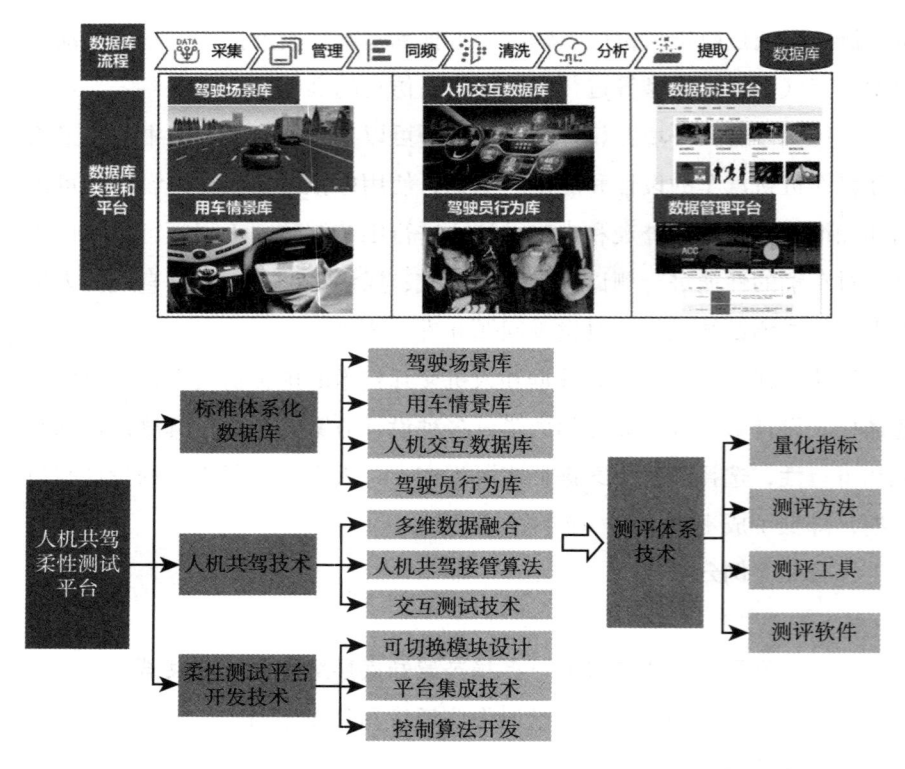

图 1　人机共驾柔性研发测评应用集成平台及数据库建设

资料来源：中汽智联。

此外，当前 AI 大模型技术浪潮正在掀起颠覆性变革，赋能千行百业。目前部分智能网联汽车场景分支领域进入发展低谷期，技术瓶颈难以突破、商业化落地受阻，而 AI 作为新质生产力，可有效重塑智能汽车算法与逻辑，突破自动驾驶、智能座舱等关键技术瓶颈和体验限制，成为全行业突破同质化竞争、满足市场多样化需求，推动跨界融合与创新，乃至进一步构建中国汽车全球核心竞争力的关键。

比如，中汽智联基于 AI 大模型搭建了汽车交互多模态感知底层数据平台，这其中共包含三种类型的底层数据：座舱内多模态底层数据、用户底层数据和仿真底层数据，将这些数据进行清洗、整合，并提取有效数据，为后续算法训练和生成提供坚实的数据基础（见图2）。

图 2　多模态感知底层数据平台

资料来源：中汽智联。

中汽智联基于用户底层数据库中智能交互相关功能数据，对近 300 个出行主场景、1100 余项功能数据及 1 万多项用户交互动作进行了梳理；利用 AI 大模型与数据底座的融合，可自动匹配测试功能交互和对应场景，完成场景用户交互动作与功能的链接，构建了三级整车智能交互体验测试体系和三维测试用例模型，生成了 50 余万条测评用例，支持对整车座舱交互进行系统化评测（见图 3）。

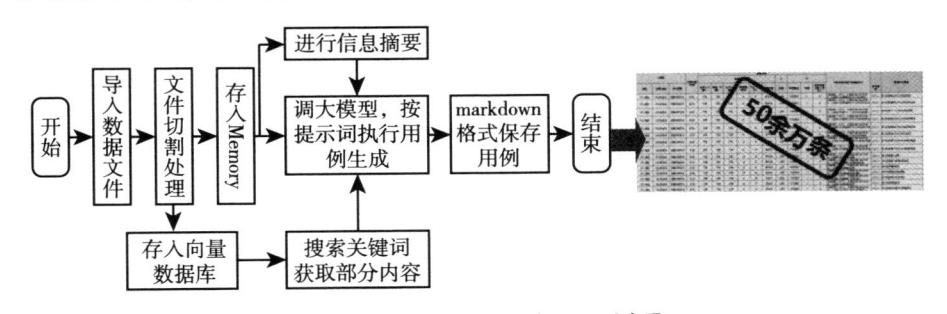

图 3　整车座舱交互系统化评测步骤

资料来源：中汽智联。

（二）汽车生产制造领域

在汽车生产领域，大数据与人机交互技术可以通过以下方式进行融合

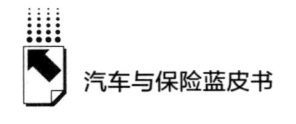

应用。

1. 生产过程监控

大数据采集：在汽车生产线上安装大量的传感器，实时采集生产过程中的各种数据，如设备运行状态、生产节拍、产品质量参数等。例如，通过温度传感器监测焊接设备的温度变化，通过压力传感器检测冲压设备的压力值。这些数据以高频率被采集并传输到大数据平台。

数据分析与预警：利用大数据分析技术对采集到的数据进行处理和分析。通过建立数据模型，可以实时监测生产过程中的异常情况。例如，当设备运行参数超出正常范围时，系统会自动发出预警，提醒工作人员及时处理。同时，通过对历史数据的分析，可以预测设备可能出现故障的时间，提前进行维护保养，避免生产中断。

人机交互界面：通过直观的人机交互界面，将生产过程中的数据实时展示给生产管理人员和操作人员。例如，在生产车间的大屏幕上显示生产线的运行状态、设备故障信息等，让工作人员能够及时了解生产情况。操作人员也可以通过操作终端，查看自己负责的设备运行数据，进行参数调整和故障排除。

2. 质量控制

大数据质量检测：利用大数据技术对产品质量进行全面检测。在生产过程中，通过传感器和检测设备采集产品的各项质量参数，如尺寸精度、表面质量、装配精度等。这些数据被传输到大数据平台进行分析，与预设的质量标准进行对比，快速准确地判断产品是否合格。例如，通过光学检测设备对汽车车身的漆面质量进行检测，采集大量的图像数据，利用图像识别技术分析漆面的平整度、颜色一致性等指标。

质量追溯与改进：通过大数据实现产品质量的追溯。当出现质量问题时，可以迅速追溯到生产过程中的具体环节和责任人。同时，对质量问题数据进行分析，找出问题的根源，为质量改进提供依据。例如，若发现一批汽车的发动机存在异响问题，可以通过大数据追溯生产该批发动机的具体生产线、设备和操作人员，分析可能导致问题的原因，如零部件质量、装配工艺等，从而采取相应的改进措施。

人机交互质量反馈：操作人员和质检人员可以通过人机交互设备，如平板电脑、手持终端等，及时反馈质量问题。他们可以在发现质量问题时，通过设备拍照、记录问题描述，并上传到大数据平台。同时，管理人员可以通过人机交互界面查看质量反馈信息，及时做出决策，安排整改措施。

3. 供应链管理

大数据需求预测：利用大数据分析市场需求、销售数据和历史订单信息，对汽车零部件的需求进行准确预测。例如，通过分析不同车型的销售趋势、季节因素、促销活动等数据，预测未来一段时间内对各种零部件的需求数量。这样可以帮助供应商合理安排生产计划，确保零部件的及时供应，避免库存积压或缺货现象。

供应链优化：通过大数据分析供应链中的各个环节，如供应商的交货时间、运输成本、质量稳定性等，优化供应链结构。例如，根据供应商的表现数据，选择更可靠的供应商，优化物流路线，降低运输成本。同时，利用人机交互技术，实现供应链各环节之间的信息共享和协同工作。例如，汽车制造商可以通过供应链管理平台与供应商进行实时沟通，共享生产计划和需求信息，供应商可以通过平台反馈生产进度和交货情况，提高供应链的效率和透明度。

库存管理：利用大数据分析库存水平、需求波动和补货周期等因素，实现精准的库存管理。通过建立库存模型，根据实时的需求数据和供应情况，自动调整库存水平，避免过高的库存成本或缺货风险。同时，通过人机交互界面，仓库管理人员可以直观地了解库存状况，进行库存盘点、出入库管理等操作。

4. 应用案例分析

案例一　智能生产监控系统

某汽车制造商引入了一种智能生产监控系统。首先，生产线上安装了大量的传感器，这些传感器实时采集生产过程中的各种数据，如设备运行状态、生产节拍、产品质量参数等。这些数据被传输到大数据平台进行存储和

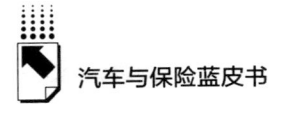

分析。

通过大数据分析，系统能够实时监测生产线的运行情况，预测设备可能出现的故障。例如，当设备的振动频率、温度等参数出现异常变化时，系统会自动发出预警，提醒维护人员及时进行检查和维修。

同时，生产管理人员可以通过人机交互界面，如大屏幕显示器、平板电脑等，随时查看生产线的运行状态和数据分析结果。他们可以通过直观的图表和图形，了解生产进度、设备利用率、产品质量等关键指标。如果发现问题，管理人员可以通过人机交互界面进行远程操作，调整生产参数，优化生产流程。

此外，一线工人也可以通过人机交互设备，如智能手表、头戴式显示器等，获取工作指令和生产信息。例如，工人可以通过智能手表接收任务安排，了解当前需要生产的车型和配置要求。头戴式显示器可以为工人提供装配指导，显示每个步骤的操作方法和注意事项，提高生产效率和质量。

案例二　汽车零部件供应商的智能供应链管理系统

某汽车零部件供应商采用了智能供应链管理系统。该系统利用大数据分析市场需求、客户订单、库存水平等信息，优化供应链决策。

通过与汽车制造商的生产计划系统对接，供应商可以实时了解客户的需求变化。大数据分析可以预测未来一段时间内的零部件需求，帮助供应商合理安排生产计划，确保零部件的及时供应。

在物流环节，大数据分析可以优化运输路线和配送计划，降低运输成本和库存水平。同时，通过安装在运输车辆和仓库中的传感器，系统可以实时跟踪货物的位置和状态，确保货物的安全和准时交付。

人机交互技术在供应链管理中也发挥了重要作用。供应商的销售人员可以通过智能移动设备，与客户进行实时沟通和订单处理。客户可以通过在线平台查询订单状态、库存情况等信息，并进行下单和修改订单等操作。仓库管理人员可以通过人机交互界面，快速准确地进行库存盘点、货物出入库管理等操作，提高供应链的效率和透明度。

(三)汽车销售与服务领域

在汽车销售和服务领域,大数据与人机交互技术可以通过以下方式进行融合应用。

1. 市场推广

大数据精准营销：利用大数据分析潜在客户的特征、购车偏好和行为模式。例如,通过收集社交媒体数据、网络浏览记录、消费行为数据等,确定目标客户群体。如果大数据分析显示年轻消费者对运动型汽车和智能科技配置感兴趣,汽车厂商就可以针对这一群体制定精准的营销方案,推送相关车型的广告和促销信息。

个性化推荐：基于客户的历史购车数据、浏览记录和偏好设置,通过大数据算法为客户提供个性化的汽车推荐。例如,在汽车销售网站或 App 上,根据客户的搜索历史和已选车型特征,为其推荐类似的车型或具有互补配置的车型。同时,利用人机交互界面,如智能客服、虚拟导购等,与客户进行互动,解答客户疑问,引导客户做出购车决策。

营销效果评估：利用大数据分析营销活动的效果。通过收集活动期间的网站流量、客户咨询量、试驾预约量、销售转化率等数据,评估营销活动的成效。例如,如果一次线上广告投放后,大数据分析显示网站流量和客户咨询量显著增加,但销售转化率较低,就可以调整营销策略,优化广告内容和投放渠道。人机交互技术可以让营销人员更直观地了解这些数据,及时做出决策调整。

2. 客户关系管理

客户数据整合：利用大数据技术整合客户的各种信息,包括购车记录、维修保养记录、客户投诉记录、客户满意度调查数据等。通过建立客户数据库,实现对客户信息的全面管理。例如,当客户拨打客服电话时,客服人员可以通过人机交互界面快速查询客户的历史信息,了解客户的车辆情况和服务需求,提供更加个性化的服务。

客户细分与个性化服务：根据大数据分析对客户进行细分,针对不同客

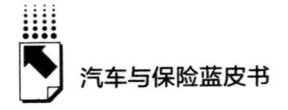

户群体提供个性化的服务。例如，将客户分为首次购车客户、换购客户、忠诚客户等不同群体，为每个群体制定不同的服务策略。对于首次购车客户，可以提供详细的购车指导和试驾服务；对于换购客户，可以提供旧车评估和置换优惠；对于忠诚客户，可以提供专属的会员服务和优惠活动。人机交互技术可以帮助服务人员更好地与客户沟通，了解客户需求，提供个性化的服务。

客户反馈与互动：通过大数据收集客户的反馈信息，如客户投诉、建议和满意度调查结果。利用人机交互技术，如在线客服、社交媒体平台等，与客户进行及时互动，回应客户的问题和关切。例如，客户在社交媒体上对汽车品牌提出投诉，企业可以通过智能客服系统及时回复，了解问题详情，并安排相关人员进行处理。同时，根据客户反馈数据进行分析，改进产品和服务质量。

3. 售后服务

故障预测与预防性维护：利用大数据分析车辆的运行数据，如传感器数据、故障码记录等，预测车辆可能出现的故障。例如，通过分析发动机的运行参数、油耗数据等，预测发动机可能出现的故障，并提前通知客户进行预防性维护。人机交互界面可以向客户展示车辆的健康状况和维护建议，客户可以通过手机 App 或车载系统预约维修服务。

智能维修服务：在维修过程中，利用大数据技术提供智能维修方案。例如，根据车辆的故障码和历史维修记录，为维修人员提供故障诊断和维修建议。同时，利用人机交互技术，如增强现实（AR）技术，为维修人员提供可视化的维修指导，提高维修效率和质量。客户可以通过人机交互界面了解维修进度和费用情况，随时与维修人员进行沟通。

配件管理：利用大数据分析配件的需求和库存情况，优化配件管理。通过收集车辆的维修历史数据和市场需求数据，预测不同配件的需求趋势，合理安排库存水平。同时，利用人机交互技术，如智能库存管理系统，实现配件的快速查询和调配。维修人员可以通过手持终端查询配件库存情况，快速找到所需配件，提高维修效率。

4. 应用案例分析

案例一 智能汽车销售平台

某汽车经销商推出了全新的智能汽车销售平台。该平台利用大数据分析潜在客户的在线行为，包括他们在汽车网站上的浏览历史、搜索关键词、对不同车型的关注度等。通过这些数据，平台能够精准地向潜在客户推送符合他们需求的汽车信息和促销活动。

同时，平台配备了智能客服机器人，运用人机交互技术与客户进行实时沟通。客户可以通过文本输入或语音提问的方式，询问关于汽车的性能、配置、价格等问题。智能客服机器人能够快速准确地回答客户的问题，并根据客户的需求提供个性化的购车建议。例如，如果客户对燃油经济性比较关注，机器人会推荐具有高效燃油发动机的车型，并提供该车型的实际油耗数据和用户评价。

此外，平台还利用虚拟现实（VR）和增强现实（AR）技术，让客户可以在虚拟环境中体验汽车的外观和内饰。客户可以通过人机交互界面，选择不同的颜色、配置和装饰，实时查看汽车的变化效果。这种沉浸式的体验方式大大提高了客户的购车兴趣和决策效率。

案例二 汽车售后服务管理系统

某汽车制造商开发了一套先进的售后服务管理系统。该系统利用大数据收集车辆的运行数据，包括行驶里程、故障代码、维修历史等。通过对这些数据的分析，系统能够预测车辆可能出现的故障，并提前向车主发送维修提醒和建议。

在服务中心，人机交互技术得到了广泛应用。当车主将车辆送到服务中心进行维修时，服务顾问可以通过平板电脑等设备，快速查询车辆的历史维修记录和当前故障信息。同时，利用增强现实技术，服务顾问可以向车主直观地展示车辆的问题部位和维修方案，让车主更好地理解维修过程和费用。

在维修过程中，维修技师可以使用智能诊断工具，这些工具通过人机交互界面与技师进行互动，提供详细的故障诊断和维修指导。例如，当技师连接诊断工具到车辆时，工具会自动读取故障代码，并通过图形化界面展示可能的故障原因和解决方案。技师可以通过触摸屏或语音指令进行操作，快速准确地完成维修任务。

此外，系统还利用大数据分析客户的满意度和反馈意见。通过在线调查、客户评价等渠道收集客户的反馈数据，分析客户对服务质量的满意度和改进需求。同时，利用人机交互技术，如在线客服、社交媒体平台等，与客户进行及时沟通和互动，回应客户的问题和关切，提高客户满意度和忠诚度。

（四）汽车智能驾驶领域

在汽车智能驾驶领域，大数据与人机交互技术可以通过以下方式进行融合应用。

1. 环境感知

大数据收集：利用各种传感器（如摄像头、激光雷达、毫米波雷达等）收集大量的环境数据，包括道路状况、交通标志、其他车辆和行人的位置及运动状态等。例如，摄像头可以采集图像数据，激光雷达可以获取物体的三维点云数据。这些数据以高频率被收集并传输到车载计算系统。

数据分析：通过大数据分析算法对收集到的环境数据进行处理和分析。例如，利用机器学习算法对图像数据进行识别和分类，识别出交通标志、车道线、车辆和行人等物体。同时，对多传感器数据进行融合，提高环境感知的准确性和可靠性。

人机交互反馈：将环境感知结果通过人机交互界面反馈给驾驶员或乘客。例如，在仪表盘或中控屏幕上显示周围车辆和行人的位置、交通标志和车道线等信息，让驾驶员了解车辆所处的环境。同时，利用语音提示或震动反馈等方式提醒驾驶员注意潜在的危险。

2. 决策规划

大数据学习：利用大数据收集大量的驾驶场景数据，包括不同路况下的车辆行驶轨迹、速度、加速度等信息。通过机器学习算法对这些数据进行学习，建立智能驾驶决策模型。例如，学习在高速公路、城市道路、山区道路等不同场景下的最优行驶策略。

实时决策：在车辆行驶过程中，根据环境感知数据和决策模型，实时做出驾驶决策。例如，决定车辆的行驶速度、方向、跟车距离等。同时，考虑到驾驶员的偏好和习惯，通过人机交互界面让驾驶员参与决策过程。例如，驾驶员可以通过设置偏好参数，如舒适模式、运动模式等，影响车辆的驾驶决策。

人机交互调整：驾驶员可以通过人机交互界面对智能驾驶决策进行调整。例如，如果驾驶员觉得自动跟车距离过近或过远，可以通过触摸屏或旋钮进行调整。同时，在紧急情况下，驾驶员可以通过刹车踏板或方向盘接管车辆的控制权，确保行驶安全。

3. 学习优化

大数据反馈：车辆在行驶过程中，不断收集自身的行驶数据和环境数据，并将这些数据上传到云端服务器。服务器利用大数据分析技术对这些数据进行处理和分析，评估智能驾驶系统的性能，并发现潜在的问题和改进方向。

模型优化：根据大数据分析结果，对智能驾驶决策模型进行优化和更新。例如，调整模型的参数、增加新的驾驶场景等，提高智能驾驶系统的性能和适应性。同时，通过空中下载（OTA）技术将更新后的模型下载到车辆上，实现智能驾驶系统的不断升级。

人机交互参与：驾驶员和乘客可以通过人机交互界面提供反馈和建议，帮助智能驾驶系统进行学习优化。例如，驾驶员可以对智能驾驶系统的表现进行评价，指出存在的问题和改进建议。同时，乘客可以通过问卷调查或意见反馈渠道，为智能驾驶系统的改进提供参考。

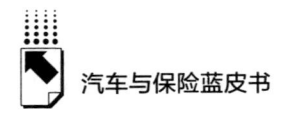

4. 应用案例分析

案例 基于主客观量化数据指标的人机交互行为测评体系研究

智能驾驶生理行为分析中的人机交互应用是指利用计算机科学和人工智能技术来分析和理解人类的生理和行为模式，尤其是汽车人机交互过程中的人类生理行为方式，以提供更好的生理特征识别、健康监测和生理学意图认知研究支持。

中汽智联基于生理行为分析中的人机交互应用方法论和技术分析基础，结合大数据，从实体交互、智能交互、生态互联和人机共驾4个功能层面，针对视、听、触、嗅、体等五感交互，兼顾原型设计和验证全生命产品周期，研发基于主客观量化数据指标的人机交互行为测评体系。中汽智联建立了一套三层级包含505项评价指标（实体交互101条、智能交互179条、生态互联82条、人机共驾143条）的测评体系，并自主开发一套自动化测评工具和一套测评软件进行项目应用。如图4、图5所示。

中汽智联对驾驶员的生理信息、语音信息、面部信息和行为信息等采集到的指标进行大数据量化分析，通过多模态数据融合与深度学习在线辨识算法，建立基于断点LSTM的共享驾驶决策模型，进一步提升了驾驶员接管能力判定的准确率，使驾驶员接管成功率达到98%。危险场景下仿真测试表明事故率降低48%。基于测试过程中产生的视觉、语音、驾驶与生理数据等多源数据，融合背景音、音调、方言、语种、语音指令或自然语言对话的多维特征，形成包含了咨询互助类、百科类、安全类、情感类、语言交互能力类、车辆功能使用类等几十种语音交互的机械化指令和自然语言指令语料，设计了人机共驾量化测评数据处理与分析算法，实现了主观数据客观化和客观数据模型化。

此外，基于语音交互大模型的概念，梳理与语音功能、大模型和用户体验相关的所有功能，在生成的语音语料数据库基础上，通过大模型测试工具、语音自动化工具、多通道回放工具和车载音频测试系统，可针对各家汽车OEM的智能汽车产品进行AI大模型语音交互测评，包括对200项基本功

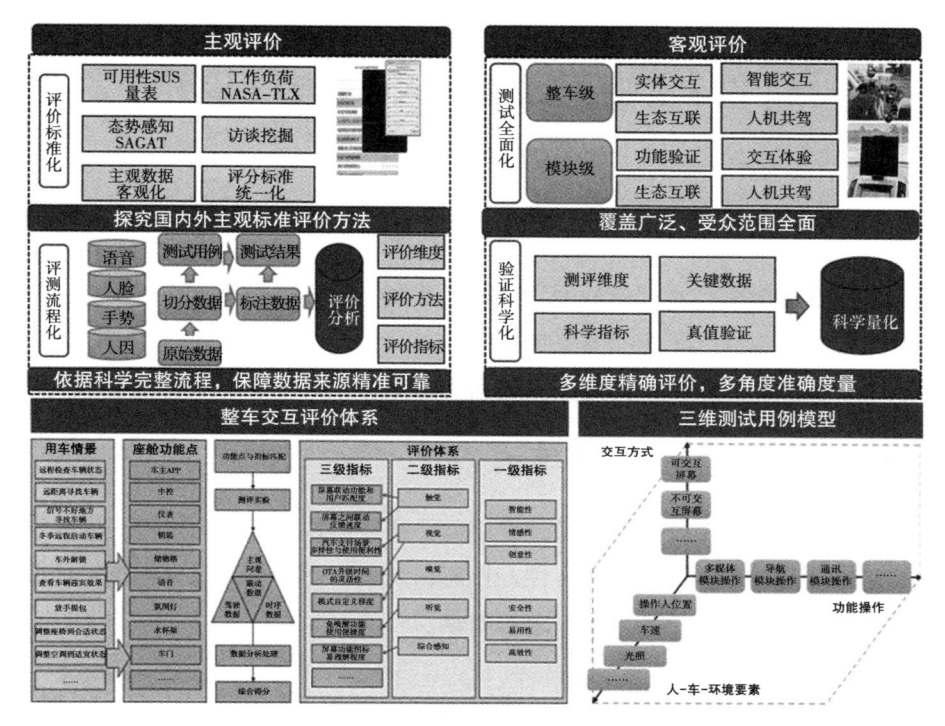

图4 人机交互行为测评体系评价指标

资料来源：中汽智联。

能、500项大模型高级功能与性能进行用户体验评价，从而得到各主机厂受测产品各项大模型功能应用与性能表现层面的主客观指标数值和评分。

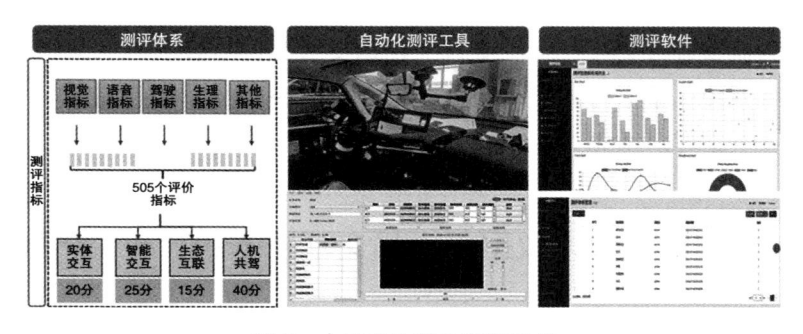

图5 人机交互行为测评工具

资料来源：中汽智联。

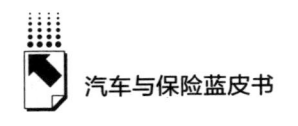

五 汽车工业中大数据与人机交互技术融合应用面临的挑战

(一)数据安全与隐私保护

大数据的应用涉及大量的用户数据,如何保证数据的安全和保护隐私是一个重要的挑战。汽车企业需要加强数据安全管理,采取有效的加密、认证等技术手段,保护用户数据的安全和用户隐私。

(二)技术标准与规范不统一

大数据与人机交互技术的融合应用需要统一的技术标准和规范,以保证不同系统之间的兼容性和互操作性。目前,汽车工业中缺乏统一的技术标准和规范,这给融合应用带来了一定的困难。

(三)人才短缺

大数据与人机交互技术的融合应用需要既懂汽车技术又懂信息技术的复合型人才。目前,汽车工业中这类人才短缺,这给融合应用的发展带来了一定的制约。

(四)成本较高

大数据与人机交互技术的融合应用需要大量的资金投入,包括硬件设备、软件系统、数据存储和处理等方面。对于一些中小汽车企业来说,成本较高是一个重要的挑战。

六 汽车工业中大数据与人机交互技术融合应用的策略

(一)加强数据安全与隐私保护

建立完善的数据安全管理制度,加强对数据的访问控制和权限管理。

采用先进的数据加密、认证等技术手段，保护用户数据的安全和用户的隐私。

加强对员工的数据安全培训，提高员工的数据安全意识。

（二）制定统一的技术标准与规范

政府部门和行业协会应加强对汽车工业中大数据与人机交互技术融合应用的引导和规范，制定统一的技术标准和规范。

汽车企业应积极参与技术标准和规范的制定，推动行业的健康发展。

（三）培养复合型人才

高校和科研机构应加强对大数据与人机交互技术融合应用相关专业的设置和人才培养。

汽车企业应加强对员工的培训和继续教育，提高员工的综合素质和业务能力。

政府部门应出台相关政策，吸引和留住复合型人才。

（四）降低成本

汽车企业应加强与信息技术企业的合作，共同研发和推广大数据与人机交互技术，降低技术研发成本。

采用云计算、大数据等技术手段，降低数据存储和处理成本。

优化生产流程，提高生产效率，降低生产成本。

七 汽车工业中大数据与人机交互技术融合应用的未来发展趋势

（一）智能化程度不断提高

随着人工智能、机器学习等技术的不断发展，汽车的智能化程度将不断

提升。大数据与人机交互技术的融合将使汽车能够更好地理解用户的需求和意图，提供更加个性化、智能化的服务。

（二）多模态交互成为主流

未来，汽车与人的交互将不再局限于单一的交互方式，而是结合语音、手势、触摸等多种交互方式，实现更加自然、高效的多模态交互。

（三）数据共享与开放

为了更好地发挥大数据的价值，汽车企业将加强与其他企业、机构的数据共享与开放，共同推动汽车工业的发展。

（四）与其他产业融合发展

汽车工业将与信息技术、电子、通信等产业深度融合，形成更加完整的产业链和生态系统。大数据与人机交互技术的融合将为这种融合发展提供有力的支撑。

八 总结

大数据与人机交互技术的融合应用为汽车工业带来了新的机遇和挑战。通过对汽车工业中大数据与人机交互技术融合应用的研究，我们可以看到，这种融合应用在汽车设计与研发、生产制造、销售与服务以及智能驾驶等领域都取得了显著的成效。然而，融合应用过程中也面临着数据安全与隐私保护、技术标准与规范不统一、人才短缺、成本较高等挑战。为了应对这些挑战，汽车企业需要加强数据安全与隐私保护、制定统一的技术标准与规范、培养复合型人才、降低成本等。未来，汽车工业中大数据与人机交互技术的融合应用将朝着智能化程度不断提升、多模态交互成为主流、数据共享与开放、与其他产业融合发展等方向发展。总之，大数据与人机交互技术的融合应用将为汽车工业的发展注入新的活力，推动汽车工业向智能化、高效化、绿色化方向发展。

B.12
基于大数据的新能源汽车配件分类管理体系优化研究

李普超　薛　冰　祖天丽　丁首辰*

摘　要： 随着新能源汽车的市场渗透率超过50%，配件管理作为售后环节的关键，其重要性越发显著。本项研究依托于大量新能源汽车整车、配件及其价格数据，综合考虑配件总成的分类和损坏频率，运用模型构建等多种数据分析技术，深入探讨了新能源汽车配件分类管理体系的优化方案。本研究不仅为新能源汽车配件的分类管理提供了新的理论视角和实践指南，同时也为产业链上的相关企业提供了宝贵的市场分析和决策支持。

关键词： 新能源汽车　配件分类　配件管理　大数据分析

一　研究背景与目的意义

（一）新能源汽车售后市场呈快速增长态势

随着全球对环保和可持续发展的日益关注，新能源汽车市场近年来经历了迅猛的增长。根据中汽数据有限公司的统计，2024年6月，我国新能源

---

* 李普超，中国汽车技术研究中心有限公司中汽数据有限公司数据生态室主任，研究方向为汽车流通与后市场；薛冰，中国汽车技术研究中心有限公司中汽数据有限公司数据生态室数据研究经理，研究方向为汽车配件数据建设与应用；祖天丽，中国汽车技术研究中心有限公司中汽数据有限公司数据生态室数据分析师，研究方向为汽车售后数据挖掘与分析；丁首辰，中国汽车技术研究中心有限公司中汽数据有限公司数据生态室数据分析师，研究方向为汽车与保险数据融合应用。

乘用车的终端零售量达到了83.1万辆，与上月相比上升了5.8%，与上年同期相比则增长了27.5%，单月渗透率已经达到了47.9%。新能源汽车的普及不仅推动了整车销售市场的蓬勃发展，同时也带动了售后市场的快速增长。估算数据显示，2020~2025年，新能源乘用车维保市场的复合增长率高达58.7%，这一增长率显著高于传统燃油乘用车维保市场4.5%的复合增长率。

新能源汽车售后市场结构复杂多样，涵盖了电池、电机、电控等核心部件的维修与更换，以及传统汽车所需的钣金、喷漆等服务。随着技术的不断革新和产品的日趋成熟，新能源汽车的维保项目日益增多，市场分工也愈发精细。同时，作为新兴产业，新能源汽车的售后市场吸引了众多新兴企业和传统汽车售后企业的关注与投入，市场竞争格局已初步显现。新能源汽车维保市场的巨大潜力以及部分新兴维保业务（如"三电"系统维保等）产值的迅速增长，加剧了行业竞争，内卷化趋势日益明显。传统的"被动等待"式维保业务模式因运营效率和利润率低下，逐渐无法适应激烈的市场竞争环境。因此，车企急需进行商业模式和服务模式的创新，以应对当前的挑战。

（二）新趋势下的配件分类管理痛点凸显

新能源汽车与传统燃油汽车之间存在着显著的结构性差异，主要体现在以下三大方面。首先，新能源汽车的核心零部件集中在"三电"系统，即电池、电机和电控系统，这与传统燃油车的发动机、变速器等核心零部件的特性存在明显不同。其次，与传统燃油汽车相比，新能源汽车中高科技电子元件的数量显著增加，如传感器、摄像头、雷达等。这些元件是实现自动驾驶、智能导航、车辆状态监测等先进功能的基础，它们如同汽车的"神经末梢"，实时感知和传输着车辆与周围环境的信息，为驾驶者带来更加安全、便捷、舒适的出行体验。最后，由于新能源汽车电池负载较重，为了减轻汽车自重，一体化铸造技术在整车制造过程中被更广泛地应用，这与传统燃油汽车的分部铸造工艺存在显著差异。

新能源汽车配件的多样性和复杂性远超传统燃油汽车，这使得传统配件分类管理模式的局限性日益凸显。一方面，我国目前的配件分类管理仍依赖传统经验分析模式，缺乏先进的信息管理系统和数据分析能力。这种现状难以有效应对新能源汽车配件的独特技术特性和快速更新速度。与传统燃油汽车相比，新能源汽车不仅装车配件更少、配件零整比更高，而且通常具有科技化、智慧化的市场定位，应用技术更为尖端、先进。这导致配置类配件价格相对较高，因此，我们需要探索和创新更加适应新能源汽车特性的配件管理模式。另一方面，在汽车售后配件管理方面，我国各大主机厂的管理水平参差不齐。一部分主机厂选择采用SAP中的SPP计划模块或引入国外专业软件进行管理，而另一部分企业则开始与京东等第三方物流管理企业合作开发售后配件管理与计划产品。然而，这些现行的配件管理方式均未能有效降低供货时效、提升库存周转率。因此，如何将大数据更好地应用到配件分类管理中，成为一个亟须解决的问题。

二 新能源汽车配件分类管理模型研究

新能源汽车产业的蓬勃发展，为配件管理带来了新的挑战与机遇。配件作为新能源汽车售后服务的重要组成部分，其优化管理直接关系到企业的运营效率和客户满意度。本研究旨在明确新能源汽车配件优化管理的核心问题，并制定利用大数据技术解决这些问题的研究思路。

（一）核心问题界定

新能源汽车的售后配件种类繁多，单一车型配件数量高达万种，这导致配件识别、分类、库存、追溯等管理方面的复杂性急剧增加。如何对这些繁多的配件进行有效的识别与分类管理，确保库存的准确性和可追溯性，降低管理成本，提高管理效率，成为新能源汽车配件优化管理面临的一个核心问题。

本研究旨在深入探讨新能源汽车售后配件种类繁多带来的管理挑战，特别是配件识别与分类管理相关问题，并提出利用大数据技术解决这一核心问题的研究目标。

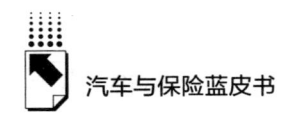

（二）所需数据资源概述

1. 新能源汽车整车、原厂配件与价格数据详情

中汽数据有限公司"整车-配件"数据资源体系是基于新能源汽车售后运营环节不同业务场景面临的配件数据壁垒、标准不统一、信息不对称等市场痛点，结合市场需求与自身优势，建立的覆盖从整车到配件的标准化数据体系。基于 VIN 码云服务、款型库、配置库、配件库等数据体系建设成果，可实现单车适配关系查询与配件适配图谱查询。其中，单车适配关系查询是指基于车辆 VIN 输入的车辆品牌、车型、车参配置直至配件编码、名称、价格、图片信息等的数据输出查询；配件适配图谱查询是指基于原厂编码等配件信息的逆向车辆与配件适配性信息查询。

中汽数据有限公司"整车-配件"数据资源体系建设成果中数据范围包含品牌分类数据、车型车参数据、整车价格数据、级别数据、配件适配数据、配件分类数据、配件包含数据、配件价格数据等。"整车-配件"数据资源体系涵盖新能源汽车市场整车发售车型 6287 款，可实现新能源汽车市场保有量 98%定型数据覆盖；新能源汽车配件数据可覆盖比亚迪、特斯拉、广汽埃安等 70 余个新能源汽车品牌，可提供市场近 90%的新能源汽车精准配件与价格数据查询（见表1、图1）。

表 1　某新能源汽车配件与价格数据样例

单位：件，元

配件标准名称	配件原厂名称	配件编码	装车用量	含税指导价格
动力电池总成	动力电池包总成	1272658600	1	58480
动力电池散热水泵	电池热管理水泵总成	1264420000	1	555
电池管理系统	电池管理控制器	1177459300	1	1050
电池橡胶金属支座	电池加热器支架	1208578500	1	70
高压电池散热器进水管	电池包进水管总成	1238850800	1	53
高压电池散热器出水管	电池包出水管总成	1238850700	1	62
高压电池加热器	电池加热器	1208578400	1	1900
高压电池加热器进水管	电池加热器进水管总成	1238954200	1	46

注：统计时间为 2024 年 8 月。
资料来源：中汽数据有限公司。

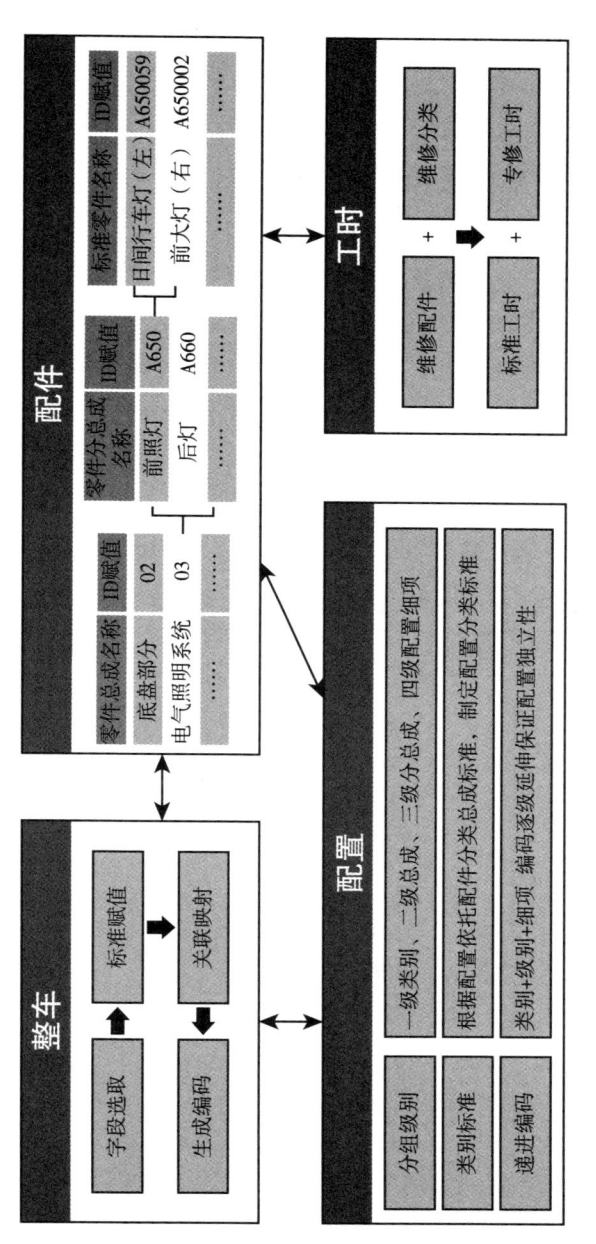

基于大数据的新能源汽车配件分类管理体系优化研究

图1 中汽数据"整车-配件"数据资源体系

资料来源：中汽数据有限公司。

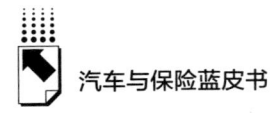

2. 新能源汽车配件总成关系数据详情

新能源汽车配件总成关系数据是在中汽数据有限公司"整车-配件"数据资源体系基础上，综合新能源汽车配件装车部位、用途、配件间包含关系等，建设的"总成-分总成-配件"多层级系统性关联关系数据。新能源汽车配件总成关系数据涵盖了电池系统、电机系统、电控系统（即"三电"系统）以及车身、底盘、内外饰等多个关键领域的详细分类，可兼顾传统汽车设计结构与新能源汽车核心技术特点。除维修工具外，新能源汽车配件总成关系数据共具备6个配件总成分组、72个分总成分组及近4000个下级标准配件及编码，可覆盖纯电动、插电式混动、增程式等不同驱动类型新能源车辆标准配件（参见表2）。需要注意的是，考虑到不同车辆设计中存在的实际差异，新能源汽车配件总成关系数据中的总成、分总成级别数据可能在某些车型中并无实际装载配件，仅指代该级别配件分类。

表2 新能源汽车配件总成关系数据样例

配件总成标准名称	配件分总成标准名称	配件标准名称
混合动力系统	充电装置	外接充电枪
混合动力系统	充电装置	外接充电电缆
混合动力系统	储能装置	动力电池总成
混合动力系统	储能装置	电池单体
混合动力系统	控制系统	DC/DC转换器
混合动力系统	控制系统	AC/DC转换器
辅料项目	辅料项目	自动变速器油（ATF）
辅料项目	辅料项目	转向助力油
发动机与变速器	发动机	短发动机
电器照明系统	安全气囊	气囊电脑
电器照明系统	安全气囊	驾驶员安全气囊
电器照明系统	中间位置灯	内尾灯（右）
电器照明系统	中间位置灯	内尾灯（左）
车身部分	侧滑动门外饰	侧滑动门外拉手拉线（左后）
车身部分	侧滑动门外饰	侧滑动门外拉手拉线（右后）
车身部分	车顶	车顶内衬
车身部分	车顶	车顶外板

资料来源：中汽数据有限公司。

3. 新能源汽车配件易损频率数据详情

新能源配件易损频率是基于中汽数据有限公司市场服务经验，调研、收集基于大量实际车险理赔配件定损案例和车辆售后维保记录，通过对更换配件数据统计与分析形成的综合评价排序。常见高易损配件包括但不限于车辆前/后保险杠皮、雨刮器、大灯等外观配件；轮胎、制动片、制动盘等底盘悬挂维保配件；散热器、空调管等高频维修配件；激光雷达、传感器等智能网联电子元件等（参见表3）。需要注意的是，动力电池总成、驱动电机总成、电控总成等"三电"总成件作为新能源汽车核心、高价值配件，虽舆论关注度较高，但在实际售后领域多以维修为主，配件更换率较低。

表3 新能源汽车配件易损数据样例

配件标准名称	易损频率排名	配件标准名称	易损频率排名
前保险杠皮	1	前翼子板(右)	11
前大灯(右)	2	前保险杠支架(右)	12
前大灯(左)	3	前翼子板内衬(右)	13
后保险杠皮	4	前保险杠支架(左)	14
中网	5	前翼子板内衬(左)	15
前风挡玻璃	6	散热器	16
前雾灯(右)	7	前翼子板(左)	17
前雾灯(左)	8	冷凝器	18
前保险杠骨架	9	散热器框架	19
发动机盖	10	发动机支架胶托架(前左)	20

注：统计时间为2024年8月。
资料来源：中汽数据有限公司。

（三）配件分类管理模型建设

1. 算法基本框架

本研究采用K-Means聚类算法，该算法主要用于处理数值型数据，作为一种非监督学习方法，其目标是将n个数据点划分为k个簇，使得每个簇内的数据点尽可能相似（簇内数据点的方差最小化）。

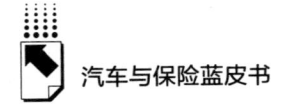

2. 数据预处理

基于三大数据库，随机抽取了保有量排前十名，500个车型新能源汽车全部配件数据，对原始数据进行数据清洗，去除重复、缺失或异常值，进行编码转换及标准化处理。同时，对各特征值进行相关性检验，减少聚类过程中的冗余信息。最终数据量为446281条，数据统计性描述如表4所示。

表4 数据统计性描述

	PRICE_PARTS	GROUP_ID	DISSEQ	QUALITY	PRICE
count	446281	446281	446281	446281	446281
mean	419.546442	393.200183	6380.722771	1.525371	208273.2649
std	457.70868	227.755655	4444.929153	0.782241	91722.67991
min	50	100	1	0	28800
25%	97	240	1042	1	141800
50%	217	340	9999	1	179800
75%	564	504	9999	2	274900
max	2000	840	9999	4	459800

资料来源：中汽数据有限公司。

3. 模型算法结果与可视化

在应用 K 均值聚类算法时，首先需要确定聚类的数量。一种有效的方法是观察损失平方和（SSE）随着聚类数 K 的减少而降低的程度。使用 VS Code 工具编写一个循环程序，让 K 的值从 1 递增至 10，并分别计算每个 K 值对应的 SSE。通过应用肘部法则，选择 SSE 下降趋势开始减缓的 K 值，即 $K=5$，作为最终的聚类数，进而对配件进行五类的划分（见表5）。

表5 K 均值聚类算法结果

分组类别	配件分组0	配件分组1	配件分组2	配件分组3	配件分组4
样本个数(个)	58745	51911	152514	119163	63948
样本个数占比(%)	13.2	11.6	34.2	26.7	14.3

资料来源：中汽数据有限公司。

通过雷达图深入分析数据结构，进一步确认了各项特征值的观察结果。具体而言，配件分组0表现出显著的高价格特征，配件分组1则以金属材质特征为主，配件分组 2 的非易损件特征尤为突出，配件分组 3 为不具备特殊特征的普通配件，而配件分组 4 主要涵盖了发动机、变速器以及车身相关配件（见图 2）。

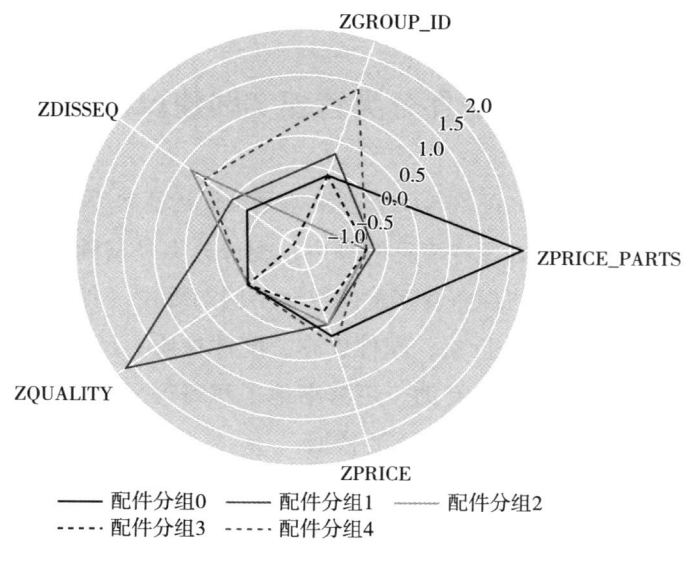

图 2　配件分组雷达图

资料来源：中汽数据有限公司。

（四）研究结论及启示

以上实证分析在 4 种传统配件分类原则的基础上，对配件进行进一步细分，针对主机厂售后配件种类繁多、配件价格跨度大、配件定价僵化等问题，为优化配件分类管理方法、售后配件定价决策等提供了新的思路。通过引入大数据分析技术，结合配件的销售数据、库存情况以及市场需求等因素，我们能够更加科学地对配件进行分类管理。这不仅有助于提高配件的供应效率，降低库存成本，还能为客户提供更加合理的价格。

在此基础上，我们可以进一步探讨配件分类管理与主机厂售后服务体系的协同作用，赋能主机厂掌握配件流通规律，提升售后服务响应速度和质量，增强市场竞争力和客户满意度。同时，通过精细化的配件分类管理能提高供应链效率，降低成本，增强供应链的灵活性和抗风险能力。未来，随着大数据和人工智能技术的发展，配件分类管理将更加智能化和精细化，为主机厂带来竞争优势。

三 配件分类管理实践建议

在新能源汽车行业，配件分类管理策略是确保运营效率、成本控制与客户满意度平衡的关键。在配件库存管理中，配件分类是基础且关键的一步。通过科学的分类方法，可以将众多配件按照不同的维度（如适配车辆级别、配件总成与分总成、配件价格、配件成本、配件材质、尺寸参数等）进行归类。合理的配件分类不仅有助于更清晰地了解每种配件的特点和需求模式，还为后续的需求预测提供了重要依据。

中汽数据有限公司针对主机厂售后配件种类繁多、配件价格跨度大、配件定价僵化等问题，基于大数据优势搭建专业化算法模型，可通过咨询报告、API接口、本地化部署等形式，为主机厂优化配件分类管理方法、售后配件定价决策与供应链优化等提供智能化解决思路。

（一）支撑主机厂配件分类管理体系优化

中汽数据有限公司可利用大数据与先进算法，为主机厂提供定制化的配件分类管理体系优化方案。方案涵盖配件的多维度科学分类，并支持定制化标准的制定与优化。基于科学、实用的配件分类管理体系，助力主机厂配件信息的快速分类与更新，提升管理效率。此外，结合主机厂的实际运营需求，中汽数据有限公司可提供配件分类与库存管理策略的咨询服务，增强主机厂配件分类管理的精细度与智能度，进而提升整体运营效率与客户满意度。

（二）基于配件分类管理模型的配件定价优化

中汽数据有限公司在配件分类管理模型基础上，通过整合新能源车辆整车、配件、价格数据与历史销售数据、客户购买行为、市场趋势报告等，结合主机厂原材料、制造、物流等成本数据、目标竞品数据与宏观经济数据，形成配件定价综合数据集，并根据数据特性进一步引入 LightGBM 等机器学习模型，可形成对各类配件未来一段时间内的最优价格进行实时预测，帮助主机厂在配件定价中根据市场实时变化实施动态差异化定价，满足客户需求，实现利润最大化。

（三）基于配件分类的供应链优化

中汽数据有限公司在配件分类的基础上，通过整合配件采购数据与企业公开数据，可支撑主机厂实现更为精准和高效的供应商识别。利用大数据分析工具，整合汽车产业链发展框架，以主机厂为核心，梳理纵向产业链上的原材料供应商、零部件制造商、分销商等，以及横向竞争对手的竞争格局。通过多链条组合，构建涵盖行业种类、上下游关系、区域内行业分布及排名、企业间供应链路关系的三级知识图谱。通过直观展示汽车产业的生态结构，为识别高效供应商提供宏观视角。针对每一类配件，通过加工配件采购数据中的交易数量、时间、价格、质量反馈等关键指标，构建以盈利能力、营运能力、偿债能力为核心的多级评价指标体系与模型算法，评估供应商的绩效表现，识别出高效、可靠的供应商群体。

参考文献

[1] 王世刚、关红利：《自定义聚类中心点的快速 K-means 聚类点云精简算法》，《工业控制计算机》2024 年第 8 期。

[2] 刘嘉慧、张萍、曹瑾音等：《基于 K-means 算法的病种成本聚类分析及精细化管理探究》，《卫生经济研究》2024 年第 8 期。

[3] 陈彧：《基于汽车售后市场信息和数据的汽车营销策略分析》，《现代营销》（上旬刊）2024 年第 7 期。

[4] 陈杰：《汽车售后配件库存采购计划方法研究》，《中国物流与采购》2024 年第

11期。
［5］王敏：《基于需求预测的C汽车售后配件公司库存优化研究》，硕士学位论文，山东财经大学，2024。
［6］李智强：《汽车售后配件呆滞件的分析及优化》，《汽车维护与修理》2023年第22期。
［7］田冰冉：《基于分类与需求预测的L汽车配件制造公司库存管理研究》，硕士学位论文，大连交通大学，2023。
［8］任春华：《配件价值链多链数据服务技术研究》，博士学位论文，西南交通大学，2022。
［9］曾荣：《汽车售后配件需求预测及库存控制的研究现状》，《汽车零部件》2020年第11期。
［10］常硕：《汽车配件库存管理》，《内蒙古煤炭经济》2019年第23期。

B.13
基于中国汽车产业链碳公示平台的汽车碳足迹大数据管理研究与实践

李家昂　张廷　赵津　赵明楠　赵冬昶*

摘　要： 随着"双碳"工作的推进，汽车低碳化发展已成为行业共识。利用大数据技术，构建汽车碳足迹评估模型，可以实现对汽车碳足迹的评估。本文通过对CPP平台所公示车型碳足迹大数据进行深入分析，揭示了不同车型碳足迹的分布特征。进一步地，本文从政策法规、企业战略、产品技术、消费者行为等多个维度，探讨了汽车碳足迹变化的动因及其未来可能的发展趋势。最终，本文对车型碳足迹的未来变化趋势进行了科学预判，以期为汽车行业的低碳转型提供理论依据和数据支持。

关键词： 乘用车　碳足迹　大数据

一　汽车碳足迹大数据研究背景

自2030年碳达峰、2060年碳中和的"双碳"目标提出以来，我国高度重视碳排放问题，制定了一系列政策措施，推动绿色低碳发展。然而，受产业结构、能源结构等因素影响，我国碳排放仍处于较高水平。汽车行业碳排

---

* 李家昂，中汽碳（北京）数字技术中心有限公司碳数字技术室咨询研究员，研究方向为汽车产业可持续数字化发展；张廷，中汽碳（北京）数字技术中心有限公司碳数字技术室高级主管，研究方向为汽车产业可持续数字化发展；赵津，中汽碳（北京）数字技术中心有限公司碳数字技术室主管，研究方向为汽车产业可持续数字化发展；赵明楠，中汽碳（北京）数字技术中心有限公司总工程师，研究方向为汽车产业绿色低碳发展；赵冬昶，中汽碳（北京）数字技术中心有限公司执行董事、总经理，研究方向为汽车产业经济政策、碳数字技术。

放具有产业链长辐射面广、碳排放总量增长快、单车碳强度高的特点，随着汽车产销量和保有量的不断增加，汽车行业碳排放增长迅速，逐渐成为我国碳排放的重要来源之一。有效控制汽车行业碳排放量，推动汽车行业绿色低碳转型，已成为我国碳减排工作的重要一环。

随着汽车行业碳排放管理工作的不断推进，汽车产品的碳足迹现状备受关注。一方面，汽车行业作为"链长"，其碳排放管理工作能够带动整个产业链的有效降碳，助推我国实现"双碳"目标；另一方面，国际绿色贸易壁垒趋严，汽车碳足迹管理体系建设迫在眉睫。因此，建立汽车行业统一的产品碳足迹管理体系，加强数字化碳管理工具的规范化使用，推动汽车产品碳足迹公示及标识制度建设是进一步推动汽车产业低碳发展的重要途径。

为带动汽车行业碳排放管理水平进一步提升，推动汽车行业碳信息的传播与应用，中汽碳（北京）数字技术中心有限公司依托多年行业碳排放研究基础和实践经验，以数字化赋能低碳化，开发了中国汽车产业链碳公示平台（以下简称"CPP"），首创公示整车产品、零部件及车用材料三类产品的碳排放数据并配套公示产品碳足迹量化标识、产品碳足迹等级标识等碳标识。中国汽车碳足迹数据逐步公开、量化、透明。

截至2024年7月31日，CPP平台已公示62家乘用车企业，7100余款乘用车碳足迹数据。从燃料类型上分类，包含汽油车4527款，纯电动车1787款，其余为插电式混合动力车、常规混合动力车以及少量柴油车；从车型级别上分类，包含了A00级、A0级、A级、B级、C级、D级等不同级别车型；从车辆类型上分类，包含了常见的轿车、SUV和MPV；从车型年款上分类，包含了从2018年款到2025年款等不同年款的车型，以2021年款、2022年款、2023年款和2024年款为主，基本已涵盖市售主流车型。

本文通过对CPP平台所公示的车型碳足迹大数据进行深入分析，揭示了不同车型碳足迹的分布特征。进一步地，本文从政策法规、企业战略、产品技术、消费者行为等多个维度，探讨了汽车碳足迹变化的动因及其未来可能的发展趋势。最终，本文对车型碳足迹的未来变化趋势进行了科学预判，以期为汽车行业的低碳转型提供理论依据和数据支持。如无特殊说明，文中的汽车碳足迹数据均来自 CPP 平台，且未进行销量加权处理，数据截止时间为 2024 年 7 月 31 日。

二 汽车碳足迹结构性特点分析

（一）车型碳足迹均值逐年降低，汽车行业低碳发展进程稳步推进

从车型碳足迹的总体趋势来看，不同年款车型碳足迹均值呈现降低的趋势。如图 1 所示，车型碳足迹均值从 2021 款的 270.42gCO$_2$e/km，下降到 2024 款的 258.89gCO$_2$e/km，下降约 4.3%，降幅明显，反映了汽车行业在降低碳排放方面的显著进步。根据预测，随着 2024 年款车型的全面市场推广，其碳足迹均值有望进一步降低。这一下降趋势表明在"双碳"政策引领下，汽车企业在积极推进绿色低碳转型，越发重视低碳产品开发，在技术创新和工艺流程优化上持续努力，进一步为消费者拓展绿色低碳产品选择范围。

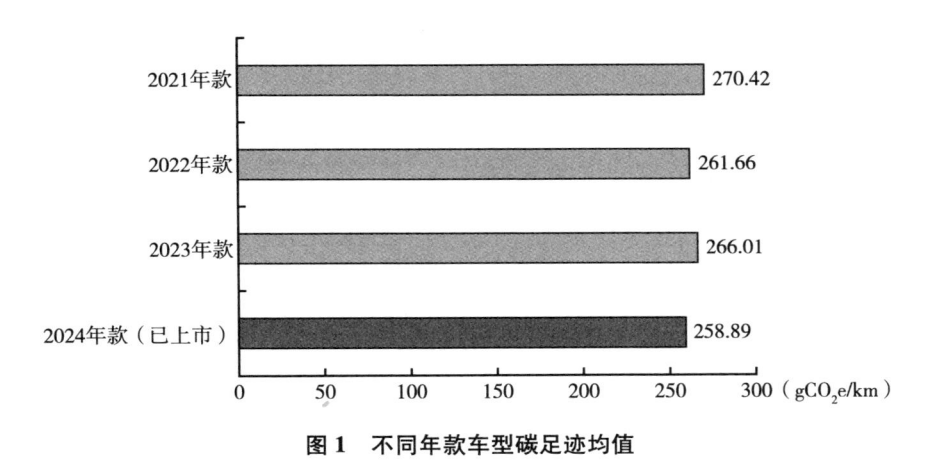

年款	碳足迹均值 (gCO$_2$e/km)
2021年款	270.42
2022年款	261.66
2023年款	266.01
2024年款（已上市）	258.89

图 1　不同年款车型碳足迹均值

资料来源：中国汽车产业链碳公示平台，截至 2024 年 7 月 31 日。

（二）自主品牌车型碳足迹水平提升，中国汽车产品逐步具备"碳优势"

从不同系列车型碳足迹均值来看，国内主要有八大系列的汽车产品，碳

足迹均值分布于 250.3~319.0gCO₂e/km 之间，行业均值为 264.4gCO₂e/km，日系车型碳足迹均值最低，英系车型碳足迹均值最高。自主品牌车型碳足迹处于中部水平且低于行业平均值，为 255.8gCO₂e/km，已经低于瑞典、德系、美系和英系等车系，而高于法系、日系、韩系等以中小型车为主的车系。

单独比较不同系别的新能源车型（插电式混合动力车和纯电动车）碳足迹均值，可以发现，新能源车型碳足迹均值分布于 171.5~264.6gCO₂e/km 之间，行业均值为 203.0gCO₂e/km，法系车型碳足迹均值最低，瑞典系车型碳足迹均值最高。自主品牌车型碳足迹水平仍处于行业中部，为 198.3gCO₂e/km，低于德系、英系和瑞典等车系，而高于日系、美系、韩系和法系车型。这一方面是由于自主品牌车型种类繁多，大、中、小车型均有，轿车、SUV、MPV 齐全；另一方面，韩系和法系的新能源车型较少，且多为中小型车型，车型碳足迹值较低（见图2）。

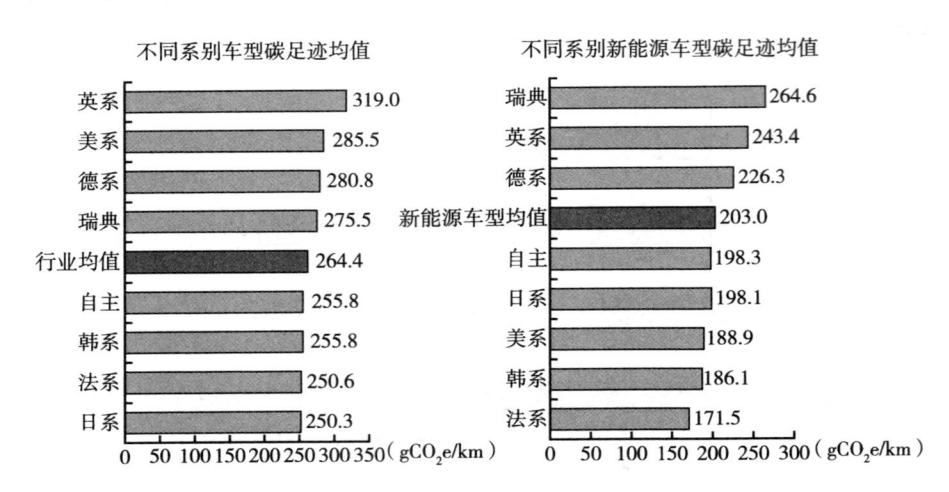

不同系别车型碳足迹均值

车系	碳足迹均值 (gCO₂e/km)
英系	319.0
美系	285.5
德系	280.8
瑞典	275.5
行业均值	264.4
自主	255.8
韩系	255.8
法系	250.6
日系	250.3

不同系别新能源车型碳足迹均值

车系	碳足迹均值 (gCO₂e/km)
瑞典	264.6
英系	243.4
德系	226.3
新能源车型均值	203.0
自主	198.3
日系	198.1
美系	188.9
韩系	186.1
法系	171.5

图 2 不同系别车型碳足迹均值

资料来源：中国汽车产业链碳公示平台，截至 2024 年 7 月 31 日。

以国内市场主流的自主品牌、德系、日系和美系车型为例，比较其碳足迹均值年度变化情况，如图 3 所示。不同系别车型间，各年款间车型碳足迹差异明显，自主品牌和美系品牌车型碳足迹均值呈现下降趋势，2024 年款车型碳足迹均值相较 2021 年款车型分别降低 10.2% 和 17.4%；德系车型碳足迹均值呈现上升趋势，2024 年款车型碳足迹均值相较 2021 年款车型升高 9.9%；日系车型碳足迹均值呈现先降后升趋势，2024 年款车型碳足迹均值相较 2021 年款车型升高 2.5%。2024 年款已上市车型碳足迹均值按照德系、日系、美系和自主品牌的顺序依次降低，预计随着 2024 年款车型的全面上市推广，各系别间碳足迹均值变化趋势将有所改变。

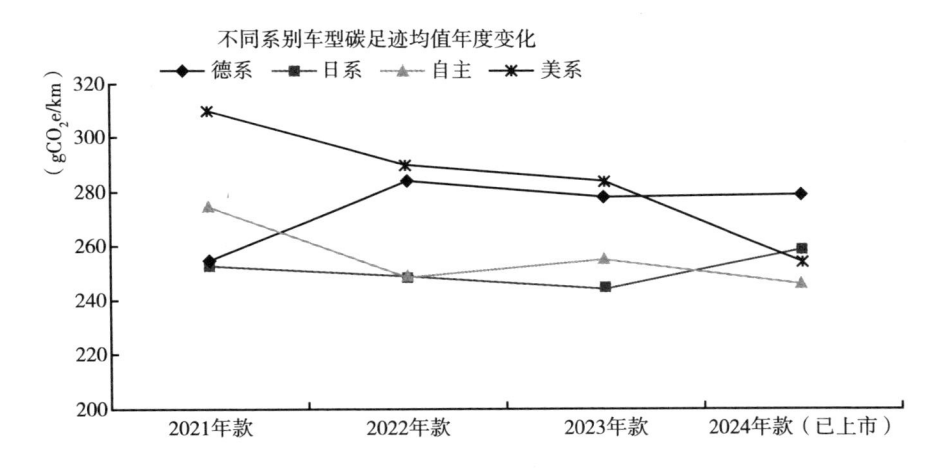

不同系别车型碳足迹均值年度变化

不同系别新能源车型碳足迹均值年度变化

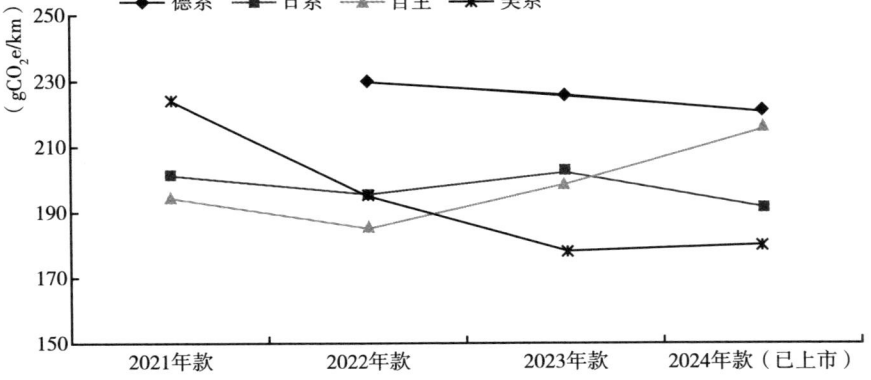

图 3　不同系别车型碳足迹均值年度变化

资料数据来源：中国汽车产业链碳公示平台，截至 2024 年 7 月 31 日。

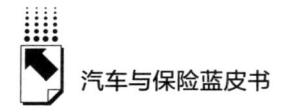

不同系别新能源车型间，德系、日系和美系品牌新能源车型碳足迹均值呈现下降趋势，2024年款车型碳足迹均值相较2021年款车型分别降低3.7%、4.7%和19.6%（德系品牌用2022年款和2024年款对比）；自主品牌新能源车型碳足迹均值呈现先降后升趋势，2022年款车型碳足迹均值为185.8gCO$_2$e/km，之后逐年升高，2024年款车型碳足迹均值相较2021款车型升高10.9%。

自主品牌新能源车型碳足迹均值升高存在几方面原因。一是在政策驱动、企业新能源化转型等多因素促进下，自主品牌产品在新能源市场密集投放，为适应市场变化和消费者需求的不断提升，自主品牌新能源车型的种类和样式日益丰富。回顾前两年，以五菱宏光mini EV为代表，微小型、低速、短程新能源汽车市场迅速扩张并逐渐趋于饱和。此类车型碳足迹值较小，但由于产品种类的增加幅度相对有限，对自主品牌新能源车型碳足迹均值贡献度较小。其次，随着自主品牌实施向上升级策略并取得显著成效，理想、问界、蔚来等中高端豪华新能源车型逐渐受到消费者的青睐。这些车型的产品种类不断丰富，市场地位逐步提升。值得注意的是，中高端豪华新能源车型的碳足迹值普遍较高，这一细分类别的车型在自主品牌新能源车型中所占比重的增加，直接导致自主品牌新能源车型整体碳足迹水平的上升。

（三）纯电动车碳足迹优势明显，电动化能切实带动汽车低碳化发展

从公示车型碳足迹均值来看，五种不同燃料类型车型中，柴油车碳足迹均值最高，为393.09gCO$_2$e/km，明显高于其他燃料类型车型，汽油车碳足迹均值次之，为296.32gCO$_2$e/km，再次为插电式混合动力车（含增程式，下同），碳足迹均值为258.82gCO$_2$e/km，复次为常规混合动力车，碳足迹均值为236.35gCO$_2$e/km，纯电动车碳排放最低，碳足迹均值为187.14gCO$_2$e/km（见图4）。

市场上的柴油车多为中大型SUV或越野车型，产品数量较少，且整备质量偏大，油耗普遍偏高，因此与汽油车相比，柴油车的碳足迹均值高32.7%。常规混合动力车多为中小型车，整备质量和油耗普遍较小，与汽油车相比，碳足迹均值低20.2%。

相较于传统能源车（汽油车、柴油车和常规混合动力车），新能源汽车（插电式混合动力车和纯电动车）具有明显的碳减排优势，纯电动车的减碳效应更加显著。以汽油车为基准，插电式混合动力车和纯电动车的碳足迹均值分别低12.7%和36.8%，表明电动化能切实带动汽车低碳化发展。在发展新能源汽车的国家战略引领下，新能源汽车渗透率逐年升高，汽车低碳化发展进程也将更进一步加快。

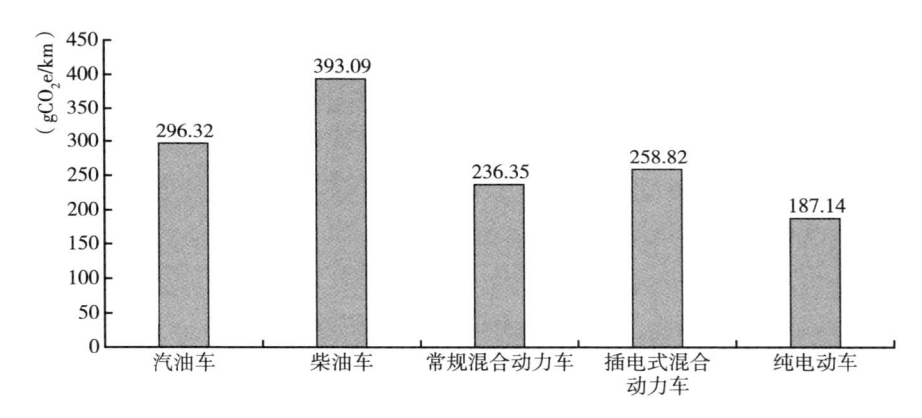

图4 不同燃料类型车型碳足迹均值

资料来源：中国汽车产业链碳公示平台，截至2024年7月31日。

进一步分析不同年款车型碳足迹均值，如图5所示，在2021年款至2024年款四类年款车型中，与图4的趋势一致，车型碳足迹均值均按照柴油车、汽油车、插电式混合动力车、常规混合动力车和纯电动车依次降低。柴油车碳足迹呈现先升后降趋势（平台暂未收录2024年款柴油车数据）；汽油车同样呈现先升后降趋势，只不过变化幅度略小，2022年款碳足迹均值最高，为297.80gCO_2e/km，之后两年逐渐降低，2024年款车型碳足迹相较2021年款车型略微升高1.3%，总体趋势比较稳定；插电式混合动力车碳足迹呈逐年降低趋势，且幅度较大，2024年款车型碳足迹均值相较2021年款车型降低8.3%；常规混合动力车和纯电动车碳足迹均值均呈上升趋势，2024年款车型碳足迹均值相较2021年款车型分别上升5.7%和10.6%，原因可能与新车型上市有关。在汽车市场持续演进的背景下，众多企业纷纷进军混合动力与纯电动细分市场。与此同时，车型设计呈现出逐年趋向大型化的态势。特别是在纯电动车型领域，伴随着动力电池技术的不断进步，中大型纯电动车型投入市场的数量日益增加，这一趋势可能是导致纯电动车碳足迹均值逐年上升的重要因素。

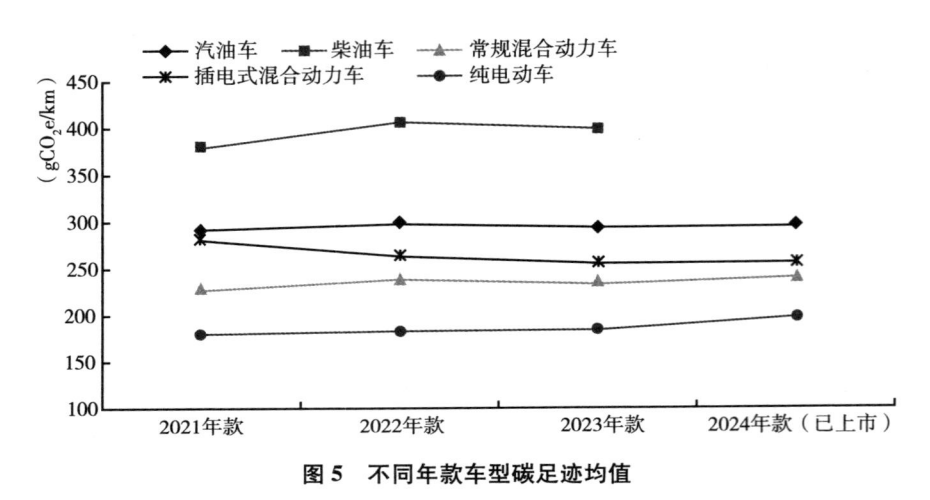

图 5　不同年款车型碳足迹均值

资料来源：中国汽车产业链碳公示平台，截至 2024 年 7 月 31 日。

（四）车型碳排放向供应链转移，产业链与供应链减碳战略重要性提升

为进一步分析车用材料和燃料对车型碳足迹的影响，可以将生命周期系统划分为车辆周期和燃料周期。其中，车辆周期包括材料生产、整车生产、维修保养（轮胎、铅蓄电池和液体的更换）等阶段；材料生产阶段包括两部分，一是原生材料获取及加工过程，二是循环材料生产加工过程。燃料周期，即"油井到车轮"（Well to Wheels，WTW），包括燃料的生产（Well to Pump，WTP）和燃料的使用（Pump to Wheels，PTW）两个阶段。对于燃油车，WTP 包括原油开采和提炼加工等阶段；对于电动车，WTP 包括电力（火电、水电、风电、光伏发电和核电等）的生产和传输等阶段。[①]

---

① 中汽数据有限公司组编，冯屹等著《面向碳中和的汽车行业低碳发展战略与转型路径》，机械工业出版社，2022，第 8 页。

图 6 展示了基于不同燃料类型车型碳足迹计算出的生命周期各阶段（车辆周期和燃料周期）碳排放的占比情况。可以看出，不同燃料类型车型的生命周期碳排放占比差异明显，汽油车和柴油车碳排放主要来自燃料周期，占比分别高达 73.1% 和 72.7%。随着车型电动化程度的增加（车型电动化的程度按照汽油车/柴油车—常规混合动力车—插电式混合动力车—纯电动车的顺序依次增加），车辆周期占比逐渐增大，而燃料周期逐渐减小。纯电动车燃料周期碳排放占比降低为 47.0%，车辆周期碳排放占比为 53.0%。

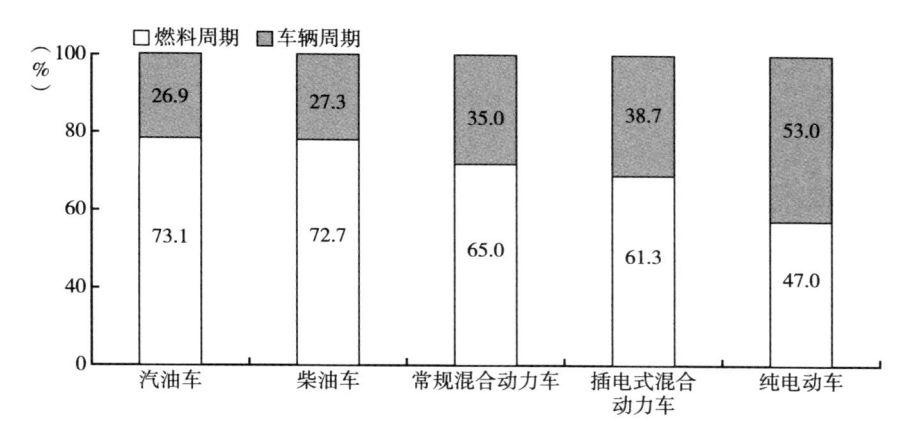

图 6 不同燃料类型车型生命周期各阶段碳排放占比

资料来源：中国汽车产业链碳公示平台，截至 2024 年 7 月 31 日。

传统燃油车和纯电动车的车辆周期和燃料周期阶段占比存在较大差距主要源于两个方面。一方面，纯电动车的动力电池在材料获取和制造阶段均会产生碳排放，导致其车辆周期阶段碳排放相比于燃油车会增加。以 A 级汽油 SUV 和 A 级纯电动 SUV 对比。A 级汽油 SUV 的燃料周期（燃料生产+燃料使用）碳排放占比均值为 74.4%，车辆周期（部件材料+整车生产+维修保养）碳排放占比均值为 25.6%；纯电动车燃料周期占比为 47.4%（行驶过程中的电力生产带来的间接碳排放），车辆周期碳排放占比为 52.6%，其中动力电池占比 19.7%（见图 7）。

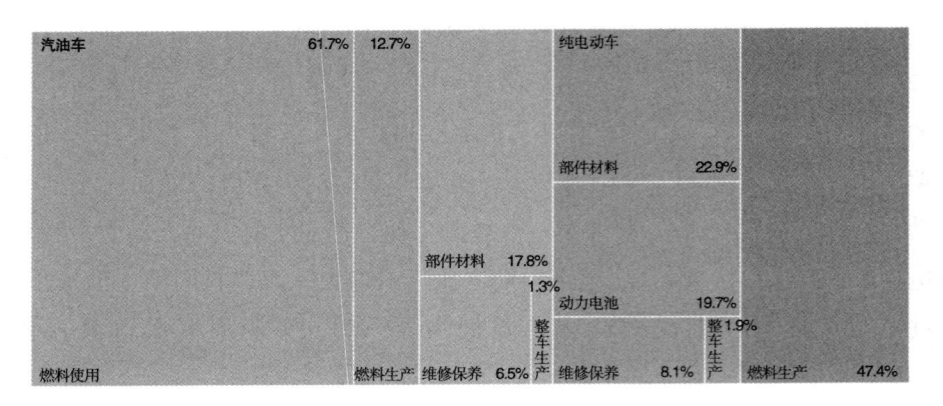

图 7 A 级 SUV（汽油车和纯电动车）车型生命周期各阶段碳排放占比

资料来源：中国汽车产业链碳公示平台，截至 2024 年 7 月 31 日。

另一方面，因为纯电动车由电驱动，能源转化效率比燃油车高，且纯电动车低碳优势源于燃料周期碳排放较低，主要来自电力产生的间接排放，车辆使用过程中的直接排放为零，而随着我国电力清洁化进程的推动，纯电动车燃料周期的碳排放也会进一步下降。可以预见，随着电动化的发展，未来车型碳排放将会逐渐从燃料周期向车辆周期转移，以提高能源使用效率、降低材料碳排放为主要路径，建立低碳、脱碳的汽车产业链是未来发展方向。

汽车产业链长、辐射面广、带动性强，可以拉动钢铁、橡胶、有色金属、玻璃、化工、电子、纺织品等多个关联行业发展。汽车行业作为"链长"，在推进自身低碳转型的同时，也能带动整个产业链的低碳发展；同时，扩大低碳材料/循环材料的供应，提高低碳产品和技术应用比例，从而整体实现产品碳足迹的降低。

（五）汽车产业进一步绿色升级，需把握低碳与长续航、大型化车型的平衡

在电动汽车产业持续发展的背景下，为缓解消费者对于里程距离的焦虑，市场上涌现了长续航里程的车型，以及定位于豪华市场的大尺寸纯电动

车型。然而，这些长续航、大尺寸的纯电动车型的碳排放普遍较高。为了推动汽车产业的进一步绿色升级，实现纯电动车的有序发展，必须权衡低碳排放与长续航、大车型之间的关系。

以纯电动车为例，随着车型尺寸的增大，其碳足迹均值呈现出阶梯式的递增趋势。A00级微型车碳足迹均值为109.92gCO_2e/km，代表了市场上较小尺寸车型的碳排放水平；A0级纯电动车碳足迹均值为144.40gCO_2e/km；市面上主流的A级纯电动车碳足迹均值为181.98gCO_2e/km；B级纯电动车碳足迹均值为208.34gCO_2e/km，这一数据反映了中等尺寸车型的碳排放特征；针对高端市场的C级和D级大尺寸纯电动车，碳足迹均值分别为229.58gCO_2e/km、257.59gCO_2e/km，表明豪华车型的碳足迹相较于小型和中等尺寸车型有显著提升（见图8）。

车型尺寸往往与车辆重量、动力系统效率、材料选择和制造过程等多个环节息息相关。车型尺寸越大，车辆重量一般越大，而车辆重量的增加通常意味着更高的能耗和排放。同时大型车辆往往需要更强大的动力系统，这可能导致整体能效降低。此外，豪华车型在材料选择和制造过程中可能采用更高碳足迹值的材料和技术，进一步加剧了碳足迹值的上升。

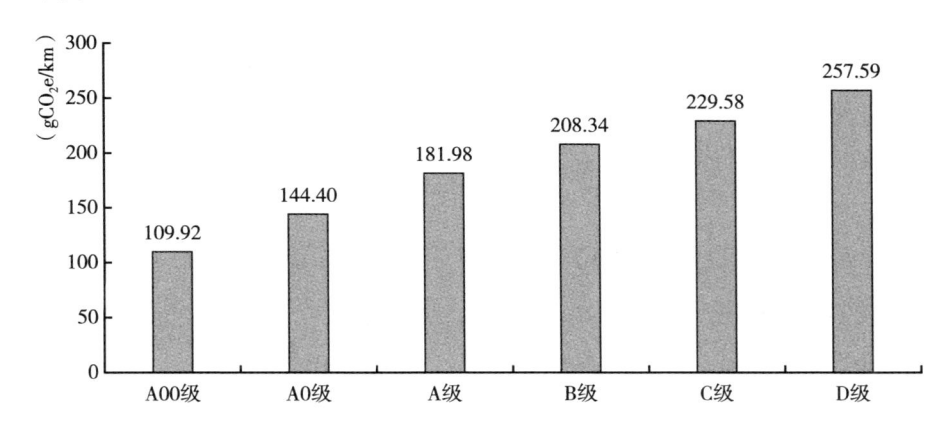

图8 不同级别纯电动车碳足迹均值

资料来源：中国汽车产业链碳公示平台，截至2024年7月31日。

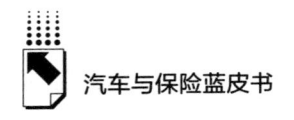

确立适宜的续航里程成为当前纯电动车实现低碳发展的关键路径。目前，市场上主流纯电动车的续航里程多在400~600公里之间（约占53%的市场份额），为满足消费者对于续航的需求并抢占市场份额，众多企业不断增大电池能量以提升续航能力。然而，若通过简单增加电池数量的方式来延长续航里程，将不可避免地导致电池能量提升、车型尺寸增大，进而增加车型的碳足迹值。CPP数据统计表明，当动力电池能量从80千瓦时增加到140千瓦时时，其平均碳排放量增加了181%。此外，高能量纯电动车在某些使用场景下可能出现续航过剩，这不仅造成资源浪费，也在一定程度上削弱了电动车作为低碳交通工具的环境效益。因此，在电池技术未取得重大突破的情况下，确立适宜的续航里程是纯电动车实现低碳发展的必由之路。

推动车身轻量化，是现阶段纯电动车绿色转型的解决方案。汽车轻量化能够进一步减少损耗、降低排气污染及增加续航里程。总体来看，汽车轻量化已成为汽车行业主要趋势，是我国节能与新能源汽车技术的重点发展方向，也是汽车行业完成双碳目标的重要手段。

（六）低碳发展任务依然艰巨，汽车企业亟待加强低碳发展重视程度

通过对各企业车型碳足迹的量化评估，本研究得出了各家汽车企业与行业均值相比较的分布情况，如表1所示。有近五成企业的车型碳足迹均值低于行业平均水平50%以下。表明尽管部分企业在低碳车型开发上取得了一定进展，但整体而言，汽车制造企业在低碳车型的研发与推广上仍面临重大挑战。

此外，本研究已完成乘用车车型碳足迹等级标识研究，在CPP开展碳足迹等级数字化试点示范，公示了每款车型碳足迹等级标识。其中，车型碳足迹等级标识划分为5级，分别是1级"低碳+"、2级"低碳-"、3级"中等"、4级"高碳-"和5级"高碳+"。根据目前统计数据，CPP平台已公示的在售车型中，部分企业1级"低碳+"等级标识（最优等级）车型情况如表2所示，企业低碳车型开发任重而道远。

表 1 部分企业车型碳足迹均值与行业均值对比

序号	企业名称	车型碳足迹低于行业均值比例（%）	序号	企业名称	车型碳足迹低于行业均值比例（%）	序号	企业名称	车型碳足迹低于行业均值比例（%）
1	东风汽车	100	21	小米汽车	67	41	广汽埃安	43
2	翼真汽车	100	22	北汽制造厂	67	42	长安福特	43
3	特斯拉中国	100	23	长安汽车	66	43	凯翼汽车	40
4	赛力斯蓝电	100	24	奇瑞汽车	65	44	合创汽车	40
5	大运汽车	100	25	广汽本田	62	45	吉麦新能源	36
6	赛力斯（湖北）	92	26	上汽通用五菱	60	46	沃尔沃亚太	36
7	东风乘用车	88	27	小鹏汽车	59	47	江铃汽车	35
8	上汽大众	88	28	广汽乘用车	56	48	华晨宝马	33
9	北京现代	84	29	比亚迪	56	49	北京汽车	28
10	东风日产	81	30	一汽-大众	53	50	长城汽车	28
11	一汽丰田	81	31	一汽轿车	51	51	蔚来汽车	28
12	合众新能源	80	32	长安马自达	51	52	赛力斯汽车	26
13	神龙汽车	79	33	吉利汽车	51	53	上汽大通	25
14	广汽丰田	77	34	东风本田	50	54	智己汽车	13
15	理想汽车	76	35	奇瑞新能源	50	55	岚图汽车	9
16	东风柳汽	71	36	江淮汽车	49	56	北京越野	8
17	悦达起亚	71	37	睿蓝汽车	48	57	福建奔驰	0
18	上汽通用	71	38	北汽新能源	47	58	奇瑞捷豹路虎	0
19	创维汽车	70	39	北京奔驰	45	59	腾势汽车	0
20	零跑汽车	70	40	上汽乘用车	45	60	智马达汽车	0

说明：表格中的"车型碳足迹低于行业均值比例"η的计算方法：1. 汇总企业在售车型，数量记为M；2. 对比企业在售车型的碳足迹与各自分类下的行业均值，低于均值的车型数量相加，记为m；3. 计算"车型碳足迹低于行业均值比例"，$\eta = m \div M \times 100\%$。

资料来源：中国汽车产业链碳公示平台，截至2024年7月31日。

表2 部分企业1级标识车型比例

序号	企业	车型数量	1级标识比例(%)	序号	企业	1级标识比例(%)	车型数量
1	北京现代	2	3	26	上汽大通	25	33
2	江铃汽车	2	3	27	东风日产	25	17
3	奇瑞汽车	22	5	28	长安汽车	28	73
4	理想汽车	1	6	29	吉利汽车	28	66
5	赛力斯(湖北)	4	8	30	长城汽车	31	45
6	凯翼汽车	4	9	31	东风乘用车	33	22
7	北京汽车	5	11	33	特斯拉中国	33	2
8	北汽新能源	4	12	34	广汽传祺	36	34
9	智己汽车	2	13	35	广汽埃安	39	28
10	上汽通用五菱	12	15	36	小鹏汽车	39	16
11	长安马自达	7	16	37	赛力斯汽车	39	9
12	北京越野	2	17	38	一汽轿车	42	64
13	长安福特	16	17	39	上汽通用	52	83
14	江淮汽车	44	18	40	广汽本田	53	40
15	岚图汽车	4	18	41	沃尔沃亚太	53	28
16	上汽乘用车	19	19	42	北京奔驰	56	67
17	悦达起亚	9	20	43	上汽大众	67	177
18	合创汽车	3	20	44	小米汽车	67	2
19	睿蓝汽车	8	20	45	蔚来汽车	73	29
20	东风本田	22	21	46	零跑汽车	73	24
21	东风本田	18	21	47	比亚迪	77	130
22	一汽-大众	72	23	48	一汽丰田	80	82
23	创维汽车	10	23	49	东风汽车	83	19
24	合众新能源	12	24	50	腾势汽车	83	15
25	华晨宝马	18	24	35	广汽丰田	85	99

资料来源：中国汽车产业链碳公示平台，截至2024年7月31日。

汽车行业在实现低碳发展目标过程中承担着艰巨的任务。对于多数企业而言，低碳车型的开发不仅是一项技术上的挑战，更是企业社会责任和长期发展战略的重要组成部分。因此，汽车企业需持续投入资源，创新技术，优化设计，以降低车型碳足迹，推动行业向更可持续的模式转变。

三 汽车碳足迹变化趋势预判

在我国新能源汽车市场迅速扩张的背景下，传统以内燃机为主的燃油车型在市场中的比重预计将逐步降低。相应地，插电式混合动力车型、纯电动车型等新能源汽车的市场渗透率预计将稳步提升。伴随着政策红利的持续释放以及能效、燃料效率、轻量化技术应用的行业技术进步，以及低碳材料的应用，汽车产业的绿色低碳转型将进一步深化。因此，预计乘用车整体的碳足迹水平将呈现下降的趋势，自主品牌新能源汽车的碳足迹水平同样展现出下降的态势。

在细分燃料类型的研究中，针对插电式混合动力车型，根据目前市场发展的趋势分析，该车型已从过去两年的中大型豪华车型逐步拓展至紧凑型经济型车型。此外，得益于技术进步等因素的影响，插电式混合动力车型的平均碳足迹有望实现进一步降低。

对于纯电动车型而言，市场发展趋势与技术进步的叠加效应导致车型向大型化、豪华化方向演进。这一趋势可能使得纯电动车型的碳足迹水平出现上升。因此，尽管新能源汽车的整体碳足迹呈现下降趋势，但纯电动车型的碳足迹变化仍需关注，以实现汽车产业绿色转型的长期目标。

车险行业应用篇

B.14
2023年全国交通事故责任保险保障程度分析报告

聂颖 刘彬*

摘 要： 机动车辆保险，尤其是机动车交通事故责任强制保险和机动车商业第三者责任保险，能够为机动车道路交通事故受害人提供经济补偿，有效地促进道路交通安全。本文基于中国银保信全国车险信息平台数据，从险种投保情况、地区风险覆盖度、足额投保率、死亡事故责任风险保障水平等角度，对全国交通事故责任保险保障程度进行跟踪监测和分析，客观评价我国交通事故责任保险发展现状和未来趋势，为保险公司的经营行为和消费者的投保行为提供参考建议。

关键词： 交通事故责任强制保险 第三者责任保险 保障程度

---

* 聂颖，任职于中国银行保险信息技术管理有限公司数据与科技管理部；刘彬，中国银行保险信息技术管理有限公司业务一部保险精算与数字化监管服务处经理，中国精算师，研究方向为精算分析与保险科技。

一　交通事故责任保险基本情况

（一）机动车交强险投保情况

根据全国车险信息平台（以下简称"车险平台"）交强险承保数据，2023年交强险保单件数[①]为3.17亿件。

（二）机动车三责险投保情况

2023年，全国31个省（自治区、直辖市）和5个计划单列市机动车商业第三者责任保险（以下简称"三责险"）的平均投保率为86.02%，同比基本持平。分地区来看，三责险投保率呈现出东部、中部和西部依次递减的趋势，在经济较为发达的东部区域，风险管理的认知普遍更为深入，因此对三责险的保障需求也相应较高。具体来看，上海、宁波、浙江、厦门的三责险投保比例均超过了94%，而在西藏、新疆和青海这三个西部地区，这一比例则低于70%（见图1）。从各地区间的同比变化分析，有21个地区的三责险投保率较上年有所下降，其中新疆的降幅最为显著，达到了11.77个百分点；与此同时，其余15个地区的三责险投保率则呈现上升趋势，其中以上海的增幅最为突出，高达14.21个百分点。

2023年，家庭自用车的保单数量在所有机动车中占据了82.13%的比例，其三责险的投保率达到了87.72%，相较于上年，这一比率上升了0.02个百分点。与机动车整体情况相比，家庭自用车的三责险投保率高1.7个百分点，各地车主在家庭自用车三责保障方面的意识与需求呈现出显著的地域性差异，这一现象与机动车整体保障状况的区域性特点相呼应。

---

① 保单件数统计口径为起保日期在统计期间内的有效保单数量。

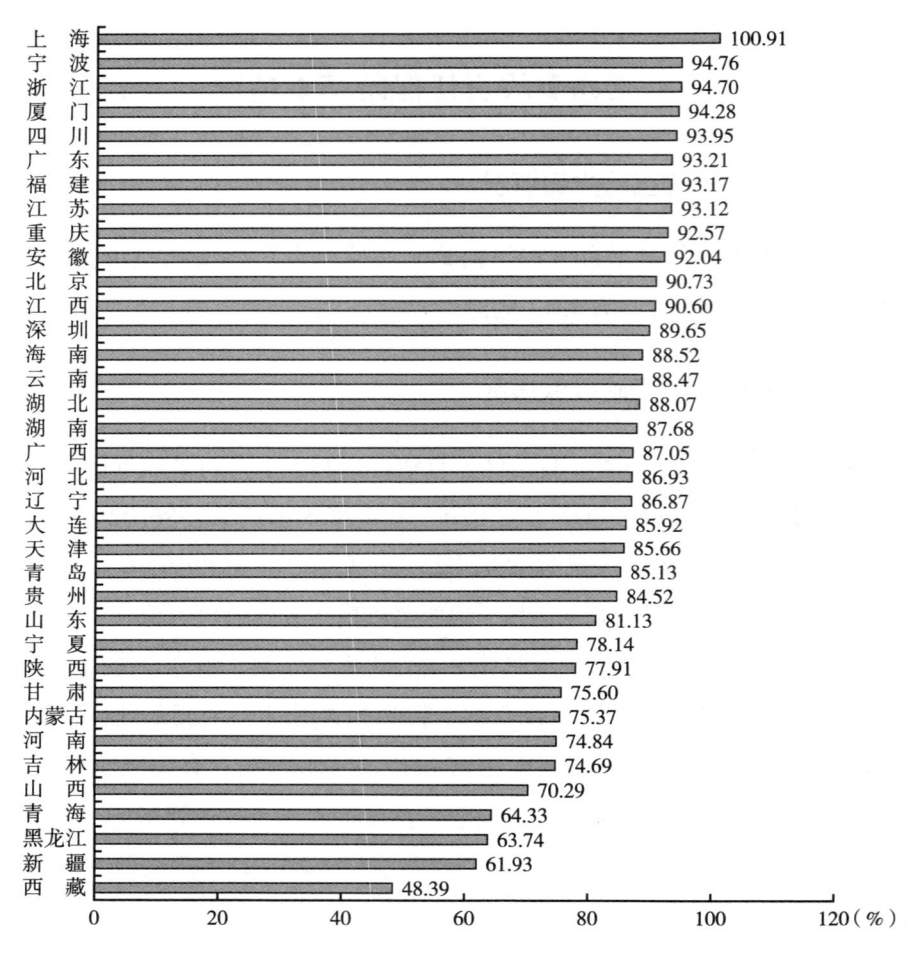

图1 全国31个省（自治区、直辖市）和5个计划单列市三责险投保率

地区	投保率(%)
上海	100.91
宁波	94.76
浙江	94.70
厦门	94.28
四川	93.95
广东	93.21
福建	93.17
江苏	93.12
重庆	92.57
安徽	92.04
北京	90.73
江西	90.60
深圳	89.65
海南	88.52
云南	88.47
湖北	88.07
湖南	87.68
广西	87.05
河北	86.93
辽宁	86.87
大连	85.92
天津	85.66
青岛	85.13
贵州	84.52
山东	81.13
宁夏	78.14
陕西	77.91
甘肃	75.60
内蒙古	75.37
河南	74.84
吉林	74.69
山西	70.29
青海	64.33
黑龙江	63.74
新疆	61.93
西藏	48.39

说明：由于上海地区疫情原因，三责险保单延期一个月，导致三责险投保率超过100%。
资料来源：全国车险信息平台。

二 各地区三责险平均保额对风险的覆盖度

2023年，全国三责险平均保额和单人死亡赔付费用平均水平分别是

228.3万元和131.4万元①,相较于2022年的201.2万元和127.5万元,分别实现了13.5%和3.1%的增长。从死亡赔偿费用中扣除交强险死亡赔偿限额（18万元）后,三责险保额整体平均保额充足度②为201.3%,较2022年提升了17.5个百分点。总体而言,交通事故责任保险的保障水平已超过100%。

然而,各地区三责险平均保额充足度不平衡的状况依然存在。2023年,全国各地区三责险平均保额充足度均大于100%,其中三责险平均保额充足率排名前三的地区分别为吉林（270.6%）、江西（266.0%）、黑龙江（263.4%）；三责险保额充足率最低的3个地区分别是宁波（102.8%）、上海（105.7%）、北京（113.4%）（见图2）。

从车辆种类来看,2023年,全国家庭自用车三责险的平均保额充足度达到了153.0%,相较于上年增长了4个百分点,但这一水平仍低于机动车整体的平均保额充足度。从各地区的增长情况来看,全国31个省（自治区、直辖市）以及5个计划单列市的三责险平均保额充足度均有所增加,其中,吉林省的家庭自用车三责险平均保额充足度的增幅最为显著,与上年相比提高了86.8个百分点。此外,家庭自用车三责险平均保额充足度的地区差异与全车种的差异基本保持一致。

---

① 商业三责险的保险责任对应的是交通事故责任赔偿中交强险赔偿以外的部分,其赔偿限额（保额）统一包含了交通事故造成的人员伤亡及物损。其中,导致人员死亡是严重事故中最为突出的风险责任。根据最高人民法院颁布的《关于审理人身损害赔偿案件适用法律若干问题的解释》,造成受害人死亡的赔偿义务人除应当根据抢救治疗情况赔偿相关费用外,还应当赔偿死亡补偿费、丧葬费、被扶养人生活费,以及受害人亲属办理丧葬事宜支出的交通费、住宿费和误工损失等其他合理费用。本文以交通事故中一名60岁以下,且有扶养责任的城镇成年居民死亡为例,根据国家统计局官网所发布的各地城镇居民人均可支配收入和城镇居民人均消费性支出额数据,对全国31个省份和5个计划单列市的商业三责险保额充足度进行计算分析。

② 三责险平均保额充足度=三责险平均保额/（当地死亡事故责任赔偿费用-交强险死亡赔偿限额）。其中,三责险平均保额=三责险总保额/三责险签单车年,当地死亡事故责任赔偿费用=死亡赔偿金+丧葬费+被扶养人生活费=（当地上年城镇居民人均可支配收入×20年）+（当地上年城镇居民人均可支配收入×0.5年）+当地上一年度城镇居民人均消费性支出额×10年。

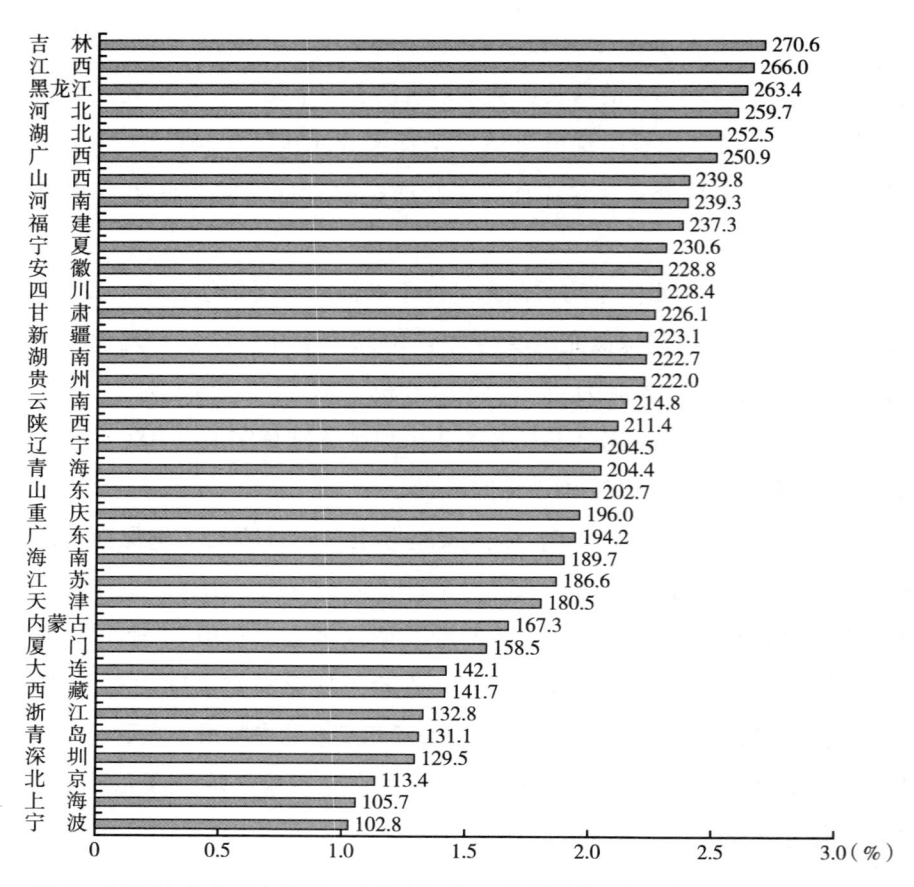

地区	值
吉林	270.6
江西	266.0
黑龙江	263.4
河北	259.7
湖北	252.5
广西	250.9
山西	239.8
河南	239.3
福建	237.3
宁夏	230.6
安徽	228.8
四川	228.4
甘肃	226.1
新疆	223.1
湖南	222.7
贵州	222.0
云南	214.8
陕西	211.4
辽宁	204.5
青海	204.4
山东	202.7
重庆	196.0
广东	194.2
海南	189.7
江苏	186.6
天津	180.5
内蒙古	167.3
厦门	158.5
大连	142.1
西藏	141.7
浙江	132.8
青岛	131.1
深圳	129.5
北京	113.4
上海	105.7
宁波	102.8

图 2　全国 31 个省（自治区、直辖市）和 5 个计划单列市三责险平均保额充足度

资料来源：全国车险信息平台。

三　各地区三责险足额保单比例

2023 年，尽管全国范围内部分车辆的三责险保单未能完全涵盖交通死亡事故的责任风险，但约有 90.0% 的三责险保单已实现对风险的充分覆盖，这一比例较上年同期上升了 3.0 个百分点。大部分地区三责险足额保单占比（足额投保保单在当地全部保单中的占比）偏低（见图 3），并表现出以

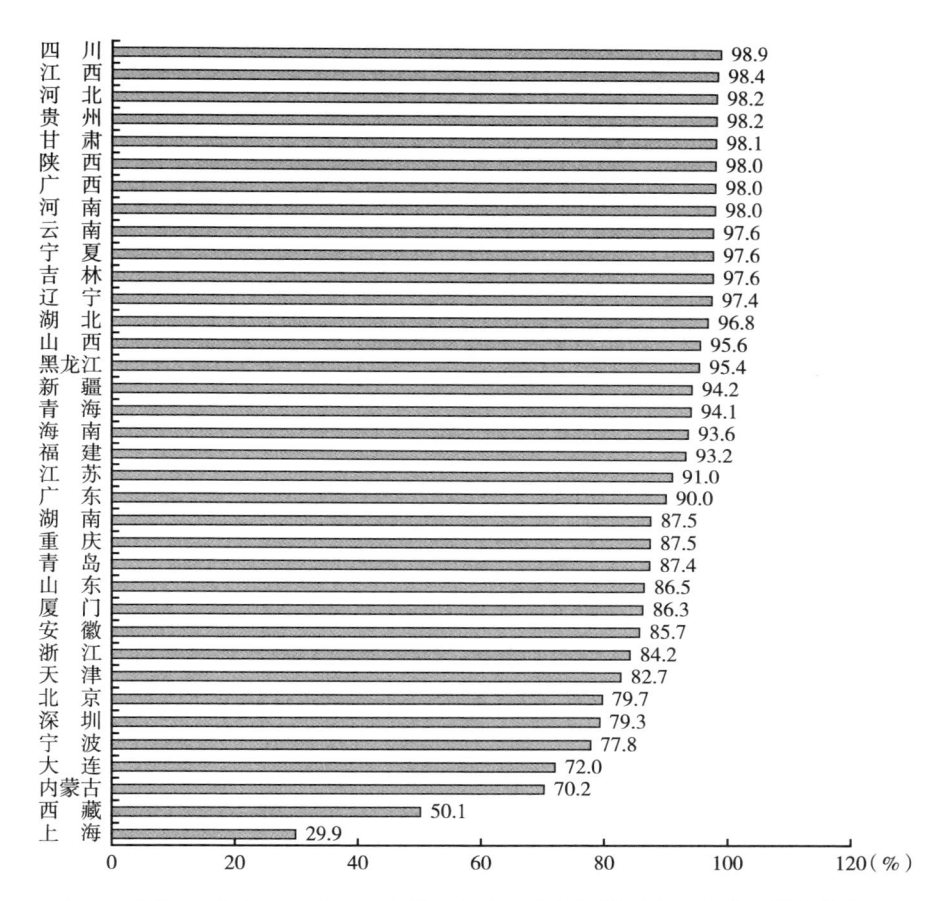

图3 全国31个省（自治区、直辖市）和5个计划单列市三责险足额保单占比

资料来源：全国车险信息平台。

下几个特征。第一，整体而言，足额保单的比例呈现上升趋势。在全国36个地区中，除安徽省外，三责险足额保单的比例均有不同程度的增长，其中北京市的增长幅度最为明显，同比增长了22.1个百分点。第二，少数地区的三责险足额保单比例仍然较低。在全国范围内，有29个地区的三责险足额保单比例超过80%，而上海市的这一比例最低，仅为29.9%。第三，三责险足额保单的占比与当地的经济发展水平存在一定的偏差。尽管上海、深圳、北京等地的经济水平在全国处于领先地位，但其三责险足额保单的比例

在全国的排名却相对较低。第四,各地区内三责险保单的保额分布不均,部分高保额的三责险保单显著提高了当地的平均保额,然而实际上大多数保单的三责险保额并不充分。例如,在上海市,三责险的平均保额对责任风险的覆盖率达到了105.7%,然而,仅有29.9%的保单能够完全覆盖这些责任风险。第五,家用车的足额保单比例略高于机动车整体平均水平。全国范围内家用车的足额保单比例为94.8%,比整体机动车保单的比例高出4.8个百分点。从地域分布的角度来看,家用车的足额保单比例与整体机动车的分布情况基本保持一致。

四 各地区事故死亡责任风险与实际保障水平

各地区交通事故死亡责任风险表现出各地区死亡赔付费用标准的差异,这些差异与当地经济发展状况紧密相连。在交强险死亡赔偿限额既定的情况下,三责险平均保额与当地死亡赔付费用标准之间缺口的大小,反映了地区实际保障水平。

全国各地区死亡赔偿费用标准差异较大。在对数据的分析中,有9个地区的死亡赔偿费用标准超过了150万元,25个地区的标准介于100万元至150万元之间。具体来看,上海的标准约为220.4万元,这一数值大约是黑龙江标准(约94.6万元)的2.3倍,两者之间的差额达到了约126万元(见图4)。

各地三责险平均保额与当地死亡赔偿费用标准之间呈现以下特点。首先,全国范围内三责险的平均保额普遍超过死亡赔偿费用标准,但各地区在风险暴露程度上表现出明显不同。其次,尽管东部经济发达地区的平均保额较高,但其保障缺口通常大于中西部经济欠发达地区。这一现象主要源于经济发达地区的死亡赔付费用标准远高于经济欠发达地区。

2023年全国交通事故责任保险保障程度分析报告

图例：■ 死亡赔偿费用　□ 交强险死亡赔偿限额　▨ 三责险平均保额

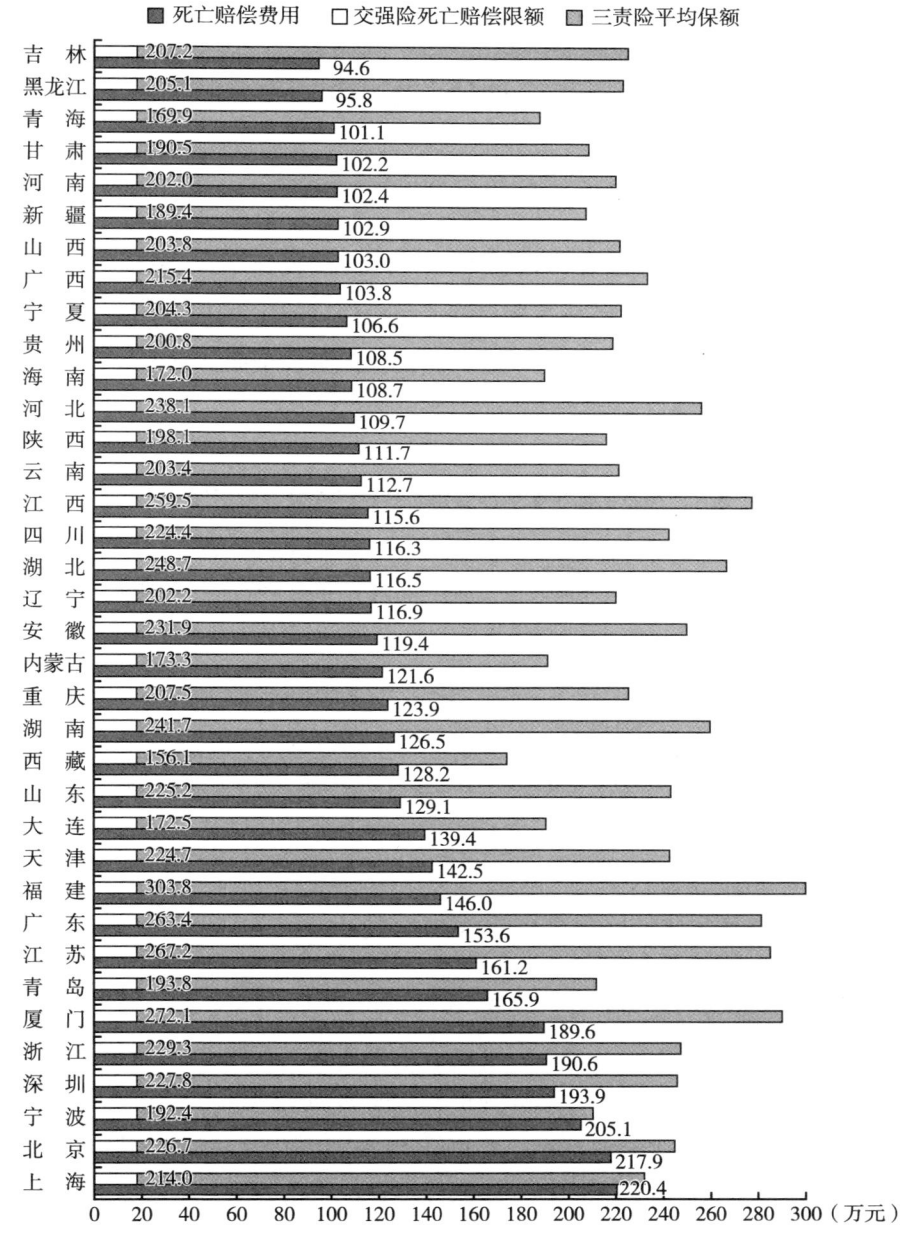

地区	死亡赔偿费用	交强险死亡赔偿限额
吉林	207.2	94.6
黑龙江	205.1	95.8
青海	169.9	101.1
甘肃	190.5	102.2
河南	202.0	102.4
新疆	189.4	102.9
山西	203.8	103.0
广西	215.4	103.8
宁夏	204.3	106.6
贵州	200.8	108.5
海南	172.0	108.7
河北	238.1	109.7
陕西	198.1	111.7
云南	203.4	112.7
江西	259.5	115.6
四川	224.4	116.3
湖北	248.7	116.5
辽宁	202.2	116.9
安徽	231.9	119.4
内蒙古	173.3	121.6
重庆	207.5	123.9
湖南	241.7	126.5
西藏	156.1	128.2
山东	225.2	129.1
大连	172.5	139.4
天津	224.7	142.5
福建	303.8	146.0
广东	263.4	153.6
江苏	267.2	161.2
青岛	193.8	165.9
厦门	272.1	189.6
浙江	229.3	190.6
深圳	227.8	193.9
宁波	192.4	205.1
北京	226.7	217.9
上海	214.0	220.4

图 4　全国 31 个省（自治区、直辖市）和 5 个计划单列市死亡事故责任赔偿费用与三责险平均保额差异

资料来源：全国车险信息平台。

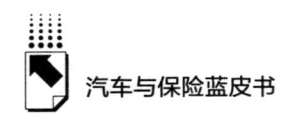

五 结论与启示

（一）交通事故责任保险保障程度保持高水平

车险综合改革效应持续体现，2023年商业险投保率保持稳定，同时，三责险的平均保额充足度整体有所提升，足额保单的比例也稳步增加。这些变化使得消费者在交通事故责任风险方面的保障更加全面，有效地弥补了交通事故死亡赔付的缺口（见表1）。

表1 2021~2023年全国交通事故责任保险保障程度

指标	整体			家用车		
	2021年	2022年	2023年	2021年	2022年	2023年
三责险平均投保率(%)	85.5	86.1	86.0	87.2	87.7	87.7
三责险平均保额充足度(%)	167.4	183.8	201.3	163.9	148.9	153.0
三责险足额保单占比(%)	84.0	87.0	90.0	83.6	88.2	94.8
交通事故死亡赔付缺口(万元)*	-66.6	-91.7	-114.9	-67.6	-57	-60.1

* 交通事故死亡赔付缺口=死亡事故责任赔偿费用-（交强险死亡赔偿限额+三责险平均保额）。
资料来源：全国车险信息平台。

（二）经济发达地区仍需提高保障程度

统计数据表明，当前三责险的投保比例为86%，这意味着仍有14%的车主仅选择投保交强险。仅依赖交强险无法全面应对交通事故责任风险，特别是在经济水平较高的地区，其相应的死亡赔偿标准也较高，导致三责险足额保单在某些地区如上海、深圳、北京等地的占比较低。因此，建议消费者提升风险防范意识，并根据当地经济状况积极配置第三者责任险。通过实施风险转移策略，不仅能够有效减轻个人风险，还能确保交通事故中的受害人能够通过保险机制获得充分的赔偿。

B.15
2023年全国商业车险风险情况分析报告

陈莉欣　应艳萱*

摘　要： 2023年车险综合改革深入深化，"降价、增保、提质"的积极效应持续释放，各地区商业车险的市场发展情况及赔付风险呈现不同的特征。依托全国车险信息平台的承保和理赔数据，本文选取了5个承保指标和4个理赔指标对全国各地区的商业车险风险情况进行分析，指标包括保费规模、投保率、单均保费、单均保额、平均折扣系数、结案率、案均已结赔款、出险频度、满期赔付率，最终对商业车险的风险变化趋势进行初步研判并提出建议，为引导车险行业健康持续发展提供参考。

关键词： 商业车险　保费　风险

机动车辆商业保险（以下简称"商业车险"）是车险市场的重要组成部分之一，中国银保信基于全国车险信息平台数据[①]连续9年编制全国商业车险风险情况分析报告，旨在为行业商业车险的区域风险情况提供参考依据。本文针对2023年商业车险在全国31个省（自治区、直辖市）和5个计划单列市的总体风险情况进行了分析，从多个指标维度编制了全国商业车险风险情况图。

---

* 陈莉欣，任职于中国银行保险信息技术管理有限公司数据与科技管理部；应艳萱，任职于中国银行保险信息技术管理有限公司业务一部。

① 本文数据未包括摩托车和拖拉机数据，保费统计口径为起保日期在统计期间内的最新含税签单保费。因生产数据处于动态变化中且受统计时点影响较大等，本文数据可能与车险数据分析系统披露的指标数值略有差异。

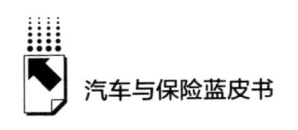

一 总体风险情况

2023年，我国车险市场展现出持续的稳健发展态势，保费增长保持了正向趋势。到2023年12月为止，全国范围内有66家保险总公司通过接入全国车险信息平台进行业务运营，当年承保的机动车辆保险保费总额达到9211亿元，较上年增长了5.4%，这一增长速度与上年同期基本保持一致。

（一）保费规模

2023年，全国范围内商业车险的签单数量总计达到了2.73亿件，这一数字相较于前一年增长了6.1%。同时，商业车险的保费总额达到了6465亿元，同比增长了5.4%。保费总额的分布情况与各地区的经济发展水平和人口密度紧密相关。东部和南部地区的商业车险保费总额尤为可观。其中，江苏和广东的商业车险保费规模均超过600亿元，领跑全国；西藏、青海、宁夏和海南等地区的保费规模相对较小，但增速均超过10%。

与2022年相比，2023年各地区商业车险保费规模的数量级保持稳定。保费规模超过100亿元的地区有23个，其中超过200亿元的地区有11个，与上年持平（见图1）。此外，2023年大部分地区商业车险保费增速保持正增长，其中西藏、上海、青海保费增速排名前三，分别增长了18.5%、17.8%、15.1%。全国各地区中，仅厦门和新疆两个地区保费规模同比下降。

（二）投保率

2023年，全国商业车险投保率（商业车险投保率=商业车险保单件数/交强险保单件数）为86.0%，同比下降0.1个百分点。从图2可以看出，商业车险投保率地区之间差异明显，东南沿海地区的普遍水平显著高于其他区域。具体而言，上海、宁波、浙江以及厦门的商业车险投保率均超过了94%，显示出较高的投保普及度。相比之下，西藏、新疆、黑龙江和青

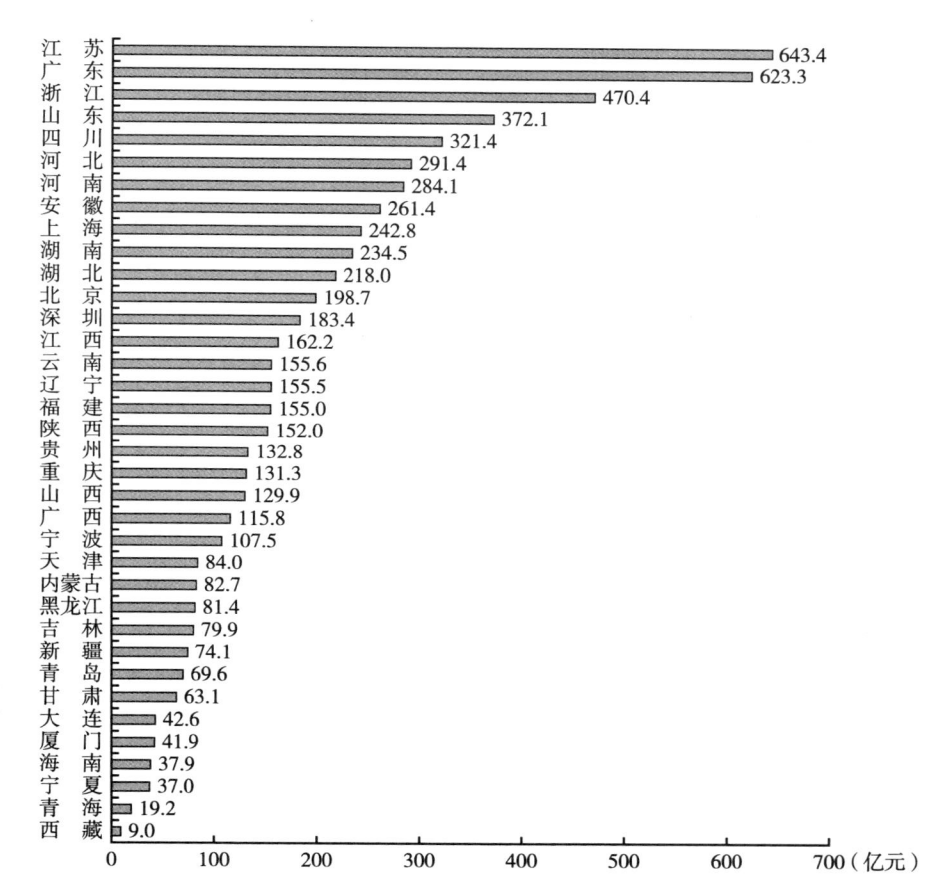

地区	保费（亿元）
江苏	643.4
广东	623.3
浙江	470.4
山东	372.1
四川	321.4
河北	291.4
河南	284.1
安徽	261.4
上海	242.8
湖南	234.5
湖北	218.0
深圳	198.7
江西	183.4
云南	162.2
辽宁	155.6
福建	155.5
陕西	155.0
贵州	152.0
重庆	132.8
山西	131.3
广西	129.9
宁波	115.8
天津	107.5
内蒙古	84.0
黑龙江	82.7
吉林	81.4
新疆	79.9
青岛	74.1
甘肃	69.6
大连	63.1
厦门	42.6
海南	41.9
宁夏	37.9
青海	37.0
西藏	19.2
	9.0

图1 2023年31个省（自治区、直辖市）和5个计划单列市商业车险保费

资料来源：全国车险信息平台。

海等地的商业车险投保率则相对较低，均未达到65%，其中西藏的投保率最低，仅为48.4%，在所有地区中排名最低，但同比提高了2.1个百分点（见表1）。

与2022年相比，2023年全国各地区中有14个地区商业车险投保率同比上升，而22个地区的投保率则略有下降。其中，上海商业车险投保率上升幅度最大，同比提高了14.2个百分点（见表1）；新疆投保率下降幅度最大，同比下降了11.7个百分点。

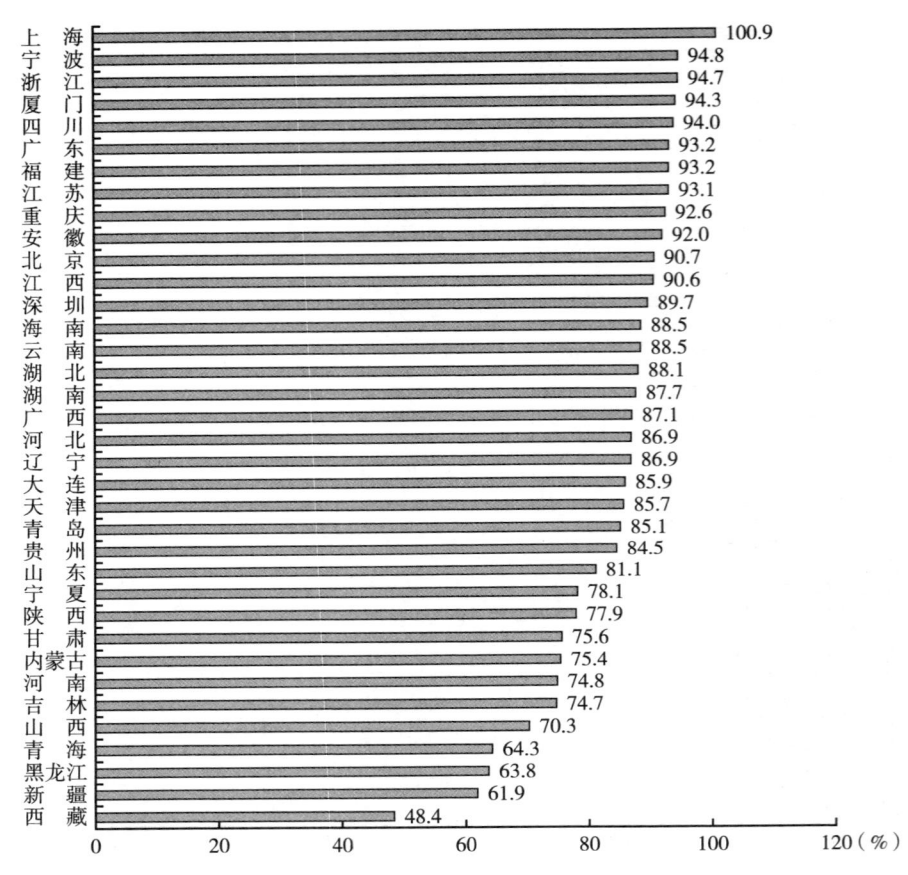

图2　2023年31个省（自治区、直辖市）和5个计划单列市商业车险投保率

地区	商业车险投保率	投保率变动	增幅排名
上海	100.9	14.2	1
湖北	88.1	2.8	2
黑龙江	63.8	2.6	3
西藏	48.4	2.1	4
吉林	74.7	1.1	5

（省略部分省份数据）

省份	投保率(%)
上海	100.9
宁波	94.8
浙江	94.7
厦门	94.3
四川	94.0
广东	93.2
福建	93.2
江苏	93.1
重庆	92.6
安徽	92.0
北京	90.7
江西	90.6
深圳	89.7
海南	88.5
云南	88.5
湖北	88.1
湖南	87.7
广西	87.1
河北	86.9
辽宁	86.9
大连	85.9
天津	85.7
青岛	85.1
贵州	84.5
山东	81.1
陕西	78.1
甘肃	77.9
内蒙古	75.6
河南	75.4
吉林	74.8
山西	74.7
青海	70.3
黑龙江	64.3
新疆	63.8
西藏	61.9
（末项）	48.4

资料来源：全国车险信息平台。

表1　2023年商业车险投保率增幅排名前十的地区

单位：%，个百分点

续表

地区	商业车险投保率	投保率变动	增幅排名
海 南	88.5	1.0	6
内蒙古	75.4	0.8	7
河 北	86.9	0.8	8
山 西	70.3	0.8	9
甘 肃	75.6	0.8	10

资料来源：全国车险信息平台。

（三）单均保费

2023年，全国商业车险单均保费为2368元，相较于上年下降了0.7%。如图3所示，商业车险的平均保费在不同地区之间存在显著差异。具体来看，北、上、深、厦以及宁波和江苏等地区的商业车险单均保费处于较高水平，其中深圳的单均保费最高，达到了4054元；而广西、内蒙古、河北和山东等地区的商业车险单均保费则处于较低水平，其中广西的单均保费最低，仅为1506.7元。

与2022年相比，全国各地区商业车险单均保费呈现出分化趋势，有一半地区商业车险单均保费下降，而另一半地区的单均保费则有所上升。其中，河南、河北、厦门为下降幅度最大的三个地区，较上年同期分别下降了4.9%、3.7%、3.3%。

（四）单均保额

2023年，全国商业车险单均保额为244万元，相较于上年增长了12.6%。从地域角度分析，东南地区的商业车险单均保额普遍偏高，显示出较高的保障水平；而西北地区的商业车险单均保额则普遍偏低，保障程度相对较低。具体来看，福建省的商业车险单均保额位居全国之首，达到了322.7万元；相比之下，内蒙古、大连和海南的商业车险单均保额则处于较

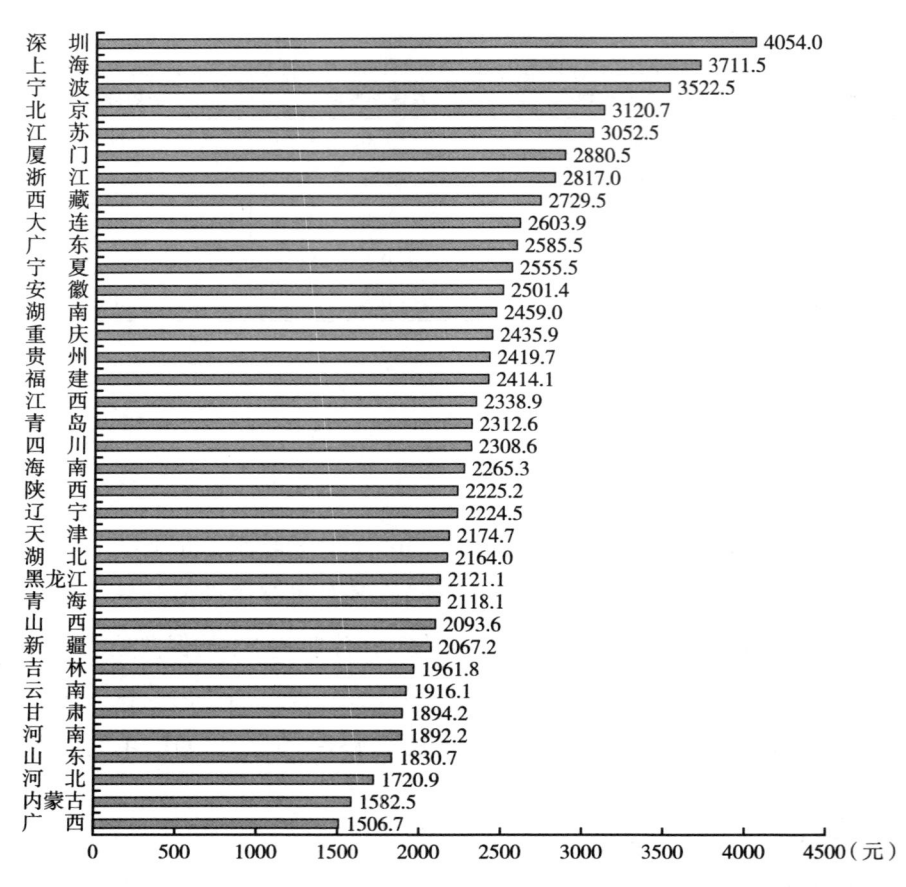

地区	保费(元)
深圳	4054.0
上海	3711.5
宁波	3522.5
北京	3120.7
江苏	3052.5
厦门	2880.5
浙江	2817.0
西藏	2729.5
大连	2603.9
广东	2585.5
宁夏	2555.5
安徽	2501.4
湖南	2459.0
重庆	2435.9
贵州	2419.7
福建	2414.1
江西	2338.9
青岛	2312.6
四川	2308.6
海南	2265.3
陕西	2225.2
辽宁	2224.5
天津	2174.7
湖北	2164.0
黑龙江	2121.1
青海	2118.1
山西	2093.6
新疆	2067.2
吉林	1961.8
云南	1916.1
甘肃	1894.2
河南	1892.2
山东	1830.7
河北	1720.9
内蒙古	1582.5
广西	1506.7

图3　2023年31个省（自治区、直辖市）和5个计划单列市商业车险单均保费

资料来源：全国车险信息平台。

低水平，均为183万多元（见图4）。

与2022年相比，2023年全国各地区商业车险单均保额均实现了不同程度的增长，其中最少增幅为4.9%，北京单均保额增长最为显著，同比增长31.1%。

（五）平均折扣系数

2023年，全国商业车险平均折扣系数①为68.0%，同比下降1.9个百分

---

① 平均折扣系数=起保日期在统计期间内保单的签单保费/基准保费。

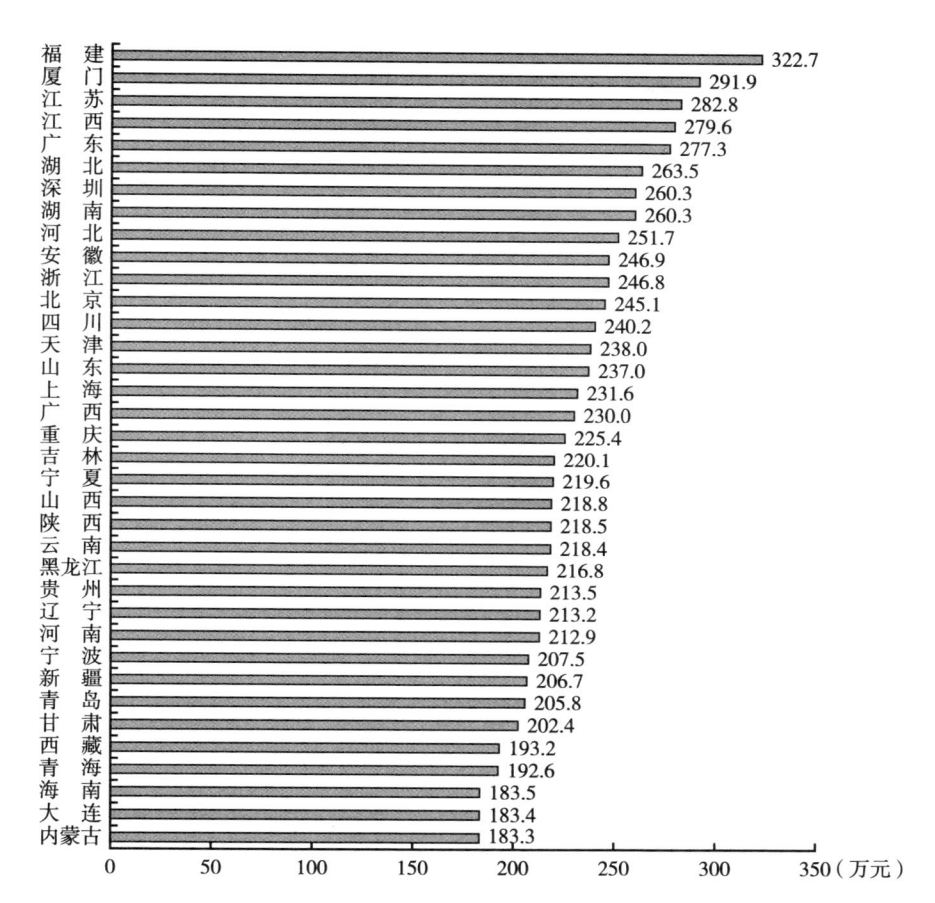

省份	单均保额（万元）
福建	322.7
厦门	291.9
江苏	282.8
江西	279.6
广东	277.3
湖北	263.5
深圳	260.3
湖南	260.3
河北	251.7
安徽	246.9
浙江	246.8
北京	245.1
四川	240.2
天津	238.0
山东	237.0
上海	231.6
广西	230.0
重庆	225.4
吉林	220.1
宁夏	219.6
山西	218.8
陕西	218.5
云南	218.4
黑龙江	216.8
贵州	213.5
辽宁	213.2
河南	212.9
宁波	207.5
新疆	206.7
青岛	205.8
甘肃	202.4
西藏	193.2
青海	192.6
海南	183.5
大连	183.4
内蒙古	183.3

图4　2023年31个省（自治区、直辖市）和5个计划单列市商业车险单均保额

资料来源：全国车险信息平台。

点。从地域分布来看，新疆、上海、海南和湖南的商业车险折扣力度较小，平均折扣系数均在75%以上，其中新疆平均折扣系数最高，为77.1%；河北、北京和云南的商业车险折扣力度较大，平均折扣系数均在63%以下，其中河北平均折扣系数最低，为61.0%（见图5）。

与2022年相比，2023年除了新疆和上海外，全国其他地区的商业车险平均折扣系数均有所下降。其中，河北、河南和江西为下降幅度最大的三个地区，同比降幅均在5个百分点左右。

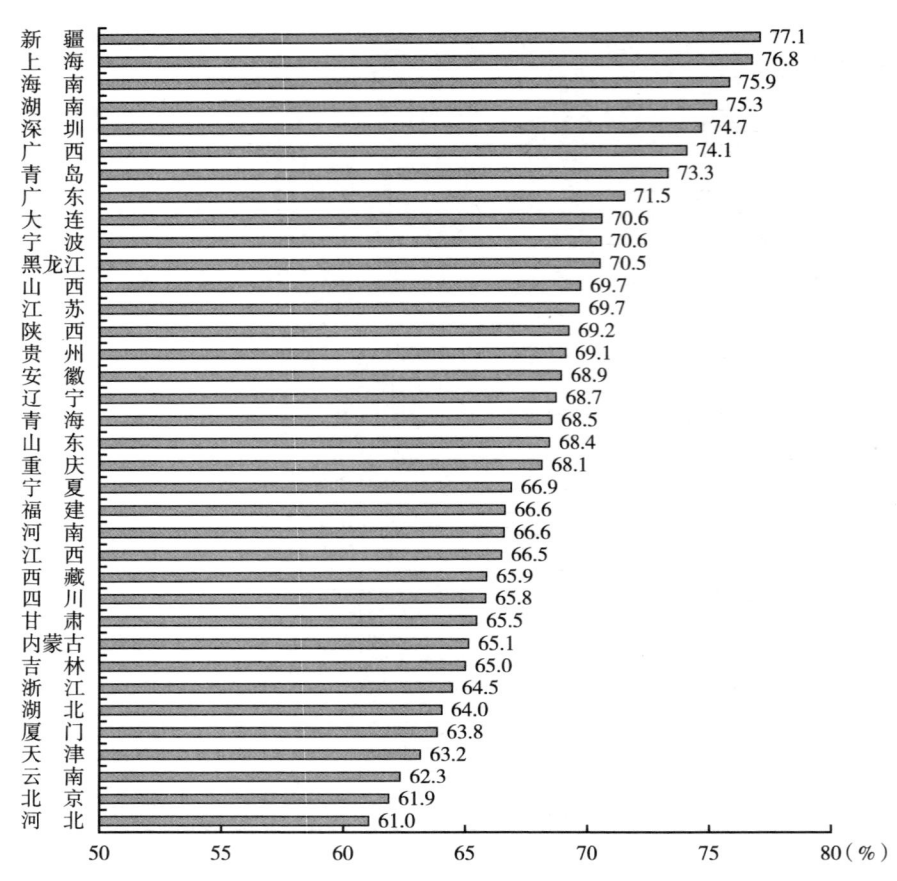

图 5 2023 年 31 个省（自治区、直辖市）和 5 个计划单列市商业车险平均折扣系数

资料来源：全国车险信息平台。

（六）结案率

2023 年，全国商业车险结案率①为 89.0%，同比下降 0.5 个百分点。从地区来看，商业车险结案率的差异并不显著，大部分地区的结案率都集中在 88%~90% 的区间内。西藏、贵州、重庆、四川和云南 5 个地区的商业车险结案率相对较高，均在 91% 以上；北京、天津、河北和上海 4 个地区的商业

---

① 结案率=起保日期在统计期间内保单所对应的已结件数/有效立案件数。

车险结案率相对较低，均在86%以下，其中北京结案率最低，为83.5%（见图6）。

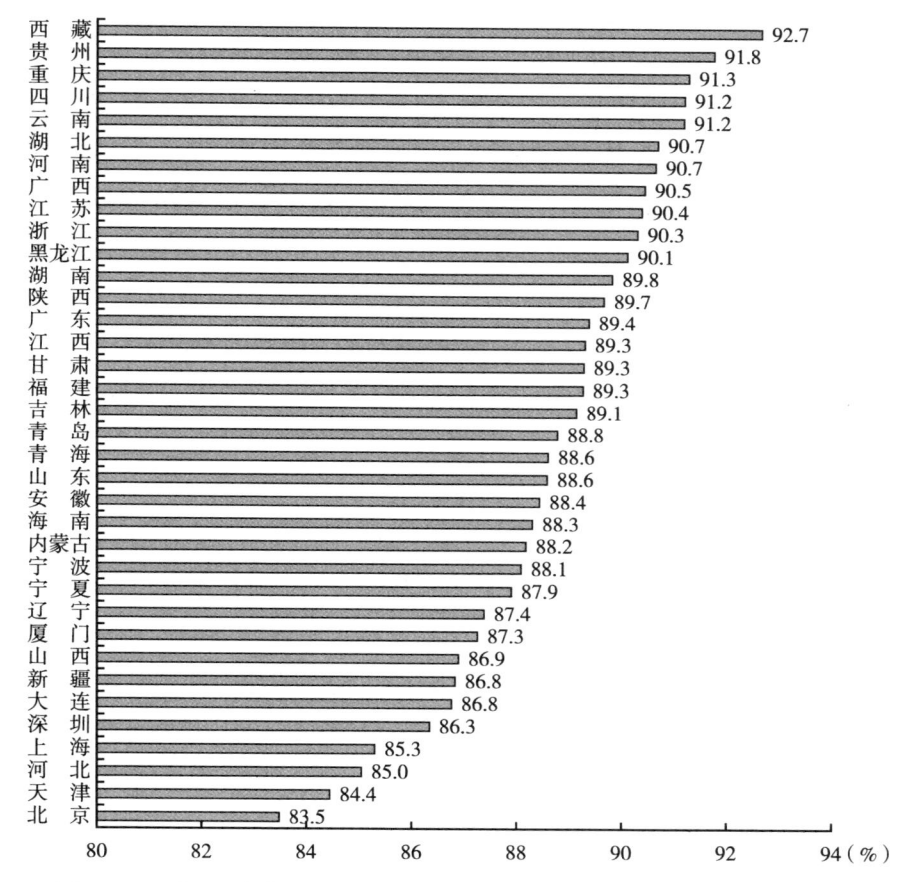

图6 2023年31个省（自治区、直辖市）和5个计划单列市商业车险结案率

资料来源：全国车险信息平台。

与2022年相比，2023年全国大部分地区对于已立案的商业车险赔案的案件处理效率仍有待提升。具体来说，有20个地区的结案率出现了下降，16个地区结案率实现了小幅上升。其中，西藏地区的结案率增长最为显著，同比增长了4.3个百分点；相反，天津地区的结案率下降最为明显，同比下降了5.7个百分点。

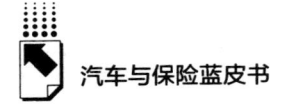

（七）案均已结赔款

2023年，全国商业车险案均已结赔款①为5124元，同比上升2.6%。从地域分布来看，北京、上海、福建、厦门和宁波5个地区的商业车险赔付水平相对较高，案均已结赔款均高于6500元，其中北京案均已结赔款最高，为7929.1元；广西、吉林、新疆和湖北4个地区的商业车险赔付水平相对较低，案均已结赔款均低于4500元，其中广西案均已结赔款最低，为3919.1元（见图7）。

与2022年相比，2023年全国有25个地区的商业车险案均已结赔款呈现不同幅度的上升，其他地区案均已结赔款小幅下降。其中，福建案均已结赔款上升幅度最大，同比上升31.6%；宁波案均已结赔款下降幅度最大，同比下降5.9%。

（八）出险频度

2023年，全国商业车险出险频度②为20.7%，同比增加2.5个百分点。各地区商业车险出险频度存在较大差异，深圳、上海、新疆、宁波和浙江5个地区的商业车险出险频度较高，均在26%以上，其中深圳出险频度为36.9%，比其他地区至少高出近10个百分点；广西和山东的商业车险出险频度较低，均在16%以下，其中广西出险频度最低，为14.9%（见图8）。

与2022年相比，2023年全国各地区商业车险出险频度均呈现上升态势。其中，新疆、西藏和青海的出险频度上升幅度较为明显，同比增幅均超过8个百分点；厦门、广西、云南、湖南和青岛5个地区的出险频度上升幅度较小，同比增幅均不超过1个百分点。

---

① 案均已结赔款=起保日期在统计期间内保单所对应的已结赔款/已结件数。
② 出险频度=起保日期在统计期间内保单所对应的有效立案件数/满期车年。

2023年全国商业车险风险情况分析报告

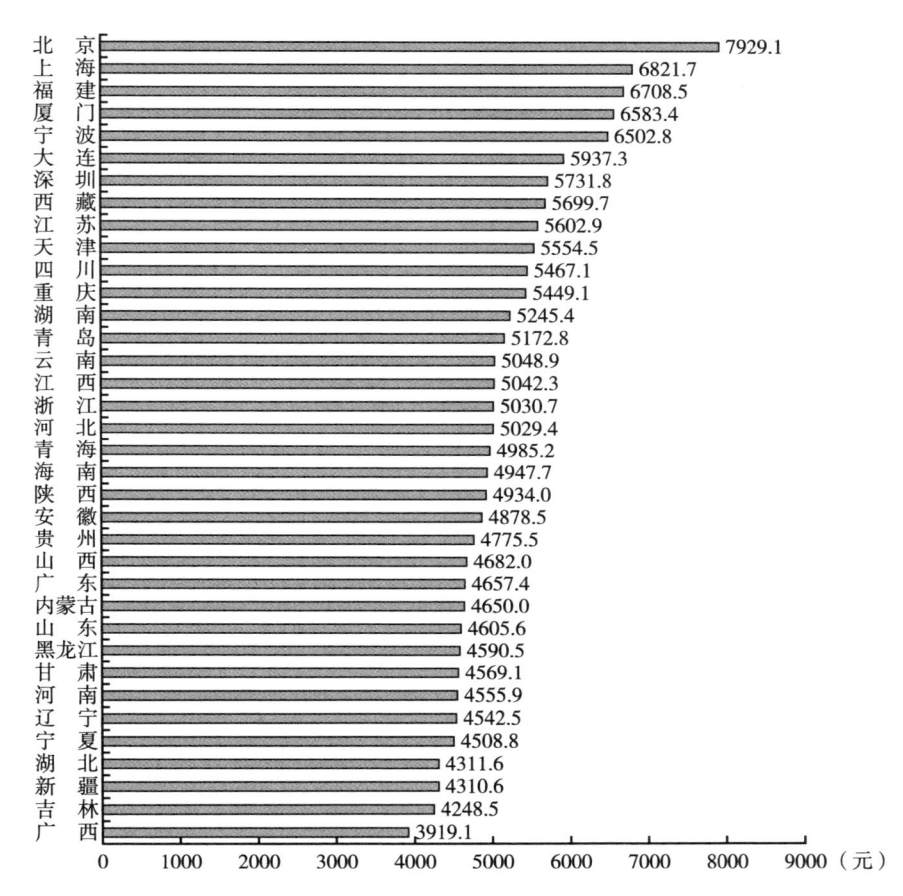

地区	金额(元)
北京	7929.1
上海	6821.7
福建	6708.5
厦门	6583.4
宁波	6502.8
大连	5937.3
深圳	5731.8
西藏	5699.7
江苏	5602.9
天津	5554.5
四川	5467.1
重庆	5449.1
湖南	5245.4
青岛	5172.8
云南	5048.9
江西	5042.3
浙江	5030.7
河北	5029.4
青海	4985.2
海南	4947.7
陕西	4934.0
安徽	4878.5
贵州	4775.5
山西	4682.0
广东	4657.4
内蒙古	4650.0
山东	4605.6
黑龙江	4590.5
甘肃	4569.1
河南	4555.9
辽宁	4542.5
宁夏	4508.8
湖北	4311.6
新疆	4310.6
吉林	4248.5
广西	3919.1

图7 2023年31个省（自治区、直辖市）和5个计划单列市商业车险案均已结赔款

资料来源：全国车险信息平台。

（九）满期赔付率

2023年，全国商业车险满期赔付率[①]为53.0%，同比增加7.2个百分点。从地域分布来看，新疆、内蒙古、福建和青海4个地区的商业车险满期赔付水平相对较高，满期赔付率均在60%以上，新疆地区的满期赔付率尤

---

① 满期赔付率＝起保日期在统计期间内保单所对应的已结赔款与未决赔款之和/满期保费。因各公司上传至全国车险信息平台的未决赔款数据未实时更新，该数据仅供参考。

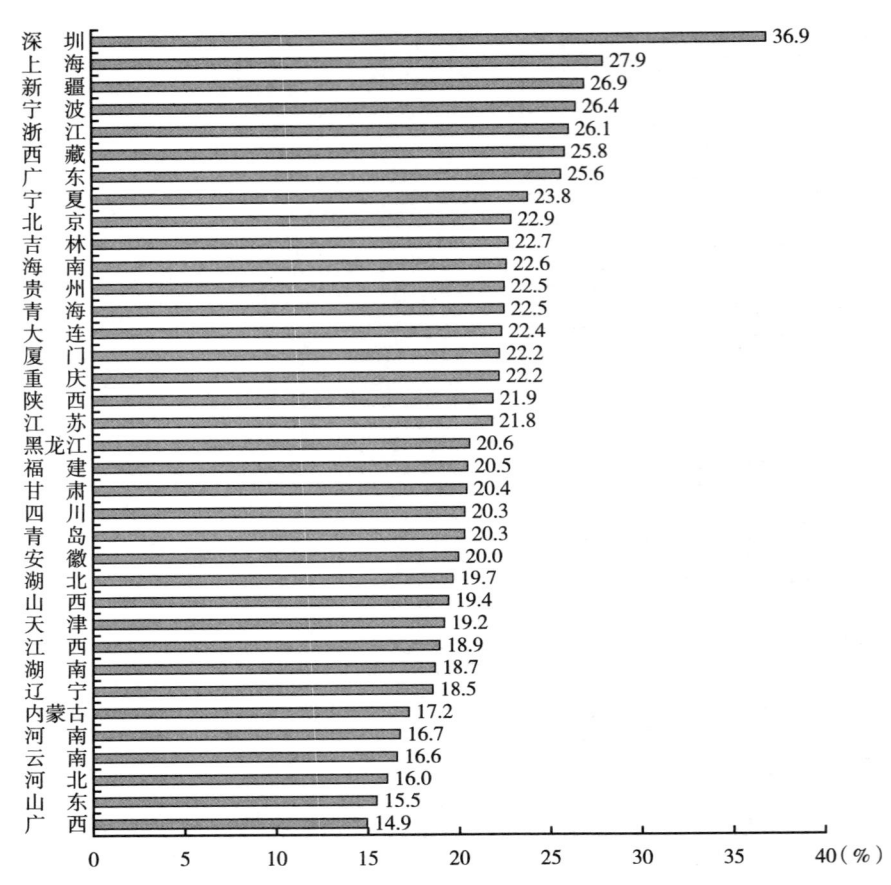

图 8　2023年31个省（自治区、直辖市）和5个计划单列市商业车险出险频度

资料来源：全国车险信息平台。

地区	出险频度(%)
深圳	36.9
上海	27.9
新疆	26.9
宁波	26.4
浙江	26.1
西藏	25.8
广东	25.6
宁夏	23.8
北京	22.9
吉林	22.7
海南	22.6
贵州	22.5
青海	22.5
大连	22.4
厦门	22.2
重庆	22.2
陕西	21.9
江苏	21.8
黑龙江	20.6
福建	20.5
甘肃	20.4
四川	20.3
青岛	20.3
安徽	20.0
湖北	19.7
山西	19.4
天津	19.2
江西	18.9
湖南	18.7
辽宁	18.5
内蒙古	17.2
河南	16.7
云南	16.6
河北	16.0
山东	15.5
广西	14.9

为突出，达到了68.7%。相比之下，江苏、广西、湖南、辽宁等七个地区的商业车险赔付水平则较低，其满期赔付率均未达到50%，其中江苏地区的满期赔付率最低，仅为47.1%（见图9）。

与2022年相比，2023年全国各地区除宁波略有下降外，其他地区商业车险满期赔付率均有所上升。其中，新疆、青海和西藏上升幅度排名前三，同比增幅均超过20个百分点；厦门和广西上升幅度较小，同比增幅均不超过2个百分点。

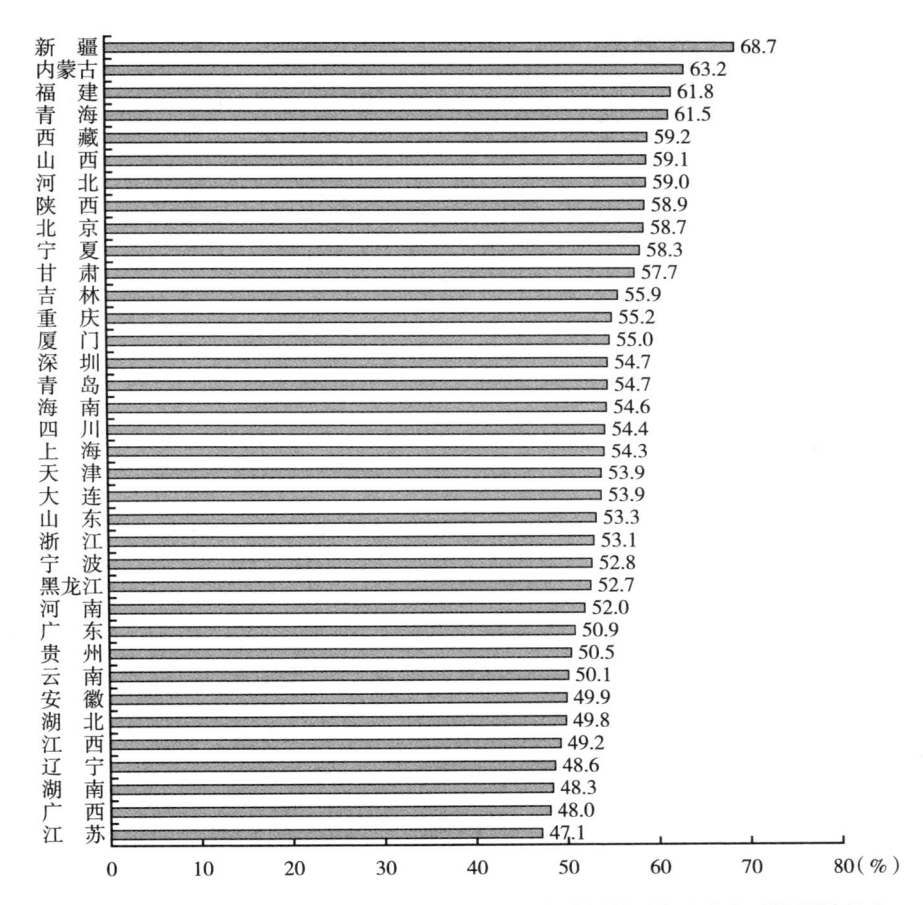

省份	赔付率(%)
新疆	68.7
内蒙古	63.2
福建	61.8
青海	61.5
西藏	59.2
山西	59.1
河北	59.0
陕西	58.9
北京	58.7
宁夏	58.3
甘肃	57.7
吉林	55.9
重庆	55.2
厦门	55.0
深圳	54.7
青岛	54.7
海南	54.6
四川	54.4
上海	54.3
天津	53.9
大连	53.9
山东	53.3
浙江	53.1
宁波	52.8
黑龙江	52.7
河南	52.0
广东	50.9
贵州	50.5
云南	50.1
安徽	49.9
湖北	49.8
江西	49.2
辽宁	48.6
湖南	48.3
广西	48.0
江苏	47.1

图9 2023年31个省（自治区、直辖市）和5个计划单列市商业车险满期赔付率

资料来源：全国车险信息平台。

二 有关分析和启示

2023年，车险综合改革持续深化，商业车险自主定价系数浮动范围由[0.65，1.35]扩大至[0.5，1.5]，全国商业车险平均折扣系数下降，单均保费呈现出微降态势，但单均保额进一步提高至244万元。车险改革"降费、增保、提质"的积极效应持续释放，消费者进一步受益，车险的风

险保障程度进一步提升。

在投保率方面,商业车险整体保持稳定的发展态势,但地区间发展不均衡现象依旧突出,特别是西藏、新疆、黑龙江、青海等商业车险投保率相对较低的地区,需要地方监管部门、地方行业协会和保险主体给予更多的关注,制定并实施针对性措施,切实发挥商业车险的风险保障价值。同时,保险公司也应不断提升车险保障水平,帮助消费者制定合理投保方案,以满足不同地区消费者对车险的多样化需求,提高区域车险保障程度。

从理赔指标来看,2023年承保的商业车险保单受案均已结赔款上升和疫情后车辆出行全面恢复常态导致出险频度上升的双重影响,满期赔付率同比增加7.2个百分点至53.0%。保险公司应持续提升风险定价能力和精细管理能力,降本增效,持续改善经营,推动车险行业健康发展。

随着新能源汽车的高速发展和车险综合改革的深入推进,新能源汽车保险渗透率持续上升,车险市场正面临新的机遇和挑战。市场竞争日趋激烈,消费者对车险需求的多样化也日益明显,商业车险市场呈现出更加灵活和个性化的定价趋势。保险公司应加强风险管理,注重产品创新和服务提升,以响应市场的快速变化。

下一步,中国银保信将继续做好商业车险市场基本面数据共享工作,更好地为行业提供数据服务。

B.16
2023年新能源汽车保险市场业务情况分析报告

陈莉欣 刘 彬*

摘 要： 随着新能源汽车日益普及，新能源汽车保险市场规模持续扩大，新能源汽车保险在车险业务中的占比稳步增长。2023年作为新能源汽车专属保险实施后的第二年，新能源汽车保险市场展现出更为显著的发展特点。本文从承保和理赔两个方面，分别分析了不同细分维度下新能源汽车商业险的经营情况和风险特征，同时与传统汽车商业险进行了比较。

关键词： 新能源汽车 商业车险 承保 理赔

一 承保情况分析

2023年，全国新能源汽车商业险[①]签单保费[②]770.27亿元，同比增长59.14%；保费贡献度[③]为11.87%，同比提高4.00个百分点。从各月趋势看，新能源汽车商业险签单保费保持高速增长，保费贡献度整体呈现稳步上升的态势，12月达14.46%（见图1）。

---

* 陈莉欣，任职于中国银行保险信息技术管理有限公司数据与科技管理部；刘彬，中国银行保险信息技术管理有限公司业务一部保险精算与数字化监管服务处经理，中国精算师，研究方向为精算分析与保险科技。
① 本报告中新能源汽车数据仅统计以2021年12月14日中国保险行业协会发布的《新能源汽车商业保险专属条款（试行）》为标识的新能源汽车商业险数据，其余数据归为传统汽车。
② 签单保费按保单起保口径的含税保费统计。
③ 保费贡献度为新能源汽车商业险签单保费占全国商业车险签单保费的比例。

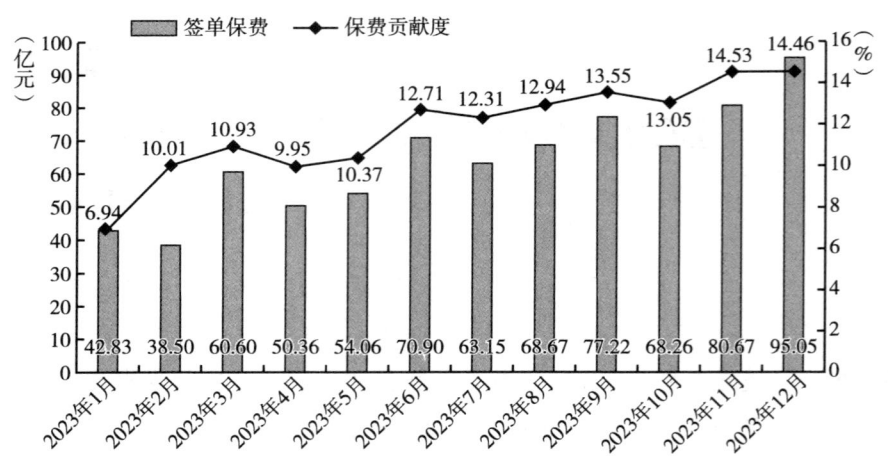

图 1　2023 年各月新能源汽车商业险签单保费及保费贡献度

资料来源：全国车险信息平台。

（一）地区承保情况分析

2023 年，新能源汽车商业险签单保费超过 50 亿元的地区有 5 个，分别为广东、江苏、浙江、上海和深圳；签单保费在 20 亿元至 50 亿元之间的地区有 8 个，该区间签单保费排名前三的地区为四川、河南和北京；其他地区签单保费少于 20 亿元。

从保费增速来看，2023 年 31 个省（自治区、直辖市）和 5 个计划单列市新能源汽车商业险保费均实现同比不低于 25% 的增长，其中西藏保费增速最高，同比增长 194.48%；厦门保费增速最小，同比增长 26.66%（见图 2）。

折扣率方面，2023 年新能源汽车商业险平均折扣率为 94.2%，同比下降 2.1 个百分点，高于传统汽车 28.6 个百分点。从各地区来看，广东折扣力度最小，折扣率为 108.1%；北京折扣力度最大，折扣率为 76.1%（见图 3）。

（二）公司承保情况分析

2023 年，新能源汽车商业险保费规模在百亿元以上的公司有 3 家，分别为人保财险、平安财险和太平洋财险。从市场集中度来看，人保财险、平

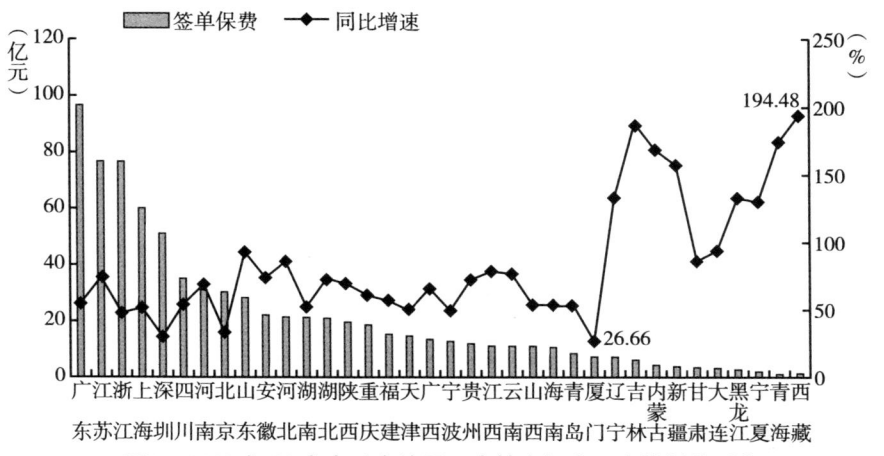

图 2 2023 年 31 个省（自治区、直辖市）和 5 个计划单列市新能源汽车商业险签单保费及保费贡献度

资料来源：全国车险信息平台。

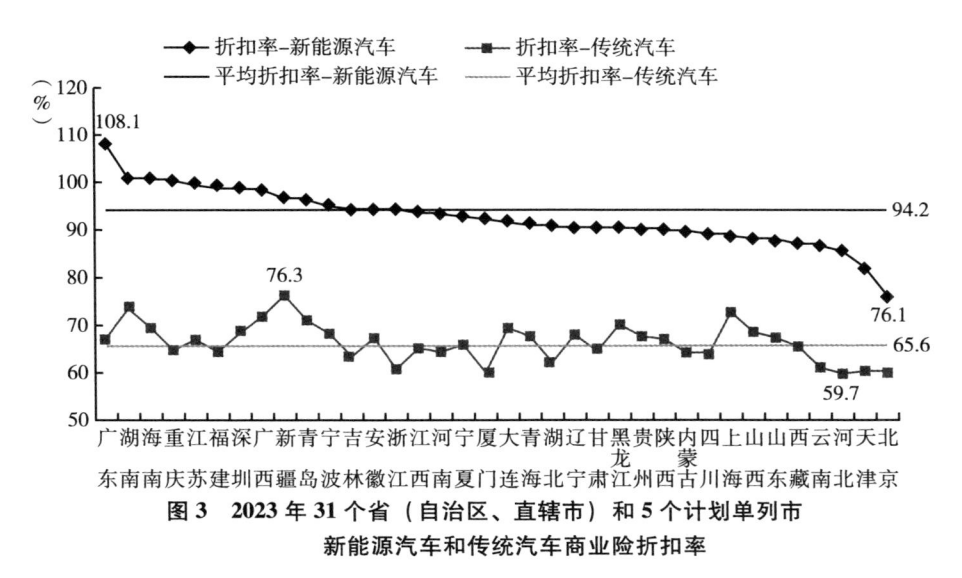

图 3 2023 年 31 个省（自治区、直辖市）和 5 个计划单列市新能源汽车和传统汽车商业险折扣率

资料来源：全国车险信息平台。

安财险和太平洋财险的新能源汽车商业险保费规模排名前三，市场份额合计为 73.40%；保费规模前五名的保险公司市场份额合计为 83.01%；保费规模前十名的保险公司市场份额合计为 92.46%（见图 4）。

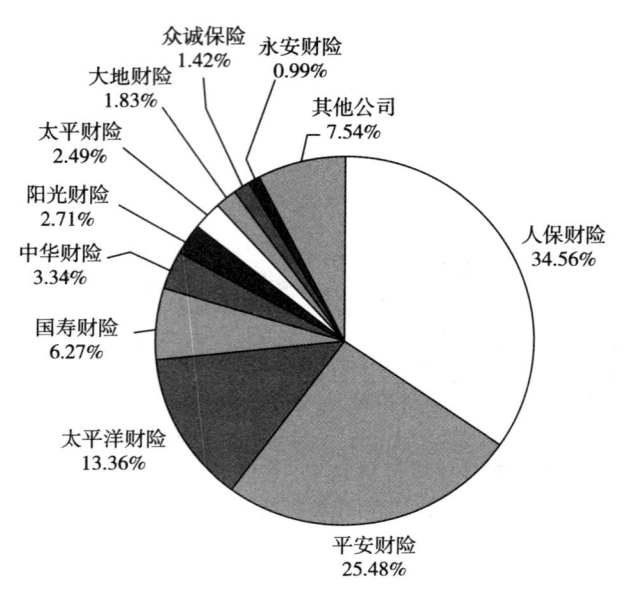

众诚保险 1.42%
永安财险 0.99%
大地财险 1.83%
其他公司 7.54%
太平财险 2.49%
阳光财险 2.71%
中华财险 3.34%
人保财险 34.56%
国寿财险 6.27%
太平洋财险 13.36%
平安财险 25.48%

图 4　2023 年各公司新能源汽车商业险市场份额

资料来源：全国车险信息平台。

（三）业务渠道承保情况分析

2023 年，代理业务渠道①是新能源汽车商业险业务的主要业务渠道来源，保费占新能源汽车商业险总签单保费的 78.74%，同比提高 1.00 个百分点。从各渠道的保费增速来看，专业代理渠道的保费增速最快，同比增长 79.88%；兼业代理渠道的保费增速最小，同比增长 26.34%（见图 5）。

（四）车辆细分种类承保情况分析

2023 年，家庭自用车为新能源汽车商业险业务中保费占比最高的车辆种类，保费占比 62.27%，同比提高 3.70 个百分点。从各车辆种类的保费增速来看，家庭自用车的保费增速最快，同比增长 69.06%；营业客车的保费增速最慢，同比增长 38.02%（见图 6）。

---

① 代理业务渠道包括专业代理、个人代理、兼业代理。

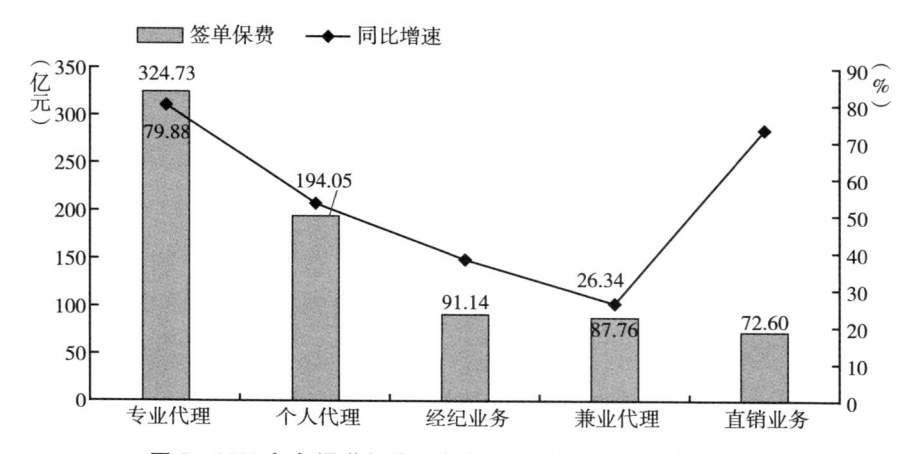

图5　2023年各渠道新能源汽车商业险签单保费及增速对比

资料来源：全国车险信息平台。

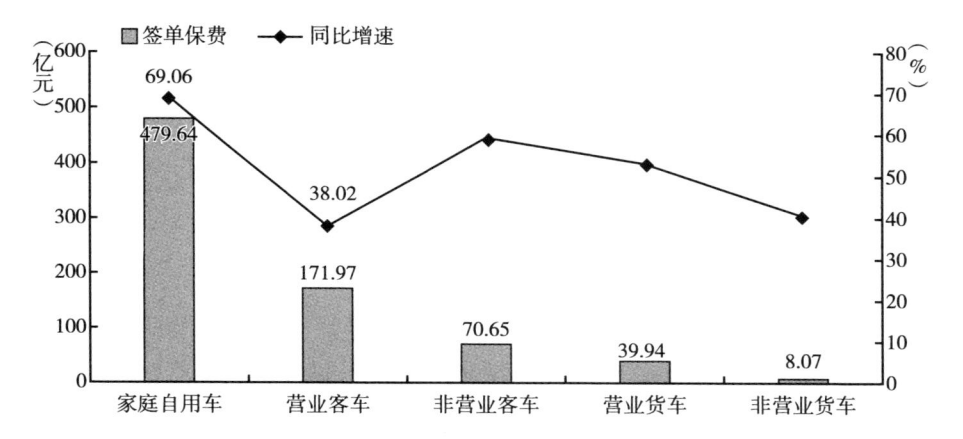

图6　2023年各车辆细分种类新能源汽车商业险签单保费及增速对比

资料来源：全国车险信息平台。

二　理赔情况分析

2023年，新能源汽车商业险案均赔款5862元，出险率34.2%。从各月趋势看，新能源汽车商业险案均赔款整体呈现小幅上升的趋势，而出险率整体呈现波动下降的趋势。与传统汽车相比，2023年新能源汽车商业险出险率高于传统汽车，案均赔款则低于传统汽车，这两个指标在新能源汽车和传统汽车之间的差异均趋于平稳（见图7）。

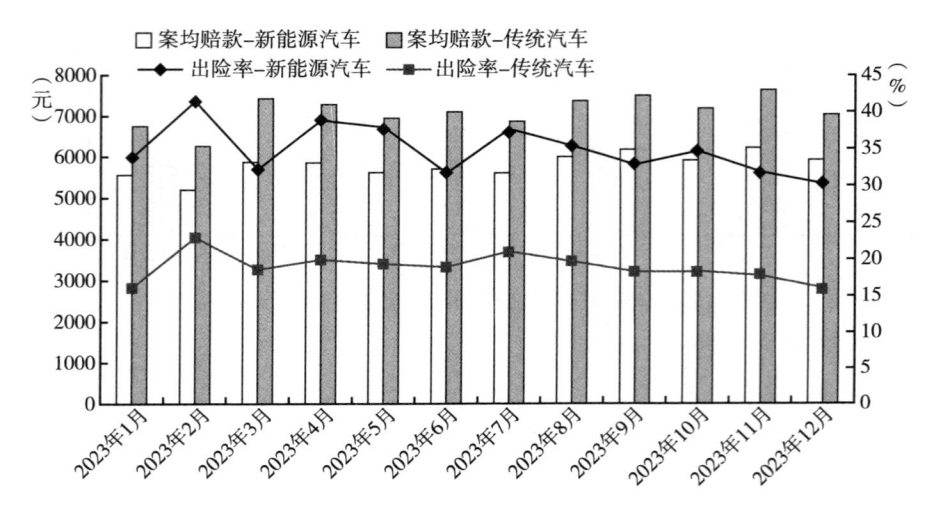

图7　2023年各月新能源汽车和传统汽车商业险案均赔款及出险率

资料来源：全国车险信息平台。

（一）地区理赔情况分析

2023年，北京、大连、福建等6个地区新能源汽车商业险案均赔款较高，均在7000元以上，其中北京案均赔款最高，为7944元；广西、河南、湖北和山东案均赔款较低，均在5000元以下，其中广西案均赔款最低，为3843元。与传统汽车相比，2023年全国各地区新能源汽车商业险案均赔款均低于传统汽车，其中大连、四川和海南新能源汽车商业险案均赔款与传统汽车的差异相对较小，差异率低于2%。

从出险率来看，2023年全国各地区新能源汽车商业险出险率均高于传统汽车，其中深圳出险率最高，为47.4%；山东出险率最低，为22.1%（见图8）。

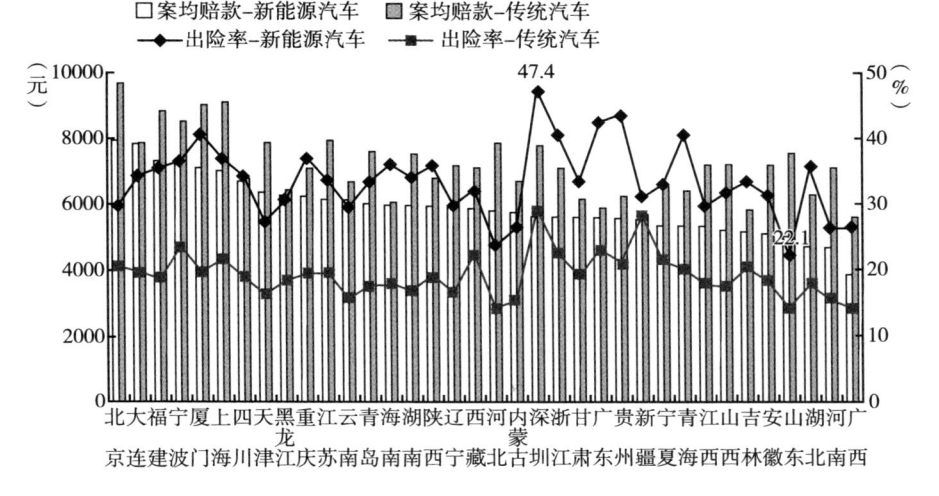

图 8　2023 年 31 个省（自治区、直辖市）和 5 个计划单列市新能源汽车商业险案均赔款及出险率

资料来源：全国车险信息平台。

（二）业务渠道理赔情况分析

2023 年，经纪业务渠道新能源汽车商业险案均赔款最高，为 6538 元；个人代理渠道案均赔款最低，为 5470 元。与传统汽车相比，代理业务渠道在新能源汽车商业险案均赔款与传统汽车的差异上，较其他业务渠道显著。

从出险率来看，2023 年经纪业务渠道新能源汽车商业险出险率最高，为 38.4%，与传统汽车商业险出险率相差最多，高于传统汽车约 20 个百分点；其他业务渠道的新能源汽车商业险出险率与传统汽车之间的差异均在 15 个百分点左右（见图 9）。

（三）车辆细分种类理赔情况分析

2023 年，非营业客车新能源汽车商业险案均赔款最高，为 7179 元；非营业货车案均赔款最低，为 5026 元。与传统汽车相比，营业货车新能源汽车商业险案均赔款与传统汽车的差异最大，较传统汽车商业险案均赔款

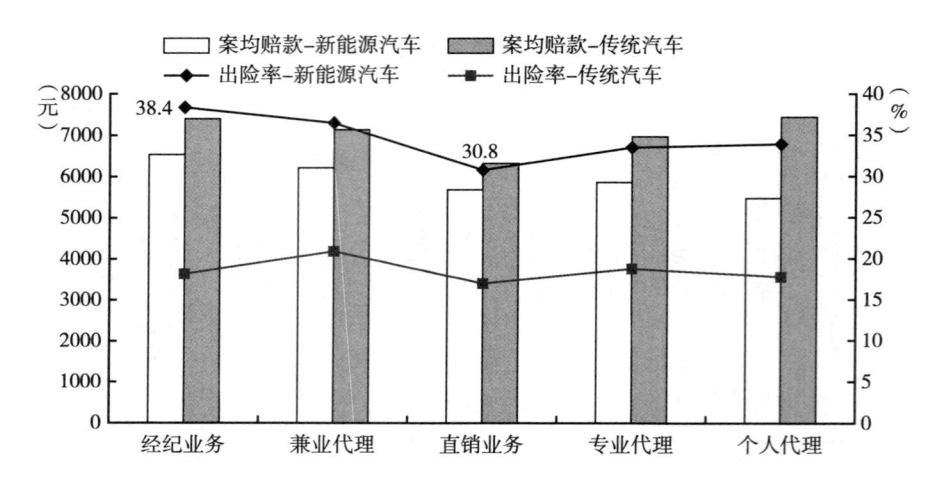

图9　2023年各渠道新能源汽车和传统汽车商业险案均赔款及出险率

资料来源：全国车险信息平台。

低61.4%。

从出险率来看，营业货车新能源汽车商业险出险率最高，为56.5%，货车新能源汽车商业险出险率明显高于传统汽车（见图10）。

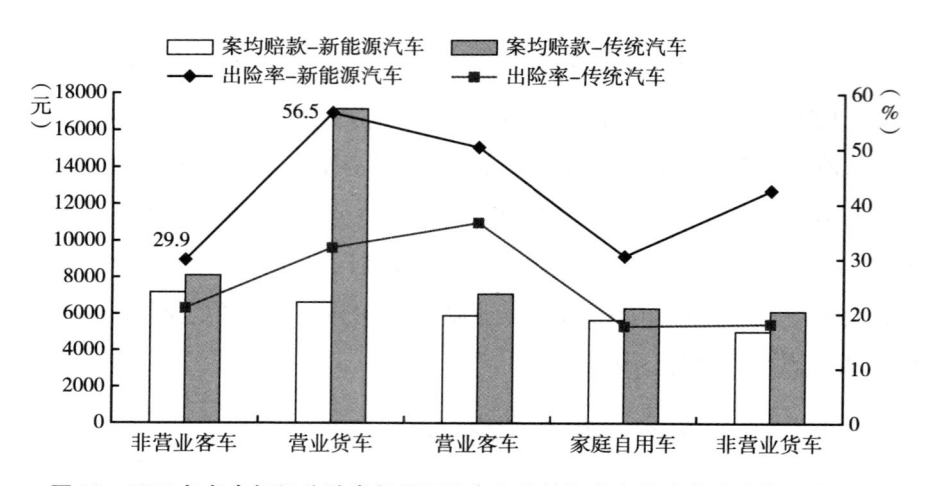

图10　2023年各车辆细分种类新能源汽车和传统汽车商业险案均赔款及出险率

资料来源：全国车险信息平台。

B.17
2023年家庭自用车车险市场业务情况分析报告

聂颖 陈珮*

摘　要： 家庭自用车车险市场是车险市场非常重要的分类，保费规模占比达70%左右。本文基于中国银保信全国车险平台2023年数据，从险种、地区、公司、渠道四个维度分析了家庭自用车市场承保情况，从险种、地区两个角度分析了家庭自用车市场理赔情况和折扣率情况。2023年，我国家庭自用车车险保费规模为6517亿元，同比增长6.38%，已结赔款累计3781亿元，同比增长15.85%。分地区来看，广东、江苏、浙江三个省份的保费规模居全国前三，宁波、北京、福建的案均赔款居全国前三；分公司来看，人保财险、平安财险、太平洋财险保费收入均超500亿元，市场份额合计达72.8%。分析发现，家庭自用车车险市场与地区经济发展程度高度正相关，经济越发达的地区，家庭自用车保费规模越大、案均赔款越高。家庭自用车车险市场集中度较高，且具有一定规模效应，人保财险、平安财险和太平洋财险等头部财险公司在车险定价和风险管理方面更具有优势。

关键词： 家庭自用车　承保　理赔　折扣率

---

* 聂颖，任职于中国银行保险信息技术管理有限公司数据与科技管理部；陈珮，任职于中国银行保险信息技术管理有限公司业务五部。

一 承保情况分析

(一)险种承保情况分析

2023年,家庭自用车车险保费规模[①]为6517亿元,同比增长6.38%。其中,交强险签单保费1964.73亿元,同比增长5.88%;商业险签单保费4552.27亿元,同比增长6.60%(见图1)。

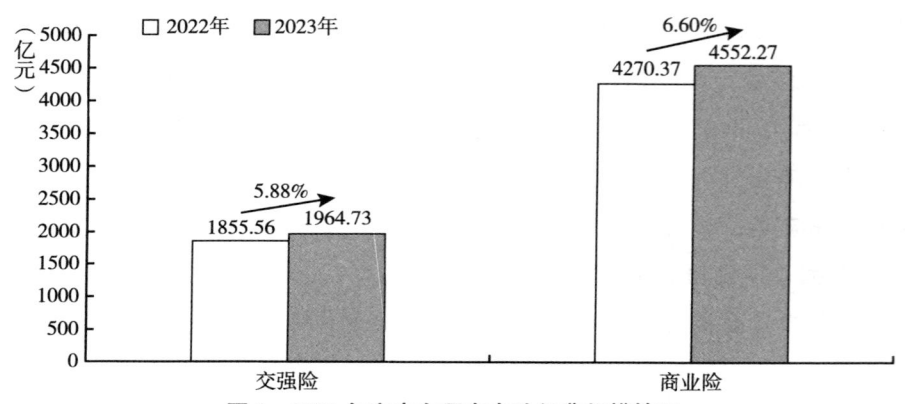

图1 2023年家庭自用车车险保费规模情况

资料来源:全国车险信息平台。

(二)地区承保情况分析

从地域分布的角度分析,2023年家庭自用车车险保费超过300亿元的地区包括广东、江苏、浙江、山东、河南和四川,共计6个省份。保费规模介于200亿元至300亿元之间的地区有河北、湖南、安徽、湖北和上海,共5个。保费规模在100亿元至200亿元之间的地区则有北京、江西、辽宁、云南、福建、陕西、深圳、贵州、重庆、广西和山西,共计11个。其余地区的家庭自用车保费均低于100亿元。在增速方面,西藏的家庭自用车签单保费增长最为

---

① 签单保费统计口径为起保日期在统计期间内的最新含税保费。

显著，增长率达到了 21.4%，而新疆的签单保费则出现了最大幅度的下降，同比下降了 1.4%（见图 2）。

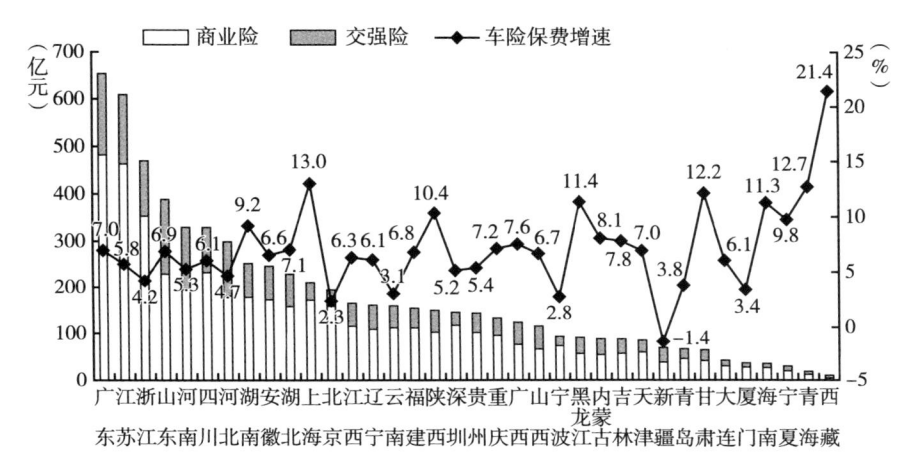

图 2 2023 年 31 个省（自治区、直辖市）和 5 个计划单列市家庭自用车签单保费情况

资料来源：全国车险信息平台。

（三）公司承保情况分析

从保险公司角度分析，2023 年在全国范围内经营车险业务的财产保险公司中，家庭自用车签单保费超过 500 亿元的公司共有 3 家，即人保财险、平安财险和太平洋财险；签单保费（200，500］亿元的有国寿财险 1 家；签单保费（100，200］亿元的公司有 4 家，包括阳光财险、大地财险、中华财险和太平财险；其余公司的签单保费均低于 100 亿元。值得注意的是，前 10 家公司的同比增速均为正值。

在市场集中度的分析中，2023 年人保财险、平安财险和太平洋财险这三家公司在家庭自用车保费规模中的市场份额合计达到了 72.8%，相较于上年度，这一比例下降了 0.36 个百分点。同时，保费规模排名前五的保险公司合计占据了 82.2% 的市场份额，与上年相比，这一比例减少了 0.30 个百分点。此外，保费规模排名前十的保险公司合计市场份额为 91.1%，较上一年度减少了 0.33 个百分点（见图 3）。

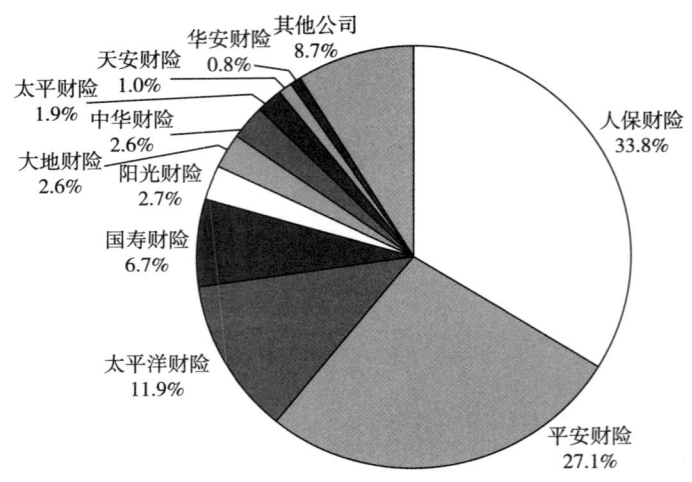

华安财险 0.8%
其他公司 8.7%
天安财险 1.0%
太平财险 1.9%
中华财险 2.6%
大地财险 2.6%
阳光财险 2.7%
国寿财险 6.7%
太平洋财险 11.9%
平安财险 27.1%
人保财险 33.8%

图3　2023年各财险公司家庭自用车车险市场份额情况

资料来源：全国车险信息平台。

（四）业务渠道承保情况分析

2023年，家庭自用车车险业务的主要渠道——专业代理、个人代理和兼业代理，签单保费均超过1000亿元，这三个渠道的总占比达到了86.15%（见图4）。

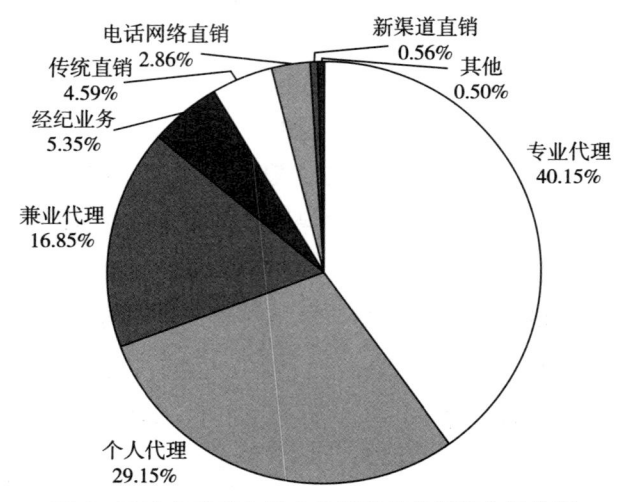

电话网络直销 2.86%
传统直销 4.59%
经纪业务 5.35%
兼业代理 16.85%
个人代理 29.15%
专业代理 40.15%
新渠道直销 0.56%
其他 0.50%

图4　2023年家庭自用车各渠道签单保费市场份额

资料来源：全国车险信息平台。

二 理赔情况分析

（一）车险理赔情况

2023年，家庭自用车车险已结赔款累计3780.83亿元，同比增长15.85%。家庭自用车案均赔款①7016元，同比增长1.49%（见图5）。

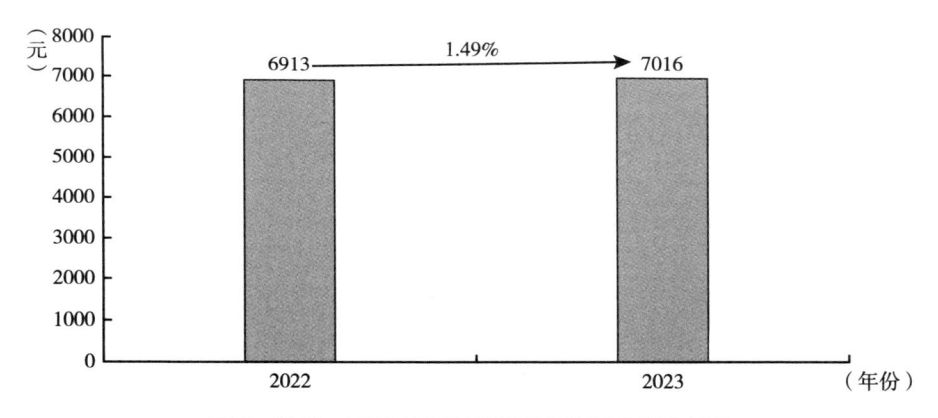

图5 2022、2023年家庭自用车车险案均赔款情况

资料来源：全国车险信息平台。

2023年，宁波家庭自用车车险案均赔款最高，为9039元；新疆案均赔款最低，为4532元（见图6）。

（二）交强险理赔情况

2023年，家庭自用车辆的交强险累计已结赔款达到了1196.68亿元，这一数据相较上年增长了15.58%。与此同时，家庭自用车辆的交强险案均赔款为4692元，较之上年下降了2.80%（见图7）。

2023年，江苏家庭自用车交强险案均赔款最高，为6214元（见图8）。

---

① 本分析报告中案均赔款为剔除注销、拒赔和零赔付的案均赔款。

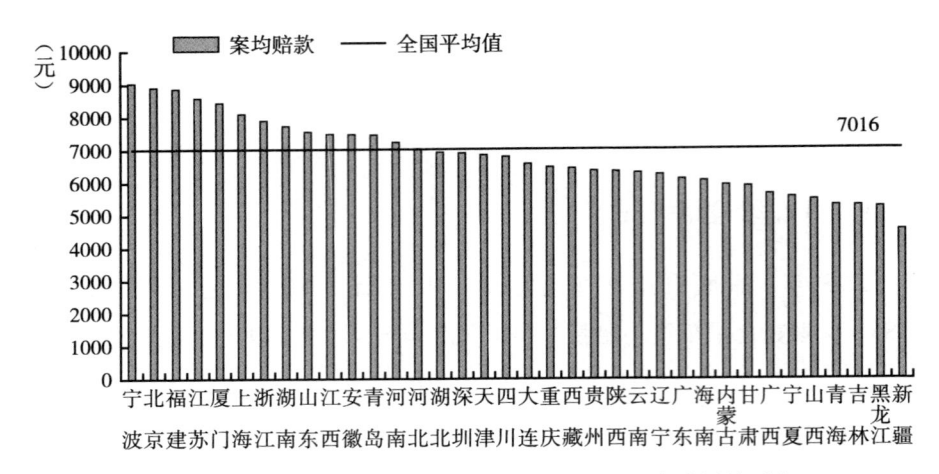

图6　2023年31个省（自治区、直辖市）和5个计划单列市家庭自用车车险案均赔款情况

资料来源：全国车险信息平台。

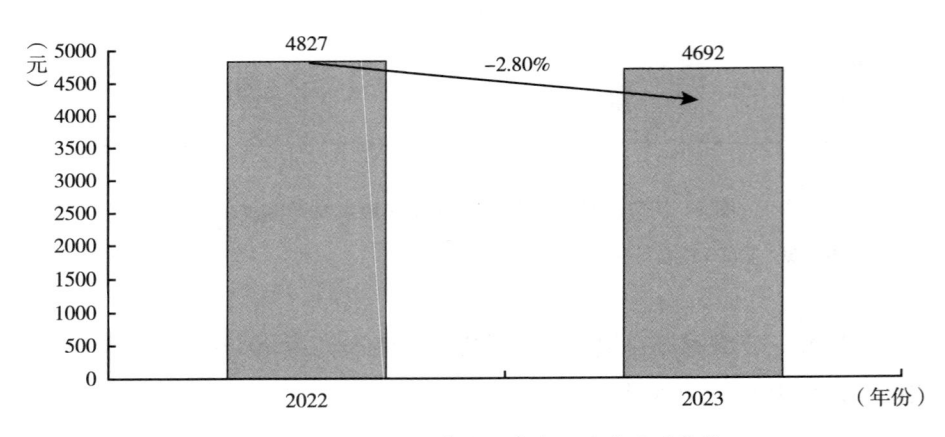

图7　2022、2023年家庭自用车交强险案均赔款情况

资料来源：全国车险信息平台。

（三）商业险理赔情况

2023年，家庭自用车商业险的已结赔款总额达到了2584.14亿元，这一数据相较上年增长了15.97%。同时，家庭自用车商业险的案均赔款为9104元，同比增长了5.24%（见图9）。

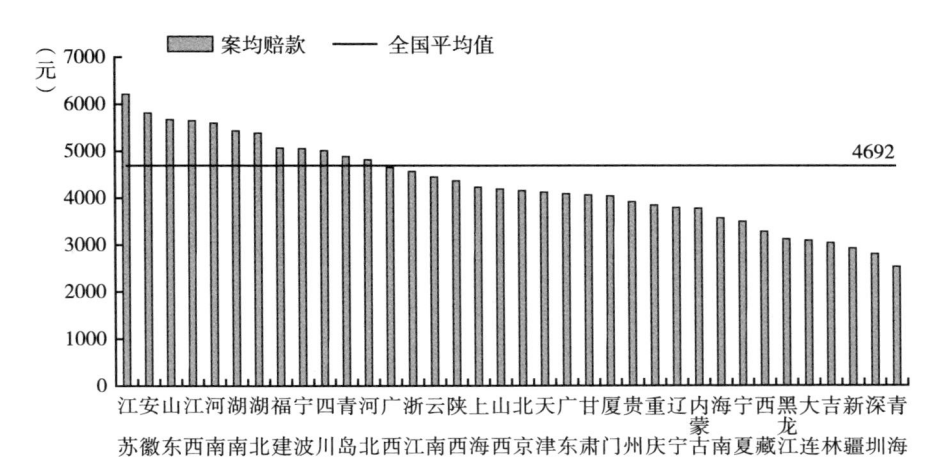

图8　2023年31个省（自治区、直辖市）和5个计划单列市家庭自用车交强险案均赔款情况

资料来源：全国车险信息平台。

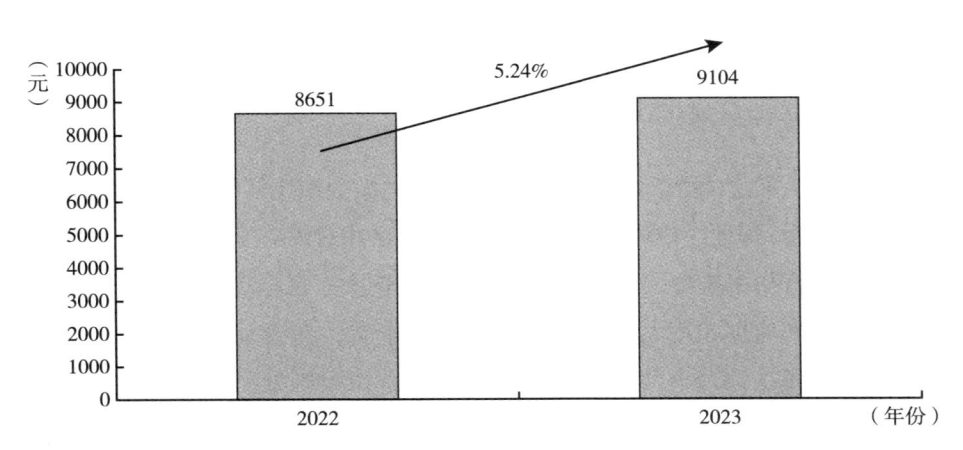

图9　2022、2023年家庭自用车商业险案均赔款情况

资料来源：全国车险信息平台。

2023年，宁波家庭自用车商业险案均赔款最高，为13534元（见图10）。

```
案均赔款 —— 全国平均值
```

图10 2023年31个省（自治区、直辖市）和5个计划单列市家庭自用车商业险案均赔款情况

资料来源：全国车险信息平台。

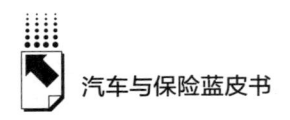

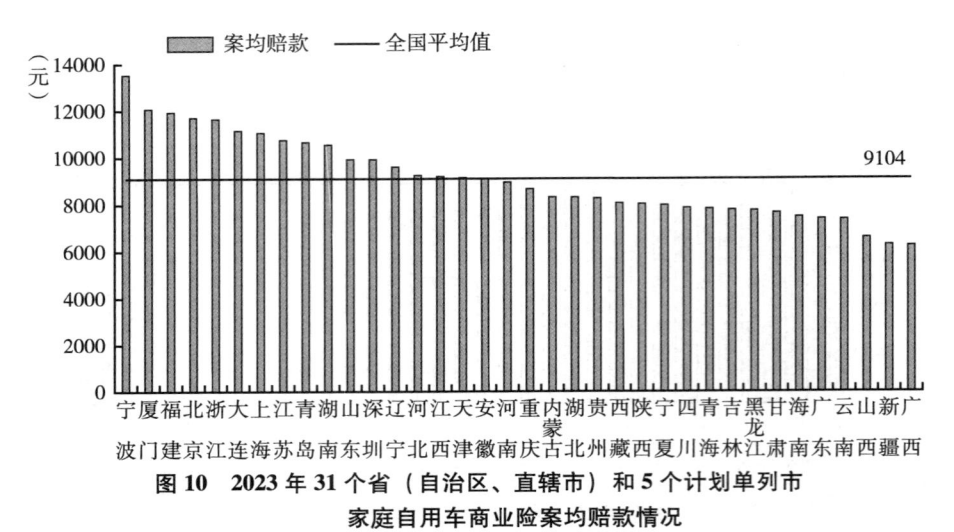

三　区域情况分析

（一）车险区域情况分析

2023年，家庭自用车车险业务签单保费的地域分布比较集中，东部地区广东、江苏、浙江等地区相对较多，西部和北部地区相对较少（见图11）。

从平均折扣率来看，折扣率①的地区差异较大。在全国范围内，家庭自用车的车险平均折扣率达到了67.8%。具体来看，新疆地区的平均折扣率位居首位，高达75.5%，而云南地区的平均折扣率则处于最低水平，仅为61.4%（见图12）。

（二）交强险区域情况分析

2023年，家庭自用车交强险业务签单保费的地域分布比较集中，广东、山东和江苏等地区相对较多（见图13）。

---

① 本文中折扣率为剔除短期单的折扣率。

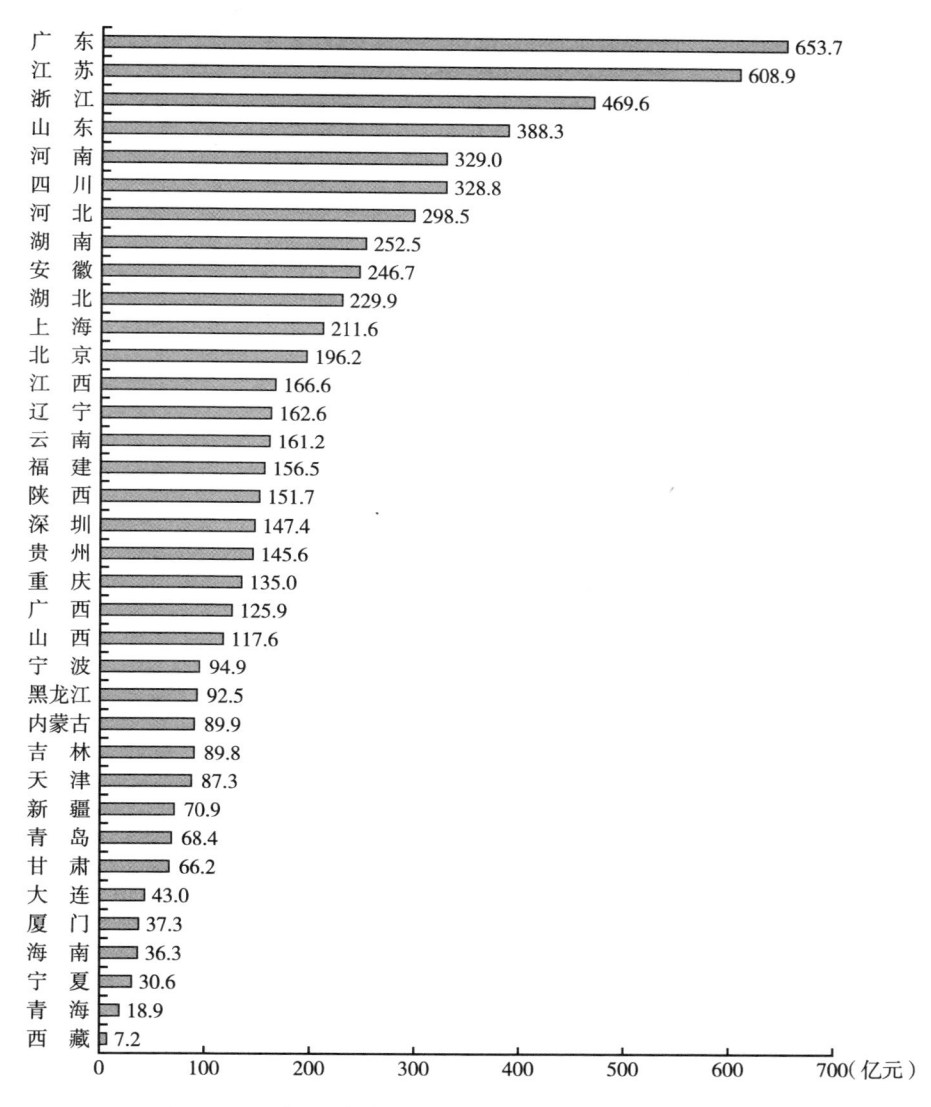

地区	保费(亿元)
广东	653.7
江苏	608.9
浙江	469.6
山东	388.3
河南	329.0
四川	328.8
河北	298.5
湖南	252.5
安徽	246.7
湖北	229.9
上海	211.6
北京	196.2
江西	166.6
辽宁	162.6
云南	161.2
福建	156.5
陕西	151.7
深圳	147.4
贵州	145.6
重庆	135.0
广西	125.9
山西	117.6
宁波	94.9
黑龙江	92.5
内蒙古	89.9
吉林	89.8
天津	87.3
新疆	70.9
青岛	68.4
甘肃	66.2
大连	43.0
厦门	37.3
海南	36.3
宁夏	30.6
青海	18.9
西藏	7.2

图 11 2023 年 31 个省（自治区、直辖市）和 5 个计划单列市家庭自用车车险签单保费情况

资料来源：全国车险信息平台。

从平均折扣率来看，折扣率的地区差异较大。家庭自用车交强险全国平均折扣率为 77.9%（见图 14）。

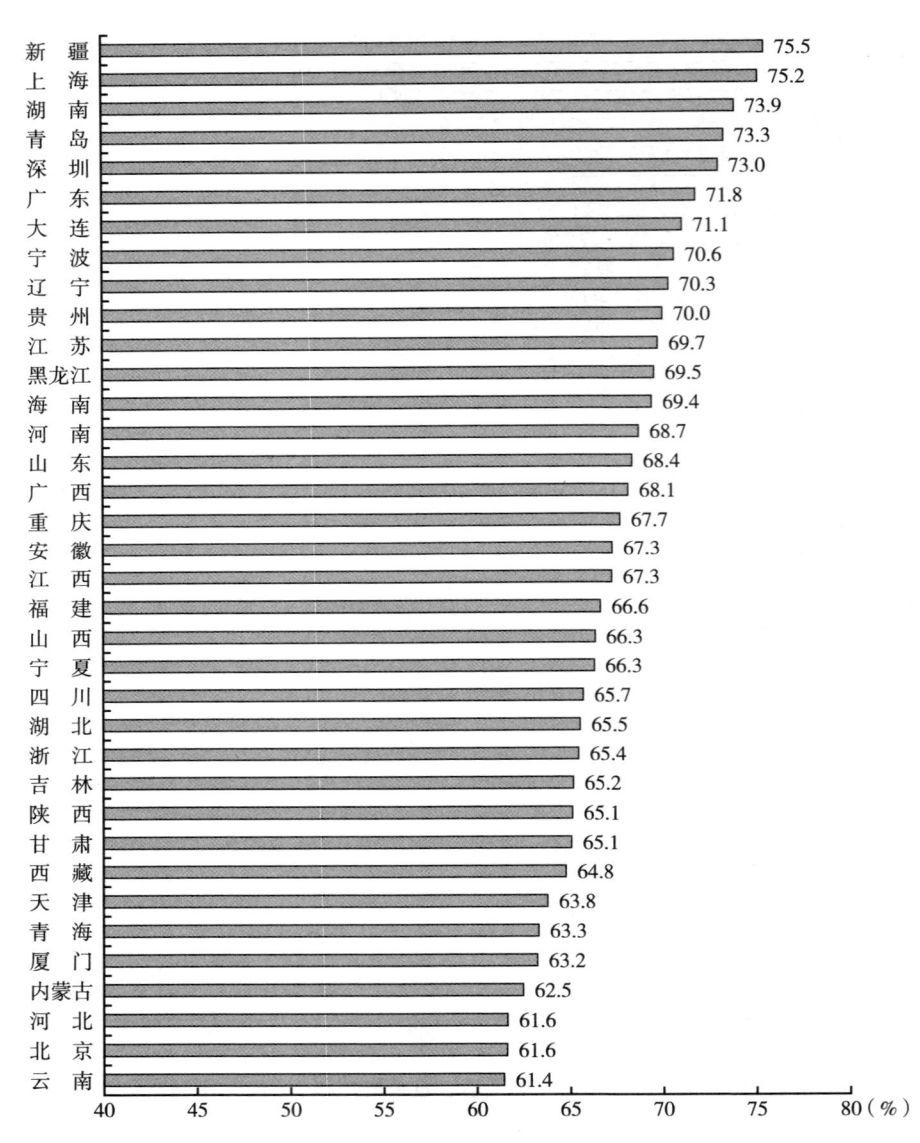

地区	折扣率(%)
新疆	75.5
上海	75.2
湖南	73.9
青岛	73.3
深圳	73.0
广东	71.8
大连	71.1
宁波	70.6
辽宁	70.3
贵州	70.0
江苏	69.7
黑龙江	69.5
海南	69.4
河南	68.7
山东	68.4
广西	68.1
重庆	67.7
安徽	67.3
江西	67.3
福建	66.6
山西	66.3
宁夏	66.3
四川	65.7
湖北	65.5
浙江	65.4
吉林	65.2
陕西	65.1
甘肃	65.1
西藏	64.8
天津	63.8
青海	63.3
厦门	63.2
内蒙古	62.5
河北	61.6
北京	61.6
云南	61.4

图12　2023年31个省（自治区、直辖市）和5个计划单列市家庭自用车车险折扣率情况

资料来源：全国车险信息平台。

2023年家庭自用车车险市场业务情况分析报告

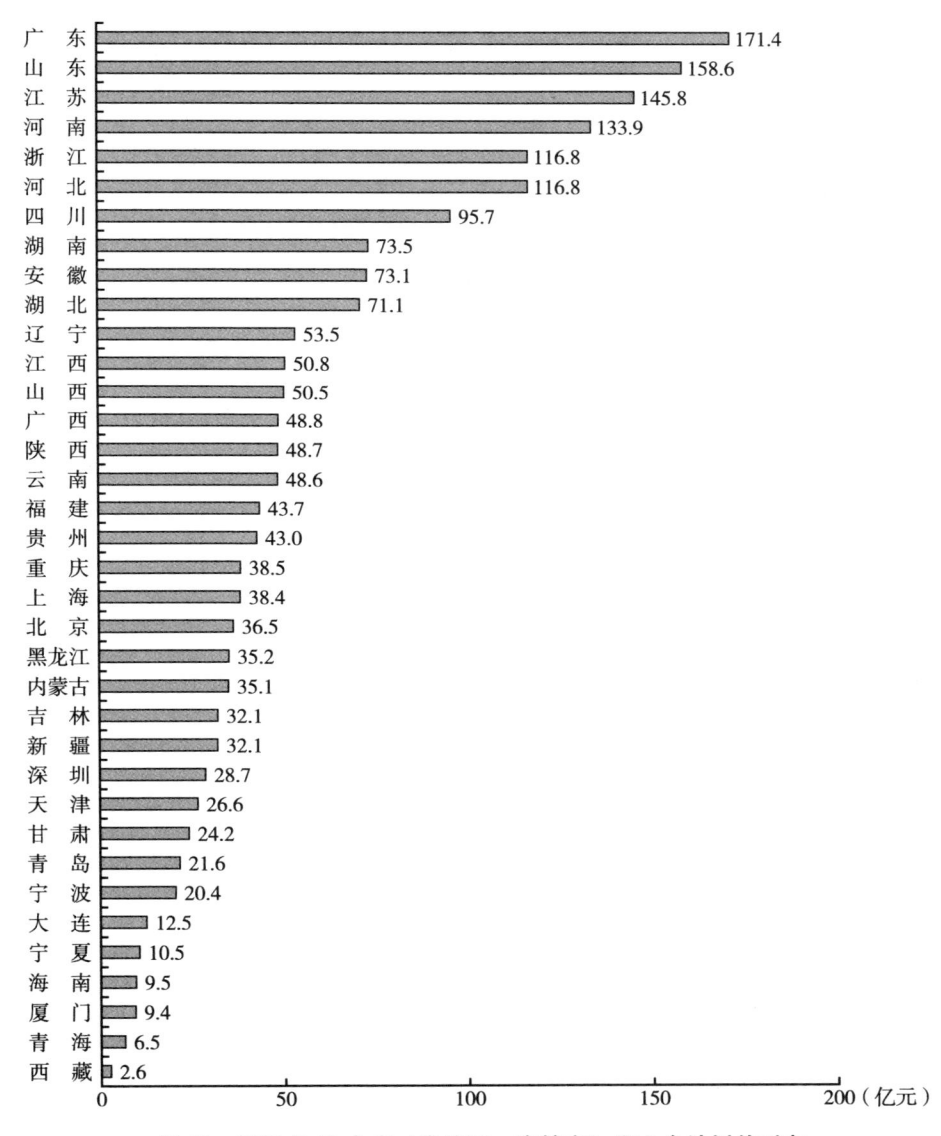

地区	保费（亿元）
广东	171.4
山东	158.6
江苏	145.8
河南	133.9
浙江	116.8
河北	116.8
四川	95.7
湖南	73.5
安徽	73.1
湖北	71.1
辽宁	53.5
江西	50.8
山西	50.5
广西	48.8
陕西	48.7
云南	48.6
福建	43.7
贵州	43.0
重庆	38.5
上海	38.4
北京	36.5
黑龙江	35.2
内蒙古	35.1
吉林	32.1
新疆	32.1
深圳	28.7
天津	26.6
甘肃	24.2
青岛	21.6
宁波	20.4
大连	12.5
宁夏	10.5
海南	9.5
厦门	9.4
青海	6.5
西藏	2.6

图13　2023年31个省（自治区、直辖市）和5个计划单列市
家庭自用车交强险签单保费情况

资料来源：全国车险信息平台。

汽车与保险蓝皮书

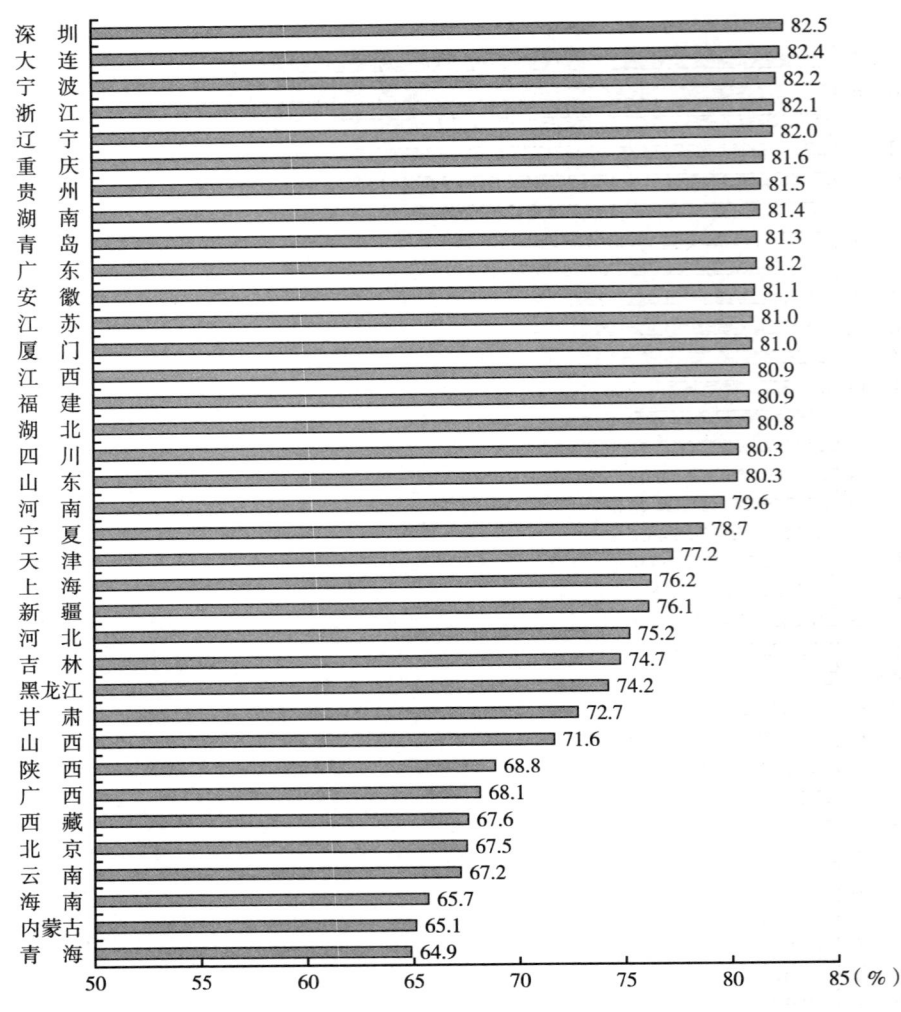

图14 按地区排列的数据条形图如下：

地区	数值
深圳	82.5
大连	82.4
宁波	82.2
浙江	82.1
辽宁	82.0
重庆	81.6
贵州	81.5
湖南	81.4
青岛	81.2
广东	81.1
安徽	81.0
江苏	81.0
厦门	80.9
江西	80.9
福建	80.8
湖北	80.3
四川	80.3
山东	79.6
河南	78.7
宁夏	77.2
天津	76.2
上海	76.1
新疆	75.2
河北	74.7
吉林	74.2
黑龙江	72.7
甘肃	71.6
山西	68.8
陕西	68.1
广西	67.6
西藏	67.5
北京	67.2
云南	65.7
海南	65.1
内蒙古	64.9
青海	

图14 2023年31个省（自治区、直辖市）和5个计划单列市家庭自用车交强险折扣率情况

资料来源：全国车险信息平台。

（三）商业险区域情况分析

2023年，家庭自用车商业险业务的签单保费呈现出较为集中的地域分布特征，其中，东部地区的广东、江苏、浙江等地占据了较大的比例（见图15）。

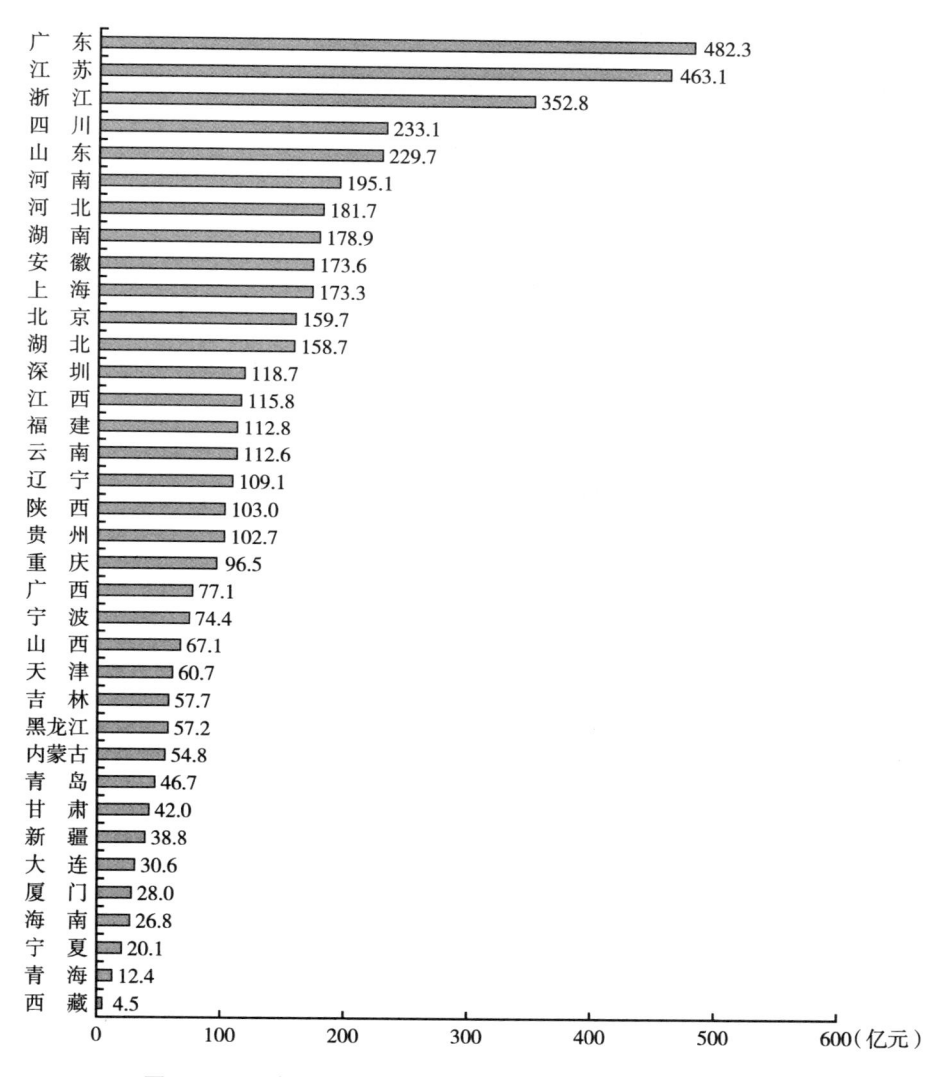

地区	保费（亿元）
广东	482.3
江苏	463.1
浙江	352.8
四川	233.1
山东	229.7
河南	195.1
河北	181.7
湖南	178.9
安徽	173.6
上海	173.3
北京	159.7
湖北	158.7
深圳	118.7
江西	115.8
福建	112.8
云南	112.6
辽宁	109.1
陕西	103.0
贵州	102.7
重庆	96.5
广西	77.1
宁波	74.4
山西	67.1
天津	60.7
吉林	57.7
黑龙江	57.2
内蒙古	54.8
青岛	46.7
甘肃	42.0
新疆	38.8
大连	30.6
厦门	28.0
海南	26.8
宁夏	20.1
青海	12.4
西藏	4.5

图 15 2023 年 31 个省（自治区、直辖市）和 5 个计划单列市家庭自用车商业险签单保费情况

资料来源：全国车险信息平台。

在分析平均折扣率时，可以观察到显著的地区差异（见图16）。家庭自用车商业险的全国平均折扣率达到了 64.1%。

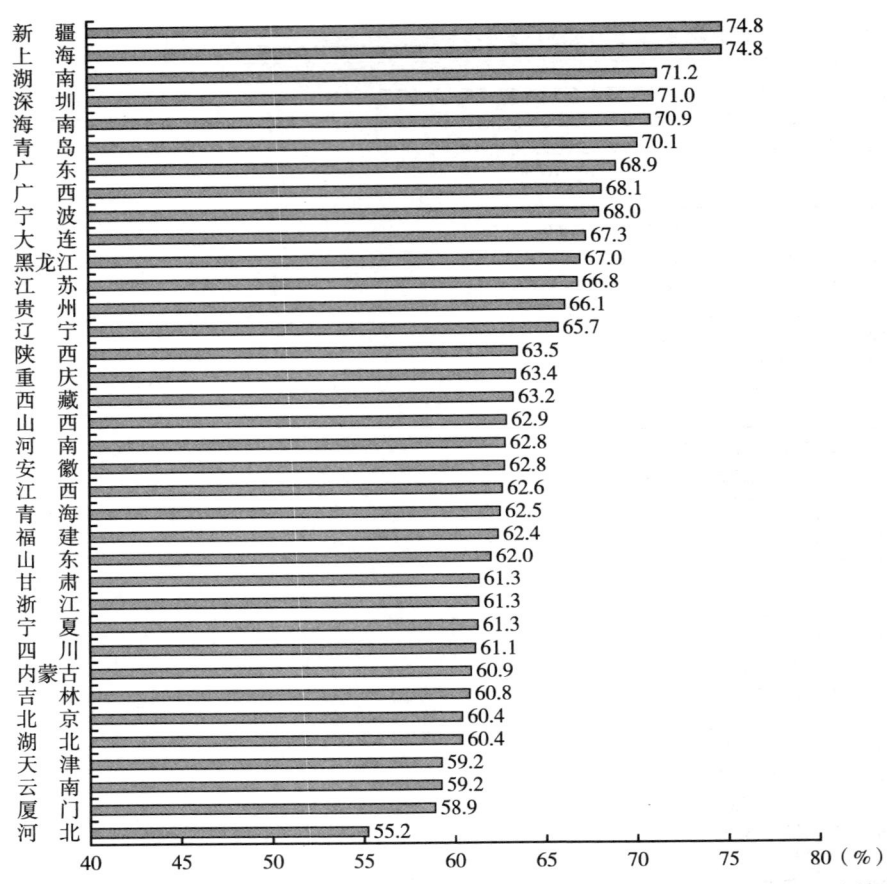

图16 2023年31个省（自治区、直辖市）和5个计划单列市家庭自用车商业险折扣率情况

资料来源：全国车险信息平台。

四 结论与启示

家庭自用车车险是我国车险市场的重要组成部分，2023年，我国家庭自用车车险市场稳步发展，签单保费为6517亿元，同比增幅达6.38%，已结赔款累计3781亿元，同比增长15.85%。家庭自用车市场已结赔款指标在2023年度增长迅速，未来行业需要持续加强对家庭自用车车险市场的理赔管理，推动车险市场高质量发展。

B.18
2023年家用车新车车险市场业务情况分析报告

郭旭 高鹰霞*

摘 要： 本文从险种、地区、公司、业务渠道等细分维度分析了家用车新车保险签单方面的情况。从险种维度来看，签单保费分布较为稳定，家用车新车保险签单保费中商业险占比较大；从市场集中度来看，家用车新车保险保费规模呈现高度集中的特征，头部三家公司市场份额占比超过八成，且较上年有所提升，体现了稳定的市场竞争力；业务渠道的签单保费分布较为稳定。从已决赔款金额和案均赔款方面看，2023年度车险赔付指标显著提升，主要原因为受2022年疫情防控等政策影响，车辆使用频率和使用强度下降，全年赔付率指标持续走低，2023年随着疫情防控政策优化，居民出行和车辆使用逐步回归正常水平，赔付率指标显著回归。另外，本文对商业车险的投保及折扣两个方面进行了简要分析。

关键词： 家用车新车 签单 已决

一 家用车新车签单情况

2023年，家用车新车累计保费[①]为996.06亿元，同比增长6.75%；签单件数累计3770万件，同比上升3.78%。

---

* 郭旭，任职于中国银行保险信息技术管理有限公司数据与科技管理部；高鹰霞，中级经济师，中国银行保险信息技术管理有限公司数据与科技管理部保险精算与应用管理处副经理。
① 保费统计口径为起保日期在统计期间内的最新含税保费。

（一）险种维度签单分析

2023年，家用车新车交强险的累计保费达到了182亿元，相较于上年度增长了3.64%，同时，其签单件数总计为1888.30万件，同比增长了3.24%。商业险的累计保费为814.06亿元，同比增长率为7.48%，而其签单件数为1881.58万件，同比增长了4.32%（见图1、图2）。

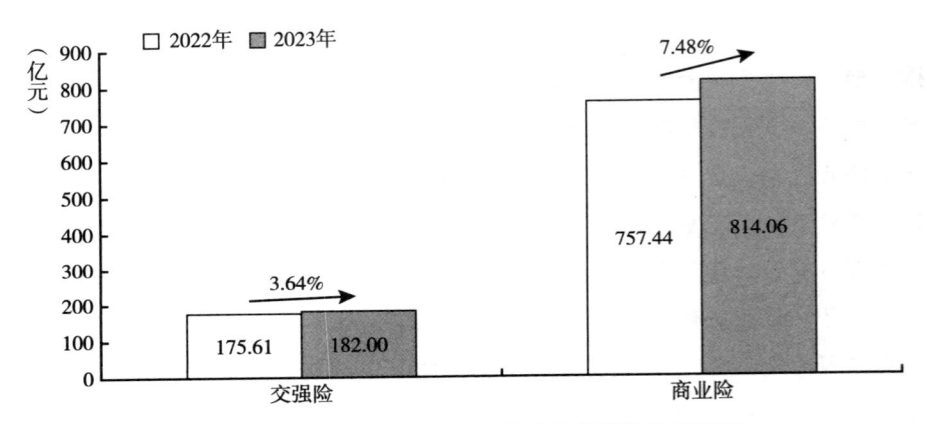

图1　2022、2023年家用车新车分险种累计保费情况

资料来源：全国车险信息平台。

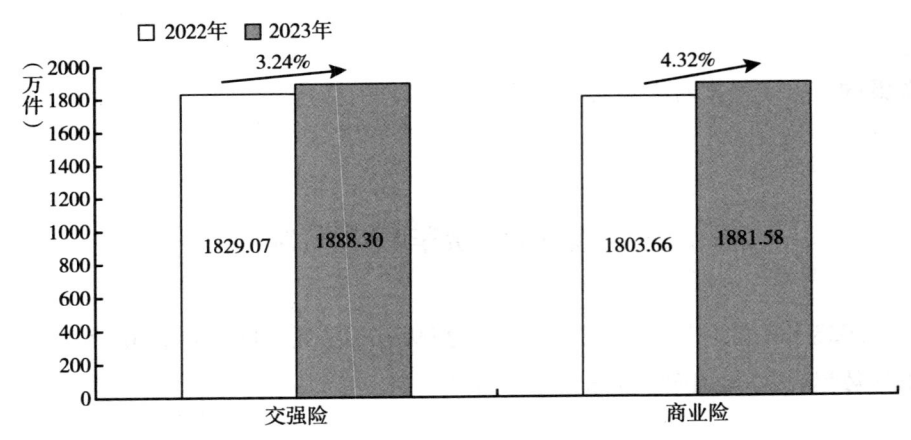

图2　2022、2023年家用车新车分险种累计签单件数情况

资料来源：全国车险信息平台。

（二）地区维度签单分析

2023年，家用车新车保费规模超过50亿元的地区共计5个，广东、江苏和浙江位居该区间的前三名；保费规模在30亿元至50亿元这一区间的地区有7个，四川、河北和上海在该区间中排名前三；其余地区的家用车新车保费均未达到30亿元。宁波、厦门、浙江等8个地区的保费呈现下降趋势，其中宁波的下降幅度最为明显，较之2022年下降了8.9%（见图3）。

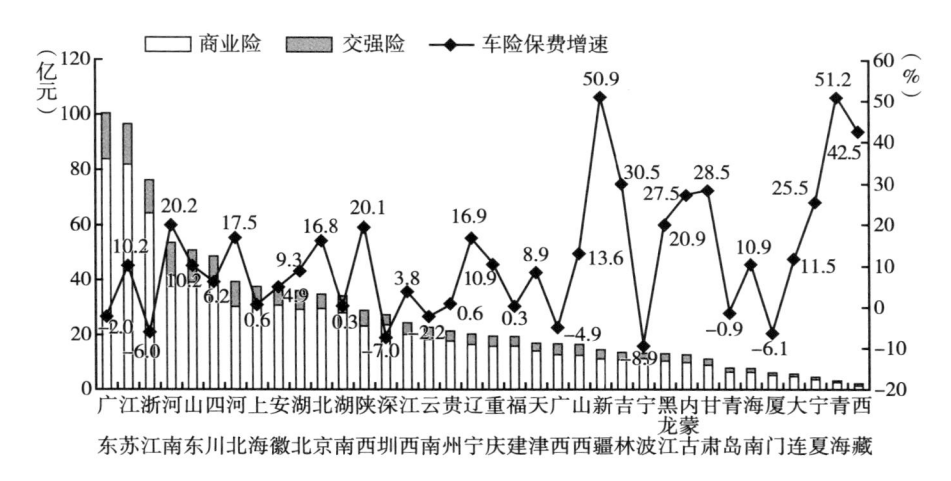

图3 2023年31个省（自治区、直辖市）和5个计划单列市家用车新车保费情况

资料来源：全国车险信息平台。

（三）公司维度签单分析

2023年，人保财险、平安财险、太平洋财险和国寿财险这四家财险公司家用车新车签单保费均超过50亿元。同时，签单保费在15亿至50亿元之间的公司也有四家，分别为中华财险、阳光财险、大地财险和太平财险。

在市场集中度分析中，人保财险、平安财险和太平洋财险这三家公司在家用车新车保费规模中位居前三，它们共同占据了82.7%的市场份额，相较于上一年度增长了0.8个百分点。保费规模排名前五的保险公司共同占据了91.2%的市场份额，较上一年度增长了0.20个百分点。同时，保费规模位列前十的保险公司合计市场份额为97.7%，较上一年度增加了0.5个百分点（见图4）。

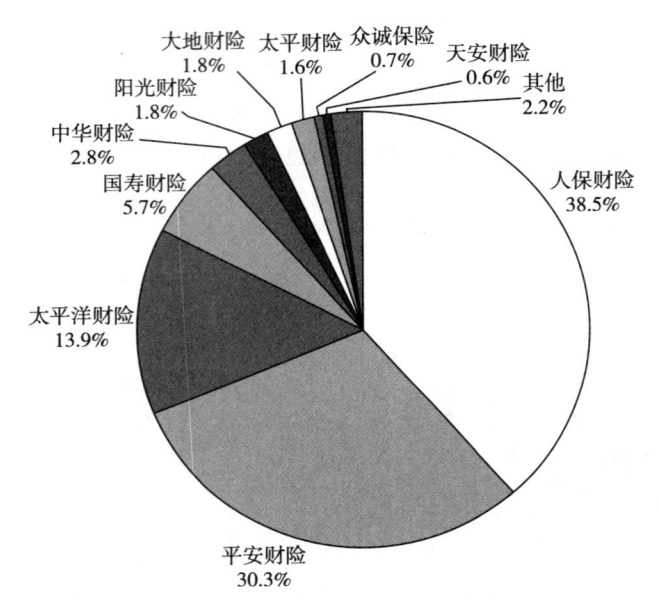

图4　2023年家用车新车保费各公司市场份额情况

资料来源：全国车险信息平台。

（四）业务渠道维度签单分析

2023年，家用车新车签单保费超过180亿元的渠道分别是专业代理、兼业代理和个人代理，三个渠道累计占比为92.5%（见图5）。各渠道中共有5个渠道同比正增长，其中份额较大的前6渠道中专业代理渠道同比上升最大，增速为17.63%。

（五）新车购置价维度签单分析

2023年，新车购置价在（100000~150000］元区间的商业险承保件数

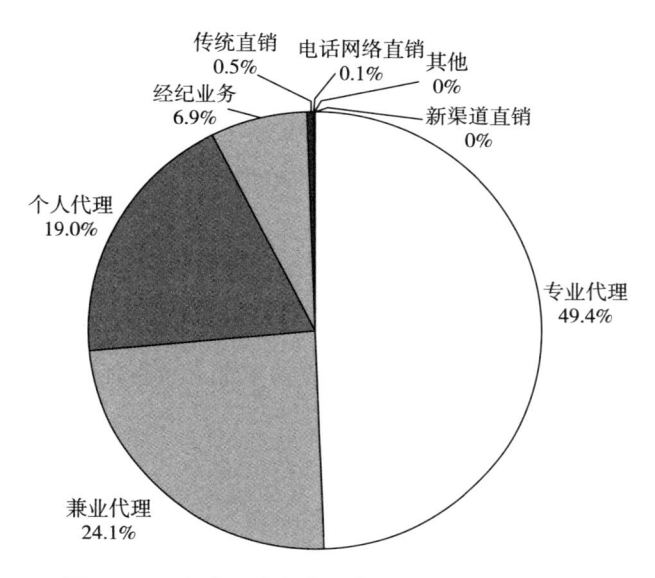

图5　2023年家用车新车保费各渠道市场份额情况

资料来源：全国车险信息平台。

最多，占比达到30.86%，但与上年同期相比下降了0.32个百分点。在商业险折扣率方面，2023年家用车新车的平均折扣率较上年同期下降了0.46个百分点（见图6）。

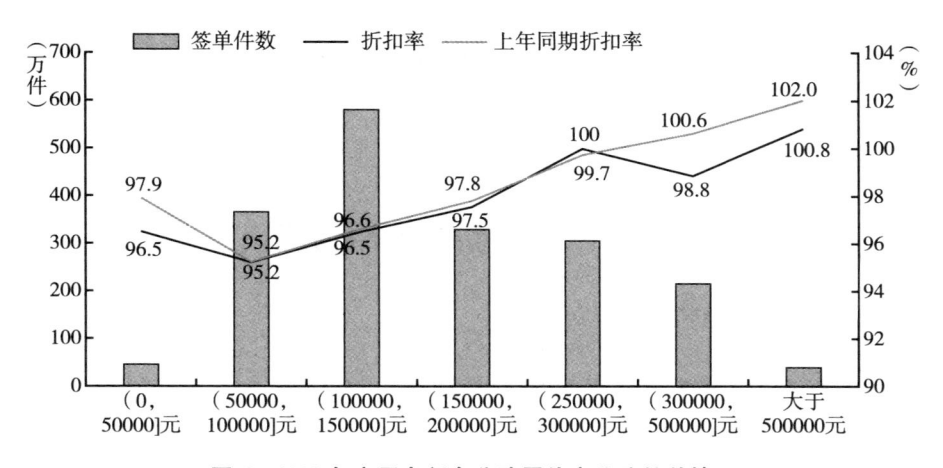

图6　2023年家用车新车分购置价商业险签单情况

资料来源：全国车险信息平台。

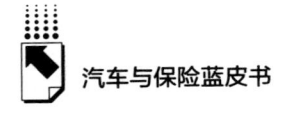

（六）险别维度签单分析

2023年，家用车新车三者险的单均保额达到了241.30万元，相较于上年增长了10.19%。与此同时，车损险的单均保额则为17.96万元，较上年度略有下降，降幅为0.06%。在保险投保率方面，2023年家用车新车三者险的投保率为99.99%，较上年增加了6.71个百分点。同样，车损险的投保率也上升至98.87%，同比增加了6.73个百分点。然而，车上人员（司机）责任险的投保率却下降了5.82个百分点，车上人员责任险（乘客）的投保率也减少了2.18个百分点（见图7）。

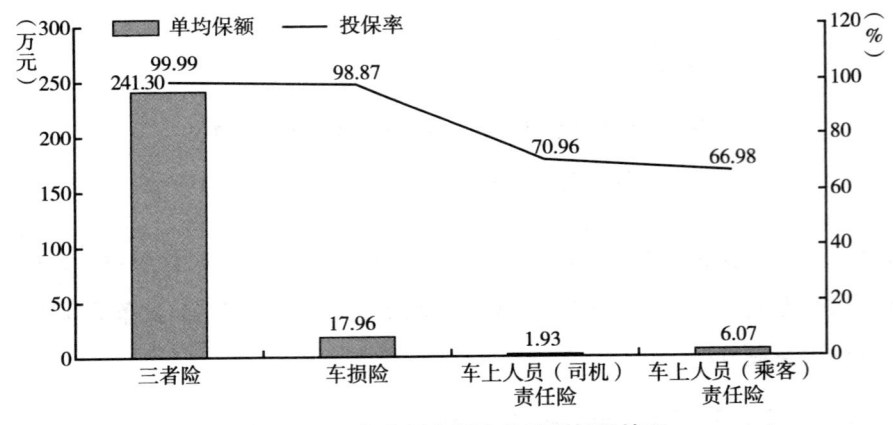

图7　2023年家用车新车各险别投保情况

资料来源：全国车险信息平台。

二　家用车新车理赔情况

（一）车险赔付情况

2023年，家用车新车已结赔款累计534.28亿元，同比上升11.73%。2023年，家用车新车案均赔款①6956元，同比上升1.41%（见图8）。

---

① 本文中案均赔款为剔除注销、拒赔和零赔付案件的案均赔款。

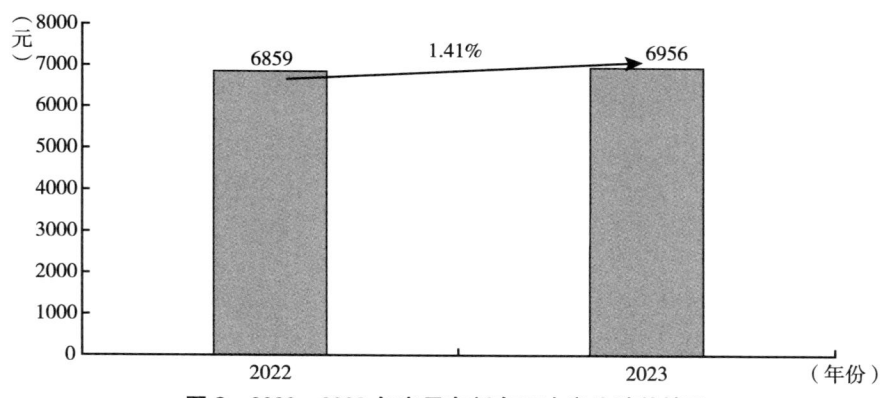

图 8　2022、2023 年家用车新车已决案均赔款情况

资料来源：全国车险信息平台。

2023 年，宁波家用车新车案均赔款最高，为 8969 元；广西案均赔款最低，为 5051 元（见图 9）。

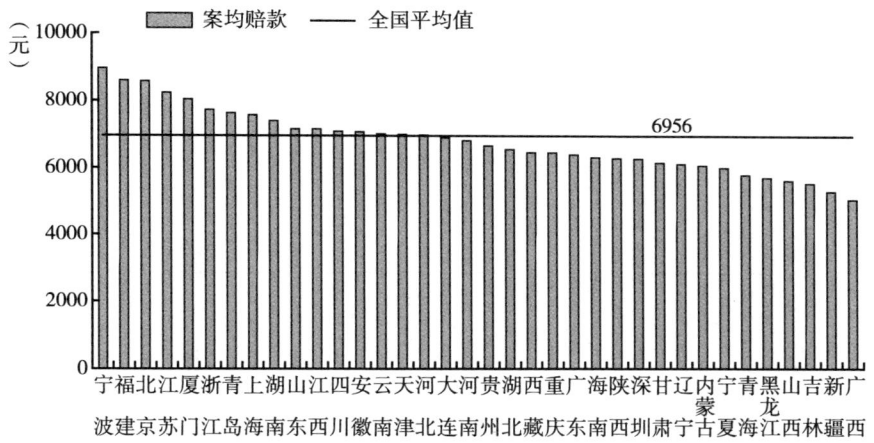

图 9　2023 年 31 个省（自治区、直辖市）和 5 个计划单列市家用车新车已决案均赔款情况

资料来源：全国车险信息平台。

（二）交强险赔付情况

2023 年，家用车新车交强险的累计已决赔款达到了 123.78 亿元，相较于上一年，这一数据增长了8.91%。与此同时，2023年家用车新车交强险的案均赔款为4221元，与上一年相比，这一数据下降了4.61%（见图10）。

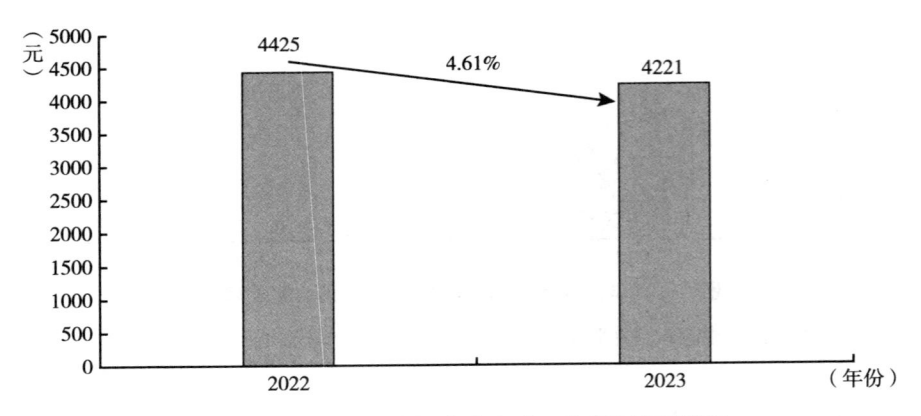

图10　2023年家用车新车交强险已决案均赔款情况

资料来源：全国车险信息平台。

2023年，江苏家用车新车交强险案均赔款最高，为5524元；青海案均赔款最低，为2462元（见图11）。

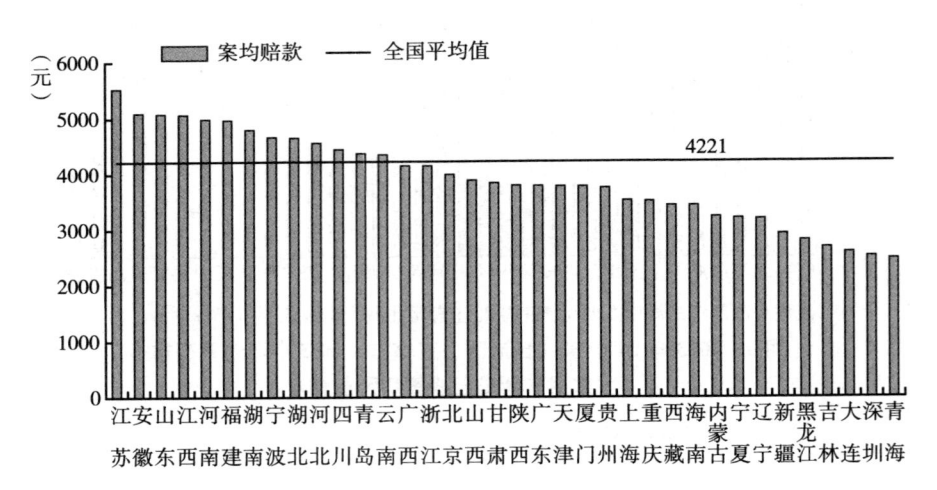

图11　2023年31个省（自治区、直辖市）和5个计划单列市家用车新车交强险已决案均赔款情况

资料来源：全国车险信息平台。

（三）商业险赔付情况

2023年，家用车新车商业险的累计已决赔款达到了410.5亿元，相较于上年，这一数据增长了12.61%。同时，2023年家用车新车商业险的案均赔款为8645元，与上年相比，增长了4.43%（见图12）。

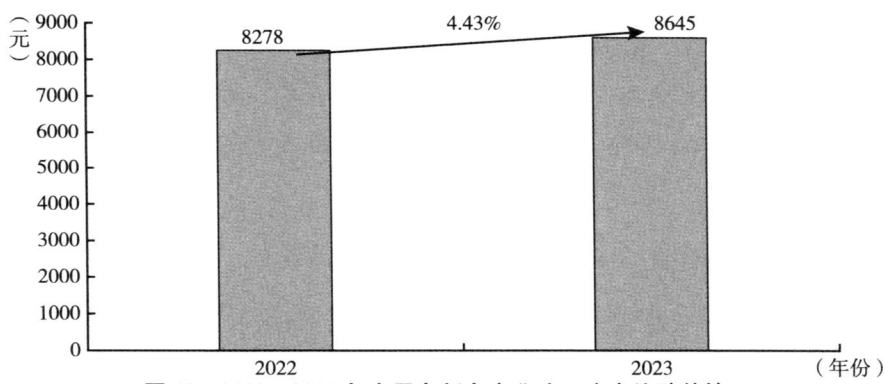

图12　2022、2023年家用车新车商业险已决案均赔款情况

资料来源：全国车险信息平台。

2023年，宁波家用车新车商业险案均赔款最高，为12757元；广西案均赔款最低，为5384元（见图13）。

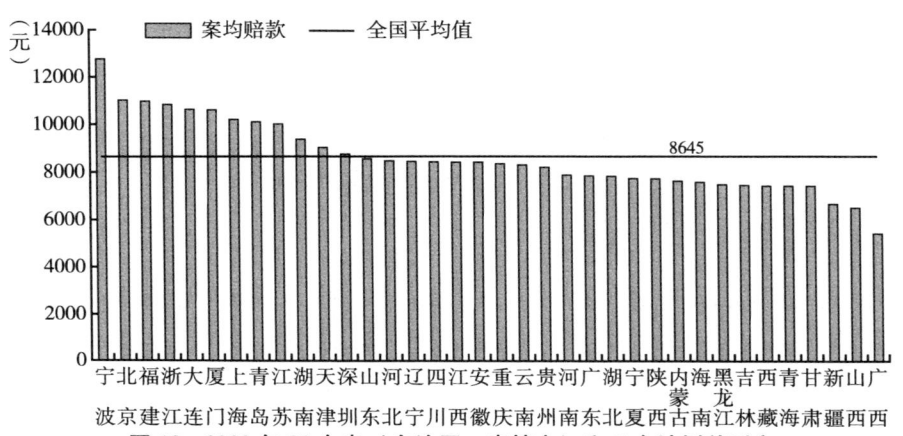

图13　2023年31个省（自治区、直辖市）和5个计划单列市家用车新车商业险已决案均赔款情况

资料来源：全国车险信息平台。

三 家用车新车商业险投保率和折扣率情况

（一）商业险投保分析

2023年，青海、新疆等28个地区的家用车新车商业险签单保费同比上升，上升幅度最大的为青海，同比上升52.5%；而宁波、深圳、厦门、浙江等8个地区签单保费同比下降，其中下降幅度最大的为宁波，同比下降8.6%（见图14）。

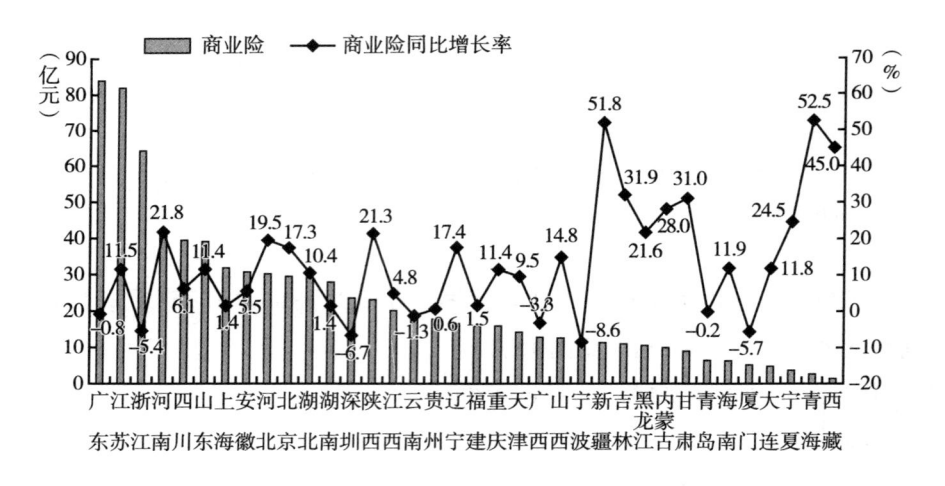

图14 2023年31个省（自治区、直辖市）和5个计划单列市家用车新车商业险保费情况

资料来源：全国车险信息平台。

从投保率来看，2023年，家用车新车商业险投保率①为99.64%，相较于上年同期，投保率实现了1.03个百分点的增长。然而，各地区的投保率呈现显著的区域性差异，其中江西省的投保率位居榜首，高达105.48%；

---

① 本文中投保率为商业险签单件数/交强险签单件数，由于部分车辆交强险和商业险的签单不在同一时间或地区，可能出现商业险投保率大于100%的情况。

与之形成鲜明对比的是,西藏自治区的投保率则处于最低水平,仅为89.95%(见图15)。

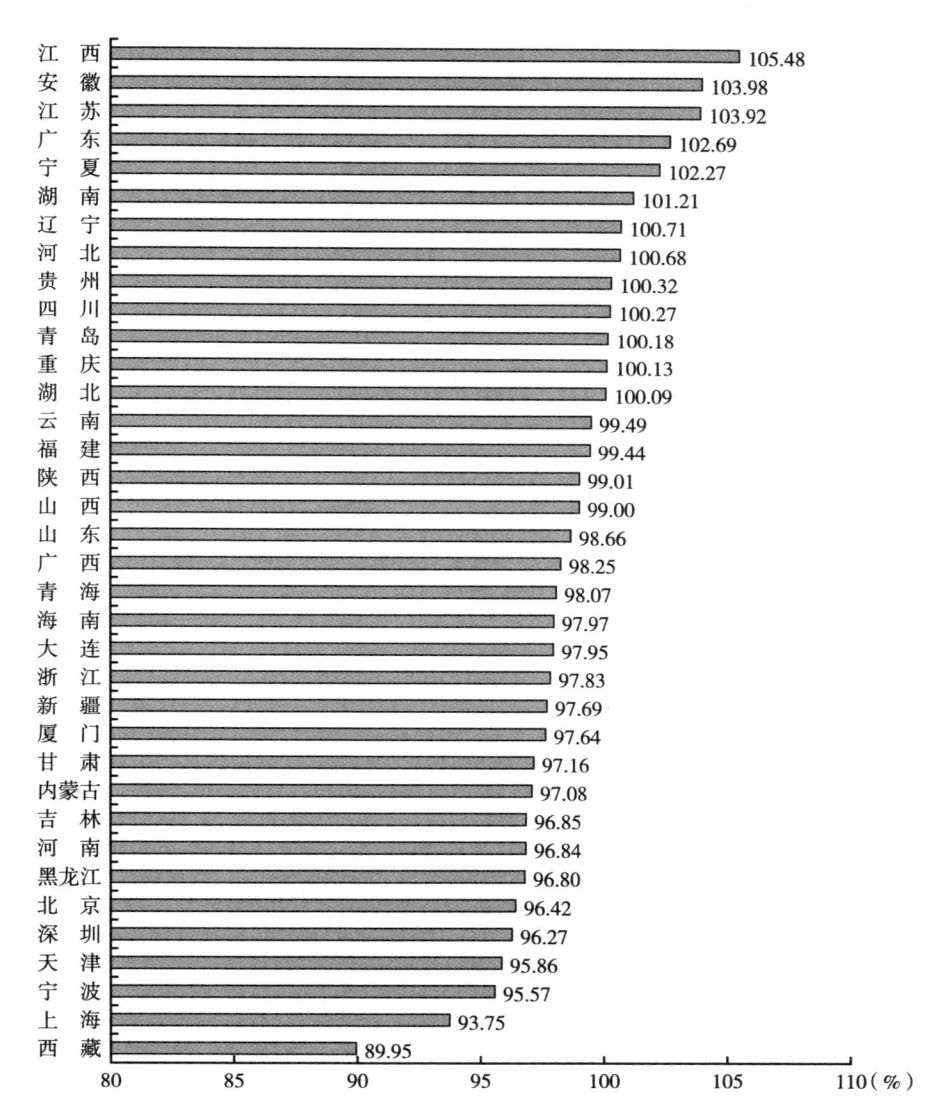

地区	投保率(%)
江西	105.48
安徽	103.98
江苏	103.92
广东	102.69
宁夏	102.27
湖南	101.21
辽宁	100.71
河北	100.68
贵州	100.32
四川	100.27
青岛	100.18
重庆	100.13
湖北	100.09
云南	99.49
福建	99.44
陕西	99.01
山西	99.00
山东	98.66
广西	98.25
青海	98.07
海南	97.97
大连	97.95
浙江	97.83
新疆	97.69
厦门	97.64
甘肃	97.16
内蒙古	97.08
吉林	96.85
河南	96.84
黑龙江	96.80
北京	96.42
深圳	96.27
天津	95.86
宁波	95.57
上海	93.75
西藏	89.95

图15 2023年31个省(自治区、直辖市)和5个计划单列市家用车新车商业险投保率

资料来源:全国车险信息平台。

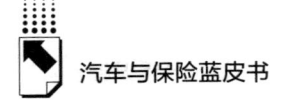

在分析家用车新车商业险的投保率时，可以观察到不同渠道之间存在显著的差异。其中的个人代理渠道的投保率达到了101.67%，这一比例在所有主要渠道中是最高的。相比之下，传统直销渠道的投保率则最低，仅为59.53%（见图16）。

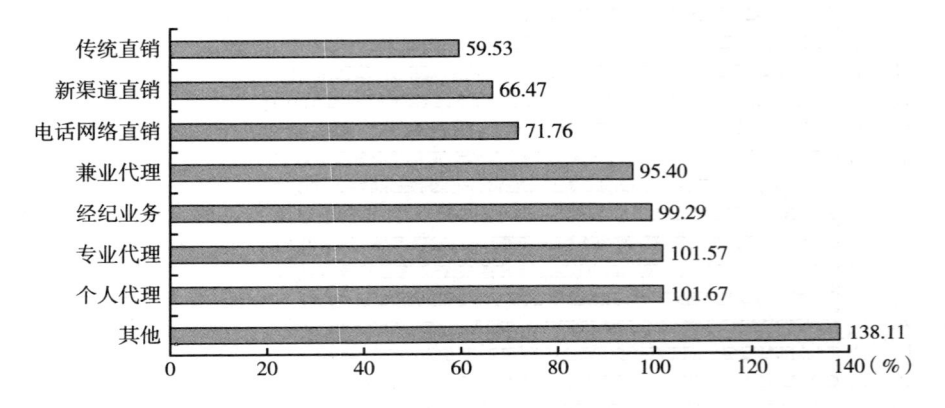

渠道	投保率(%)
传统直销	59.53
新渠道直销	66.47
电话网络直销	71.76
兼业代理	95.40
经纪业务	99.29
专业代理	101.57
个人代理	101.67
其他	138.11

图16　2023年家用车新车各业务渠道商业险平均投保率

资料来源：全国车险信息平台。

（二）商业险折扣率分析

在分析平均折扣率时，可以观察到显著的地区差异。2023年，全国范围内家用车新车商业险的平均折扣率达到了97.99%，相较于上年下降了0.46个百分点。在各地区中，深圳的平均折扣率位居首位，达到了112.21%，而宁夏的平均折扣率则最低，仅为87.20%（见图17）。

从渠道的角度分析，不同渠道之间的折扣率存在一定的差异。具体而言，主要渠道中，经纪业务渠道的平均折扣率最高，达到100.43%，而新渠道直销渠道的平均折扣率则最低，仅为96.17%（见图18）。

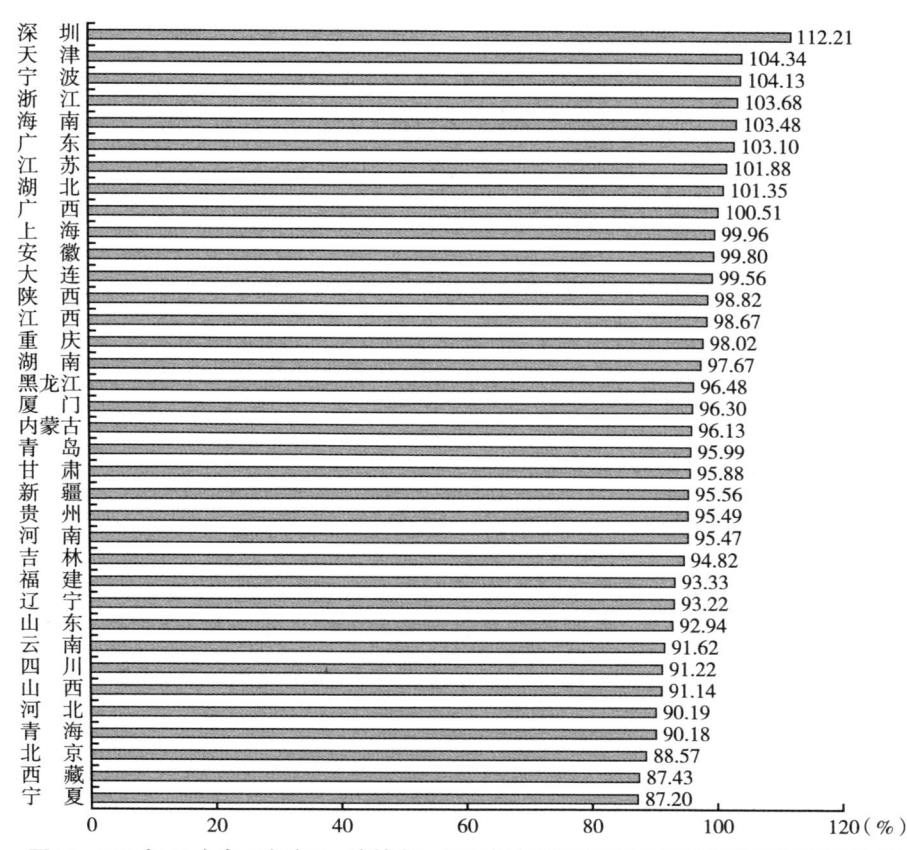

省份	折扣率
深圳	112.21
天津	104.34
宁波	104.13
浙江	103.68
海南	103.48
广东	103.10
江苏	101.88
湖北	101.35
广西	100.51
上海	99.96
安徽	99.80
大连	99.56
陕西	98.82
江西	98.67
重庆	98.02
湖南	97.67
黑龙江	96.48
厦门	96.30
内蒙古	96.13
青岛	95.99
甘肃	95.88
新疆	95.56
贵州	95.49
河南	95.47
吉林	94.82
福建	93.33
辽宁	93.22
山东	92.94
云南	91.62
四川	91.22
山西	91.14
河北	90.19
青海	90.18
北京	88.57
西藏	87.43
宁夏	87.20

图 17　2023 年 31 个省（自治区、直辖市）和 5 个计划单列市家用车新车商业险平均折扣率

资料来源：全国车险信息平台。

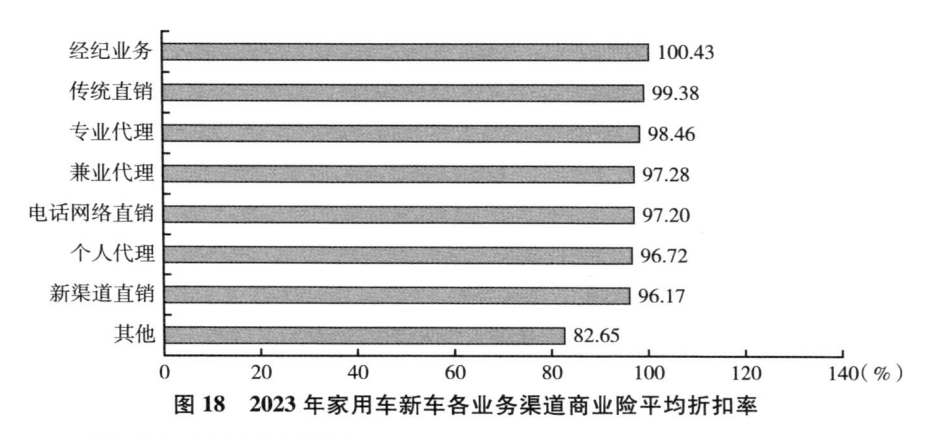

渠道	折扣率
经纪业务	100.43
传统直销	99.38
专业代理	98.46
兼业代理	97.28
电话网络直销	97.20
个人代理	96.72
新渠道直销	96.17
其他	82.65

图 18　2023 年家用车新车各业务渠道商业险平均折扣率

资料来源：全国车险信息平台。

四　结论

（一）商业车险承担更多社会责任

2020年车险综改之后，保险降价让利于客户，2023年随着车险二次综改正式在全国范围内开展，险企定价自主权扩大，行业间车险业务发展较快。一是交强险、商业险销售水平总体向好；二是商车险投保率持续上升。

（二）商业车险赔付率提高

疫情之后，车辆出行恢复常态化，叠加气候灾害影响，以及新能源车险赔付率居高不下，间接导致车险赔付率的上升。新能源汽车的普及改变了车险市场的需求结构，建议保险公司及时监控新能源汽车市场及赔付特点，掌握和更新车险行业的发展趋势，促进车险业务高质量发展，实现降本增效。

B.19
2023年营业货车车险市场业务情况分析报告

徐丹 应艳萱*

摘　要： 营业货车车险作为车险中重要的细分市场，市场潜力巨大。本文基于中国银保信全国车险平台的数据，通过分析营业货车车险的核心指标，总结分析了2023年全国营业货车车险市场情况，帮助行业及时跟踪业务的发展趋势，推动营业货车车险业务高质量发展。本文从承保和理赔两个方面，首先分析了营业货车车险总体及分险种的保费规模及变化情况，并对地区、公司、渠道等维度的变化趋势进行了分析；其次在理赔方面，重点对案均赔款等理赔指标进行了分析；此外，还针对各地区的业务发展情况进行了分析；最后对2023年全国营业货车车险市场发展情况进行了总结。

关键词： 营业货车　签单保费　已结赔款

一　承保情况分析

（一）险种承保情况分析

2023年营业货车车险签单保费①总计为1065.1亿元，与上年基本持平。

---

* 徐丹，中国银行保险信息技术管理有限公司数据与科技管理部保险精算与应用管理处数据分析岗；应艳萱，任职于中国银行保险信息技术管理有限公司业务一部。
① 签单保费统计口径为起保日期在统计期间内的最新含税保费。

其中，交强险签单保费307.1亿元、同比减少0.39%，商业险签单保费758.0亿元、同比增加0.13%（见图1）。

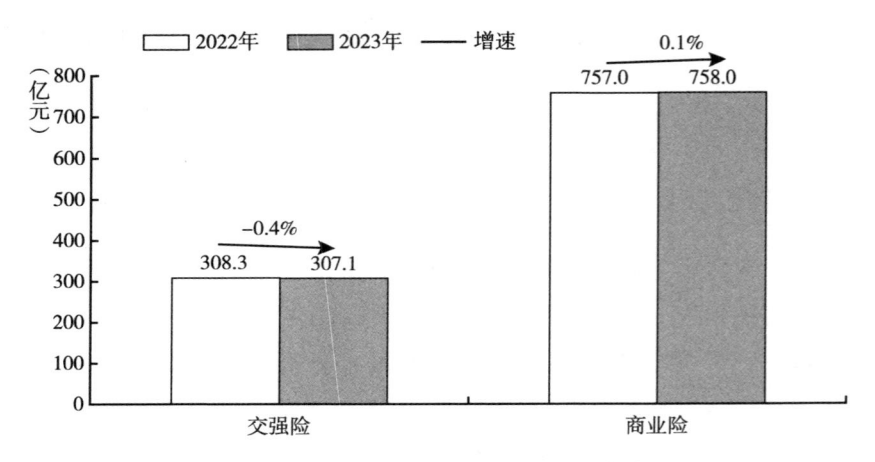

图1　2022、2023年营业货车签单保费情况

资料来源：全国车险信息平台。

（二）地区承保情况分析

2023年，营业货车车险保费规模超过60亿元的地区包括山东、河北、江苏、河南和安徽，共计5个。同时，保费规模介于30亿至60亿元之间的地区有山西、广东、四川、江西、上海、湖北、陕西和浙江。宁夏的营业货车签单保费同比增速显著领先，达到16.0%，而厦门的营业货车签单保费同比增速则处于最低水平，为-19.8%（见图2）。

2023年营业货车交强险签单件数同比增速最高的地区是宁夏，为11.5%；最低的地区是厦门，为-11.8%（见图3）。

2023年营业货车商业险签单件数同比增速最高的地区是深圳，为23.2%；最低的地区是厦门，为-16.0%（见图4）。

（三）公司承保情况分析

2023年，人保财险、平安财险、太平洋财险和国寿财险的营业货车签

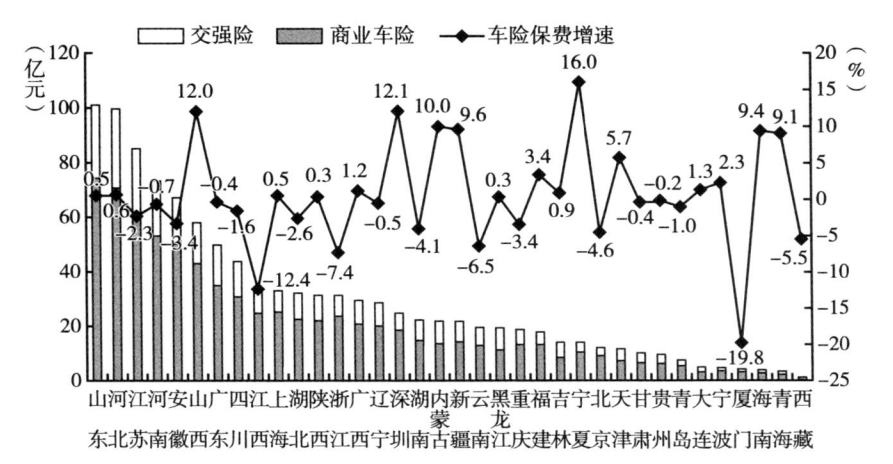

图 2 2023 年 31 个省（自治区、直辖市）和 5 个计划单列市营业货车签单保费情况

资料来源：全国车险信息平台。

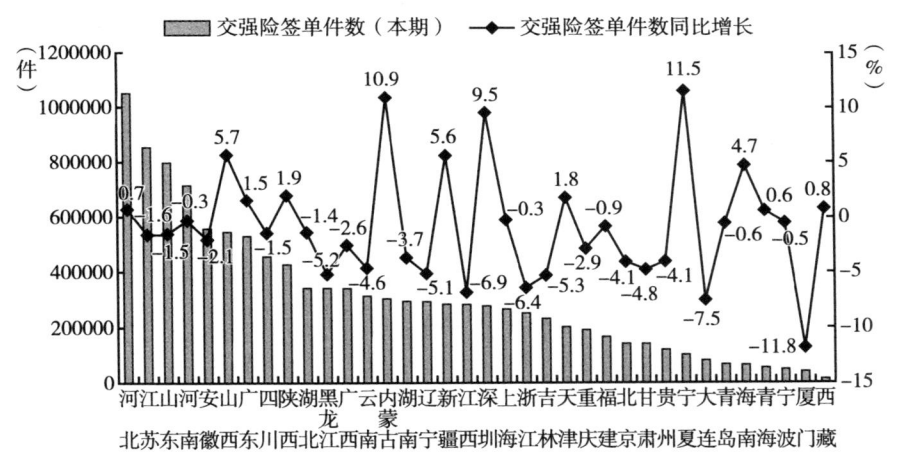

图 3 2023 年 31 个省（自治区、直辖市）和 5 个计划单列市营业货车交强险签单件数情况

资料来源：全国车险信息平台。

单保费均突破了 90 亿元大关；而中华财险、华安财险、阳光财险、大地财险、永安财险、太平财险和天安财险的保费则介于 24 亿至 90 亿元之间。其中，平安财险的同比增长速度最为显著，达到了 6.5%。此外，人保财险、平安财险和太平洋财险三者的市场份额总和为 55.5%，较上年增加了 1.2 个

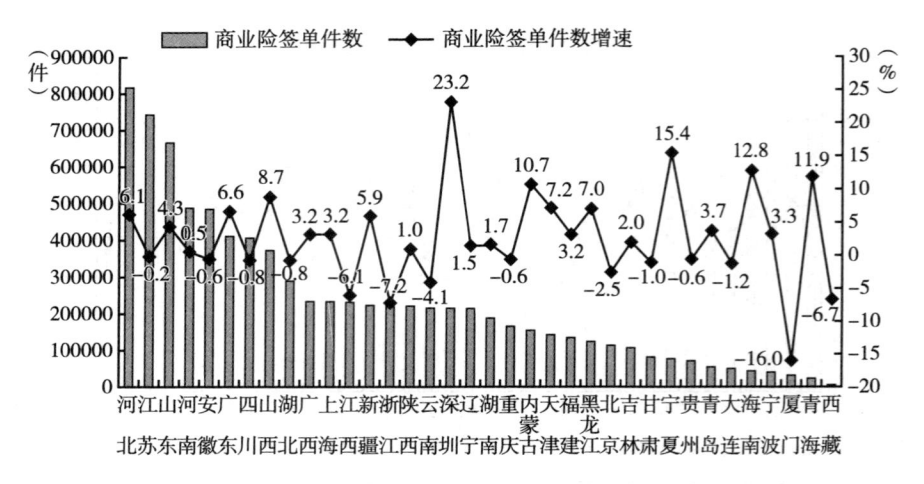

图4 2023年31个省（自治区、直辖市）和5个计划单列市营业货车商业险签单件数情况

资料来源：全国车险信息平台。

百分点。而排名前十的保险公司合计的市场份额为87.0%，同比上升了0.4个百分点（见图5）。

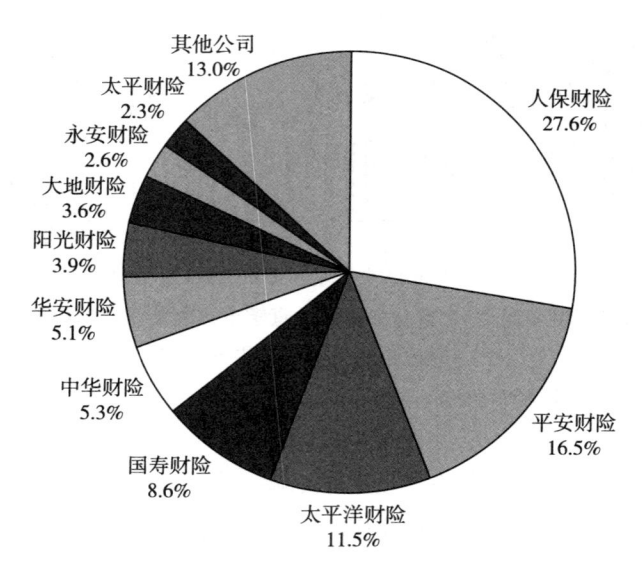

图5 2023年营业货车车险市场份额情况

资料来源：全国车险信息平台。

（四）业务渠道承保情况分析

2023年，营业货车车险业务的个人代理和专业代理渠道的签单保费均超过300亿元，合计占比为84.2%。占比较大的渠道中，个人代理渠道签单保费同比下降0.7%，专业代理渠道签单保费同比增长6.8%，兼业代理渠道签单保费同比下降22.4%（见图6）。

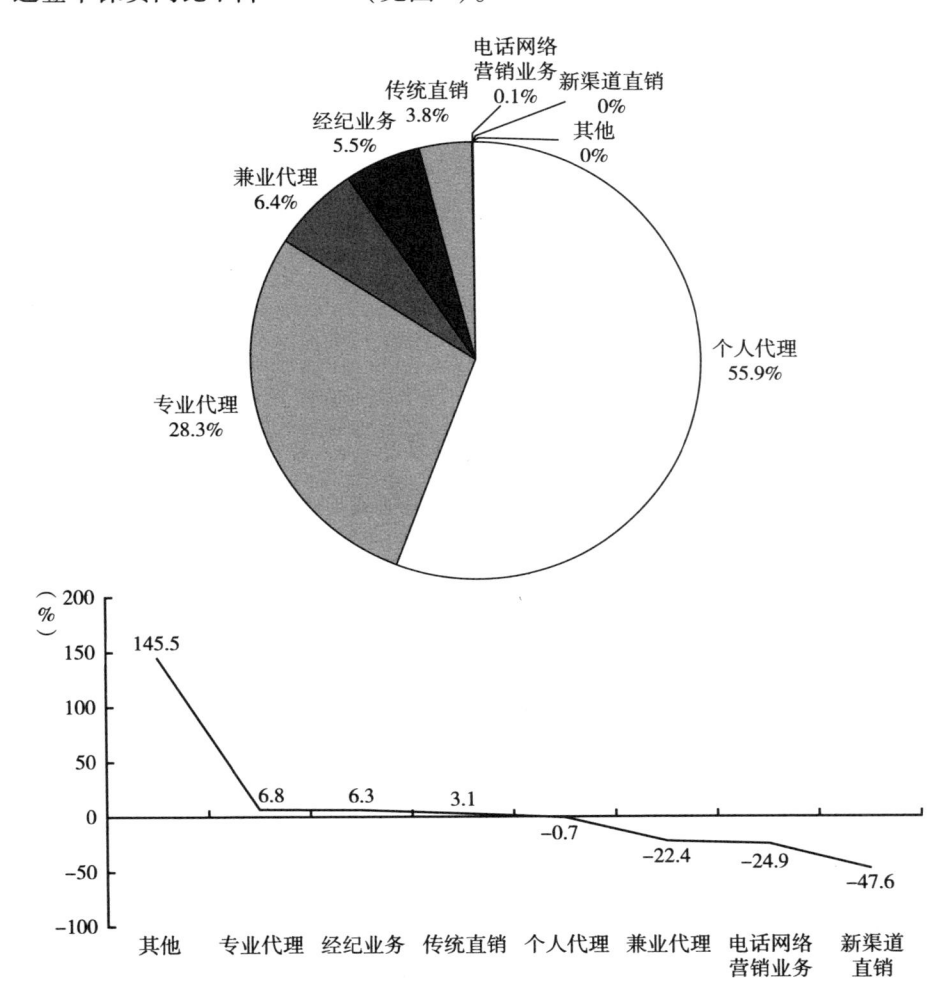

图6 2023年营业货车各渠道签单保费市场份额及同比变化情况

资料来源：全国车险信息平台。

二 理赔情况分析

（一）车险理赔情况

2023年营业货车车险已结赔款共计677.3亿元，与上年基本持平，车险案均赔款15281元，同比下降6.1%（见图7）。

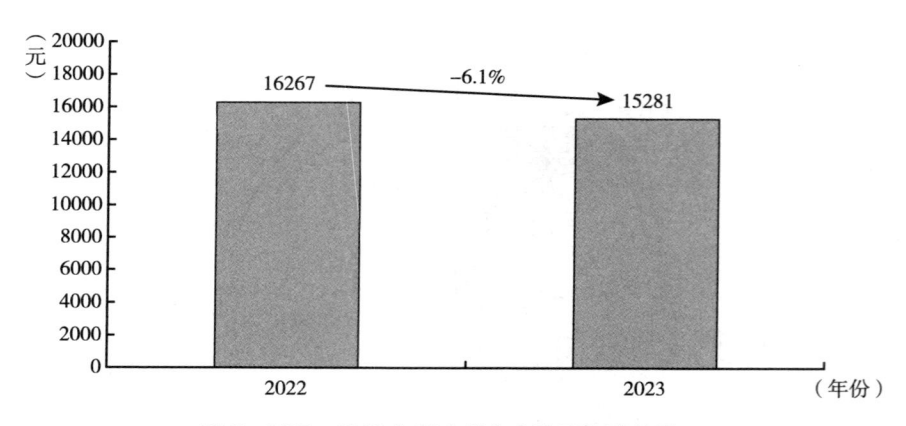

图7 2022、2023年营业货车车险案均赔款情况

资料来源：全国车险信息平台。

2023年河南营业货车车险案均赔款最高，为21763元；深圳案均赔款最低，为7524元（见图8）。

（二）交强险理赔情况

2023年，营业货车交强险的已结赔款总额达到了238.5亿元，相较于上年增长了4.0%。与此同时，交强险的案均赔款金额为8341元，这一数据较上年下降了2.8%（见图9）。

2023年河南营业货车交强险案均赔款最高，为12398元（见图10）。

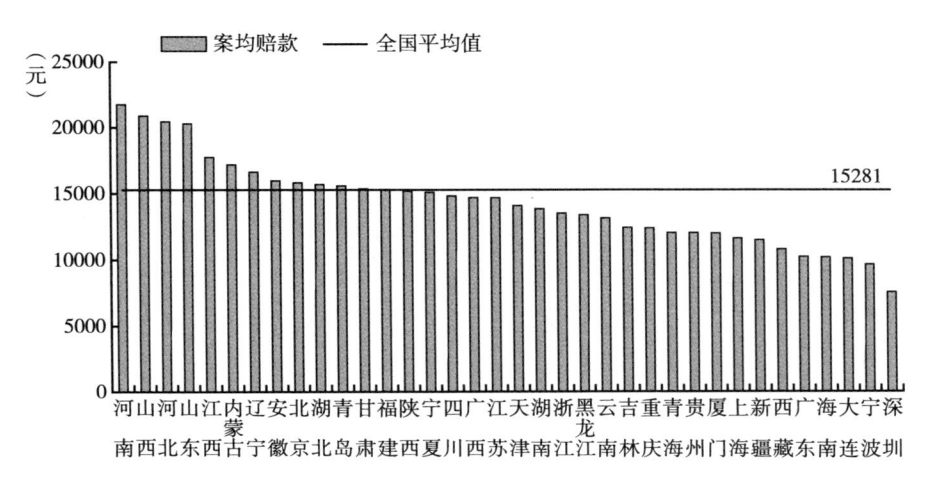

图 8　2023 年 31 个省（自治区、直辖市）和 5 个计划单列市营业货车车险案均赔款情况

资料来源：全国车险信息平台。

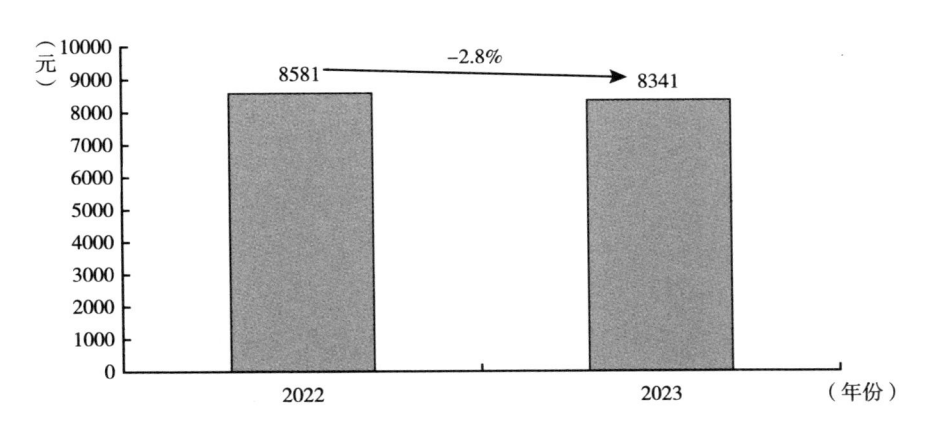

图 9　2022、2023 年营业货车交强险案均赔款情况

资料来源：全国车险信息平台。

（三）商业险理赔情况

2023 年，营业货车商业险的已结赔款总额达到了 438.7 亿元，相较于上年，这一数据减少了 2.6%。同时，商业险的案均赔款金额为 27907 元，与上年相比，下降了 6.7%（见图 11）。

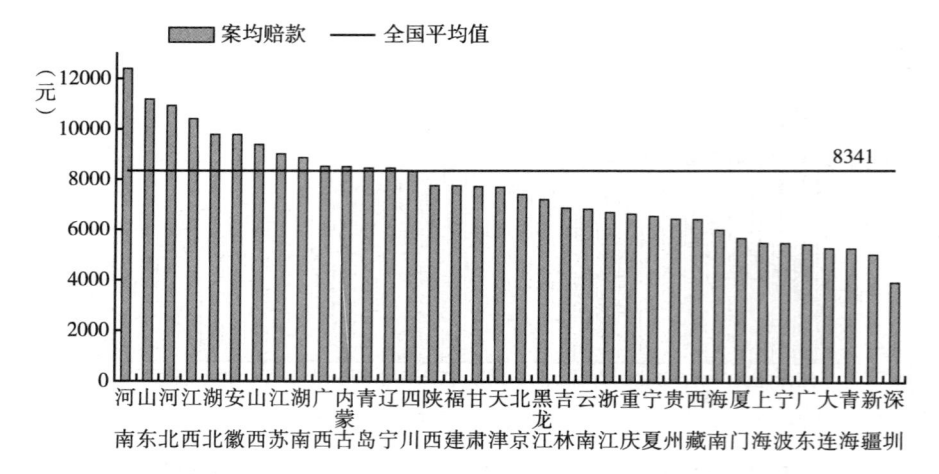

图 10　2023 年 31 个省（自治区、直辖市）和 5 个计划单列市营业货车交强险案均赔款情况

资料来源：全国车险信息平台。

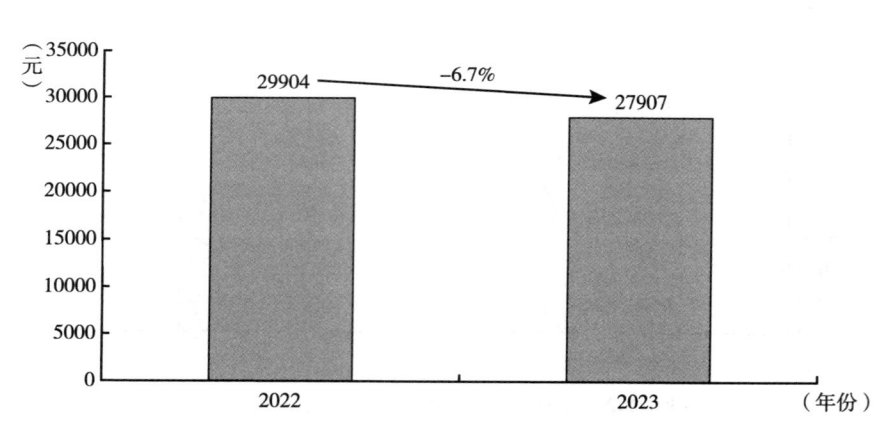

图 11　2022、2023 年营业货车商业险案均赔款情况

资料来源：全国车险信息平台。

2023 年河南营业货车商业险案均赔款最高，为 40417 元（见图 12）。

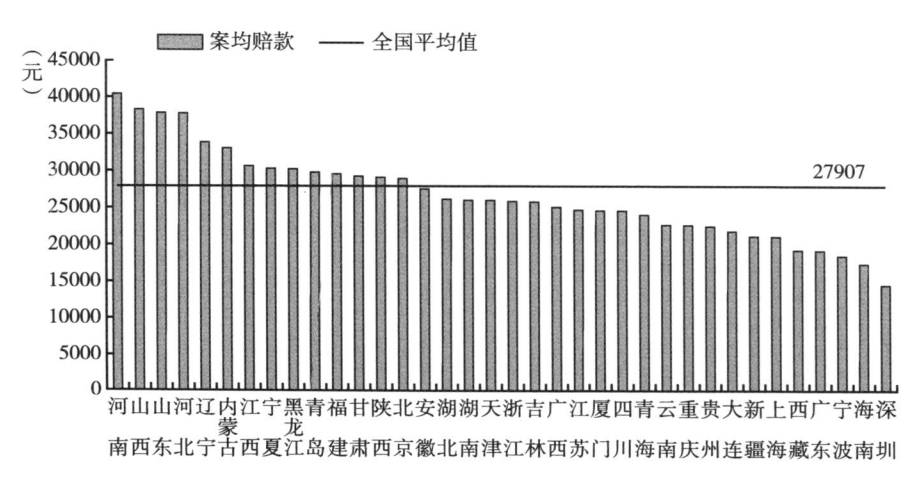

图12 2023年31个省（自治区、直辖市）和5个计划单列市营业货车商业险案均赔款情况

资料来源：全国车险信息平台。

三 区域情况分析

（一）车险区域情况分析

2023年，营业货车车险业务的签单保费在各地区之间展现出明显的分布不均。具体来看，山东、河北、江苏、河南和安徽等省份的保费相对较高，而西藏、青海、海南、厦门和宁波等地区的保费相对较低（见图13）。

从平均折扣率来看，折扣率①存在地区差异。2023年营业货车车险全国平均折扣率为79.8%，海南的平均折扣率最高，为91.6%，西藏的平均折扣率最低，为66.4%（见图14）。

---

① 本文中折扣率为剔除短期单的折扣率。

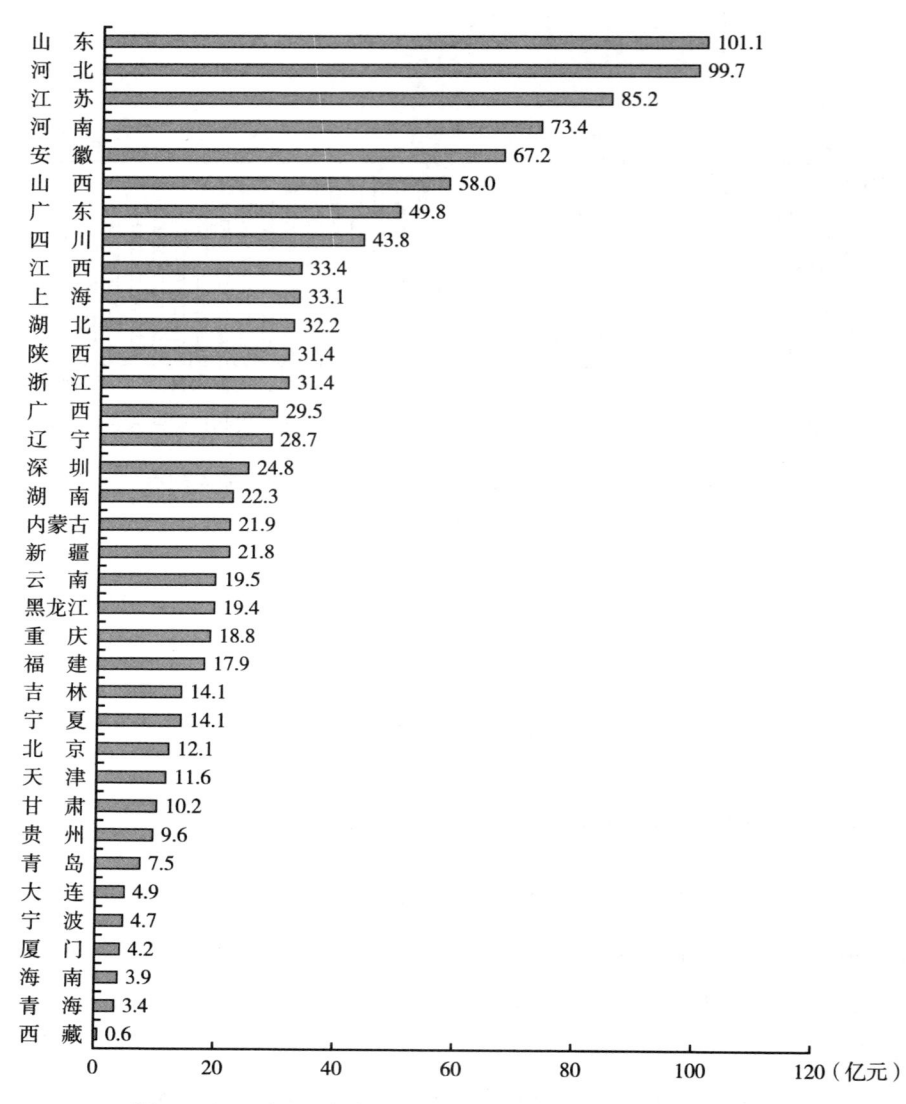

省份	保费（亿元）
山东	101.1
河北	99.7
江苏	85.2
河南	73.4
安徽	67.2
山西	58.0
广东	49.8
四川	43.8
江西	33.4
上海	33.1
湖北	32.2
陕西	31.4
浙江	31.4
广西	29.5
辽宁	28.7
深圳	24.8
湖南	22.3
内蒙古	21.9
新疆	21.8
云南	19.5
黑龙江	19.4
重庆	18.8
福建	17.9
吉林	14.1
宁夏	14.1
北京	12.1
天津	11.6
甘肃	10.2
贵州	9.6
青岛	7.5
大连	4.9
宁波	4.7
厦门	4.2
海南	3.9
青海	3.4
西藏	0.6

图 13　2023 年 31 个省（自治区、直辖市）和 5 个计划单列市营业货车车险签单保费情况

资料来源：全国车险信息平台。

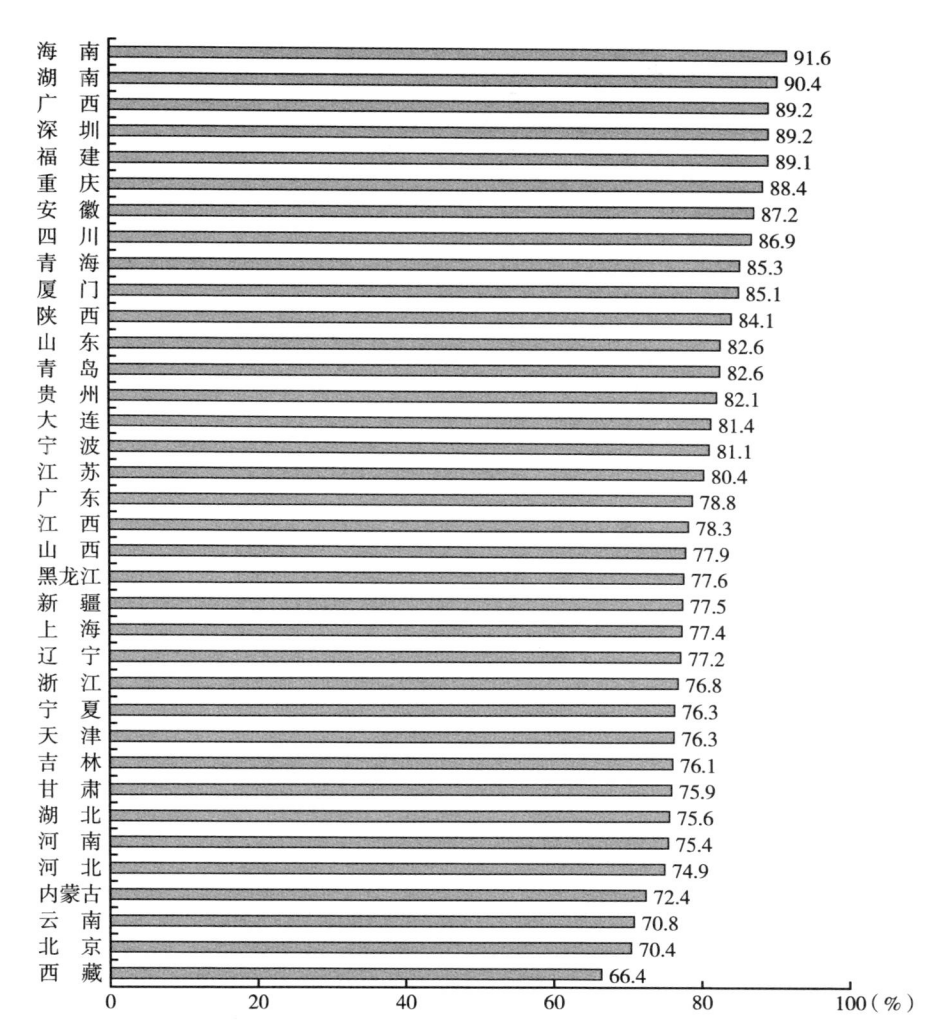

地区	折扣率(%)
海南	91.6
湖南	90.4
广西	89.2
深圳	89.2
福建	89.1
重庆	88.4
安徽	87.2
四川	86.9
青海	85.3
厦门	85.1
陕西	84.1
山东	82.6
青岛	82.6
贵州	82.1
大连	81.4
宁波	81.1
江苏	80.4
广东	78.8
江西	78.3
山西	77.9
黑龙江	77.6
新疆	77.5
上海	77.4
辽宁	77.2
浙江	76.8
宁夏	76.3
天津	76.3
吉林	76.1
甘肃	75.9
湖北	75.6
河南	75.4
河北	74.9
内蒙古	72.4
云南	70.8
北京	70.4
西藏	66.4

图 14　2023 年 31 个省（自治区、直辖市）和 5 个计划单列市营业货车车险折扣率情况

资料来源：全国车险信息平台。

（二）交强险区域情况分析

2023 年营业货车交强险业务签单保费的分布集中在河北、山东、江苏、河南和安徽等地区，西藏、厦门、宁波、海南和青海等地区相对较少（见图 15）。

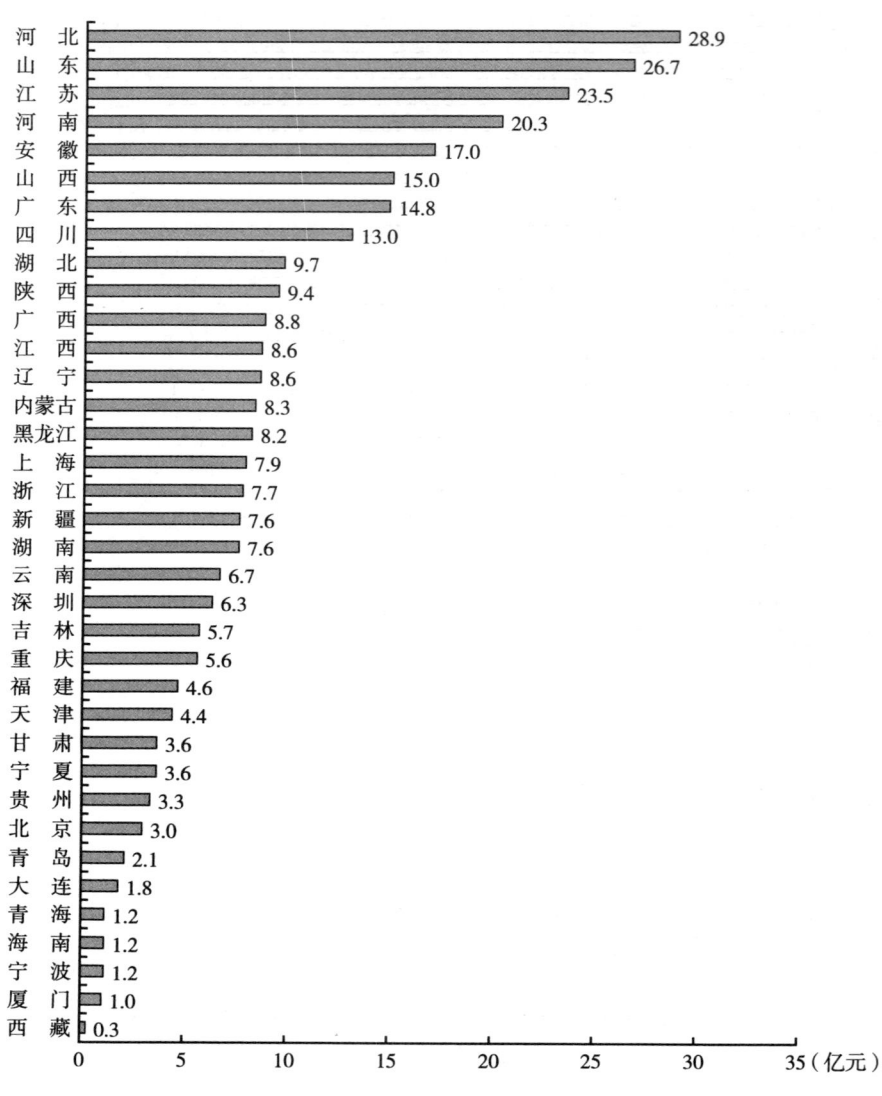

地区	保费（亿元）
河北	28.9
山东	26.7
江苏	23.5
河南	20.3
安徽	17.0
山西	15.0
广东	14.8
四川	13.0
湖北	9.7
陕西	9.4
广西	8.8
江西	8.6
辽宁	8.6
内蒙古	8.3
黑龙江	8.2
上海	7.9
浙江	7.7
新疆	7.6
湖南	7.6
云南	6.7
深圳	6.3
吉林	5.7
重庆	5.6
福建	4.6
天津	4.4
甘肃	3.6
宁夏	3.6
贵州	3.3
北京	3.0
青岛	2.1
大连	1.8
青海	1.2
海南	1.2
宁波	1.2
厦门	1.0
西藏	0.3

图15 2023年31个省（自治区、直辖市）和5个计划单列市营业货车交强险签单保费

资料来源：全国车险信息平台。

从平均折扣率来看，折扣率的地区差异较大。2023年营业货车交强险全国平均折扣率为83.0%，西藏的平均折扣率最低，为65.4%（见图16）。

地区	折扣率(%)
深圳	90.7
厦门	90.4
宁波	89.6
浙江	88.8
福建	88.3
广东	88.2
青岛	87.7
宁夏	87.3
重庆	86.9
江苏	86.8
贵州	86.7
湖南	86.6
山东	86.6
江西	86.5
安徽	86.4
四川	86.4
湖北	86.2
大连	85.8
上海	85.5
辽宁	85.0
河南	84.2
河北	82.6
天津	82.1
山西	80.3
吉林	78.4
新疆	77.9
黑龙江	77.3
甘肃	76.2
陕西	75.8
广西	75.7
内蒙古	72.4
云南	72.4
海南	72.3
北京	70.2
青海	68.1
西藏	65.4

图16 2023年31个省（自治区、直辖市）和5个计划单列市营业货车交强险折扣率情况

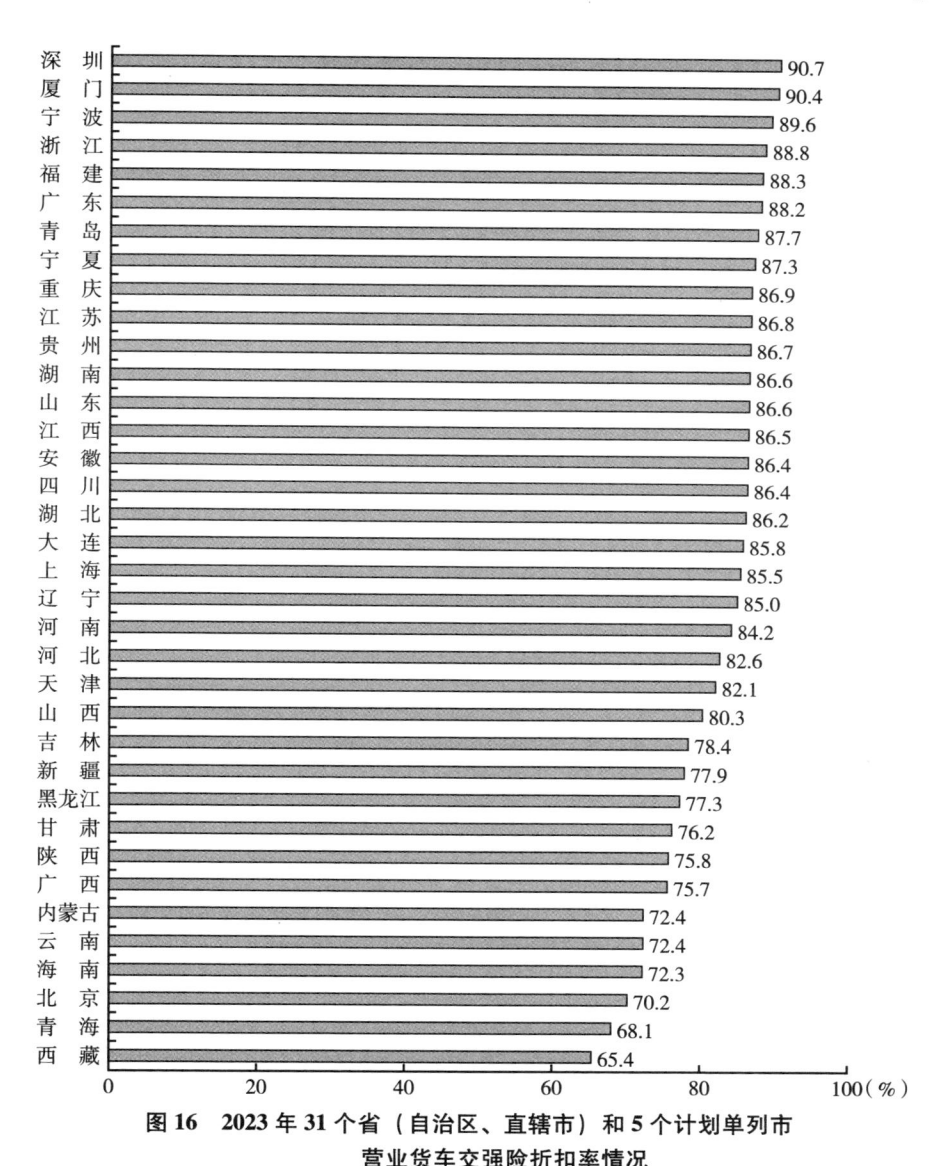

资料来源：全国车险信息平台。

（三）商业险区域情况分析

2023年营业货车商业险业务签单保费集中在山东、河北、江苏、河

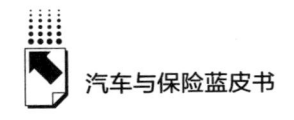

南和安徽等地区，西藏、青海、海南、大连和厦门等地区相对较少（见图17）。

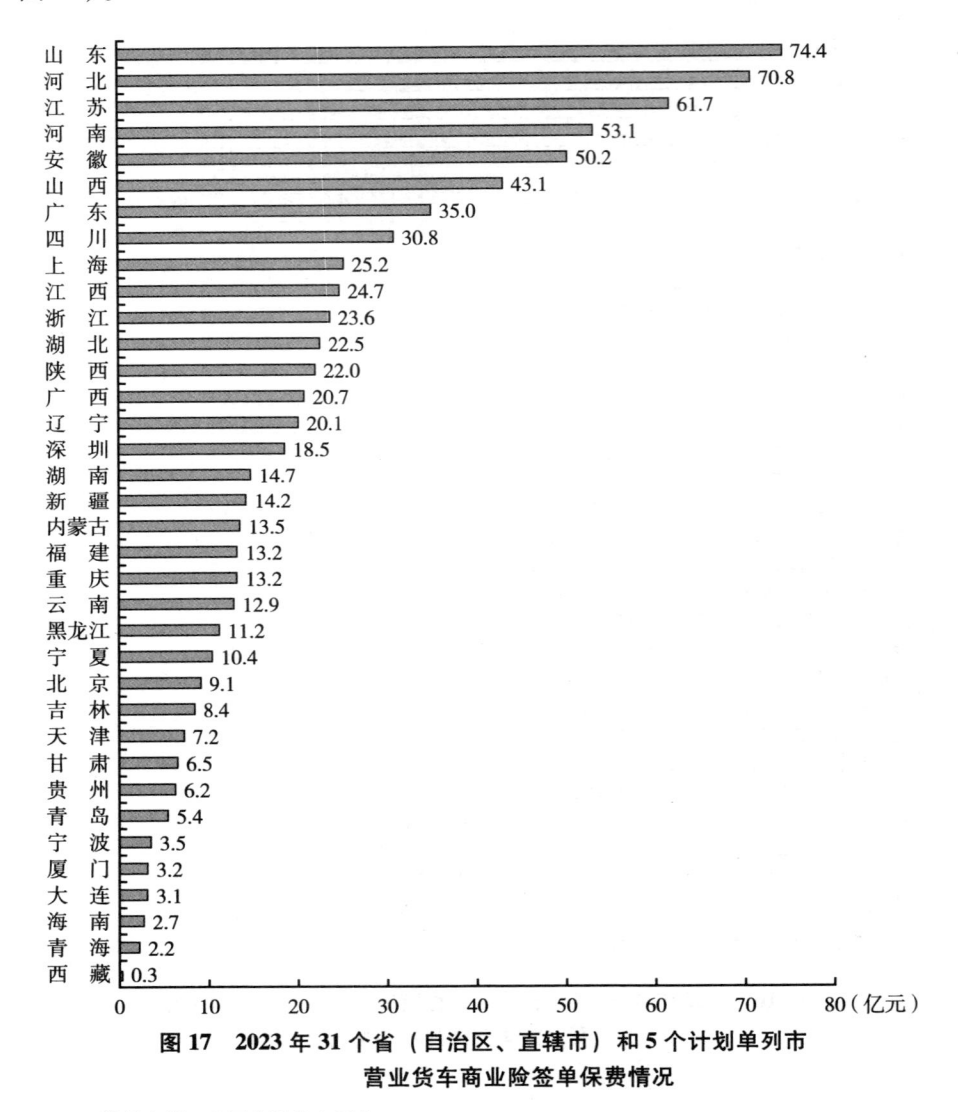

地区	保费（亿元）
山东	74.4
河北	70.8
江苏	61.7
河南	53.1
安徽	50.2
山西	43.1
广东	35.0
四川	30.8
上海	25.2
江西	24.7
浙江	23.6
湖北	22.5
陕西	22.0
广西	20.7
辽宁	20.1
深圳	18.5
湖南	14.7
新疆	14.2
内蒙古	13.5
福建	13.2
重庆	13.2
云南	12.9
黑龙江	11.2
宁夏	10.4
北京	9.1
吉林	8.4
天津	7.2
甘肃	6.5
贵州	6.2
青岛	5.4
宁波	3.5
厦门	3.2
大连	3.1
海南	2.7
青海	2.2
西藏	0.3

图17 2023年31个省（自治区、直辖市）和5个计划单列市营业货车商业险签单保费情况

数据来源：全国车险信息平台。

从平均折扣率来看，折扣率的地区差异较大。营业货车商业险全国平均折扣率为78.5%，西藏的平均折扣率最低，为67.3%（见图18）。

图 18　2023 年 31 个省（自治区、直辖市）和 5 个计划单列市营业货车商业险折扣率情况

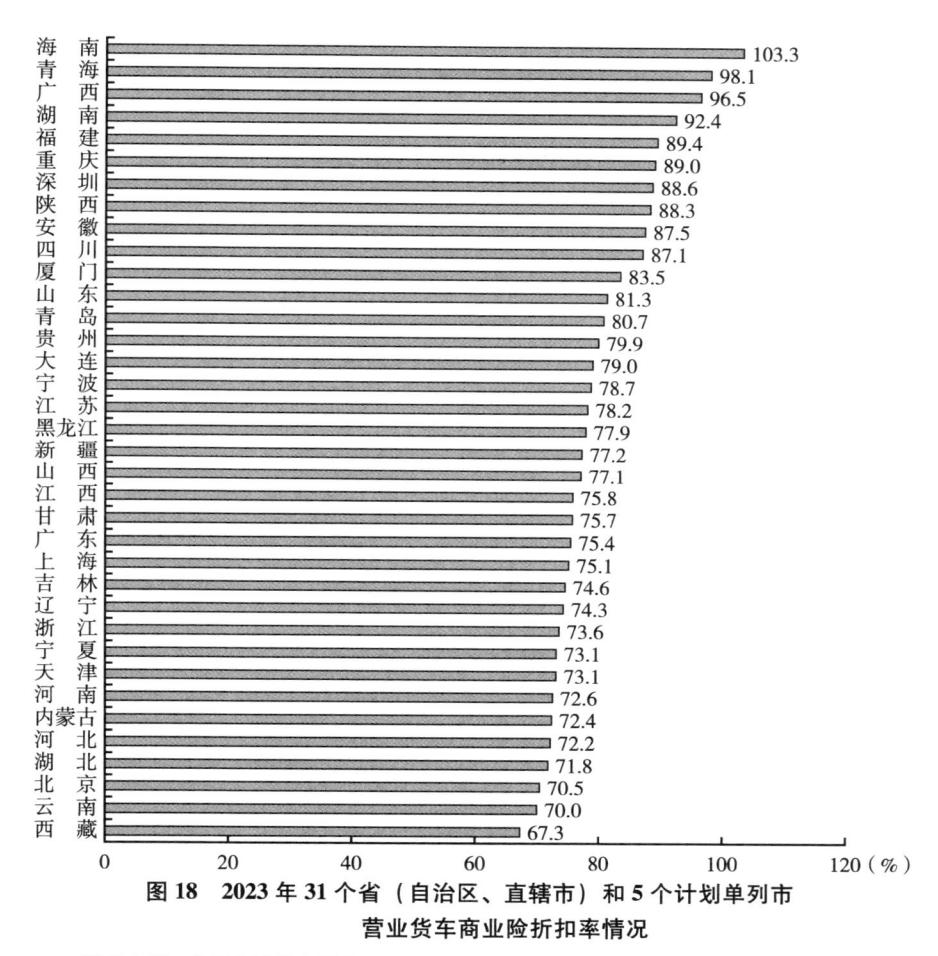

资料来源：全国车险信息平台。

四　结论与启示

2023 年全国营业货车车险市场整体发展平稳，在市场集中度方面，呈现明显马太效应，以人保财险、平安财险、太平洋财险为代表的头部公司仍然占据绝大部分市场份额，个人代理渠道和专业代理渠道依然是该业务的主要渠道。但是，部分地区保费增速有明显的波动变化，此外，营业货车交强险和商业险案均赔款均有下降趋势，值得行业持续关注。

B.20 2023年货车三者险市场业务情况分析报告

徐丹 高鹰霞*

摘 要： 中国作为全球最重要的公路运输市场之一，拥有庞大的货车保险市场。货车因其操作性特点，产生重大交通事故的风险较高，容易引发对第三者的严重伤害。因此，货车三者险作为交强险的重要补充，发挥了维护社会和谐稳定和服务经济社会发展的重要作用。本文利用中国银保信全国车险平台的数据，对2023年货车三者险的业务发展和变化趋势进行了研究分析，首先分析了货车在营业性质、吨位、保额等维度的承保情况，并通过营业性质、吨位及地区等维度，分析理赔指标的变化情况，帮助行业了解货车三者险的整体业务发展情况，推动行业发展和风险管理。

关键词： 货车 三者险 承保 理赔

一 货车三者险承保情况

（一）承保-营业性质

2023年营业货车三者险签单保费①共计529亿元，签单件数共计840万件；签单保费同比上升0.95%，单均保费同比下降0.96%，达6302元。

2023年非营业货车三者险签单保费共计190亿元，签单件数共计1319

---

* 徐丹，任职于中国银行保险信息技术管理有限公司数据与科技管理部；高鹰霞，中级经济师，中国银行保险信息技术管理有限公司数据与科技管理部保险精算与应用管理处副经理。
① 本报告中的承保数据均按保单起保口径统计。

万件;签单保费同比上升5.6%,单均保费同比下降0.2%,为1442元(见图1、图2)。

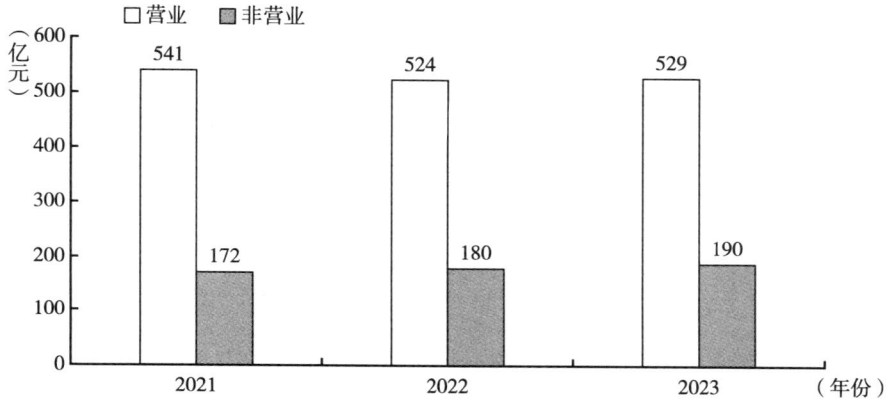

图1 2021~2023年货车三者险签单保费

资料来源:全国车险信息平台。

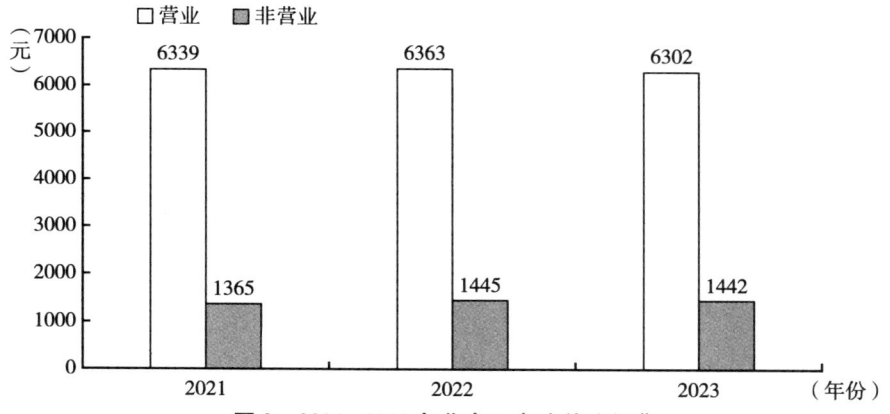

图2 2021~2023年货车三者险单均保费

资料来源:全国车险信息平台。

(二)承保-吨位

分析货车的吨位可以得到,2023年,10吨以上的营业货车保单件数占比最高,为53%。2吨及以下的非营业货车保单件数占比最高,为97%(见图3、图4)。

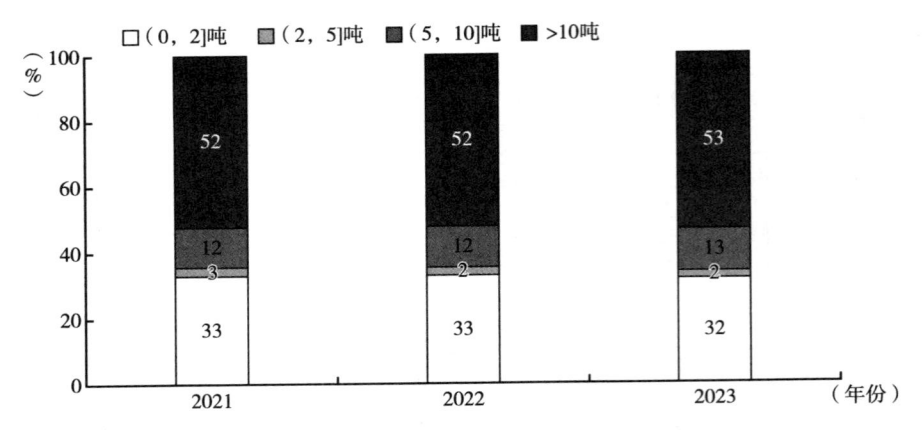

图3 2021~2023年营业货车三者险各吨位分组的件数占比

资料来源：全国车险信息平台。

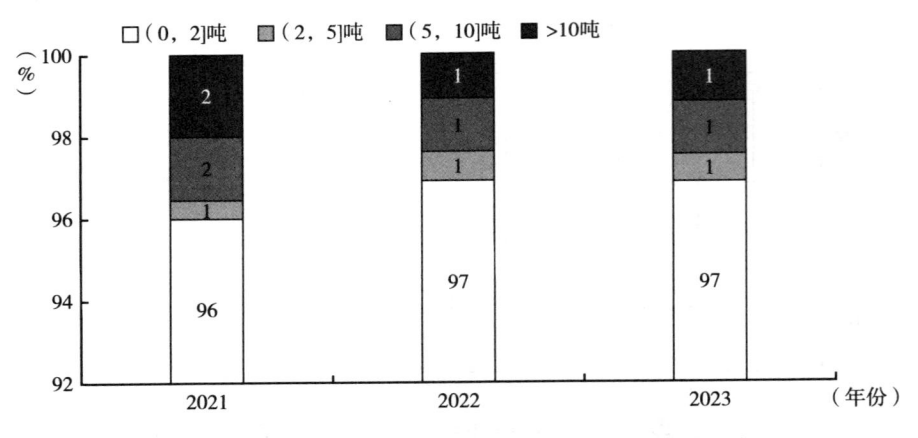

图4 2021~2023年非营业货车三者险各吨位分组的件数占比

资料来源：全国车险信息平台。

关于单均保费，2023年，10吨以上营业货车最高，为8657元；而非营业货车中2吨及以下的最低，为1424元（见图5）。

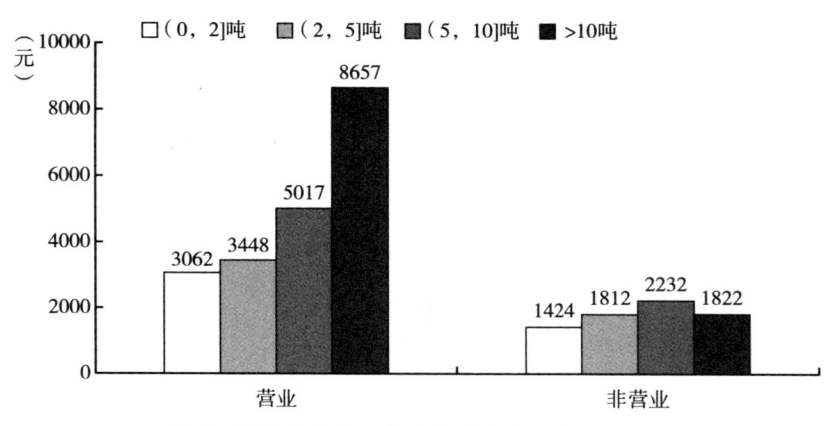

图 5　2023 年货车三者险各吨位分组的单均保费

资料来源：全国车险信息平台。

（三）承保-三者险保额

分析货车的三者险承保保额可得，50 万元以上保额的保单件数占比最高，且逐年上升，2023 年营业货车该指标达到 91.5%，非营业货车该指标达到 93.0%，风险覆盖程度呈现逐年提高的趋势（见图 6、图 7）。此外，营业货车

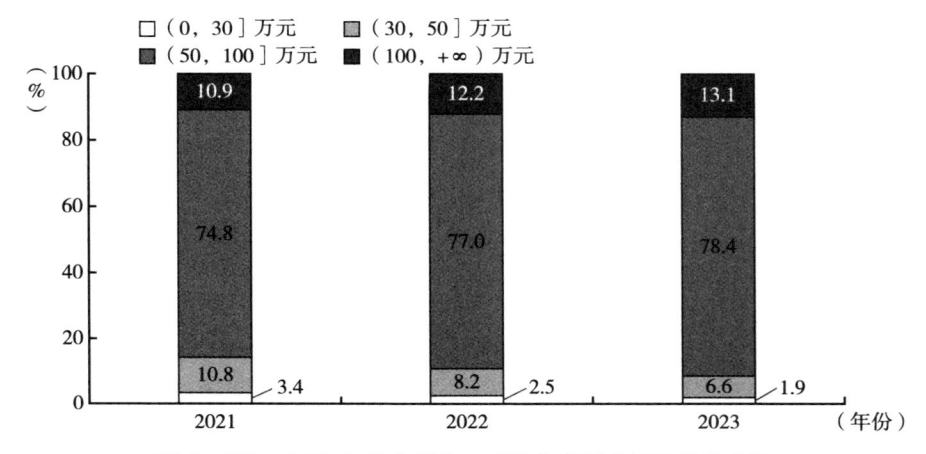

图 6　2021~2023 年营业货车三者险各保额分组下件数占比

资料来源：全国车险信息平台。

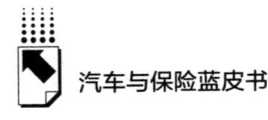

中，三者险保额在100万元以上的营业货车的平均折扣率最低，为74.2%；非营业货车中，三者险保额在30万元至50万元（含50万元）区间内的非营业货车，其平均折扣率最低，为71.5%（见表1）。

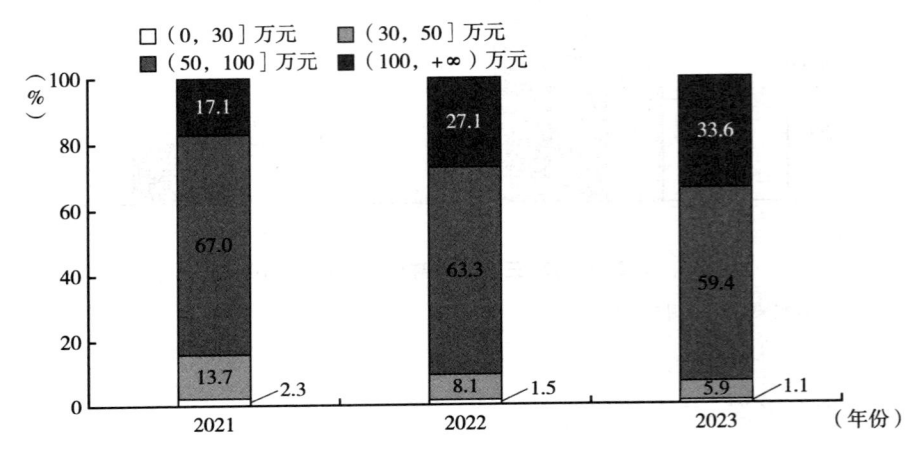

图7 2021~2023年非营业货车三者险各保额分组下件数占比

资料来源：全国车险信息平台。

表1 2023年货车三者险各保额分组下的平均折扣率

单位：%

保额分组	营业货车	非营业货车
(0,30]万元	78.6	83.4
(30,50]万元	79.8	71.5
(50,100]万元	79.0	80.4
(100,+∞)万元	74.2	79.0

资料来源：全国车险信息平台。

二 货车三者险理赔情况

（一）理赔-营业性质

2023年，营业货车三者险已结赔款达到332亿元，已结案均赔款为

23242元，相比上年下降4%；非营业货车三者险已结赔款达到111亿元，已结案均赔款为11183元，相比上年上升1.6%（见图8、图9）。

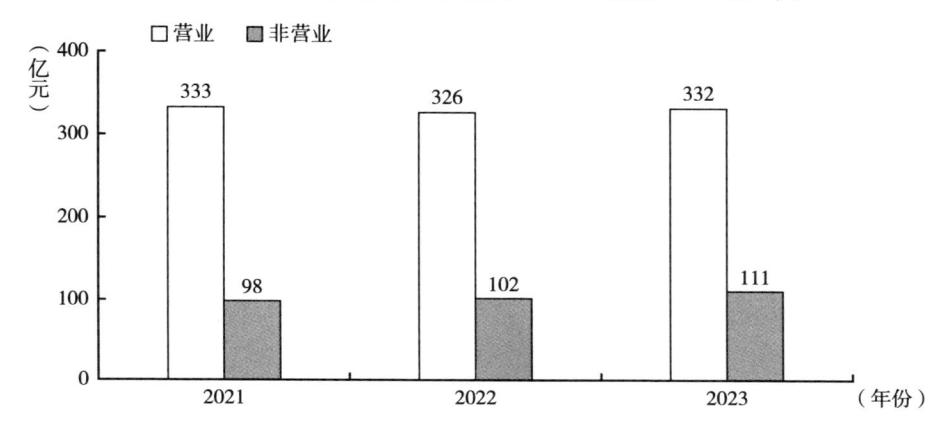

图8　2021~2023年货车三者险已结赔款

资料来源：全国车险信息平台。

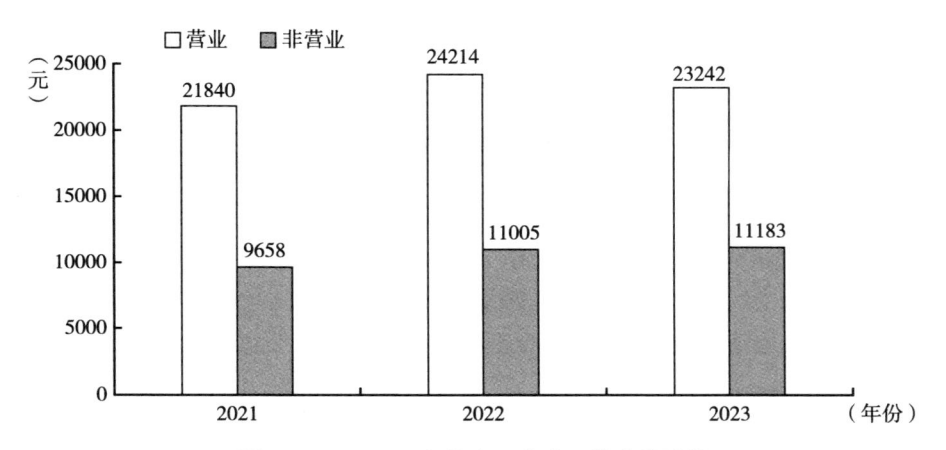

图9　2021~2023年货车三者险已结案均赔款

资料来源：全国车险信息平台。

2023年，营业货车三者险结案速度相比上年加快，平均结案周期①为82.8天，而非营业货车三者险结案速度相比上年有所放缓，平均结案周期

---

① 平均结案周期=（结案时间-报案时间）/非零结已结件数。

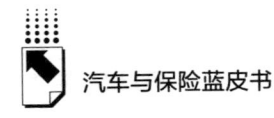

为46.4天。全年营业货车三者险简单赔付率①为62.6%；非营业货车三者险简单赔付率为58.2%（见图10、图11）。

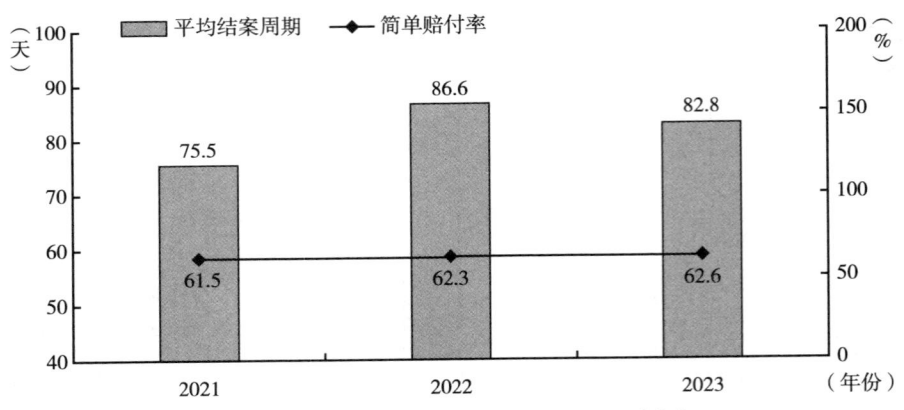

图10　2021~2023年营业货车三者险理赔指标

资料来源：全国车险信息平台。

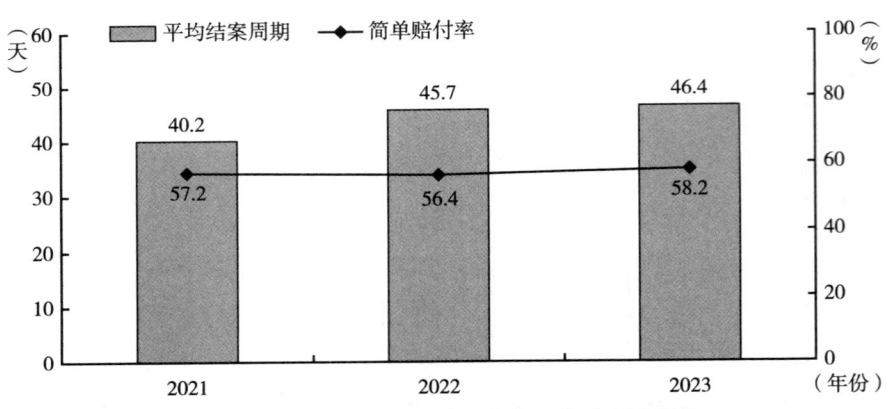

图11　2021~2023年非营业货车三者险理赔指标

资料来源：全国车险信息平台。

（二）理赔-吨位

通过吨位分组分析可得，2023年，营业货车中，2吨及以下营业货车的

---

① 简单赔付率=统计期间内的已结赔款/统计期间内起保保单的签单保费。

已结案均赔款最低，为13650元，10吨以上的已结案均赔款最高，为28107元；非营业货车中，2吨及以下的已结案均赔款最低，为11022元，10吨以上的已结案均赔款最高，为23299元（见表2）。

表2 2023年货车三者险吨位分组下的已结案均赔款

单位：元

货车吨位	营业	非营业
(0,2]吨	13650	11022
(2,5]吨	18849	15270
(5,10]吨	19525	15121
(10,+∞)吨	28107	23299

资料来源：全国车险信息平台。

2023年，营业货车平均结案周期，10吨以上的最长，为99.4天，2吨及以下的最短，为52.8天；非营业货车平均结案周期，10吨以上的最长，为85.9天，2吨及以下的最短，为45.8天。营业货车的简单赔付率，10吨以上最高，为63.6%；非营业货车的简单赔付率，2吨及以下最高，为58.4%（见图12、图13）。

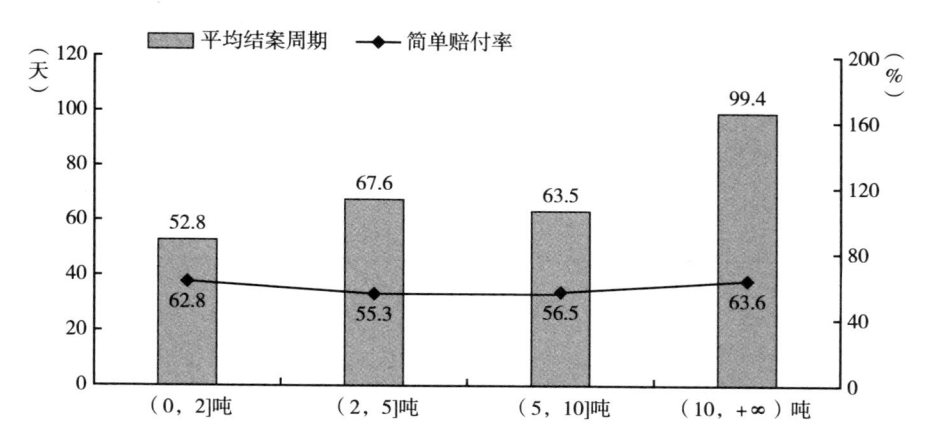

图12 2023年营业货车三者险吨位分组下的理赔指标

资料来源：全国车险信息平台。

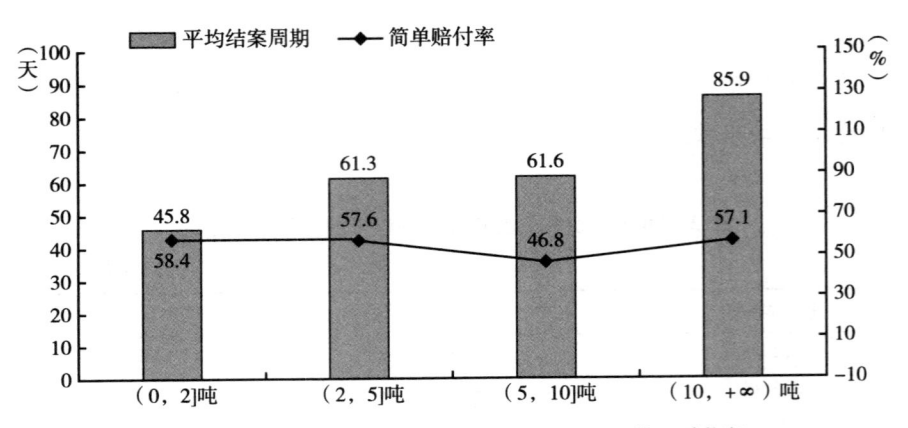

图13 2023年非营业货车三者险吨位分组下的理赔指标

资料来源：全国车险信息平台。

（三）理赔-三者险保额

分析保额分组可得，营业货车的已结案均赔款，50万~100万元（含100万元）保额分组最大，达到23964元；非营业货车已结案均赔款，30万~50万元（含50万元）保额分组最大，为12695元（见表3）。

表3 2023年货车三者险保额分组下的已结案均赔款

单位：元

保额分组	营业货车	非营业货车
(0,30]万元	17373	11040
(30,50]万元	17034	12695
(50,100]万元	23964	11595
(100,+∞)万元	22247	10099

资料来源：全国车险信息平台。

营业货车平均结案周期，50万~100万元（含100万元）保额分组最长，为84.3天；非营业货车平均结案周期，30万~50万元（含50万元）保额分组的最长，为69.1天。营业货车和非营业货车简单赔付率，均是30万元及以下保额分组最高，分别为170.0%和137.4%（见图14、图15）。

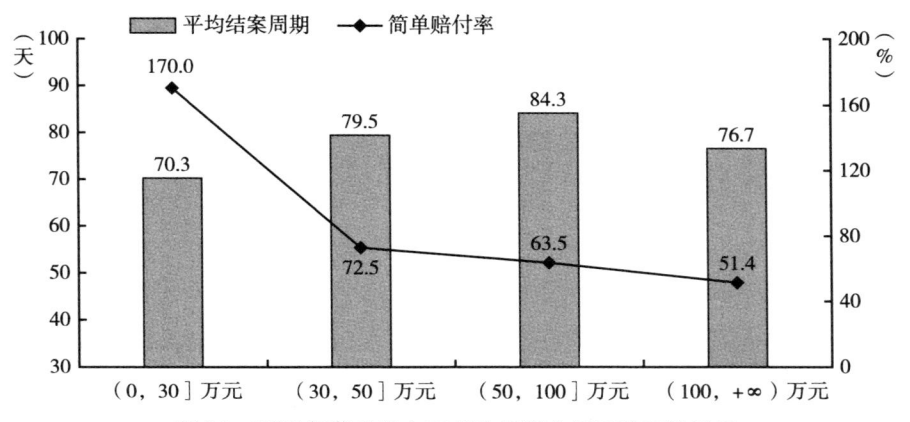

图 14　2023 年营业货车三者险保额分组下的理赔指标

资料来源：全国车险信息平台。

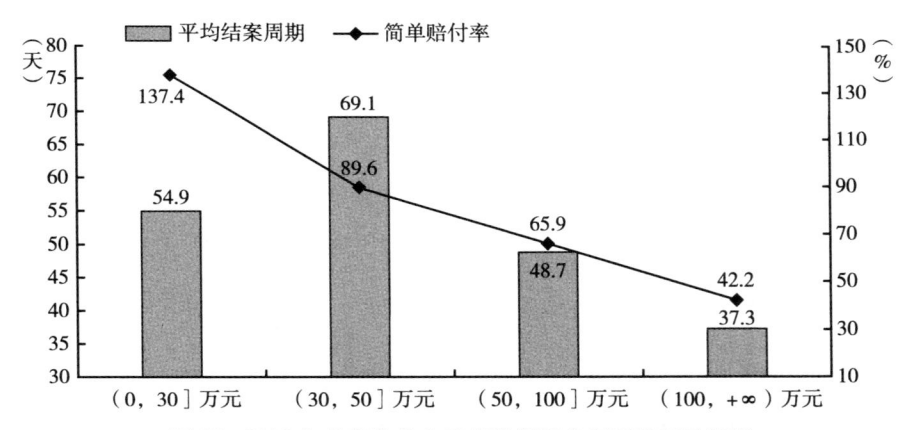

图 15　2023 年非营业货车三者险保额分组下的理赔指标

资料来源：全国车险信息平台。

（四）理赔-地区

分析地区可得，2023 年，营业货车三者险已结案均赔款全国平均水平达 23242 元，其中，河南最高，为 32801 元，深圳最低，为 12619 元。非营业货车三者险已结案均赔款全国平均水平达 11183 元，其中，江苏最高，为 15591 元，西藏最低，为 5506 元（见图 16、图 17）。

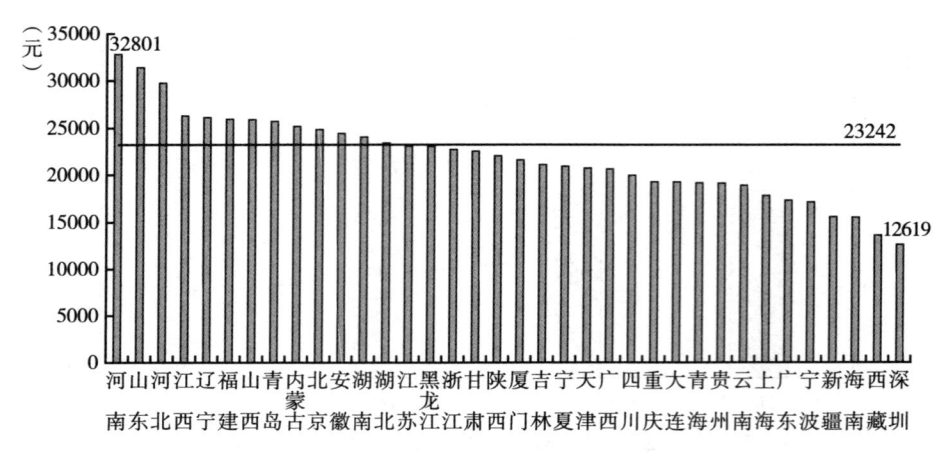

图 16　2023 年 31 个省（自治区、直辖市）和 5 个计划单列市营业货车三者险已结案均赔款

资料来源：全国车险信息平台。

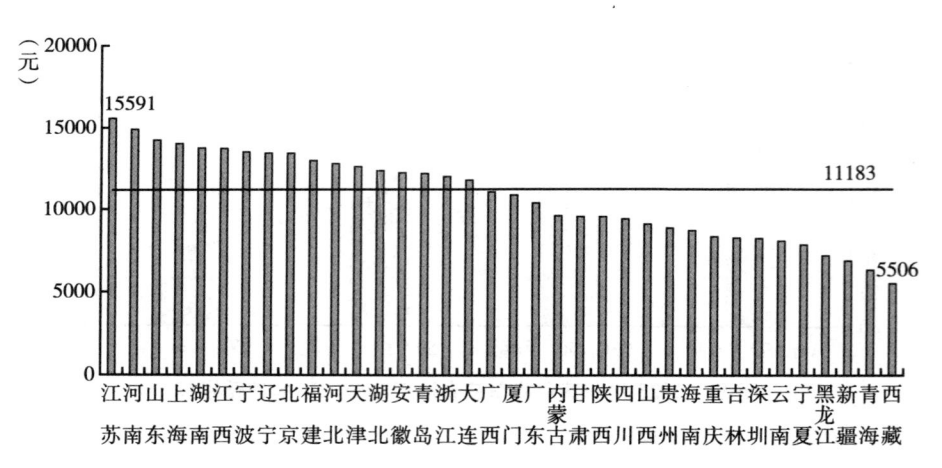

图 17　2023 年 31 个省（自治区、直辖市）和 5 个计划单列市非营业货车三者险已结案均赔款

资料来源：全国车险信息平台。

营业货车三者险平均结案周期，江苏及大连最长，为109.4天，浙江最短，为45.3天；非营业货车平均结案周期，江苏最长，为63.6天，西藏最短，为29.5天。

营业货车三者险简单赔付率，厦门最高，为88.7%，西藏最低，为47.8%；非营业货车简单赔付率，天津最高，为74.0%，黑龙江最低，为38.0%（见表4、表5）。

表4 2023年31个省（自治区、直辖市）和5个计划单列市
营业货车三者险理赔指标

单位：天，%

地区	平均结案周期	简单赔付率
浙　江	45.3	71.1
陕　西	54.3	65.3
宁　夏	54.4	50.8
新　疆	60.6	63.3
内蒙古	60.8	58.3
上　海	61.3	55.1
海　南	64.5	53.3
山　东	67.2	60.4
青　岛	67.2	69.2
青　海	67.3	50.7
山　西	68.7	59.4
安　徽	72.1	55.8
广　西	72.9	51.1
河　南	74.4	63.1
天　津	74.4	78.3
厦　门	76.1	88.7
河　北	77.6	66.8
北　京	78.6	72.4
湖　北	79.0	59.6
深　圳	79.5	55.8
宁　波	83.8	62.7
辽　宁	84.0	57.8
黑龙江	84.6	58.6
甘　肃	84.9	66.5
贵　州	85.1	67.8
四　川	85.5	68.0
江　西	88.2	68.4
云　南	90.7	74.9
西　藏	93.5	47.8

续表

地区	平均结案周期	简单赔付率
湖 南	96.1	62.4
重 庆	97.7	69.5
广 东	100.1	65.8
福 建	101.5	78.5
吉 林	102.7	59.4
大 连	109.4	65.0
江 苏	109.4	61.0

资料来源：全国车险信息平台。

表5　2023年31个省（自治区、直辖市）和5个计划单列市非营业货车三者险理赔指标

单位：天，%

地区	平均结案周期	简单赔付率
西 藏	29.5	57.8
青 海	32.1	64.6
黑龙江	32.8	38.0
吉 林	32.9	41.0
重 庆	34.1	60.6
甘 肃	36.9	66.2
新 疆	37.3	66.0
贵 州	37.4	58.7
陕 西	38.2	58.3
内蒙古	38.2	68.9
四 川	39.0	56.9
山 西	39.6	59.9
海 南	42.0	50.7
云 南	44.6	60.2
宁 夏	45.2	50.1
广 东	45.2	57.5
深 圳	46.3	60.2
宁 波	47.2	55.0
青 岛	47.2	55.8
天 津	47.5	74.0
大 连	47.8	51.8

续表

地区	平均结案周期	简单赔付率
浙　江	48.3	58.6
福　建	48.7	66.6
辽　宁	49.1	55.7
安　徽	49.3	53.3
河　北	49.7	63.9
广　西	50.2	67.4
江　西	50.4	65.8
山　东	50.9	55.5
湖　北	52.3	54.1
厦　门	53.0	72.1
湖　南	54.0	60.6
河　南	56.1	55.2
北　京	58.6	57.9
上　海	60.3	64.2
江　苏	63.6	52.2

资料来源：全国车险信息平台。

三　结论与启示

2023年，全国货车三者险高保额的保单件数占比继续上升，反映了全国货车交通事故责任的风险覆盖进一步扩大。此外，营业货车三者险结案速度相比上年加快，而非营业货车三者险结案速度进一步下降放缓，需要行业重点关注。

B.21
2023年全国车险涉人伤案件案情通报及风险分析

王　超　周　杨*

摘　要： 本文结合人伤数据对2023年车险涉人伤案件已决案件进行了专项分析。研究包括商业车险涉人伤已决案件数量和金额占比、交强险涉人伤已决案件数量和金额占比等整体情况分析以及车险涉人伤已决案件地区风险差异等分析。另外，本文通过车险涉人伤案件数据分析，为实现风险减量、防范理赔风险提供参考。

关键词： 车险人伤　已决案件　风险差异

车险涉人伤案件具有数量占比低、赔款占比高的特点，理赔风险相对集中，是车险理赔管理中的重点业务领域。为使经营车险业务的保险公司全面了解车险涉人伤案件理赔情况，指导车险经营、及时防范风险，更好地保护保险消费者权益，中国银保信应用全国车险信息平台数据对2023年车险涉人伤已决案件①进行了专项分析。

一　2023年车险涉人伤已决案件整体情况

相较车险当期已决案件全量数据，2023年车险涉人伤当期已决案件

---

* 王超，中国银行保险信息技术管理有限公司深圳办事处副经理；周杨，任职于中国银行保险信息技术管理有限公司业务三部。
① 剔除零结和拒赔案件。

804.92万件，占比11.40%；涉人伤当期已决赔款2336.51亿元，占比42.53%；涉人伤当期已决案均赔款2.90万元，是车险全量当期已决案均赔款的3.72倍（见图1、图2）。

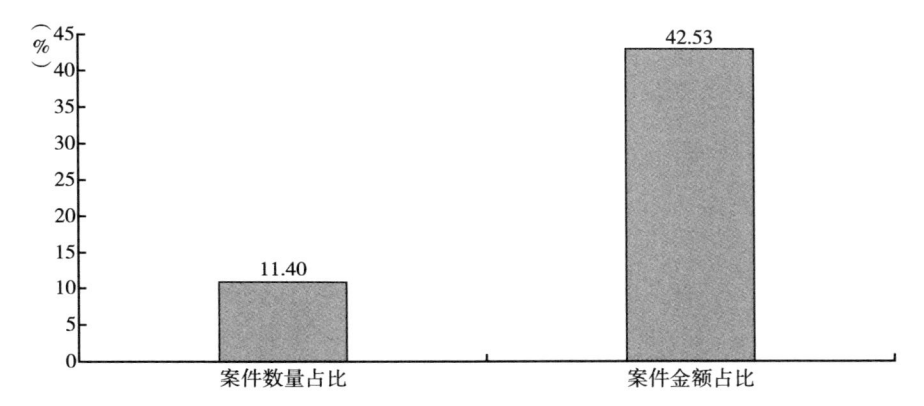

图1　2023年车险涉人伤已决案件数量和金额占比

资料来源：全国车险信息平台。

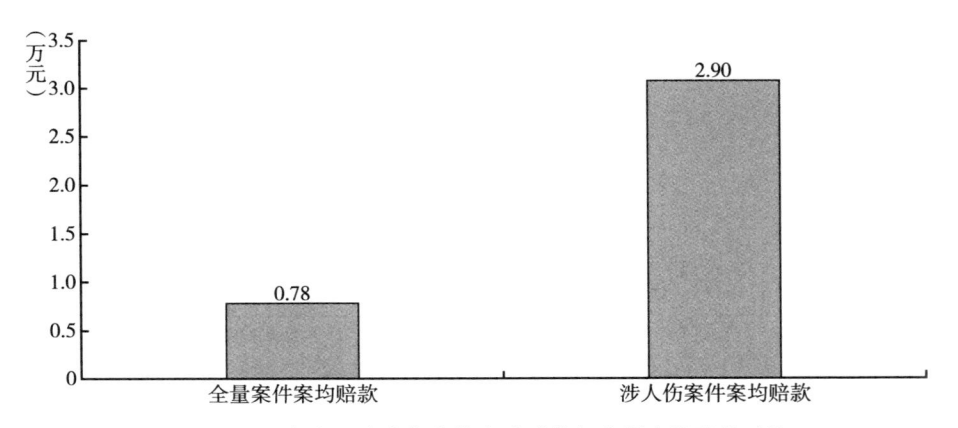

图2　2023年车险涉人伤案件案均赔款与全量案均赔款对比

资料来源：全国车险信息平台。

交强险和商业险涉人伤案件情况分别如下。

（一）交强险涉人伤案件整体情况分析

相较交强险当期已决案件全量数据，2023年交强险涉人伤当期已决案件 596.67 万件，占比 16.09%；涉人伤当期已决赔款 1324.07 亿元，占比 72.88%；当期已决涉人伤案均赔款 2.32 万元，是交强险全量当期已决案均赔款的 4.55 倍（见图 3、图 4）。

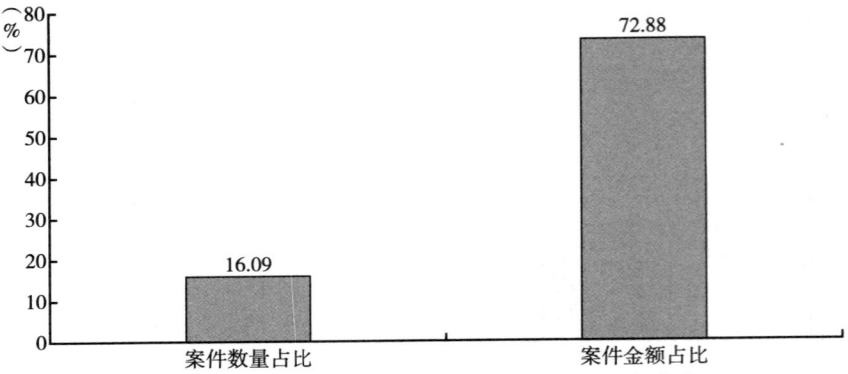

图 3　2023 年交强险涉人伤已决案件数量和金额占比

资料来源：全国车险信息平台。

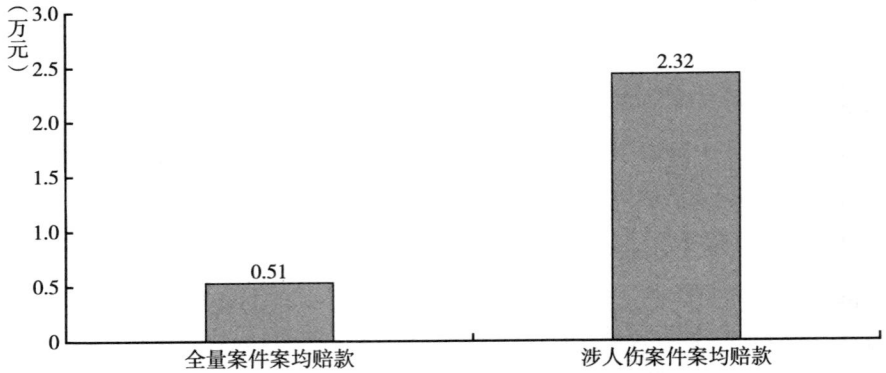

图 4　2023 年交强险涉人伤案均赔款与全量案均赔款对比

资料来源：全国车险信息平台。

（二）商业险涉人伤案件整体情况分析

相较商业险当期已决案件全量数据，2023 年商业险涉人伤当期已决案件 235.24 万件，占比 6.69%；涉人伤当期已决赔款 1012.44 亿元，占比 27.53%；当期已决涉人伤案均赔款 4.31 万元，是商业险全量当期已决案均赔款的 4.23 倍（见图 5、图 6）。

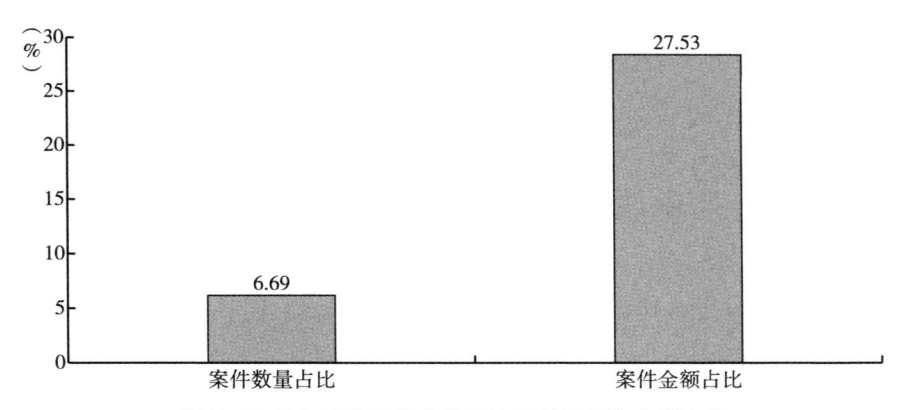

图 5　2023 年商业险涉人伤已决案件数量和金额占比

资料来源：全国车险信息平台。

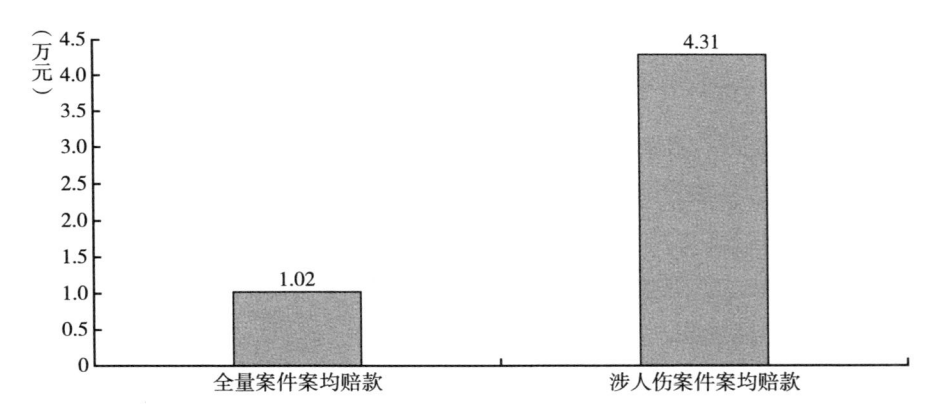

图 6　2023 年商业险涉人伤案均赔款与全量案均对比

资料来源：全国车险信息平台。

法律规定交强险优先承担赔偿责任①，因此交强险涉人伤案件数量和赔款金额占比都明显高于商业险；而商业险第三者责任险保额上限远大于交强

---

① 《最高人民法院关于审理道路交通事故损害赔偿案件适用法律若干问题的解释》第十三条规定，同时投保机动车第三者责任强制保险（以下简称"交强险"）和第三者责任商业保险（以下简称"三者险"）的机动车发生交通事故造成损害，当事人同时起诉侵权人和保险公司的，人民法院应当依照《民法典》第一千二百一十三条的规定，确定赔偿责任。《民法典》第一千二百一十三条规定，机动车发生交通事故造成损害，属于该机动车一方责任的，先由承保机动车强制保险的保险人在强制保险责任限额范围内予以赔偿；不足部分，由承保机动车商业保险的保险人按照保险合同的约定予以赔偿；仍然不足或者没有投保机动车商业保险的，由侵权人赔偿。

险责任限额,因而商业险涉人伤案件的案均赔款呈现明显高于交强险的特点。

二 车险涉人伤已决案件地区风险差异分析

各地区车险涉人伤已决案件数据存在较大差异,详情如下。

(一)已决案件数量

2023年,车险涉人伤已决案件数量超过40万件的地区有江苏、山东、浙江、广东、河南、河北和安徽,其中江苏省数量最多,为87.25万件(见图7)。

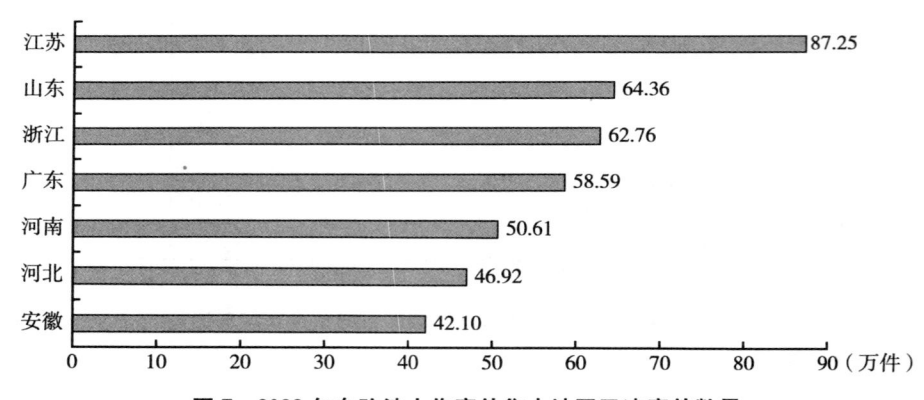

地区	数量(万件)
江苏	87.25
山东	64.36
浙江	62.76
广东	58.59
河南	50.61
河北	46.92
安徽	42.10

图7 2023年车险涉人伤案件集中地区已决案件数量

资料来源:全国车险信息平台。

(二)已决案件数量占比

2023年,车险涉人伤已决案件数量占比高于全国均值11.40%的地区有14个,超过15%的地区有安徽、河南、山东、江苏和江西,其中安徽省占比最高,为16.07%(见图8)。

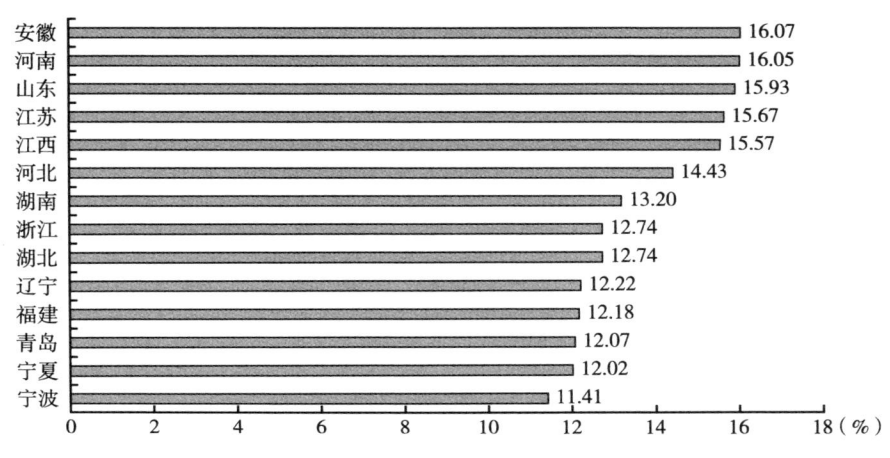

地区	占比(%)
安徽	16.07
河南	16.05
山东	15.93
江苏	15.67
江西	15.57
河北	14.43
湖南	13.20
浙江	12.74
湖北	12.74
辽宁	12.22
福建	12.18
青岛	12.07
宁夏	12.02
宁波	11.41

图8 2023年车险涉人伤已决案件数量占比较高地区

资料来源：全国车险信息平台。

（三）已决案件赔款占比

2023年，车险涉人伤已决案件赔款占比高于全国均值42.53%的地区有14个，超过50%的地区有山东、河南、安徽和江西，其中山东省占比最高，为56.84%（见图9）。

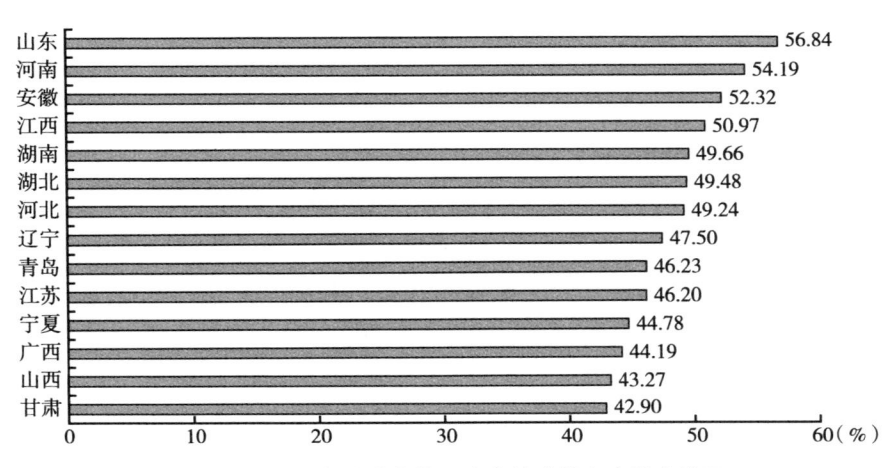

地区	占比(%)
山东	56.84
河南	54.19
安徽	52.32
江西	50.97
湖南	49.66
湖北	49.48
河北	49.24
辽宁	47.50
青岛	46.23
江苏	46.20
宁夏	44.78
广西	44.19
山西	43.27
甘肃	42.90

图9 2023年车险涉人伤已决案件赔款占比较高地区

资料来源：全国车险信息平台。

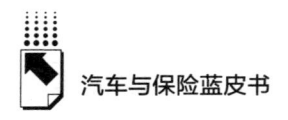

（四）伤者伤残占比

2023 年，车险涉人伤已决案件共赔付伤者 922.82 万人次[①]，其中伤残赔偿 97 万人次，致残率 10.51%。各地区数据情况如下。

2023 年，车险涉人伤已决案件中伤者致残率高于全国均值 10.51% 的地区有 14 个；伤者致残率超过 12% 的地区有宁波、湖北、湖南、四川和青岛；其中宁波最高，为 13.29%（见图 10）。

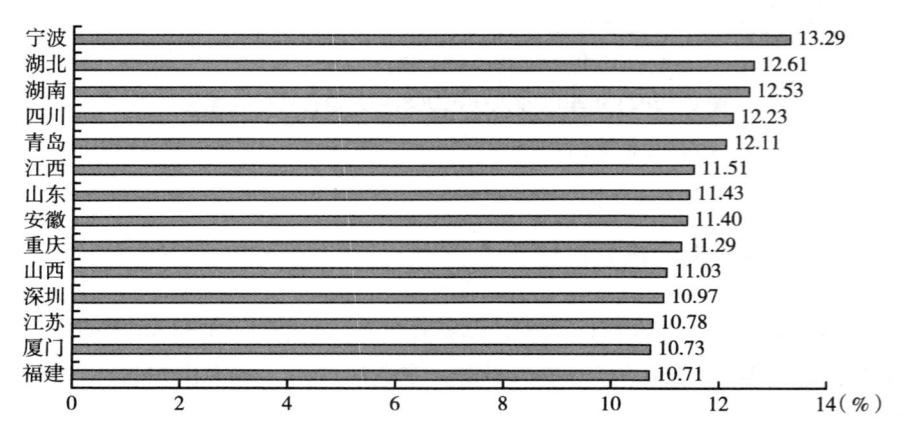

地区	致残率(%)
宁波	13.29
湖北	12.61
湖南	12.53
四川	12.23
青岛	12.11
江西	11.51
山东	11.43
安徽	11.40
重庆	11.29
山西	11.03
深圳	10.97
江苏	10.78
厦门	10.73
福建	10.71

图 10　2023 年车险涉人伤案件伤者致残率较高地区

资料来源：全国车险信息平台。

（五）案均赔款

2023 年，车险涉人伤案件案均赔款高于全国均值 2.90 万元的地区有 20 个；案均赔款达到 3.20 万元的地区有北京、深圳、大连、黑龙江、山西、西藏和山东，其中北京案均赔款最高，为 3.69 万元（见图 11）。

---

① 伤者人次按照案件涉及的伤者定核损任务数量口径进行统计，即按照交强险和商业险案件分别进行统计并加和。

2023年全国车险涉人伤案件案情通报及风险分析

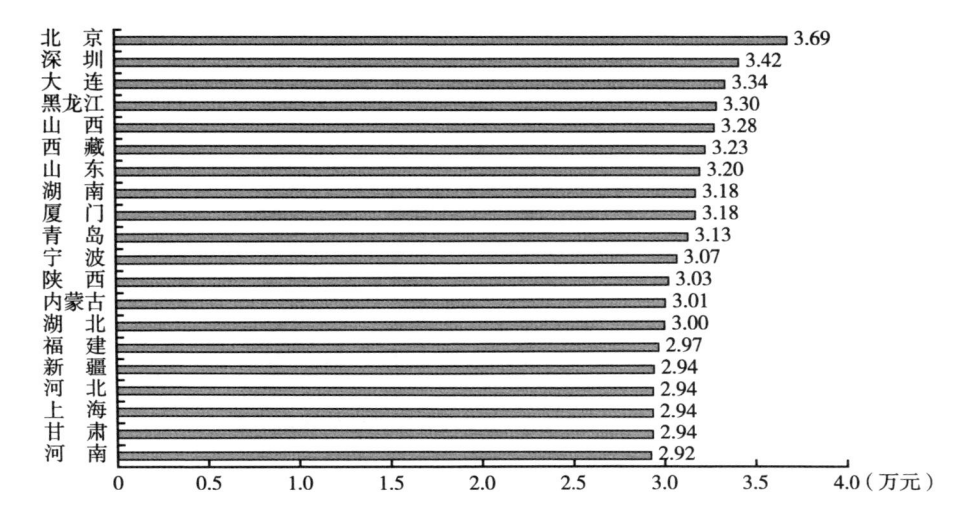

地区	案均赔款（万元）
北京	3.69
深圳	3.42
大连	3.34
黑龙江	3.30
西藏	3.28
山西	3.23
山东	3.20
湖南	3.18
厦门	3.18
青岛	3.13
宁波	3.07
陕西	3.03
内蒙古	3.01
湖北	3.00
福建	2.97
新疆	2.94
河北	2.94
上海	2.94
甘肃	2.94
河南	2.92

图11 2023年车险涉人伤案件案均赔款较高地区

资料来源：全国车险信息平台。

三 车险涉人伤案件理赔风险分析

中国银保信已连续6年发布车险涉人伤专项分析报告。2023年车险涉人伤案件数量占比11.40%，6年来首次突破11%；案均赔款2.9万元，6年来首次下降；赔款占比42.53%，较2022年略有下降。得益于风险减量工作开展卓有成效，车险伤残重大案件占比明显下降，2023年车险涉人伤案件数量占比上升的情况下，整体理赔风险并未同步上升（见图12）。

（一）车险伤残赔偿案件风险分析

一是2023年伤者致残率为2018~2023年最低，整体风险较2022年有下降趋势。2018~2023年，伤残赔偿人次整体呈上升趋势，2023年最高为97万人次；伤残赔偿案均赔款随着赔偿标准逐年上调同步上升，2023年伤残赔偿案均赔款为10.57万元，较2022年小幅上升；2023年伤者致残率

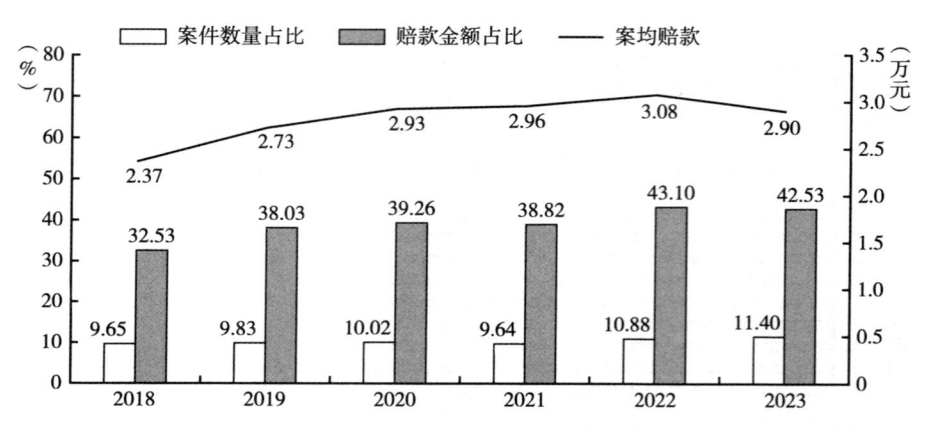

图 12　2018~2023 年车险涉人伤案件整体情况分析

资料来源：全国车险信息平台。

10.51%，2018 年以来首次降至 11%以下。2023 年涉伤残案件赔款占比为 42.70%，2018 年以来第二次下降（见图 13）。

图 13　2018~2023 年车险伤残赔偿案件数据

资料来源：全国车险信息平台。

二是 2023 年车险涉伤残赔偿案件高度集中在江苏、山东、广东、浙江、河南、安徽和四川，建议这些地区重点关注此类案件理赔风险。以上 7 个地区共发生车险涉伤残赔偿 49.20 万人次，赔款 498.55 亿元，伤残赔偿人次和赔款分别占全国总量的50.72%和49.97%。其中四川、山东、安徽、江苏四地区伤者致残率高于全国均值10.51%。以上地区相较2022年，2023年四川和广东伤残赔偿人次略有下降，其他地区均持续上升；所有地区伤者致残率均明显下降，其中，河南、浙江和广东地区伤者致残率已低于全国均值10.51%，但致残案件总量仍相对集中（见图14）。

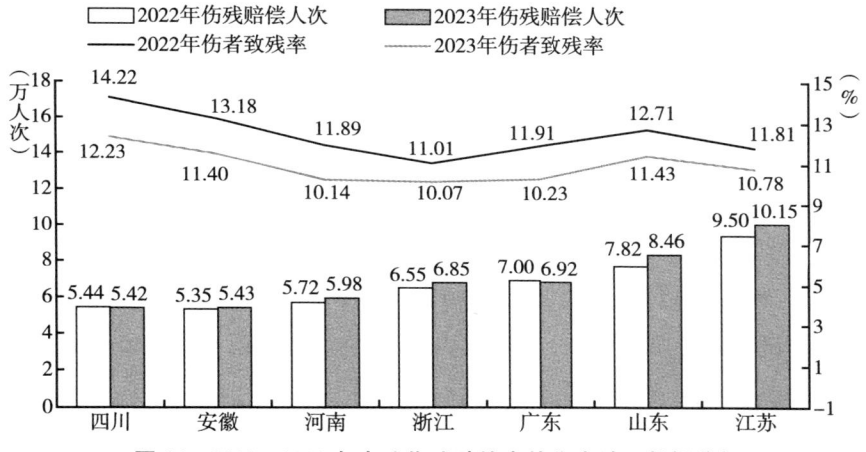

图14　2022、2023年车险伤残赔偿案件集中地区数据分析

资料来源：全国车险信息平台。

三是部分地区涉伤残理赔指标偏离全国均值较大，建议针对风险特征加强风险管控。2023年，中国银保信针对理赔风险高发的10级伤残①医疗费赔款占比数据开展关联风险分析，发现部分地区风险特征非常明显。青岛、新疆、宁波地区10级伤残医疗费占比远低于全国均值，轻伤评残风险相对较大；湖北、吉林、江西地区10级伤残医疗费赔款占比远高于全国均值，过度医疗风险相对较大（见图15）。进一步分析以上地区伤者致残率，也多数高于全国均值。新疆地区伤者致残率9.31%低于全国均值，但相较其同区域相邻西藏的6.08%、青海的6.59%，该理赔指标仍明显偏高。

---

① 欺诈人员通过各种暗箱操作，将伤情轻微、不构成伤残标准的伤者评为伤残程度最低的10级伤残，是最常见的欺诈方式。

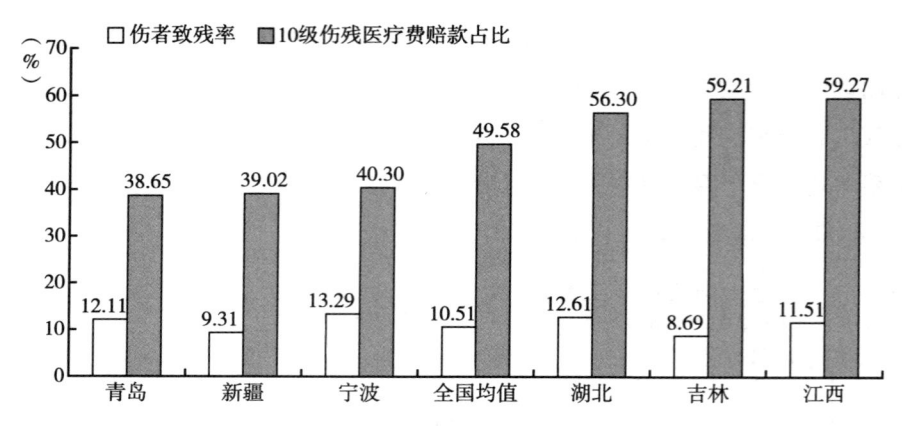

图 15　2023 年伤者致残率及相关风险数据对比

资料来源：全国车险信息平台。

2024 年，中国银保信将进一步加强基础信息服务，针对重点风险地区开展鉴定机构信息服务试点工作，辅助行业对轻伤评残风险突出的鉴定机构进行精准识别，高效管控理赔风险。

（二）车险非死亡伤残人伤[①]案件风险分析

一是 2023 年车险非死亡伤残伤者赔偿人次为 2018~2023 年最高，风险体量持续上升。2018~2023 年，非死亡伤残赔偿人次整体呈上升趋势，2023 年为 808.26 万人次，较 2022 年有较大幅度上升，与 2023 年整体有效报案件数增长情况基本同步；2023 年相关案件赔款总额同步突破 800 亿元；2023 年非死亡伤残案件案均赔款为 1.25 万元，较 2022 年略有下降，2018~2023 年数据整体保持稳定（见图 16）。

二是 2023 年车险非死亡伤残涉人伤案件高度集中在江苏、山东、浙江、广东、河南、河北和安徽，建议这些地区重点关注涉人伤案件出险率。以上 7 个地区共发生车险非死亡伤残涉人伤案件赔偿 407.78 万人次，赔款 425.74 亿元，赔偿人次和赔款分别占全国总量的 50.45% 和 49.13%。进一

---

① 指剔除死亡和伤残后的人伤类型。

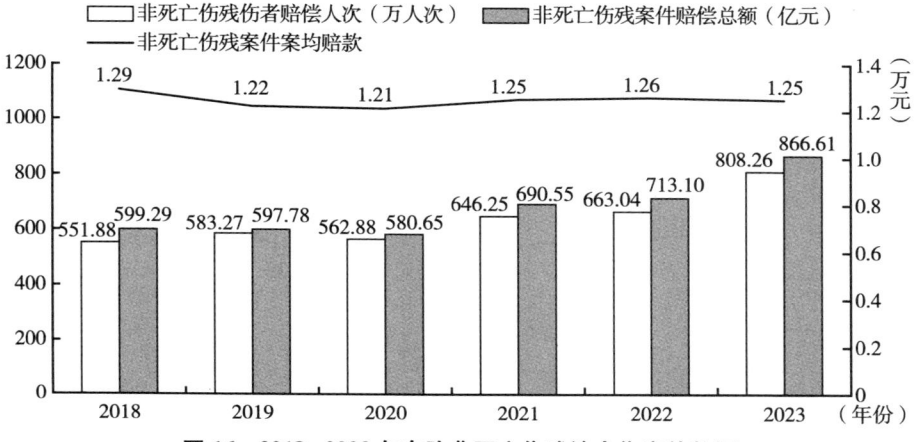

图 16 2018~2023年车险非死亡伤残涉人伤案件数据

资料来源：全国车险信息平台。

步分析以上7个地区车险非死亡伤残涉人伤案件占比，安徽、河南、山东、江苏四地区的非死亡伤残涉人伤案件占比超过15%，远高于全国均值11.40%，只有广东低于全国均值；案均赔款与全国均值整体偏离度不大，只有河南和河北两地区案均赔款高于全国均值（见图17、图18）。相关风险集中体现为涉人伤案件出险概率偏高。

图 17 2023年车险非死亡伤残案件集中地区赔偿人次和金额

资料来源：全国车险信息平台。

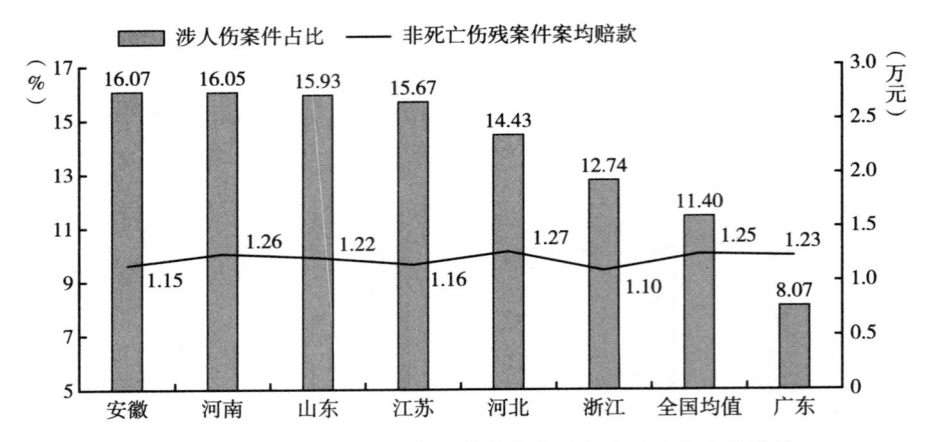

图 18　2023 年车险非死亡伤残案件集中地区出险率和案均赔款

资料来源：全国车险信息平台。

三是部分地区非死亡伤残案件案均赔款远高于全国均值，建议重点关注理赔风险。北京、西藏、深圳、大连、黑龙江 5 个地区相关案件案均赔款远高于全国均值 1.25 万元，综合对比案均赔款最低的 5 个地区，该数据与区域人口密度、经济体量、人均收入等因素关联性并不明显（见图 19）。案均赔款最高的 5 个地区存在理赔渗漏风险的可能性比较大。

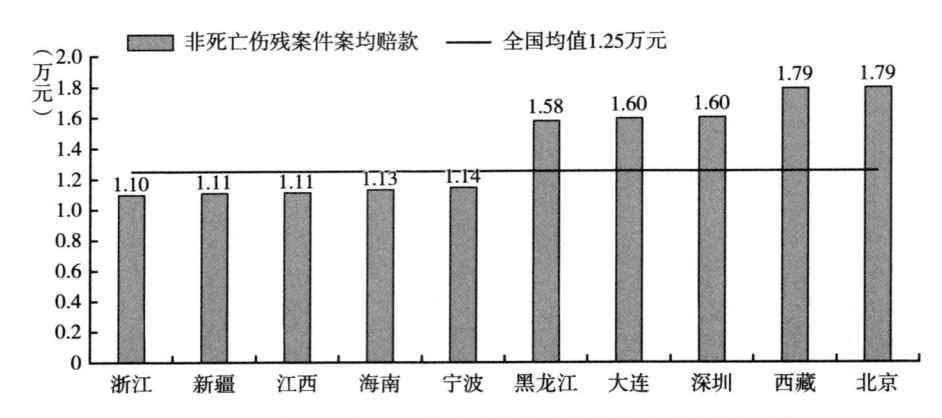

图 19　2023 年车险非死亡伤残案件案均赔款偏高地区数据分析

资料来源：全国车险信息平台。

非死亡伤残案件赔款高度集中在医疗费，进一步提取此类案件和 10 级伤残案件的医疗费定核损金额与全国均值的偏差率进行比对，北京和大连两类案件偏差率差别不大，当地医疗费用普遍偏高；深圳、黑龙江和西藏偏差率差别较大，非死亡伤残案件小伤大治风险存在概率相对较高（见图 20）。

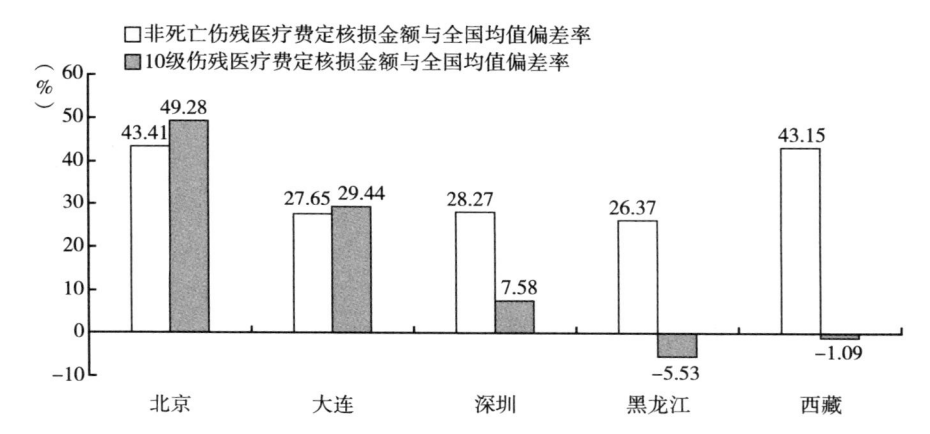

图 20　2023 年不同类型案件医疗费定核损金额与全国均值偏差对比

资料来源：全国车险信息平台。

2024 年，中国银保信将进一步加强基础信息服务，针对重点风险地区开展伤情标准编码以及医疗机构信息服务试点工作，辅助行业对过度医疗等风险突出的医疗机构进行精准识别，高效管控理赔风险。

展望篇

B.22
基于保险数据的汽车维修经济性对车辆风险影响研究

王龙亮　苗澍　胡帛涛[*]

摘　要： 汽车保险在保险市场中占据重要地位，随着新能源汽车的推广，车型的快速更新迭代给车险费率厘定差异化带来更大挑战。本文分析了目前行业中车险费率评价方式的缺陷，详细介绍了低速碰撞试验与维修经济性评估方法；基于对大量保险数据的分析，研究了维修经济性与车辆理赔风险之间的相关性，并提出了将维修经济性因子应用于保险费率厘定的方案，对车险行业风险精细化管理具有重要参考意义。

关键词： 保险风险评估　低速碰撞试验　车型风险分级

---

[*] 王龙亮，高级工程师，中汽研（天津）汽车工程研究院有限公司保险维修性方向主管，研究方向为保险维修性；苗澍，中级工程师，中汽研（天津）汽车工程研究院有限公司保险维修性研发工程师，研究方向为保险维修性；胡帛涛，高级工程师，中汽研（天津）汽车工程研究院有限公司安全性能开发室主任，研究方向为车辆被动安全和保险维修性。

一　新能源车险发展现状分析

（一）新能源车险经营表现

2024年初，中国新能源汽车市场掀起新一轮价格战。比亚迪、广汽集团以及小鹏汽车等多家知名新能源车企纷纷宣布在售产品价格调整或推出"以旧换新"补贴优惠，以此来吸引更多消费者。这一举措不仅使得市场竞争进一步升温，也意味着中国汽车市场进入一个"白热化"阶段。价格战背后是"以价换量"，新能源汽车销量迎来新一轮增长。根据中国汽车工业协会（以下简称"中汽协"）数据，2024年1~5月，新能源汽车销量为389.5万辆，同比增长32.5%，占汽车新车总销量的33.9%，超预期完成《新能源汽车产业发展规划（2021—2035年）》中的"到2025年新能源汽车新车销量占比达到25%左右"的目标；据公安部统计，截至2024年6月底，全国新能源汽车保有量达2472万辆，上半年新注册登记新能源汽车439.7万辆，同比增长39.41%；中汽协预计，2024年全年新能源汽车销量将达到1150万辆，同比增长20%。

在产业发展带动下，2021年以来新能源汽车商业保险保费收入稳步增长。国家金融监督管理总局数据显示，2023年1~11月，财险公司实现保费收入7778亿元，较上年同期增长5.9%。东吴证券预计，到2025年，新能源车险保费规模将达1947亿元，占车险总保费比例约为20.1%；2030年新能源车险保费规模将达4821亿元，占车险总保费比例约为37.1%。从目前新能源车险市场形势来看，头部险企凭借规模优势实现更为稳健的发展，行业马太效应将进一步强化，市场化定价能力和精细化运营成为竞争获胜的关键。

（二）新能源车险精准定价面临的困难与挑战

由于新能源汽车的技术复杂性和相对较低的市场成熟度，财险公司在为

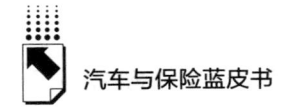

新能源车险定价时面临着较大的挑战。保险行业对车险的定价要依据大数法则，而大数法则需要有大量的历史数据和车辆参数的支持，这样才能合理预测车险价格、出险概率和赔付金额[1]。在燃油车时代，财险公司积累了大量稳定的燃油车数据，而新能源汽车的数据相对较少且波动很大，导致目前车险的定价模型不足以准确识别新能源汽车的风险系数，加之新能源汽车技术迭代更新快，每年都有大量新能源汽车新兴技术及品牌涌入市场，新车型上市时间较短、数据积累严重不足。此外，新能源汽车的数据均掌握在新能源车企手中，数据壁垒让财险公司、车企、大数据平台难以达成全面合作，财险公司在分析定价因子时缺乏数据支撑，大大提高了针对各车型及时准确估算风险、精准定价的难度。

（三）车险费率因子存在缺陷的现状

2023年6月1日起，"二次综改"明确商业车险自主定价系数的浮动范围由 [0.65, 1.35] 扩大到 [0.5, 1.5]，进一步扩大财产保险公司的定价自主权。[2] 自主定价系数由财险公司自主设置，影响因素主要来自"从车"和"从人"两大维度。对于新能源车险的定价，"从人"因子几乎没有变化，新能源车主群体与燃油车主群体并没有显著差异，但新能源汽车电气化、智能化的特点导致"从车"因子占据越来越重要的地位。目前，已有大量学者对车险定价模型展开研究，殷崔红等采用主成分分析法研究各因素对车辆风险的影响程度[3]，李敬采用广义线性模型方法构建保险费率因子计算模型[4]。无论何种方法，均需以过往保险数据为基础，且数据量越大计算结果越准确，而对于新上市车型来说历史出险数据几乎为零，无法使用大数据分析方法计算车型因素对车辆风险的影响程度。

---

① 刘之：《新能源车险供给侧改革的江苏实践》，《中国金融》2024年第1期。
② 杨望：《二次综改：新能源车险的机会》，《科技与金融》2023年第7期。
③ 殷崔红、ZHOU Jun、王晓全等：《车险综合改革下的自主定价研究》，《保险研究》2021年第3期。
④ 李敬：《中国商业车险费率市场化改革下多因子定价模型研究》，硕士学位论文，电子科技大学，2018。

同时在现阶段保险行业中,头部保险公司使用的从车因子主要有车辆用途、车辆种类、新车购置价及车辆品牌等①。但随着"造车新势力"浪潮的席卷,市场上新品牌、新车型不断涌现,车辆品牌因素的使用难以细化。另外,当单独考虑新车购置价时,用其代表车辆风险存在很大缺陷,新车购置价不能准确反映车辆风险差异。如果相同价格的两款车保费相等,而其中一款车因品牌溢价造成部件零整比高,或是结构设计导致耐撞性差,抑或是车辆整备质量过高碰撞惯性大,那么相似事故工况下其维修成本必然增加。而不管是车价、零整比、耐撞性还是整备质量,其影响的都是与保险公司支出理赔金额直接相关的车辆维修费用,若能用维修经济性指标代替以上四种因素指导车辆风险评估,对不同品牌不同车型赋以维修经济性系数,则可解决目前车辆品牌和新车购置价因素在车型风险评估应用中面临的难题。

二 基于低速结构碰撞试验的维修经济性评价方法

(一)低速结构碰撞试验介绍

低速结构碰撞试验分为正面低速结构碰撞和尾部低速结构碰撞两个工况,其工况说明及试验参数如图1所示。

正面低速结构碰撞试验中,试验车辆由牵引绳带动,以 15^{+1}_{0} km/h 的瞬时速度垂直撞击刚性壁障,重叠率为 40%±25mm,碰撞发生时车辆不受任何牵引力。试验时主驾驶位摆放重量 75kg 的假人,以近似模拟车辆在驾驶过程中的整备质量。刚性壁障高度超过试验车辆前部,且壁障前部接触角为10°,该撞击圆角半径为 150mm。碰撞方位左右侧随机选取,以促进汽车制造商对主驾侧与副驾侧防护结构设计的同等重视。

---

① 朱倩倩、郭维明、潘建亮:《国内外车险定价因子对标研究》,《时代汽车》2017年第24期。

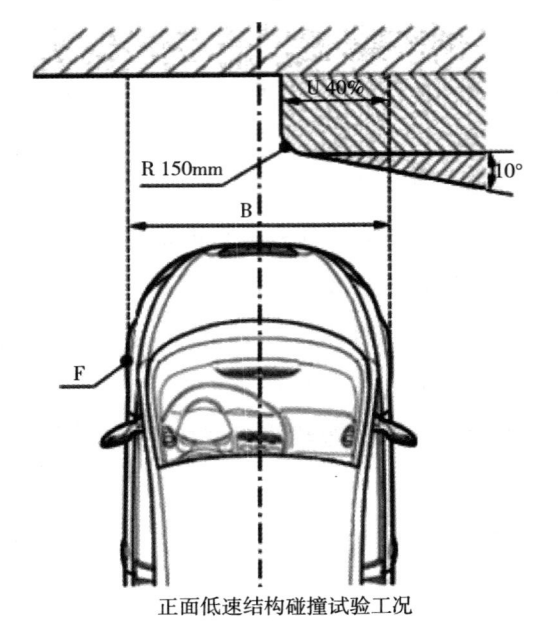

关键参数：
U=40% 重叠
B=车辆宽度(正面)
R=150 mm半径
F=试验车辆
壁障的高度应超过车辆正面的高度

正面低速结构碰撞试验工况

关键参数：
U=40% 重叠
B=车辆宽度
R=150 mm半径
壁障质量1400kg

尾部低速结构碰撞试验工况

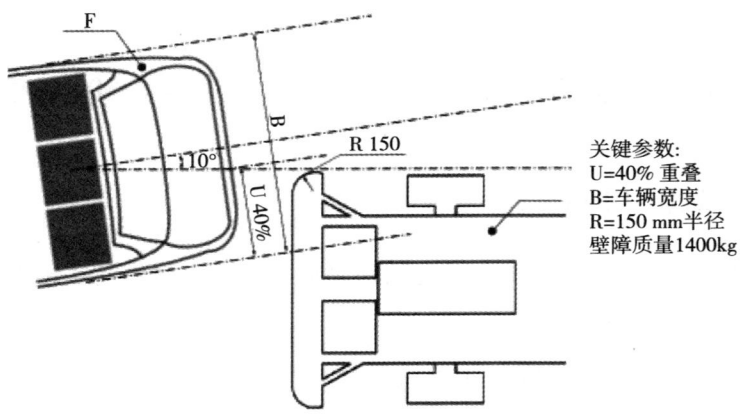

图 1 低速结构碰撞实验工况

资料来源：中汽研（天津）汽车工程研究院有限公司。

尾部低速结构碰撞试验中，由移动壁障以 15_0^{+1} km/h 的瞬时速度撞击试验车辆尾部，移动壁障为质量在 1400kg±5kg 范围内的台车。同样地，移动壁障和试验车辆尾部重叠率为 40%±25mm，且其纵向轴线与试验车辆纵向轴线成 10°±1°夹角。移动壁障自身高度 700mm，离地高度 200mm，撞击圆角半径为 150mm。碰撞方位为与正面碰撞相反的一侧。

（二）维修经济性评估方法

试验车辆在完成低速结构碰撞后，对碰撞后车辆进行损伤评估，评估的原则是客观准确地计算将车辆修复至碰撞前状态所需的维修费用，维修费用包含配件费、工时费和辅料费等。正面低速结构碰撞损伤评估表如表1所示。

表1 正面低速结构碰撞损伤评估表（例）

编号	损伤零部件名称	更换/维修	工时费	喷漆费	配件费	备注
1	前保险杠皮					
2	中网					
3	前保险杠电眼					
4	前大灯（左/右）					
5	发动机罩					

资料来源：中汽研（天津）汽车工程研究院有限公司。

根据表1计算正面低速结构碰撞的总维修费用，结合试验车辆的新车销售指导价，计算正面低速结构碰撞的维修费用比：

$$正面低速结构碰撞的维修费用比 R = \frac{正面低速结构碰撞的总维修费用}{厂商的新车销售指导价} \times 100\% \quad (1)$$

用得到的维修费用比 R 进行查表，对照表2得出正面低速结构碰撞分数。由于对照表原表较长，本文仅展示部分表格数据。

表2 正面低速结构碰撞分数匹配表（部分）

正面低速结构碰撞的维修费用比 R	对应分数
R<5.0%	50
5.0%<R<6.0%	47.5
6.0%<R<7.0%	45
7.0%<R<8.0%	42.5

资料来源：中汽研（天津）汽车工程研究院有限公司。

同样地，尾部低速结构碰撞损伤评估表如表3所示。

表3　尾部低速结构碰撞损伤评估表（例）

编号	损伤零部件名称	更换/维修	工时费	喷漆费	配件费	备注
1	后保险杠皮					
2	后防撞梁					
3	后围板					

资料来源：中汽研（天津）汽车工程研究院有限公司。

根据表3计算尾部低速结构碰撞的总维修费用，结合试验车辆的新车销售指导价，计算尾部低速结构碰撞的维修费用比：

$$\text{尾部低速结构碰撞的维修费用比 } R = \frac{\text{尾部低速结构碰撞的总维修费用}}{\text{厂商的新车销售指导价}} \times 100\% \quad (2)$$

将得到的维修费用比R进行查表，对照表4得出尾部低速结构碰撞分数。由于对照表原表较长，本文仅展示部分表格数据。

表4　尾部低速结构碰撞分数匹配表（部分）

尾部低速结构碰撞的维修费用比 R	对应分数
R<1.0%	30
1.0%<R<1.5%	28.5
1.5%<R<2.0%	27
2.0%<R<2.5%	25.5

资料来源：中汽研（天津）汽车工程研究院有限公司。

从表2、表4中可以发现，正面和尾部的低速结构碰撞得分满分分别为50分和30分，总计80分，这是由于低速结构碰撞维修经济性评价中还包含前、后防撞梁静态评价两项测试内容，各占10分。该评价是对前、后防撞梁的静态尺寸进行测量，以有效高度、有效重合尺寸及有效宽度比率三个参数作为评价标准，满足评价条件即可得到相应分数。该评价项目在一定程度上反映了前、后防撞梁对纵梁及内部构件的保护程度，可作为车辆维修经济性的附加参考项应用于车型风险评价中。

三 维修经济性与车型风险相关性分析

本文对国内某保险公司2023年总计发生的车险理赔案件数据进行分析，该数据已删除客户个人信息相关部分，仅保留车辆品牌型号、损伤零部件名称、定损价格、工时费用及车辆损失数量信息。以每次事故出险数据为一条，用于分析的数据总计12000条。删除其中商用车及多车事故出险数据，仅保留分析乘用车单车碰撞事故，同时进行数据清洗，剔除有明显错误的无效数据，确保数据准确性和完整性。完成以上步骤后，剩余数据10693条，用于真实道路交通事故情况的分析。

（一）低速结构碰撞试验结果与真实交通事故匹配性分析

根据每条出险数据的零部件损伤情况，分析事故碰撞方位。将汽车车身划分为前中、左前、右前、正面全宽、左侧前部、左侧后部、右侧前部、右侧后部、后中、左后、右后、尾部全宽12个碰撞方位，统计各方位事故数量，计算其占总数据量的百分比，结果如图2所示。

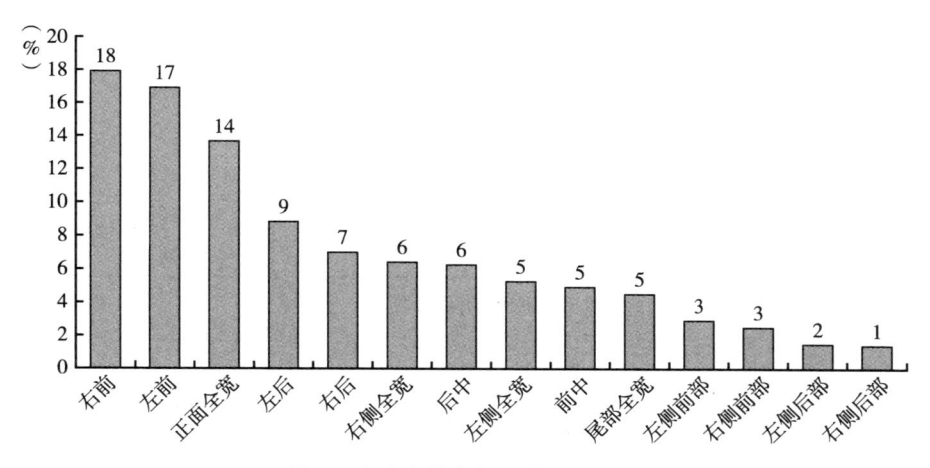

图2 出险事故车辆碰撞方位统计

方位	百分比(%)
右前	18
左前	17
正面全宽	14
左后	9
右后	7
右侧全宽	6
后中	6
左侧全宽	5
前中	5
尾部全宽	5
左侧前部	3
右侧前部	3
左侧后部	2
右侧后部	1

资料来源：中汽研（天津）汽车工程研究院有限公司。

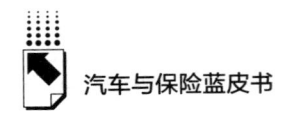

从图 2 中可以看出，在统计的 10693 条事故数据中，碰撞方位为右前和左前的事故概率占据最大和次大，分别为 18% 和 17%，明显高于其他碰撞方位事故概率。低速结构碰撞试验工况规定为正面碰撞方位左右随机选取且重叠率 40% 的偏置碰撞，能很好地代表日常交通事故中的大多数情况。

进一步地，将碰撞方位为右前和左前的事故数据单独提取出来，统计这部分数据中所有零部件的损伤概率并排名；分析目前已完成低速结构碰撞车型的试验结果，统计各零部件损伤概率排名，与保险数据进行对比，结果如表 5 所示。

表 5 高频率损伤零部件排名对比

	保险出险数据结果		低速结构碰撞试验结果
1	前保险杠皮	1	前保险杠皮
2	前大灯	2	前大灯
3	前叶子板	3	前叶子板
4	引擎盖	4	引擎盖
5	中网	5	前保险杠骨架
6	前叶子板内衬	6	前保险杠下格栅
7	前保险杠下格栅	7	水箱框架
8	前保险杠支架	8	前保险杠雷达
9	水箱框架	9	前保泡沫
10	前雾灯	10	前叶子板内衬
11	前保险杠内衬	11	前牌照板
12	前保险杠骨架	12	中网

资料来源：中汽研（天津）汽车工程研究院有限公司。

根据表 5 可得，对于前 12 项高频率损伤零部件，低速结构碰撞试验结果与保险出险数据结果中相同损伤零部件有 9 个，重合率高达 75%，说明低速结构碰撞试验结果与相似工况下交通事故损失情况具有高度匹配性，其结果对车辆的保险风险评估具有重要参考价值。

（二）低速结构碰撞试验结果在不同车型间的横向对比

1. 低速结构碰撞维修经济性与真实事故损失对比

案例一（正面碰撞工况分析）

选取两款保险数据存量较多且已完成低速结构碰撞试验的车型，两款车型均为纯电动汽车，且为指导价在 25 万～30 万元之间的竞品车型。在低速结构碰撞工况下，两款车型的前防撞梁均损伤需更换。因此，在保险事故数据中选择碰撞方位为左前和右前且前防撞梁更换的数据以代表与低速结构碰撞试验工况相似事故。分别统计两款车型在前防撞梁损伤情况下，散热器、冷凝器、前纵梁的损伤概率，以此来表征该车型前防撞梁对冷却系统及纵梁的防护能力。低速结构碰撞试验结果如表 6 所示，保险数据分析结果如图 3 所示。

表 6　车型一与车型二低速结构碰撞试验结果

项目	车型一	车型二
正面维修费用比	17.03%	14.63%
前防撞梁	更换	更换
散热器	更换	未损伤
冷凝器	更换	未损伤
前纵梁	中度损伤	未损伤

资料来源：中汽研（天津）汽车工程研究院有限公司。

从表 6 中可以看出，车型一在正面低速结构碰撞下散热器、冷凝器、前纵梁均损伤，前防撞梁对冷却系统和前纵梁的防护能力不足，而对于车型二，以上三个零部件均未发生损伤，同时车型一的正面维修费用更高，维修经济性相对更差。从图 3 可以看出，真实交通事故中车型一的散热器、前纵梁损伤概率为车型二的两倍左右，冷凝器损伤概率为车型二的近 5 倍，与低速结构碰撞试验结果相匹配。

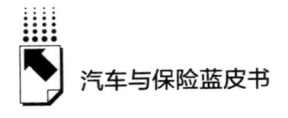

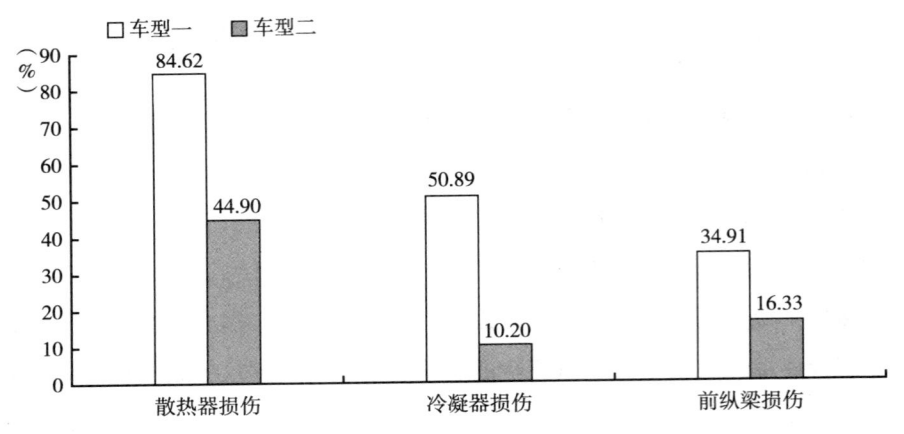

```
       □ 车型一    ■ 车型二
90
     84.62
80
70
60
                    50.89
50
     44.90
40                                    34.91
30
20                                          16.33
                          10.20
10
 0
    散热器损伤         冷凝器损伤         前纵梁损伤
```

图3 两车型在真实事故中冷却系统及前纵梁损伤统计

资料来源：中汽研（天津）汽车工程研究院有限公司。

案例二（尾部碰撞工况分析）

选取三款保险数据存量较多且已完成低速结构碰撞试验的车型，均为纯电动汽车。同样地，在尾部低速结构碰撞试验中三款车型后防撞梁均损伤需更换，因此在保险数据中选择碰撞方位为左后和右后且后防撞梁损伤的事故数据作为相似工况数据进行分析。分别统计三款车型在后防撞梁损伤情况下，后围和后纵梁的损伤概率，以此来表征该车型后防撞梁对后围及后纵梁的防护能力。低速结构碰撞试验结果如表7所示，保险数据分析结果如图4所示。

表7 车型一、车型二与车型三低速结构碰撞试验结果

项目	车型一	车型二	车型三
尾部维修费用比	8.73%	7.09%	3.80%
后防撞梁	更换	更换	更换
后围	切割及焊接	切割及焊接	未损伤
后纵梁	切割及焊接	未损伤	未损伤

资料来源：中汽研（天津）汽车工程研究院有限公司。

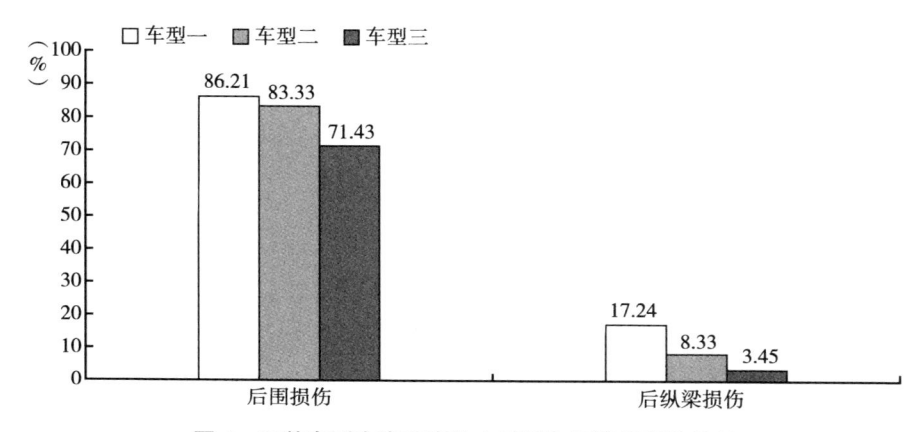

图 4 三款车型在真实事故中后围和后纵梁损伤统计

资料来源：中汽研（天津）汽车工程研究院有限公司。

从表 7 中可以看出，车型一在低速结构碰撞下后围和后纵梁均损伤，车型二后围损伤而后纵梁未损伤，车型三后围和后纵梁均未损伤，且尾部维修费用比逐次降低，维修经济性逐次提高。从图 4 可以看出，真实交通事故中三款车型的后围及后纵梁损伤概率同样依次降低，趋势与低速结构碰撞试验结果一致。

2. 低速结构碰撞维修费用与保险理赔金额对比

选取三款保险数据存量较多且已完成低速结构碰撞试验的车型，三款车型均为纯电动汽车且互为竞品车型，新车售价在 25 万~30 万元之间。在正面低速结构碰撞工况下前防撞梁为必损件，故筛选三款车型保险数据中碰撞方位为左前和右前且前防撞梁损伤的事故进行分析。统计该部分保险数据的平均理赔金额，与低速结构碰撞试验正面维修费用进行对比，结果如图 5 所示。

从图 5 中可以看出，三款车型的保险平均理赔金额与正面低速结构碰撞试验维修费用趋势相同，均为依次降低。

综上所述，在与低速结构碰撞试验碰撞方位相同的交通事故中，其正面及尾部的耐撞性和保险理赔金额均与低速结构碰撞试验结果有着相同的趋

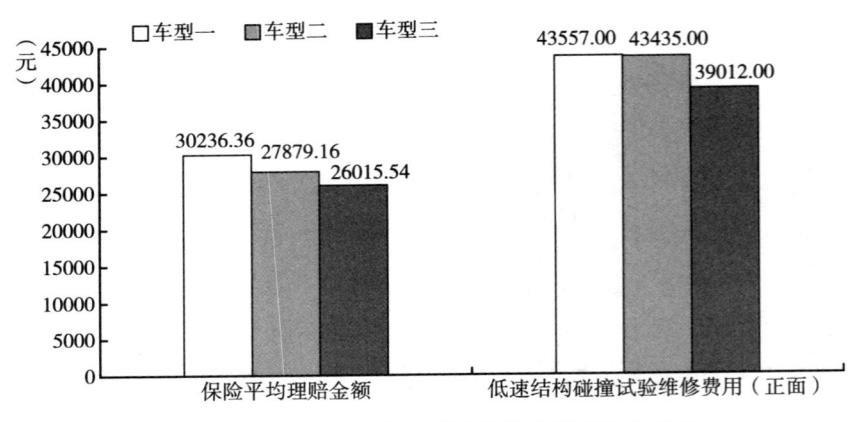

图 5　保险平均理赔金额与低速结构碰撞试验结果对比

资料来源：中汽研（天津）汽车工程研究院有限公司。

势，那么某车型的低速结构碰撞维修经济性越差，则其发生事故时保险理赔支付的金额越高，风险越大，即车型风险大小与低速结构碰撞试验下的维修费用比具有相关性，可用其作为维修经济性因子加入车辆的保险风险评估中，为历史数据积累量少的新品牌或老品牌新车型提供设定差异化保费的参考。

四　维修经济性因子应用于车型风险评估方案

在将车型因素融入车辆风险评估的研究中，国外起步较早，德国、英国、韩国等国家都有成熟的车辆保险分级体系，能更好地进行赔付风险管理及预测[1]。中国可参考国外模式建立符合自身情况的车型风险分级体系，中汽研（天津）汽车工程研究院有限公司与德国 AZT、英国 Thatcham 始终保持战略合作伙伴关系，共同推进中国车型风险分级体系的研究。

低速结构碰撞维修经济性因子将作为主要参考依据加入车型风险分级体

---

[1] 王久杰：《车型风险分级体系在车险费率厘定中的应用研究》，硕士学位论文，北京交通大学，2020。

系中，评价项目由维修经济性、主动安全和车辆参数三项组成，每项评价分配不同权重并计算总得分，不同分数段对应不同等级，以等级确定车险费率厘定系数。各项评价介绍如下。

(1) 维修经济性评价

将正面及尾部低速结构碰撞试验得到的维修费用结果与侧面维修经济性评估结果按一定比例分配权重，求和计算该评价项目得分数（其中侧面维修经济性评估结果为 C-NCAP 规程中侧面柱碰工况下理论应损伤的零部件配件费及维修工时费的总和），将保险杠静态评价结果作为附加项参考，若未通过静态评价时扣减一定分数。

(2) 主动安全评价

在影响车型风险的因素中要加入主动安全评价因子，这是因为同品牌同车型也会有高低配之分，搭载主动安全设备数量多的车辆安全性更高，同时售价也更高，若仅以车价为参考因素则会造成低风险高保费现象。

主动安全评价将以 C-ICAP 智能驾驶试验项目为参考，评估车辆的跟车能力以及障碍物识别与响应能力，将试验结果按一定比例分配权重，求和计算该评价项目得分数。

(3) 车辆参数评价

以车辆最高车速、百公里加速时间、电动机功率、最大扭矩等参数作为评估项，通过广义线性模型、最小偏差模型等方法，依托现有保险数据基础，计算各因素对车型风险的影响系数，用该系数乘以对应参数数值再累加求和，得到评分基数，不同基数范围对应不同得分，即车辆参数评价项目得分。

目前中汽研（天津）汽车工程研究院有限公司车辆可维修性实验室已完成百余款车型的低速结构碰撞试验，试验结果可用于相关车型费率厘定环节，推进我国车险行业风险评估精细化、产品设计高质量发展。

五 总结

本文首先分析了目前保险行业中车险费率评价方式的缺陷，解释了新车

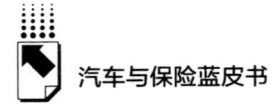

购置价因素在保费厘定中的片面性，阐述了行业在对新车型风险评估中面临的难题，提出了用与保险理赔金额直接相关的维修费用因素指导车险费率厘定的方法。

本文详细介绍了基于低速结构碰撞试验结果的维修经济性评估，从低速结构碰撞试验方法到维修经济性评价方法都予以充分说明，为研究车辆维修经济性对车型风险的影响提供了依据。

本文对大量保险出险数据展开研究，首先验证了低速结构碰撞试验结果与真实交通事故数据的匹配性，然后将试验结果与保险数据在不同车型间进行横向对比，通过对正面和尾部两个碰撞工况的案例分析，说明了相似工况下试验损伤情况与真实事故损失相吻合；将低速结构碰撞试验后维修费用与保险平均理赔金额相对比，二者具有相关性的结果证明了用维修经济性指导车型风险评估的可行性。

本文参考国外车辆保险风险分级体系，提出了以维修经济性为主要参考因素的车型风险评估方案，该方案由维修经济性、主动安全和车辆参数三个评价项目组成，对保险公司车险费率厘定精细化研究具有重要指导意义。

B.23
"双碳"背景下汽车零部件再制造在车险理赔中的应用趋势研究

朱 旭 马小千 李东宇*

摘 要： 在全球"双碳"政策背景下，减少碳排放及实现"碳中和"已成为各国政府的重要目标，汽车零部件再制造作为一种有效的资源循环利用方式，对实现这些目标具有重要意义。本文研究了汽车零部件再制造在车险理赔中的应用趋势，通过分析国际市场欧、美、日再制造行业的成熟经验及其对中国市场的借鉴意义，探讨国内市场在政策支持和市场拓展下的挑战与机遇。随着消费者认知的提升和政府政策的支持，再制造产业的应用前景广阔，其在车险理赔环节可以帮助保险公司减碳降赔，提质增效。另外，"双碳"政策的利好将推动再制造零部件的广泛应用，建议通过政策支持和行业协作，促进汽车保险与再制造产业的长期可持续发展，以实现环保效益与经济效益的双赢。

关键词： 双碳 汽车零部件再制造 车险理赔

一 汽车零部件再制造整体发展分析

（一）国际市场现状：欧、美、日再制造发展基本成熟，发展经验值得借鉴

国际上，汽车零部件再制造产业发展迅速，受环保政策和经济激励的推动，

---

* 朱旭，工程师，中国汽车技术研究中心有限公司中汽数据有限公司保险业务生态室研究经理，研究方向为汽车后市场保险及配件产业；马小千，助理工程师，中国汽车技术研究中心有限公司中汽数据有限公司保险业务生态室研究经理，研究方向为汽车后市场保险及配件产业；李东宇，工程师，中国汽车技术研究中心有限公司中汽数据有限公司保险业务生态室高级主管，研究方向为汽车后市场保险及配件产业。

再制造在降低成本的同时，响应全球环保趋势，减少资源浪费和碳排放。据统计，2023年全球再制造汽车零部件市场估值约为654.9亿美元，预计到2026年将突破800亿美元，年均增长率为8.5%（见图1）。各国纷纷出台政策，推动再制造产业发展，以实现更高效的资源利用和环境保护目标。

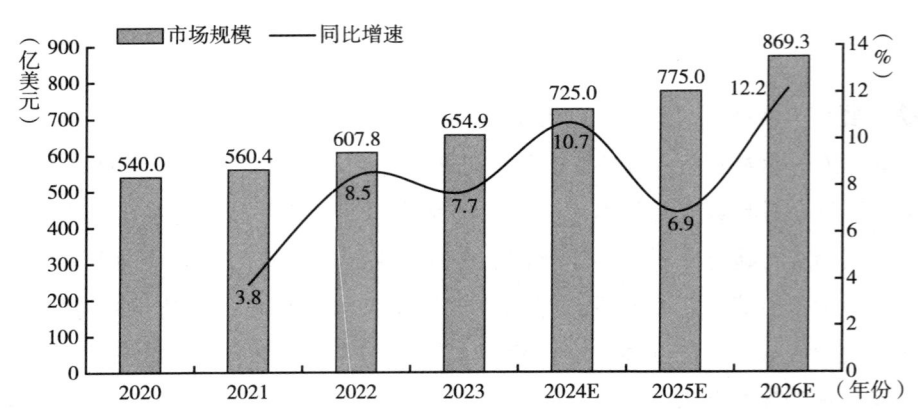

图1 2020~2026年全球汽车零部件再制造市场规模及同比增速

资料来源：财富商业洞察网。

在汽车零部件再制造产业中，发动机和变速箱、启动电机和交流发电机、转向架和离合器是主要的再制造项目。同时，外观件再制造也广泛应用在汽车出险后的理赔核保环节。各类别市场份额如图2所示。

美国已成为世界规模最大的再制造市场，根据美国汽车售后市场协会（AASA）报告称，2023年，美国再制造市场规模达到220亿美元，预计到2026年将增长至260亿美元。美国在再制造领域的技术和工艺相对成熟，拥有大量高素质的再制造企业和技术人员。从产业发展角度建立3R体系（再利用Reuse、再循环Recycle、再制造Remanufacture），形成完备的产业链和相关的法律法规，配套有国家再制造与资源回收中心、再制造工业协会与研究所等专业机构，国内有大量的再制造企业和从业人员，致力于为工业界提供绿色、有效或经济的再制造产品，从而促进再制造产业可持续发展。汽车零部件再制造是美国第三大再制造行业，再制造汽车零部件占美国汽车

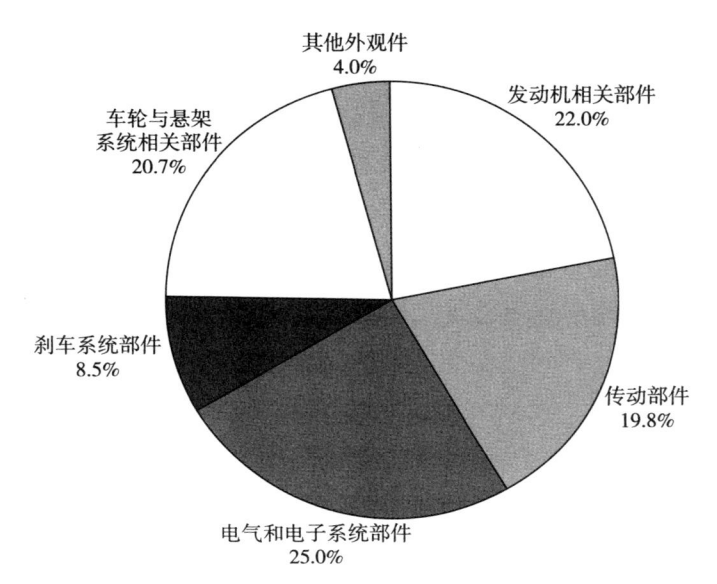

图 2　2023 年全球汽车零部件再制造市场份额（按零件类别区分）

资料来源：财富商业洞察网。

零部件公司总销售额的 1%～2%。

受欧盟循环经济行动计划等严格环保法规的推动，欧洲再制造行业发展领先世界。据欧洲汽车制造商协会数据，2023 年，欧洲再制造市场规模达到 200 亿美元。欧洲再制造产业的成功得益于政府政策支持和行业标准的建立，如德国环境部制定的再制造产品认证体系，保证再制造产品的质量和市场认可度；英国出版《再制造战略》，通过政策激励和技术创新，促进再制造产业的发展，鼓励企业进行再制造技术研发。

日本作为世界汽车工业大国，在汽车零部件再制造领域也取得显著进展。日本政府高度重视再制造产业的发展，通过多项政策和措施推动再制造技术进步和市场扩展。日本环境省和经济产业省联合制定《资源循环利用促进计划》，鼓励企业进行再制造技术研发和市场推广。日本再制造产业主要集中在发动机、变速箱和电机等高价值零部件领域。根据日本汽车零部件再制造协会的数据，2023 年，日本再制造市场规模达到了约 40 亿美元，预计到 2026 年将增长至 60 亿美元（见表 1）。

表1　各国汽车零部件再制造产业特点及发展优势对比

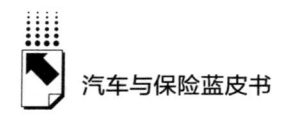

	美国	欧盟	日本
特点	市场主导带动高活跃度	汽车厂商主导形成高完善度	立法主导促进高认可度
发展优势	回收链分工明确； 允许旧件进出口，保障原材料； 市场消费者接受度较高，需求量大	主机厂建立废旧汽车回收物流体系； 主机厂投资或授权进行再制造； 产品多进入主机厂/售后服务中心	政府为主导推动产业发展； 费用承担机制保障旧件回收； 消费者拥有再制造件使用自主权

资料来源：中汽数据有限公司整理。

（二）国内发展情况：政策放宽市场增大，多因素刺激下产业发展痛点愈发凸显

"双碳"战略、汽车及保险业务痛点等多重因素叠加，催生再制造业务快速发展。我国汽车零部件再制造产业在经历了10余年的发展孵化期后，正迎来快速发展的新阶段。然而，行业规范的欠缺等因素仍在限制再制造产业的发展，企业资质认定和终端销售方面仍存在明显痛点。

1.国家政策

我国政府高度重视再制造产业的发展，并通过一系列政策和战略措施推动再制造产业的健康发展。国家发展改革委等部门联合发布《汽车零部件再制造规范管理暂行办法》，旨在提升再制造产品的质量和信誉度，该办法鼓励汽车维修企业采用通过认证的再制造产品，并提供相关的政策支持，如税收优惠和财政补贴；同时工业和信息化部为加强再制造行业管理，规范再制造产品生产，根据《再制造产品认定管理暂行办法》（工信部节〔2010〕303号）及《再制造产品认定实施指南》，对起动机、汽油发动机、汽车大灯等15个大类的部分生产企业进行认证（见表2）。

表 2　工信部汽车再制造产品目录品类汇总

工信部产品目录汇总（第二~九批）			
	起动机	汽车发动机缸盖	汽车发动机
	汽油发动机	汽车车身覆盖件	汽车发动机缸体
	天然气发动机	轴承总成	DP 助力总成
	柴油发动机	减速器总成	自动变速器
	油改气发动机	交流发电机	汽车大灯

资料来源：工业和信息化部官网。

2. 市场规模

随着我国汽车保有量的增加，汽车后市场规模不断扩大，对汽车零部件更换的需求日益凸显。根据中国汽车流通协会的数据，2023 年我国汽车后市场规模已超过 1.3 万亿元，汽车维修保养及配件更换规模也在逐年上升，并预计在未来几年内继续保持稳步增长（见图 3）。同时，中国汽车零部件再制造市场规模也在迅速扩大，相关数据显示，增速已达到每年 10%。

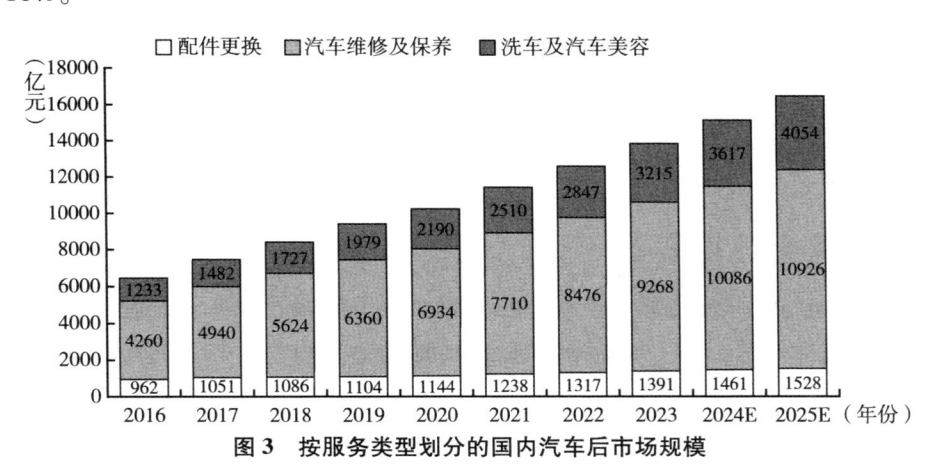

年份	配件更换	汽车维修及保养	洗车及汽车美容
2016	962	4260	1233
2017	1051	4940	1482
2018	1086	5624	1727
2019	1104	6360	1979
2020	1144	6934	2190
2021	1238	7710	2510
2022	1317	8476	2847
2023	1391	9268	3215
2024E	1461	10086	3617
2025E	1528	10926	4054

图 3　按服务类型划分的国内汽车后市场规模

资料来源：中国汽车流通协会。

3. 行业现状

汽车零部件再制造企业可划分为四类：主机厂再制造部门、原厂零部件供应商、正规第三方再制造厂商和小型再制造企业。主机厂再制造

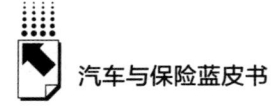

主要由欧美企业主导，代表性企业包括奔驰、大众等。与其他类型企业相比，主机厂具有标准化优势，能够实现最高质量的再制造，满足消费者需求；此外，主机厂还具备渠道优势，能够有效回收和推广再制造零部件。

原厂零部件供应商在再制造市场中也扮演着重要角色，其具备独立的回收渠道，实行"以旧换新"、"以旧换再"和"旧件补贴"措施，如康明斯、博格华纳。其中康明斯主要涉足商用车发动机的再制造，博格华纳专注于涡轮增压器的再制造。

正规第三方再制造厂商按照《汽车零部件再制造规范管理暂行办法》的标准运营，需要获得再制造管理体系认证，具有一定的市场竞争力。因此，此类公司能够提供高质量再制造产品，并有效满足市场的需求。

此外，市场上仍存在大量小型再制造企业，这些企业通常只能进行基础的翻新和组装工作，缺乏必要的检测能力和质量保障。另外由于此类企业员工数量不足，缺乏规范的分拣流程和技术改造，难以保证产品质量（汽车零部件再制造工艺流程如图4所示）。

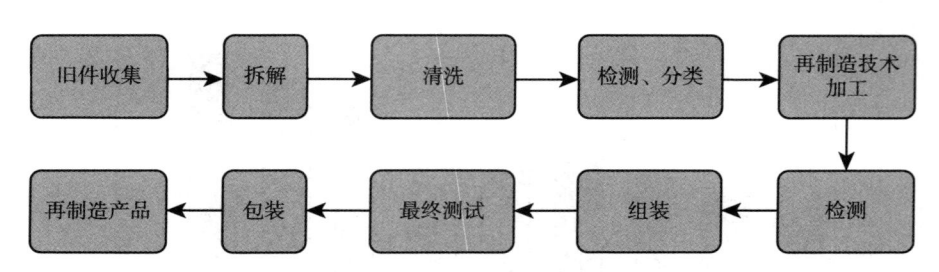

旧件收集 → 拆解 → 清洗 → 检测、分类 → 再制造技术加工 → 检测 → 组装 → 最终测试 → 包装 → 再制造产品

图4　汽车零部件再制造工艺流程

再制造产业当前已取得一定发展，但仍面临诸多挑战。行业规范的不完善导致市场上再制造产品质量参差不齐，消费者对其信任不足。此外，再制造企业在资质认定和终端销售方面也面临诸多困难。当前，企业资质认定的标准和程序尚不完善，导致正规企业与非正规企业难以区分，从而影响了市场秩序和再制造产品的信誉度。

(三)响应政策:"双碳"战略背景下,售后领域降碳研究势在必行

在"双碳"政策背景下,汽车零部件再制造作为低碳和环保的生产模式,正逐渐成为关注的重点。再制造技术显著降低能源消耗和碳排放,与国家环保政策和绿色发展战略高度契合。根据研究,再制造零部件的生产过程相较于新制造零部件,能够减少约60%的能源消耗和70%的碳排放。例如,再制造一台发动机可节省85%的材料消耗,减少55%的碳排放。这一过程不仅减少资源消耗,还降低生产成本,从而实现经济效益与环境效益的双重提升。

再制造是循环经济的重要组成部分,通过对废旧零部件的再利用,实现资源的最大化利用和浪费的最小化。根据中国再制造产业联盟的数据,再制造产业每年可减少约120万吨的废弃物排放。此外,国家对再制造产业的发展给予高度重视,出台了一系列政策以推动再制造技术及市场的发展。《2030年前碳达峰行动方案》指出,要促进汽车零部件、工程机械、文办设备等再制造产业高质量发展,加强资源再生产品和再制造产品推广应用,推动循环经济的发展;《汽车零部件再制造规范管理暂行办法》则鼓励汽车维修企业采用通过认证的再制造产品,以提升再制造产品的市场接受度和产品信誉。此外,《中华人民共和国循环经济促进法》和《废弃电器电子产品回收处理管理条例》等法律法规也为再制造产业的发展提供了坚实的制度保障和政策支持。

二 汽车零部件再制造在车险理赔中的应用现状分析

(一)车险理赔中零部件赔付现状分析

近年来,随着汽车保有量的增加及新能源汽车广泛普及,车险理赔的复杂性和成本也在不断上升。相关数据显示,2023年,全国车险理赔零部件赔付金额超过4000亿元,零部件赔付的比重在各类车险理赔项目中位居首位。综合分析某险司赔付数据发现,其零部件赔付支出约占赔付金额的45.74%,高端车零部件理赔支出是平均值的2.8倍(见图5、图6)。

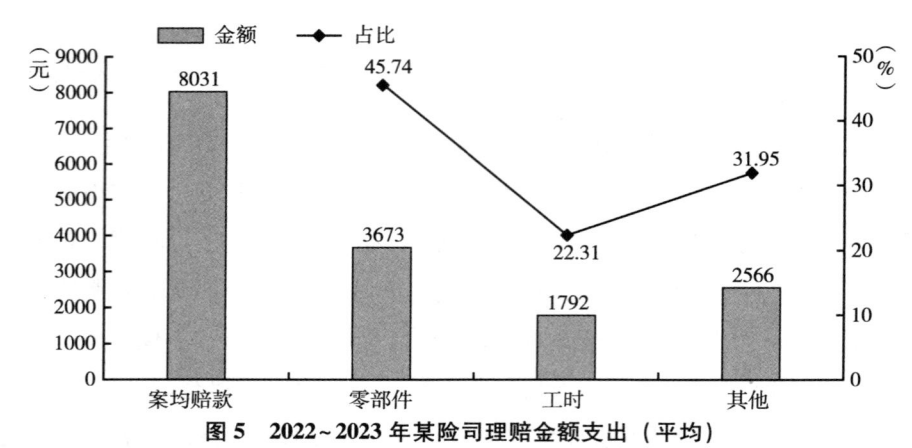

图 5　2022~2023 年某险司理赔金额支出（平均）

资料来源：某险司相关数据。

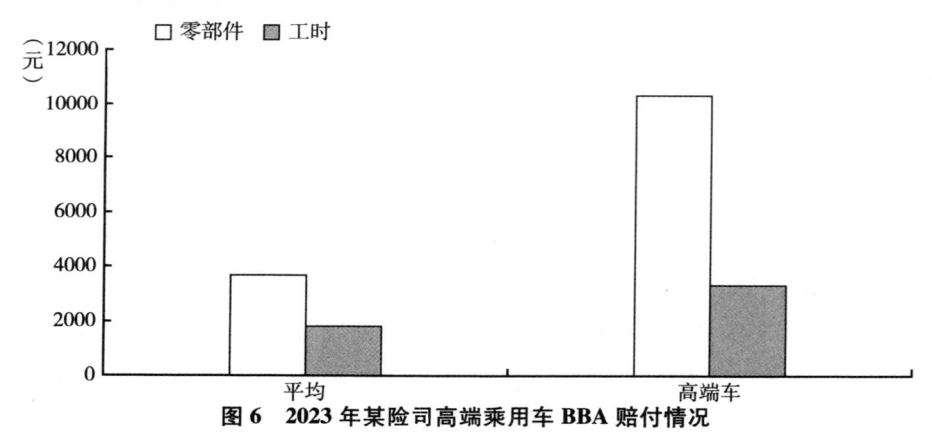

图 6　2023 年某险司高端乘用车 BBA 赔付情况

资料来源：某险司相关数据。

（二）再制造零部件在车险理赔中应用现状分析

1. 保险公司在事故车理赔环节探索使用再制造零部件

保险公司在再制造产业链中扮演重要角色，主要关注汽车零部件类型、价格、质量等。理赔过程中，保险公司定损核损人员会核查被损坏零部件的维修价格及合理性，以确定理赔金额。部分头部保险公司已经将再制造零部件这一品类纳入理赔零部件体系，通过与优质供应商及优质零部件平台合作，推动再制造零部件在车险理赔中的应用，以降低理赔费用和提高理赔效率。以太平洋财产保险股份有限公司为例，2023年，其在车险理赔环节使用再制造零部件约30000件，主要集中在外观件，如大灯、四门两盖等，通过建立完善的绿色保险创新体系和再制造零部件使用流程，实现理赔成本的有效控制和理赔效率的提升。其他保险公司也逐步开始尝试引入再制造零部件相关业务体系，如中国人民财产保险股份有限公司、中国平安保险集团等，近年正逐步探索汽车零部件再制造在车险理赔中的应用价值。图7为某险司2019~2023年再制造零部件匹配率及使用率相关数据，其中匹配率为供应商匹配确认有货的零部件数/保司发起询价的零部件总数，使用率为使用再制造零部件的数量/供应商匹配有货的零部件总数。

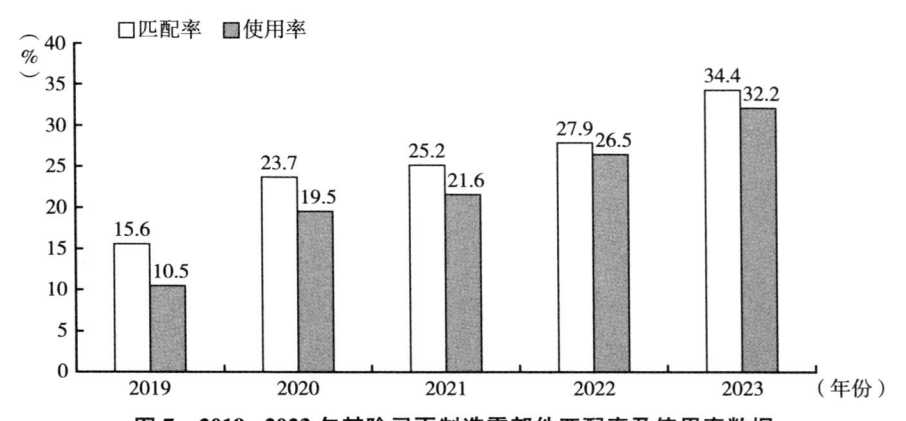

图7 2019~2023年某险司再制造零部件匹配率及使用率数据

资料来源：某险司相关数据。

2. 再制造零部件品类选择

事故维修中，某险司外观覆盖件的更换数量占全量更换零部件的20%（见图8），但金额占比达44%，因此，目前险司对于事故车理赔中再制造零部件品类需求主要集中在豪华车品牌，如奔驰、宝马、奥迪、保时捷等，品类集中在四门两盖、大灯等外观件。加大对外观件的再制造应用是保险助力"双碳"经济的快速高效路径。

3. 消费者认知

消费者对再制造零部件的认知仍存在较大问题，对再制造定义认知模

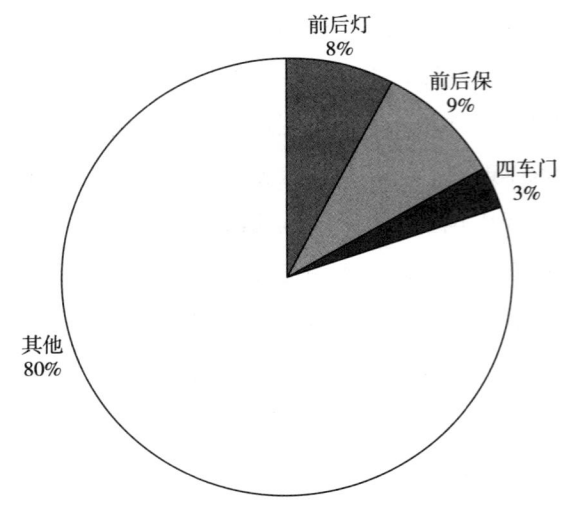

图 8　2023 年某险司换件分布数量占比

资料数据来源：某险司相关数据。

糊，认可度较低。再制造件的定义常被混淆为简单的修复或翻新，实际的再制造过程包括拆解、检测、修复和重新加工，以恢复零部件的原始性能。由于这一概念不够清晰，消费者对再制造零部件的理解有限。许多人担心再制造零部件的质量和安全性，认为其可能不如全新零部件可靠，因此对再制造零部件的接受度较低。此外，由于保险公司在赔付过程中为零部件买单，消费者更倾向于选择原厂件，尽管再制造零部件具有成本和环保优势，但在理赔过程中常因消费者认知不足和偏好原厂件的惯性，难以获得广泛应用。因此，为了提升再制造零部件在车险理赔中的接受度，需要进一步加强消费者教育，提升保险公司对再制造零部件的认可。

三　汽车零部件再制造在车险理赔中的应用趋势预测

（一）"双碳"政策推动下的再制造产业前景展望

随着全球气候问题的日益严重，各国纷纷制定碳达峰和碳中和目标，以减少温室气体排放。再制造作为一种循环经济模式，通过对废旧零部件的再利用，可以显著降低制造新零部件所需的能源消耗和碳排放。因此，汽车零部件再制造在"双碳"政策的推动下，具有显著的环境效益。

在具体实施中，可以通过减碳积分核算等方法，计算再制造零部件在使用过程中的减碳值。保险公司在车险理赔中采用再制造零部件，不仅可以响应国家政策，还能对社会整体降碳做出贡献。例如，每使用一件再制造的发动机零部件，就可以减少相当数量的碳排放，这些数据可以通过专门的减碳积分平台进行统计和核算，为保险公司提供具体的减碳成果展示。

此外，再制造产业的环保效益也有助于提升企业的社会形象，增强其在公众中的认可度和信任度。对于保险公司而言，积极推广再制造零部件的使用，不仅有助于减碳，还可以通过承担社会责任，树立企业良好形象，提升品牌价值。

（二）保险公司赔付压力增大，汽车零部件再制造可助力降本增效

当前，保险公司面临着巨大的降赔减损压力，特别是在车险领域，如何降低赔付成本是其经营的核心问题之一。再制造零部件因其成本较低，可以在不影响维修质量的前提下，大幅降低车险理赔的支出。

使用再制造零部件进行车辆维修，可以显著降低维修费用。以发动机为例，再制造的发动机价格只有新发动机的30%~50%。此外，再制造零部件的质量经过严格把控，通常能够达到甚至超越新零部件的性能标准，确保维修质量，避免零部件问题导致的二次维修和额外赔付。

再制造零部件的使用不仅能帮助保险公司降低直接赔付成本，还能通过提升理赔效率，减少车辆在修理厂的停留时间，从而降低间接损失。快速、高效的理赔服务有助于提升客户满意度和忠诚度，进一步增强保险公司的市场竞争力。

（三）消费者对汽车零部件再制造的认知逐步进阶

随着环保意识的普及和再制造技术的进步，消费者对再制造零部件的认

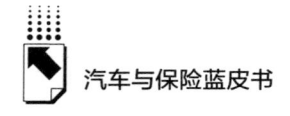

知和接受度将逐步提升,随着更多的信息传播,消费者开始了解到再制造零部件不仅具有价格优势,还能够在质量和性能上与新零部件媲美。

为了加快消费者对再制造零部件认知的提升,再制造企业和保险公司可以加强宣传和教育,通过各种渠道向消费者展示再制造零部件的优势和使用效果。例如,可以通过案例分析、用户反馈和专业评测等形式,向消费者传递再制造零部件的可靠性和环保价值。此外,可以通过举办再制造技术展示会和开放工厂参观等活动,让消费者亲身体验再制造过程,增强其对再制造产品的信任。消费者认知的提升,将进一步推动再制造零部件在车险理赔中的应用。随着越来越多的消费者开始接受和认可再制造零部件,他们在选择维修方案时,会更倾向于选择再制造零部件,从而推动再制造产业的发展,形成良性循环。

(四)政府政策支持对汽车零部件再制造产业发展的战略性促进

政府在再制造产业的发展中起着至关重要的引导和支持作用。随着市场环境的逐步改善,政府预计将出台更多利好政策,支持再制造企业和相关产业的发展。

政府可以通过财政和税收政策,直接支持再制造企业的发展。例如,给予再制造企业税收减免、研发补贴和贷款优惠等,以减轻其运营负担,提升其市场竞争力。同时,可以设立专项基金,支持再制造技术的研发和推广,鼓励企业进行技术创新和质量提升。

此外,政府可以通过立法和监管,规范再制造市场秩序,保护消费者权益。例如,制定再制造零部件的质量标准和认证体系,确保市场上销售的再制造产品达到一定的质量水平,消除消费者的顾虑。此外,可以加强对再制造企业的监管,打击假冒伪劣产品,维护公平竞争的市场环境。同时,政府可以通过宣传和教育,提升社会对再制造产业的认知和认可度。例如通过媒体宣传、公益广告和教育培训等形式,向公众普及再制造的环保价值和经济效益,增强全社会的环保意识,促进再制造产品的推广和应用。

四 汽车保险与零部件再制造长期发展建议

（一）借鉴国际实践经验，提升本土再制造业水平

深入研究国外汽车零部件再制造业的成功经验，通过吸收和应用先进的实践方法，为中国汽车零部件再制造行业建立完善的操作流程和系统，提升整体运作效率。此外，研究国外再制造业成功案例和经验教训，可以帮助国内企业改进技术和产品质量，实现持续的技术创新。

（二）推广再制造知识，倡导环保理念

普及再制造相关知识和绿色低碳理念，是推动再制造产业和保险业共同发展的重要手段。目前，许多中国消费者对再制造产品的了解还不够，因此需要加大对再制造零部件产品性能质量的宣传力度，逐步改善当前大多数车主对再制造概念和产品不能准确了解、对使用再制造产品持保留意见的现状。通过激励机制鼓励主机厂和维修企业积极推广使用再制造零部件。

（三）完善回收和认证体系，保障产品质量

需要建立一个健全的废旧汽车零部件回收和认证体系。同时，加快再制造产品的标准和认证体系建设，牢牢把握产品性能质量不低于原厂新品的要求，推动再制造产品出厂时进行与原厂新品同样的检验检测或认证。

（四）建设闭环供应链体系及线上交易定价平台

基于再制造产业对原料及其来源的高标准要求。建议打造信息透明互通、主要着眼于逆方向的产品溯源系统。从而进一步完善现有仍属于起步阶段的逆向物流体系，最终帮助再制造企业构建符合再制造特点的闭环供应链系统，以期缓解企业的原材料来源问题并降低企业运行风险。搭建线上定价

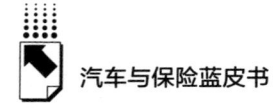

交易平台，全面打通旧件回收、定价、交易体系和再制造产品定价、销售渠道，逐步改善当前再制造零部件流通环节不透明的现状。

（五）政府指导促进再制造零部件的生产应用

建立健全体制机制，进一步对再制造企业规范条件、旧件回收管理、再制造生产管理、再制造产品管理、再制造市场管理、监督管理等做出明确规定。借鉴发达国家推广方式，通过补贴再制造商或消费者的形式降低报废汽车回收成本，规范损余旧件的回收和再利用，促进报废车进入正规报废流程，促进我国再制造零部件的生产和应用。

（六）重视新能源汽车零部件的再制造

随着新能源汽车的普及，其零部件的再制造和再利用面临新的挑战和需求，应加大对新能源汽车零部件再制造的研发和支持力度。

（七）创新车险机制，提升再制造产品竞争力

加大产品创新力度，一方面建议完善车险定价体系，将不同零部件和维修企业性质设定差异化费率，在投保时由客户选择，理赔时按照投保选择做好服务；另一方面开发再制造产品质量保证险和产品责任险提供质量保障。建设绿色保险管理体系，打造绿色保险供应链，将通过第三方体系认证的再制造产品纳入保险公司维修备件体系，实行碳积分机制，让保险公司和再制造企业紧密结合。

（八）探索再制造车险分级保单

建议发改委协同国家金融监督管理总局、再制造主管单位，探索车险保单分级制、对使用再制造零部件的保单给予差异化的定价，激发终端消费者使用动力。在部分公司或地区可积极探索和试点，这一点在欧美成熟市场已有体现。

B.24 我国车主碳账户发展现状及保险行业实践研究

姜泽磊 许彬 马清佳 彭炜*

摘 要: 在全球气候变化的严峻背景下,减少温室气体排放、实现绿色低碳发展已成为国际社会的共识。中国已明确提出"双碳"目标,并积极推进相关政策和措施的落实。碳账户作为界定个人、企业等各方社会主体碳足迹、碳排放权边界以及减碳贡献的记录账户,为落实每个参与主体的减碳责任提供了动态监测工具,为企业提供了用户运营的新抓手,也为碳市场的有效运行提供了微观基础,受到包括政府、车企、保险公司等在内的社会各界的关注。本文系统阐述了碳账户在推动"双碳"目标中的关键作用,对比分析了个人与企业碳账户的差异,并深入探讨了出行领域车主碳账户的独特运行模式及其在政府与企业主导下的特点。进而,通过多个保险行业实践案例,研究了车主碳账户在保险领域的建设情况,总结出自建、银保合作及地方碳普惠平台等商业模式的特点与面临的挑战。最后,为保险行业车主碳账户业务发展提供策略建议与未来展望,助力保险行业服务绿色低碳发展目标的实现。

关键词: 车主碳账户 碳普惠 绿色出行 用户运营

---

* 姜泽磊,工程师,中国汽车技术研究中心有限公司中汽数据有限公司数据生态室项目经理,研究方向为汽车大数据应用场景;许彬,中级经济师,中国汽车技术研究中心有限公司中汽数据有限公司数据生态室研究经理,研究方向为汽车大数据应用场景;马清佳,工程师,中国汽车技术研究中心有限公司中汽数据有限公司数据生态室研究经理,研究方向为汽车节能低碳技术;彭炜,中国汽车技术研究中心有限公司中汽数据有限公司数据生态室研究经理,研究方向为汽车大数据技术。

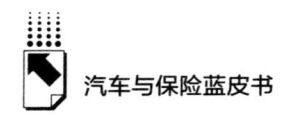

一 碳账户的发展背景

（一）碳账户概述

碳账户是指个人、企业或组织用于记录和管理其直接或间接产生的温室气体排放总量的虚拟账户。碳账户通过记录、追踪和管理与其活动相关的碳排放量，帮助用户了解其碳足迹并采取措施减少碳排放。碳账户可以用于多种形式的碳排放管理和交易，包括碳积分、碳配额、碳信用等。碳账户的功能主要体现在碳排放记录与监测、碳足迹计算与分析、碳排放配额管理、碳积分与奖励机制、碳交易与市场机制与碳减排项目支持等方面。

地方对于碳账户的广泛研究和关注，更多是伴随"碳普惠"的发展而兴起的。碳普惠是以生活消费为场景，为公众、社区、中小微企业绿色减碳行为赋值的激励机制，从而实现公众碳减排"可记录、可衡量、有收益、被认同"。碳账户是碳普惠机制体系下的重要基础设施，可视化减排贡献、算清"碳账本"，是提供减碳激励的基础。碳账户与碳普惠运行机制如图1所示。

图1 碳账户与碳普惠运行机制

（二）碳账户相关政策

气候变化是全球面临的重大挑战，温室气体排放引起的全球变暖问题日益严重，基于此背景，我国提出碳达峰、碳中和的"双碳"战略目标。碳账户作为一种新型的环境管理工具，通过量化、监控和交易碳排放，旨在促进各国和各经济体实现碳减排目标。碳账户能够界定个人、企业等各社会主体碳足迹、碳排放权边界并记录减碳贡献量，其核算与会计账户、价值链账户、绿色责任账户、金融资产账户等密切相关。

本节将从国际、国内、地方的层面探讨碳账户发展的政策背景，并从国家、企业、个人的角度分析碳账户对实现"双碳"目标的重要意义。

1. 国际政策

碳核算的发展源于1992年的《联合国气候变化框架公约》，公约要求所有缔约方都编制温室气体的排放来源与封存数量清单，以便于更清晰更公平地划分碳排放责任和碳封存贡献。1997年签署的《京都议定书》首次设定了具有法律约束力的温室气体减排目标，正式确立了碳信用体系，自此自愿碳市场逐步产生和发展。2015年《巴黎协定》订立并取代了《京都议定书》，该协议提出所有国家均有义务以国家自主贡献（NDCs）的形式设定应对气候变化的目标，并定期提交碳排放和减排进展报告。截至2023年9月，全球已有150多个国家做出了碳中和承诺，覆盖了全球80%以上的二氧化碳排放量、GDP和人口。

2. 国内政策

国内碳账户及碳普惠政策源于"双碳"战略目标，自2021年起，我国在相关顶层设计和政策文件中明确提出推进碳普惠机制建设。2024年，碳普惠首次出现在中央政策文件中，这也体现着从国家政策层面推动碳普惠机制正在有效落地（见表1）。

表1 国内碳账户相关政策背景

政策	年份	内容
《碳排放权交易管理暂行条例（草案修改稿）》	2021	提出将地方碳排放权交易市场逐步纳入全国碳排放权交易市场
《中国落实国家自主贡献成效和新目标新举措》	2021	我国开始积极推进碳普惠机制试点建设,激励全社会减排行动

续表

政策	年份	内容
《国务院关于支持山东深化新旧动能转换推动绿色低碳高质量发展的意见》	2022	提出在加快形成绿色低碳生活方式的同时建立个人碳账户等绿色消费激励机制
《中国应对气候变化的政策与行动2022年度报告》	2022	多家机构推动成立"碳普惠合作网络",创新碳普惠机制,激励公民践行绿色低碳行为,探索建立多元社会化参与机制
《中国落实国家自主贡献目标进展报告（2022）》	2022	探索开展创新性自愿减排机制碳普惠,激励全社会参与碳减排
《中共中央国务院关于全面推进美丽中国建设的意见》	2024	构建绿色低碳产品标准、认证、标识体系,探索建立碳普惠等公众参与机制

资料来源：根据公开资料整理。

3. 地方政策

地方层面，各省市相继开展碳普惠机制体系建设工作，如图1所示，从政策数量来看整体呈现"探索—引导—发展"的发展态势。

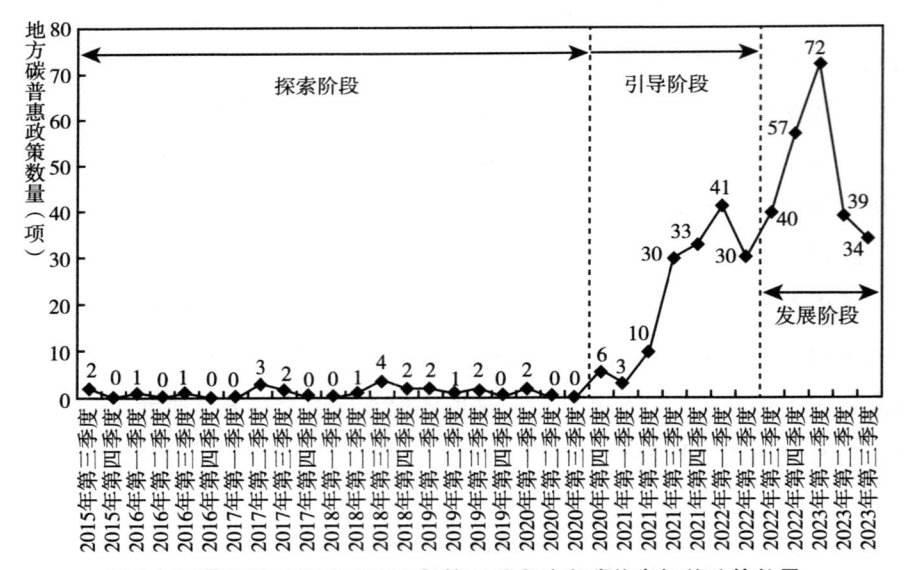

图 2 2015年第三季度~2023年第三季度地方碳普惠相关政策数量

资料来源：根据公开资料整理。

从上海、北京、武汉、深圳等多个城市发布的碳普惠政策看，其主要内容包括碳普惠方法学管理、碳普惠场景管理、减排量管理与碳积分转换、减排量交易与碳积分消纳等方面。其中，新能源汽车出行成为地方碳普惠建设的重点场景之一（见表2）。

表2　重点地区碳普惠进展梳理

地区	政策进展
上海	2022年11月发布《上海市碳普惠体系建设工作方案》； 2023年9月进一步提出《上海市碳普惠管理办法（试行）》等"1+4"配套政策体系； 2024年3月发布《上海市碳普惠减排场景方法学　纯电动乘用车》等6个碳普惠减排方法学
北京	2020年依托高德地图开发MaaS出行平台； 2021年发布《北京市低碳出行方法学（试行版）》，由高德地图与北京路桥集团完成首次市场化交易； 2022年4月发布《北京市小客车（油改电）出行减排方法学（试行版）》，旨在借助碳交易市场机制鼓励公众主动选择新能源汽车替代燃油小客车； 2024年6月京津冀联合制定并发布了《碳普惠项目减排量核算技术规范　低碳出行》
武汉	2023年4月发布《武汉市碳普惠体系建设实施方案（2023—2025年）》，提出建立低碳出行场景，探索与新能源汽车、巡游车、网约车等企业信息对接，依法采集用户低碳出行数据，量化碳减排量； 2023年11月发布首批方法学
深圳	2021年11月发布《深圳碳普惠体系建设工作方案》，提出完善公共交通、燃油机动车停驶、新能源汽车使用、共享单车使用等绿色出行场景，强化配套设施建设； 2024年4月完成首批方法学征集
广州	2022年7月，广州市入选广东碳普惠试点城市； 2023年1月、4月相继发布《广州市碳普惠自愿减排实施办法》《广州市碳普惠方法学申报指引（试行）》； 2023年10月发布《广州市互联网租赁自行车骑行碳普惠方法学（试行）》； 2023年11月广州碳普惠自愿减排注册登记平台正式上线运营并完成首个碳普惠项目交易签约
重庆	2021年9月搭建"碳惠通"生态产品价值实现平台； 2023年6~11月先后发布4批方法学及项目备案，其中交通领域方法学3项，包括公共交通、共享电动助力车、共享网约车
天津	2023年1月发布《天津市碳普惠体系建设方案》； 2023年10月、2024年3月对《天津市碳普惠管理办法（试行）（征求意见稿）》公开征求意见

资料来源：根据公开资料整理。

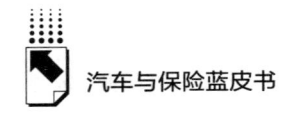

（三）碳账户的重要意义

1. 国家角度

碳账户提供准确的碳排放数据，有助于政府制定科学合理的碳减排政策，并对碳排放情况进行有效监测和监管。同时，通过碳账户的数据，政府可以评估现有政策的实施效果，准确地评估城市碳排放总量和减排潜力，从而能对当前碳减排政策予以必要的调整及优化。此外，通过碳市场和碳交易系统的建立，碳账户推动了低碳技术和产业的发展，加速了经济向绿色和可持续方向的转型。

2. 企业角度

碳账户为企业提供了全新的盈利模式，通过参与碳交易市场，将自身的碳减排量以碳积分形式转让给其他公司获利。不仅能带来直接经济收益，还能通过创新减排技术和节能措施降低成本，提升整体盈利能力。碳积分激励还能够增加产品或服务附加值，吸引更多消费者选择绿色产品，拓展盈利渠道。此外，通过碳账户为用户提供低碳行为激励机制，如积分奖励、优惠券等，企业可以有效提升用户参与感和忠诚度，增加品牌认同感，提升用户黏性。与此同时，通过积极推广和应用碳账户，企业可以展示碳减排成效，提升自身的社会形象，增强市场竞争力并扩大绿色影响力。

3. 个人角度

个人碳账户为用户提供了参与碳市场交易和获得经济收益的机会，同时通过激励机制鼓励更多人加入减排行列。碳账户提供透明的个人碳排放信息，帮助个人了解自身碳足迹，进而提高公众的环境意识和责任感。用户可以通过了解和管理自己的碳足迹，采取更环保的生活方式，积极参与社区和社会的低碳活动，从而减少碳排放，增强社会凝聚力，推动全社会共同应对气候变化。

综上，碳账户作为一种重要的管理工具，不仅帮助国家实现科学决策和政策评估，还促进了企业的低碳转型和竞争力提升，同时激励个人参与环保行动，从而为实现碳达峰和碳中和目标提供了强有力的支持。

二 碳账户在个人与企业中的应用

根据参与主体的不同，碳账户可分为个人碳账户与企业碳账户。个人碳账户记录日常生活中的碳排放，通过碳积分和奖励机制，完成对个人碳排放与减排的数据化管理，激励个人采用更为环保的行为和生活方式。企业碳账户帮助企业管理和减少生产、运营中的碳排放，通过碳交易市场，实现碳排放配额的灵活管理。

表3 个人碳账户与企业碳账户应用情况

类型	个人碳账户	企业碳账户
运行机制	碳积分记录：用户在日常生活中的低碳行为（如步行、骑行、公共交通出行等）会被记录，并经计算转化为减碳量。积分兑换：用户的低碳行为积分可以兑换权益，如实体商品、车主服务、金融服务、保险服务等	碳排放记录：重点控排企业和自愿减排量拥有方通过集中统一的注册登记系统记录碳排放量和项目减排量。数据管理：政府和金融机构共同主导，依托数据管理平台核算量化企业的碳排放数据，评估企业碳排放行为。信用体系：将碳排放评估结果纳入企业信用体系，构建与碳排放挂钩的绿色金融产品，激励企业节能减排
应用场景	衣、食、住、行、用：个人碳账户主要从消费端入手，通过记录用户在日常生活中的低碳行为，鼓励绿色消费和生活方式	社会责任与绿色效益：企业碳账户应用场景包括企业社会责任、绿色效益驱动和政策激励等，广泛适用于各类企业
实施形式	通过积分换权益的方式，吸引用户积极参与减排活动，促进个人生活方式向绿色低碳方向发展	根据企业碳排放评估结果，提供信用额度提升、信贷产品利率优惠等金融激励措施，鼓励企业参与减排

资料来源：根据公开资料整理。

三 车主碳账户运行模式分析

在交通出行领域，车主碳账户可以理解为特定于车主用户的一种个人碳

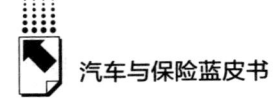

账户形式，它基于特定方法学计算车主在选择新能源汽车出行及在车辆使用过程中通过节能减排行为产生的碳减排量，并自动为用户生成减排记录存入个人账户。这种账户机制旨在鼓励车主采取更加环保的汽车出行方式，减少碳排放，从而推动绿色低碳交通的发展。

现阶段，国际与国内已推出一些车主碳账户项目，根据主导主体不同，分为政府主导型与企业主导型，下面对此分别展开介绍。

（一）政府主导

政府主导的车主碳账户是一种由政府发起和管理的系统，旨在鼓励用户绿色出行，通过碳积分和激励措施推动碳减排。政府主导的车主碳账户通常不只针对驾驶场景，也覆盖多种交通出行场景，一般包括私家车、网约车出行的车主场景与单车、公交、地铁出行的其他场景。实施层面多采用政企合作的方式，在减排量供给侧，场景建设企业利用政府提供的方法学核算碳减排量，并将其核算结果提供给政府作为数据支撑。政府依靠交通领域多方企业的信息化优势，对多出行场景的交通数据进行融合，通过专业网站、App、小程序等搭建综合性碳账户运行平台。在减排量消纳侧，政府吸纳权益兑换企业入驻平台，权益兑换企业为用户提供商业优惠券、便民服务、文创产品等奖励，同时获取用户兑换的相应碳积分在碳市场进行碳资产交易。平台能实现监测用户出行行为、核算出行碳排放量、设置碳积分激励机制等功能，配合政府以引导商业和交易激励的方式，鼓励居民形成绿色低碳的生活理念。政府主导的车主碳账户运行模式可参考图3。

以下在国际与国内方面选取应用案例展开介绍。芬兰拉赫蒂上线软件CitiCAP，利用移动设备GPS和传感器监测用户的出行行为，为不同出行行为赋予不同碳积分，居民利用碳积分可兑换奖品、权益。北京市推出政企合作的交通绿色出行一体化服务平台（MaaS，Mobility as a Service），基于高德地图整合交通大数据，实现智能出行规划，提升绿色出行体验，同时用户可以获得碳积分奖励。

结合政府主导车主碳账户的应用案例，可以总结出该模式的优缺点。优

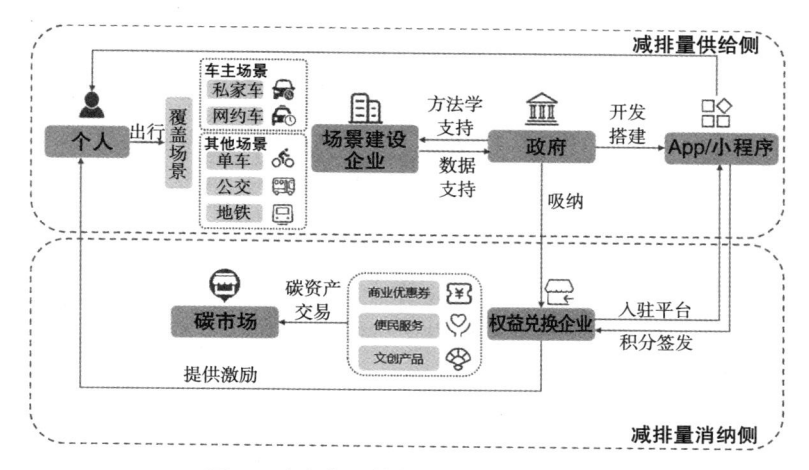

图 3 政府主导的车主碳账户运行模式

资料来源：根据公开资料整理。

点主要在于：第一，联合多个交通运营主体，便于实现数据共享，对出行碳排放监测与量化更为准确；第二，覆盖多个交通场景且联合多个激励商家，产品适用范围广，激励机制多元，吸引的用户更为丰富，能够产生规模效应；第三，核算依据统一，碳减排方法学严谨，政府能对政策给予及时调整优化。潜在的缺点在于：第一，管理成本高，政府需要投入大量资源进行技术支持、数据监控等；第二，车主参与积极性难以保证，单车产生的减排量较小，车主能够兑换的权益价值有限。

（二）企业主导

企业主导的车主碳账户的运行模式可根据碳减排量是否流入碳市场分为内循环模式与外循环模式。内循环模式下，企业获得用户授权的碳减排量不参与碳市场交易，用户获得的奖励主要靠财政补贴、企业优惠等系统外部主体支持。外循环模式下，企业获得用户授权的碳减排量并完成登记核算后，可将碳减排量投入碳市场进行碳资产交易，企业的碳市场获益也可直接用于用户奖励与运营成本支出。

根据不同的主导企业类型展开具体分析。对车企而言，车企收集车主碳

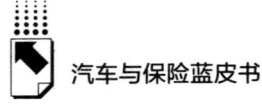

资产，通过碳资产交易实现变现，通过积分兑换吸引用户持续购买售后服务，用户将个人行驶数据授权给车企开发的App，利用发放的积分兑换相应奖励。对充电运营商而言，可通过用户的充电量计算相对于传统燃油车行驶的减碳量，用户使用充电运营商的App，充电并获取相应碳积分，利用碳积分冲抵充电费用或兑换商品及服务。对金融机构而言，通过接入第三方提供的出行数据进行减碳量核算，用户依赖金融机构的App获取绿色积分并兑换相应权益。企业主导的车主碳账户运行模式可参考图4。

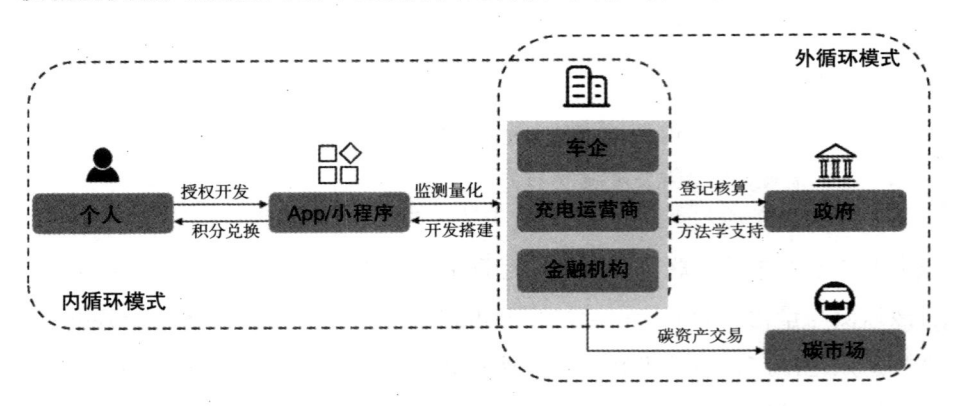

图4 企业主导的车主碳账户运行模式

资料来源：根据公开资料整理。

结合企业主导车主碳账户的应用案例，可以总结出不同类型企业主导模式的特点，如表4所示。

表4 企业主导的车主碳账户特点总结

运营主体	车企	充电运营商	金融机构
价值点	用户运营、行业社群	碳市场盈利	业务增长、用户黏性
数据来源	用户驾驶数据	充电桩充电数据	接入第三方机构数据
场景	新能源汽车驾驶	新能源汽车充电	线上支付、理财产品、生活缴费、资金转账
优点	创新能力强，及时响应市场需求；市场化运作，快速实施和推广		
缺点	数据孤岛，覆盖场景有限；激励力度不足，难以吸引大量车主参与；兑付和消纳能力不足		

续表

运营主体	车企	充电运营商	金融机构
应用案例	蔚来的"蓝点计划"通过收集和量化用户的碳减排数据,帮助用户交易碳减排量,并以积分回馈用户	能链快电通过连接不同品牌的新能源运营商加速充电桩互联互通,并通过快电App计算车主充电减碳量,车主可使用碳积分冲抵充电费用或兑换商品	中国建设银行与上海国际汽车城合作推出"建碳惠行"平台,通过接入新能源汽车数据并建立个人碳账户,推动碳普惠实践

资料来源：根据公开资料整理。

四 保险行业车主碳账户实践研究

（一）保险行业开展车主碳账户业务的驱动因素

1. 政策推动：保险行业服务国家"双碳"战略要求

为充分发挥保险保障功能，服务国家"双碳"战略目标，保险行业绿色低碳政策陆续出台。2021年6月，中国保险行业协会就《中国保险业服务碳达峰、碳中和目标倡议书》向业内征求意见，建议保险业从强化保险保障、加大产品创新、优化资金运用等方面积极服务"双碳"目标；2022年6月，中国银保监会发布《中国银保监会关于印发银行业保险业绿色金融指引的通知》（银保监发〔2022〕15号），提出从战略高度推进绿色金融，加大对绿色、低碳、循环经济的支持，防范环境、社会和治理风险，提升自身的环境、社会和治理表现，促进经济社会发展全面绿色转型；2023年9月，中国保险行业协会发布《绿色保险分类指引（2023年版）》，建立全球首个全面覆盖绿色保险产品、保险资金绿色投资、保险公司绿色运营的行业自律规范；2024年4月20日，《国家金融监督管理总局关于推动绿色保险高质量发展的指导意见》（金规〔2024〕5号）提出，支持绿色低碳全民行动，积极为新能源汽车、电动自行车、共享单车等提供保险保障，推动绿色低碳出行。同时，地方碳普惠机制逐渐完善，也为保险行业开展车主碳账户业务、参与碳普惠实践提供了有力的政策保障和支持。

2. 市场需求：公众低碳意识提升带动新能源汽车及车险市场爆发

随着环保意识的普及和提升，越来越多的公众开始关注自己的碳排放情况，并愿意通过实际行动来减少碳排放，新能源汽车出行成为绿色出行的重要场景之一。根据中汽数据有限公司预测，到2030年，我国新能源乘用车保有量将超过1亿辆，新能源汽车碳减排量将达到8442万吨，新能源汽车出行产生的碳减排量需要被科学地量化、记录，而保险作为车辆使用阶段的重要入口，具备连接车主的天然优势，可以通过建立车主碳账户，为公众提供一个量化、记录、核证自己低碳行为的平台。

同时，新能源汽车市场规模的快速增长，带动了新能源车险需求的快速增加。根据北京大学数字金融研究中心发布的调查结果，2023年，新能源车险保费达到1001亿元，在车险保费整体中占比达11.5%，增速85.7%，远超过总体车险保费增速（5.6%）。新能源车险的发展也带来了越发激烈的市场竞争，对保险公司的技术和服务能力提出了更高要求，"以客户为中心"、持续为客户提供优质的产品服务，成为新时期险司差异化竞争的关键。因此，碳账户将成为面向新能源车主的重要载体，通过融合更多与业务相关的低碳场景，为车主提供激励，增强互动性，并提供更加多元化的风险保障及服务，助推车险高质量发展。

3. 技术创新：数字化、智能化技术发展提供有力支撑

移动互联网、大数据、区块链等先进数字技术的快速发展，为保险行业开展车主碳账户业务提供了技术支撑。一方面，这些技术可以实现高效的数据采集、科学核算、数据管理等，从而对车主低碳行为进行精准量化、记录，提高业务效率和准确性；另一方面，结合数字化技术在保险精算、风险管理、运营等方面的应用，还可以为车主提供更加便捷、个性化的产品服务体验，增强用户的参与度和满意度。

4. 企业发展：保险公司绿色转型升级与可持续发展诉求

首先，通过打造车主碳账户，积极参与碳普惠机制建设，保险公司可以提升自身品牌形象和社会责任感，增强市场竞争力；其次，保险公司可以通

过地方碳普惠机制，在合法获得用户碳减排量开发权的前提下，实现碳减排量的交易变现，形成新的可持续盈利渠道；最后，借助碳账户平台，用户与保险公司可以产生多场景高频互动，在培育用户绿色低碳意识的同时，持续提升用户体验，增加用户黏性，赋能企业主营业务端的用户留存与转化。

（二）保险公司碳账户建设情况

近年来，以太平洋保险、大地保险、浙商保险等为代表的保险公司将车主碳账户作为践行"双碳"战略的重要服务领域。碳账户构建，主要包括绿色行为数据采集、碳减排与碳积分计算、碳权益使用等环节。

1. 太平洋保险："太保碳普惠"平台

太平洋保险于2023年6月推出"太保碳普惠"平台，这是国内保险业首个通过用户授权、单一用途的，对客户低碳减排行为进行测算和激励的碳普惠平台。平台建设围绕"人、车、生活"并融入保险特色构建了多个低碳场景，包括新能源车行驶、新能源车置换、电子保单、电子发票、临牌批改、安全驾驶、车辆停驶、再制造件等。用户通过参与和完成上述低碳场景，就可以获得相应的碳积分，并在"兑换专区"兑换所需的低碳奖励，从而实现从积分获取到奖励兑换再到权益使用的全流程一站式服务。

针对新能源汽车行驶场景，2024年3月，上海市生态环境局发布《上海市碳普惠减排场景方法学 纯电动乘用车（SHCER02020042024II）》，"太保碳普惠"平台获得上海碳普惠方法学认证。根据车主行驶和充/耗电情况，经过科学算法模型计算用户的碳减排量和碳积分，并通过上海碳普惠机制实现减排量的转化及碳市场交易变现。数据方面，上海地区的用户行驶数据来源于上海市新能源汽车公共数据采集与监测研究中心。截至2024年6月，"太保碳普惠"平台上海地区总开户数已达到21.6万余户，纯电新能源车行驶场景累计减排量约9.23万吨。除上海外，该平台已在北京、江西、广西、无锡、宁波、武汉等多地上线。

2. 大地保险：与建行合作"低碳出行 趣享车险"

中再集团旗下中国大地保险与中国建设银行北京市分行合作的"低碳

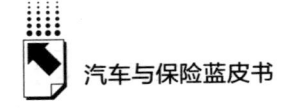

出行 趣享车险"是中国大地保险与中国建设银行在创新绿色金融产品、落地碳普惠激励场景的首次尝试。该产品引入建行碳积分因子,将"绿色"元素融入现有保险产品中,根据碳减排量差异,车主可享受不同的车险折扣,将用户的"绿色"行为切实转化为"低碳"激励。

目前低碳场景为骑行和步行,碳减排量计算方法依据北京市生态环境局发布的《北京市低碳出行碳减排方法学(试行版)》。通过银保合作,引入低碳出行、个人消费等数据支撑保费折扣,增加获客并实现业务规模的扩大。

3. 浙商保险:浙江碳普惠"近零碳车险"

"近零碳车险"产品在湖州市委金融办、湖州银保监分局、人行湖州市中支、南太湖新区管委会指导下,由南太湖绿色金融与发展研究院和浙商保险湖州中心支公司创新落地,通过鼓励用户少开车、开新能源车,努力推进汽车领域碳减排。该项目入驻浙里办"碳普惠"平台、湖州"绿金宝"平台。

该项目引入"碳减排承诺"机制,用户参与前需在线签订《碳减排承诺书》,将个人自愿减排与保费挂钩,如个人承诺自愿减少车辆里程数10%~15%,可享受7.2~6.5折费率优惠。项目组及大数据平台将通过OBD数据设备记录用户碳减排情况,动态反馈个人绿色出行成效以及自愿减排进展,实现对用户完成承诺进度的流程监督。同时,用户参与项目产生的碳减排量会以一定比例转化成碳积分,积分可在公益平台兑换实物奖励。

(三)保险公司碳账户商业模式及特点

通过对多家保险公司碳账户业务实践的梳理总结,目前保险公司开展的碳账户业务主要有自建碳账户、银保渠道合作、参与地方碳普惠平台三种模式。

1. 自建碳账户

自建碳账户指由保险公司自行开发和运营碳账户平台,打通场景搭建、数据收集与核算、积分兑换、交易变现全流程,即开发经地方碳普惠方法学认证的低碳场景及自身认可的用户绿色低碳行为场景,直接面向用户收集和核算碳减排数据，搭建碳账户积分权益体系，收集碳减排量，并在已将碳普惠和碳市场衔接的地区实现交易变现。

该模式具有如下特点：第一，可以根据自身业务需求定制碳账户场景、功能等，具有较高的自主性和灵活性，更有利于自身的用户运营；第二，企业对于收集的数据具有较高的掌控力，可以通过碳账户积累用户行驶数据、权益兑换数据等，有利于数据安全和隐私保护；第三，需要有一定的初期投资用于技术开发和平台建设，对于新能源汽车出行等需要第三方数据接入的场景，需要付出一定的数据接入成本；第四，需要投入一定资源来建立用户对新平台的认识和信任。目前已有太平洋保险、平安保险、国寿财险等保险公司以小程序或手机 App 等方式自建碳账户平台。

2. 银保渠道合作

银行是保险产品销售的渠道之一，银行与保险公司在传统业务中已经建立了良好的合作信任关系。双方在原有代理销售的基础上，进一步以碳账户为契机，借助银行 App 开辟业务入口，面向银行用户服务及展业。

该模式具有如下特点：第一，银行在碳账户领域的实践早于保险公司，保险公司可以借助银行渠道，共享客户资源，扩大碳账户服务的覆盖范围；第二，可以结合银行和保险的业务特点，创新出更多与碳账户相关的金融产品；第三，受制于银行和保险双方行业的监管要求，还需要考虑双方的业务特点，在场景选择、权益兑换等方面的自主性与灵活性受限。目前大地保险与建设银行在北京开展了基于碳账户的银保合作新模式试点。

3. 参与地方碳普惠平台

在地方碳普惠机制逐步成熟完善的情况下，北京、上海、武汉、重庆、深圳等地都已通过搭建地方碳普惠平台，激励公众的节能减碳行为。保险公司可以作为官方合作企业入驻碳普惠平台，为碳积分权益兑换提供丰富的产品和服务，开展地方层面的推广实施。

该模式具有如下特点：第一，通常与地方政府的碳普惠政策强相关，需要与地方主管部门进行协调，可以得到地方政府的政策支持和激励，有利于参与碳市场交易变现；第二，与地方政府的碳账户合作项目，可以产生更大的标杆示范效应；第三，借助官方碳普惠平台获客，用户参与规模受政府推广力度、合作企业的积极性等多重因素影响；第四，需要付出一定的平台对接成本。目前部分拥有地方背景的保险公司已率先参与地方碳普惠平台，如浙商保险入驻浙江碳普惠平台、安诚保险入驻重庆碳普惠平台（见表5）。

表5　保险公司碳账户商业模式分析

商业模式	自建碳账户	银保渠道合作	参与地方碳普惠平台
场景	新能源汽车出行、车辆停驶、新能源车置换、自助投保、安全驾驶、充电、绿色理赔等	骑行、步行	购买新能源车、充电、减少里程、车辆停驶等
数据来源	第三方数据、用户拍照、自有数据	第三方数据	第三方数据、OBD设备采集
优势	自主性和灵活性强、用户数据积累、隐私保护	新用户触达、创新金融产品	政府支持、标杆示范效应
劣势	需要投入平台开发、数据接入、用户引流等成本	自主性和灵活性受限	依赖政府政策、用户触达影响因素较多
案例	太平洋保险、平安保险、国寿财险	大地保险、建设银行	浙商保险、安诚保险

资料来源：根据公开资料整理。

五　保险公司车主碳账户业务面临的挑战

保险公司开展车主碳账户业务，能够丰富线上化运营、提升用户互动性、增强用户体验，同时对保险公司践行"双碳"目标、实现绿色低碳发展意义重大。但是，保险公司开展车主碳账户业务在当前阶段也面临着多方面的挑战。

（一）顶层设计尚不健全

我国碳普惠的发展仍处于探索阶段，以区域试点为主，未能实现标准化的全面推广，具有公信力的碳账户核算标准尚未设立、碳普惠方法学不统

一、碳普惠业务评价和应用规则不规范、碳排放数据科学性和真实性存疑等问题均较为突出。同时叠加碳交易市场的核证碳减排量可纳入范围不明确，碳普惠减排量从产生到消纳的全生命周期过程机制不顺畅等因素，使得保险公司的低碳创新业务受限。

（二）数据采集及核算标准不完善

与企业减排项目相比，居民出行与日常消费产生的碳减排具有场景丰富、单次减排量小、数据分散等特点，给数据监测、收集、核算带来巨大挑战。具体来看，数据采集方面，在汽车出行场景中，车辆的行驶数据往往很难获取，部分保险公司选择用户拍照上传的方式收集数据，数据的全面性和真实性难以保证。同时，居民数据有严格的隐私保护要求，更进一步增加了数据的收集难度。核算方面，保险公司会根据自身业务设计的相应减排场景，除常见的新能源汽车出行、公交、地铁、骑行等外，还会纳入电子保单、线上理赔、低碳维修、安全驾驶等场景。丰富的场景虽能够最大限度地完成用户积累，但各减排场景普遍缺少明确定义，碳排放的核算范围与边界不统一，减排量核算缺乏科学性、准确性和可信度，从而阻碍碳账户的推广应用，以及与碳市场的有效衔接。

（三）缺乏可持续的商业运营模式

目前保险公司车主碳账户的激励措施包括兑换商品、提供车主服务、发放优惠券等形式，碳账户平台建设初期激励成本多由保险公司自行承担，企业需要持续地投入资源以维持对用户的吸引力和有效运营。但随着用户增加和碳减排量的不断累积，长期看以平台补贴的方式难以支撑由此产生的资金需求，如果企业缺乏长期的投入回报机制，碳账户业务可能成为一种象征性的展示，影响企业参与的积极性，难以进一步广泛、深入和可持续性地发展。

（四）用户参与度和黏性有待提升

尽管多家保险公司已经推出了车主碳账户，但从企业的反馈来看，由于

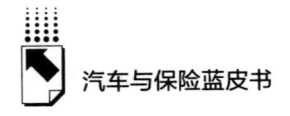

用户触达一般依赖自有 App 或小程序、合作方等渠道，对增量用户的触达受限。另外，用户碳减排意识待提升、碳账户使用体验不佳、碳积分权益不够丰富实用、吸引力不足等问题，也对用户的持续参与产生一定影响。

六　建议及展望

（一）完善顶层设计，构建碳账户及碳普惠标准体系

首先，政府部门应从顶层设计着手，健全碳普惠领域的法律法规体系，尽快建立全国统一的碳普惠机制体系。其次，逐步形成地方、国家标准及国际标准等多层次标准体系，确保不同参与主体的相同减排行为得到科学的度量，保障和提升碳减排量核算的公信力和公平性。最后，开发更多碳普惠方法学和减排场景，以出行为基础，拓展衣、食、住、游、办公等更多应用场景，为保险公司对各类应用场景进行核算与交易提供坚实基础。

（二）融合新技术，健全碳普惠领域的基础设施

融合区块链、人工智能、物联网、大数据等新技术，搭建统一、精准、高效的碳普惠信息数据共享平台，完善碳普惠领域的基础设施建设，支持保险行业碳账户业务创新。统筹汽车与保险行业力量，为新能源汽车出行场景搭建统一的核算标准，建立平台化的行驶数据监测及核算系统，共同推动出行数据互认互通。同时，关注碳普惠减排量与碳交易市场的对接，明确碳普惠核证减排量是碳排放权交易市场的有效补充，突出碳资产的金融属性，为盘活碳资产价值提供支撑。

（三）跨界合作，实现车主碳账户商业闭环

鼓励和支持保险公司搭建完整的碳账户体系，与车企、充电运营商等跨界合作，构建碳账户的全应用场景，围绕车主需求构建权益体系，打通"内部用户运营+外部碳资产开发"商业模式闭环，为保险公司及相关合作

方创造额外收益，实现车主碳资产价值最大化，助力保险行业绿色低碳发展。

（四）加强宣传引导，提高公众碳账户参与度

公众是碳账户和碳普惠机制的主要参与者，加强对公众绿色低碳生活方式的宣传引导、提高公众和保险公司积极参与碳普惠是一项重要且长期的工作。政府层面，需要主管部门等监管机构体系化的教育引导、配套出台相应的激励机制，调动碳普惠参与各方的积极性；企业层面，需要重视业务的绿色低碳发展，体现企业社会责任担当，同时，为用户提供更加丰富的激励形式及创新产品服务，增强对用户的吸引力。

参考文献

[1] 周韦、王鹏：《浅析"双碳"背景下的碳普惠制建设》，《节能与环保》2023年第3期。

[2] 吴嘉莹、毛庆庆、董炳灿：《大数据时代下个人碳账户的可持续发展研究——以蚂蚁金服为例》，《时代金融》2019年第14期。

[3] 马清佳、杨陆峰、夏丽娜等：《新能源汽车出行个人碳账户发展现状及建议》，《中国汽车》2023年第9期。

[4] 李诚鑫、兰天媛：《个人碳账户的国际比较及借鉴》，《黑龙江金融》2022年第5期。

[5] 史武广、金峥：《碳账户在绿色金融领域的应用场景分析》，《金融纵横》2023年第6期。

[6] 李颖琦：《商业银行碳账户体系建设的现状、问题与建议》，《现代商业》2023年第23期。

B.25
天津市新能源乘用车发展现状与碳资产开发潜力分析

卢浩 韩旭 赵振家*

摘 要： "双碳"政策驱动下，新能源汽车迎来加速发展，天津市作为国内最早发展汽车产业的城市之一，其乘用车行业发展正处于向新能源转型的关键时期。随着我国碳市场的逐步完善，CCER、碳普惠等自愿碳减排交易机制的发展也为新能源汽车的碳资产开发提供了新的契机，因此需重点把握新能源乘用车发展现状，同时探索其与碳减排机制的有效协调。为此，本文通过对天津市新能源乘用车市场大数据的挖掘与解析，探查当前新能源乘用车市场结构与发展现状，并精细化核算各车型碳减排量，探索新能源乘用车市场与碳减排效果间的联系；最终结合多维度指标分析结果，为天津市新能源乘用车市场发展及碳资产开发提供参考。

关键词： 新能源乘用车市场 碳减排量 数据分析

一 新能源汽车行业发展背景

我国"双碳"目标发布以来，绿色低碳与可持续发展成为我国推进高质量发展的重要战略。汽车是我国交通领域重点碳排放源之一，道路运输能否实现低碳转型关乎我国"双碳"目标大局。从数据来看，我国千人汽车保有量相较欧美等发达国家仍有差距（见图1），随着经济的进一步发展，我国汽车保有量

---

* 卢浩，天津市工业和信息化研究院工程师，研究方向为新能源汽车；韩旭，天津市工业和信息化研究院工程师，研究方向为工业节能降碳；赵振家，天津市工业和信息化研究院高级工程师，研究方向为工业节能降碳。

有继续增长的潜力，对汽车领域的低碳转型提出了更高要求。①

近年来，我国新能源汽车获得飞速发展，已成为我国出口的"新三样"②。作为新质生产力的代表，新能源汽车是我国实现战略转型的关键领域，同时也为道路交通领域的低碳发展奠定了基础。因此有必要将新能源汽车的发展与其碳减排潜力合并研究，通过量化新能源汽车的碳减排贡献，推动新能源汽车行业可持续发展。

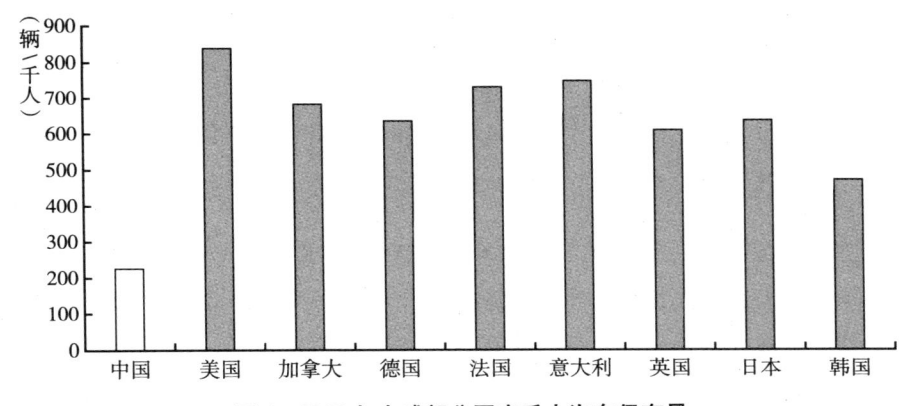

图1 2022年全球部分国家千人汽车保有量

资料来源：北京交通发展研究院。

天津市作为国内重要的新能源汽车生产基地之一，新能源汽车的发展前景十分广阔。③ 在丰富的高等教育资源和完善的产业链基础支持下，天津市着力推动汽车尤其是新能源汽车产业快速发展。2023年全年天津市汽车制造业增加值增长11.7%，在利好政策的扶持与促进下，新能源汽车消费也呈现高速增长势头。据2023年统计数据，天津市新能源汽车千人保有量为34辆，虽低于深圳、上海等一线城市，但仍大幅领先于全国平均值。

---

① 张钰鑫、唐煦桓：《"双碳"目标下中国新能源汽车产业发展现状、问题及对策》，《中国资源综合利用》2024年第6期。
② 孙庭阳：《新能源汽车：从出口"新三样"到产业链出海》，《中国经济周刊》2023年第20期。
③ 李旦：《深入实施制造业高质量发展行动打造天津市新的支柱产业——以天津市新能源汽车产业发展为例》，《天津经济》2024年第2期；李稚、刘泽、张磊：《基于环境与心理因素对中国城市居民新能源汽车购买行为影响研究——聚焦天津市》，《工业工程》2021年第1期。

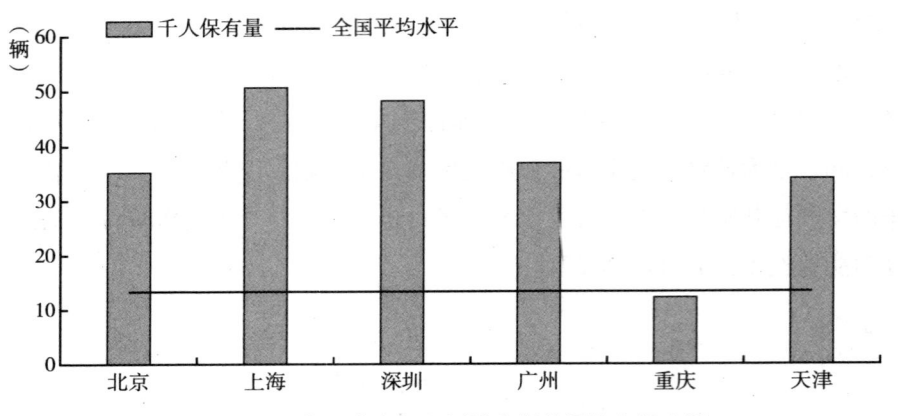

图 2　2023 年天津市与示例城市新能源汽车保有量

资料来源：汽车之家研究院。

在经济高质量发展和我国"双碳"目标共同推动下，天津市新能源乘用车产业处于快速成长期，本文聚焦天津市新能源乘用车发展现状与碳减排效果，从多维度分析当前新能源乘用车市场结构与碳减排结构，为精细化政策制定与调整提供参考。

二　新能源乘用车发展现状与碳减排效果数据分析

本文的研究分析框架如下。

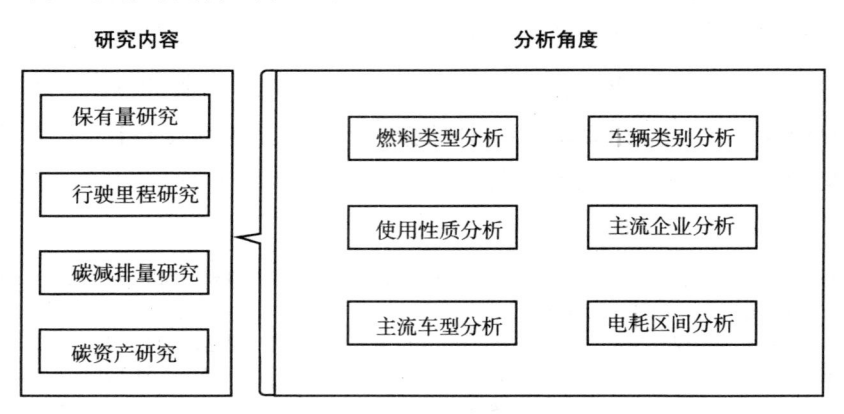

图 3　本文研究分析框架

中汽数据有限公司保有量数据库显示，截至2023年底，天津市新能源乘用车保有量为46.43万辆，其中纯电动汽车31.06万辆，插电式混合动力汽车15.37万辆。天津市新能源汽车数据中心新能源乘用车接入量为44.28万辆，其中纯电动汽车30.07万辆，插电式混合动力汽车14.20万辆。天津市新能源汽车数据中心接入车辆覆盖全市保有量的95%，部分未覆盖主要是因为部分新能源车企倒闭，其旗下车辆数据无法正常上传。在所有接入车辆中，年行驶里程超过1000公里的活跃新能源乘用车共38.36万辆，占新能源乘用车接入量的86.63%。

为保证数据分析的科学性与完整性，本文保有量研究主要基于中汽数据有限公司保有量数据库，行驶里程与碳减排相关研究则主要基于天津市活跃新能源乘用车动态数据。

经测算，2023年天津市新能源乘用车出行碳减排总量为26.40万吨，单车年均出行碳减排量约0.69吨。

（一）燃料类型分析

截至2023年底，天津市新能源乘用车保有量为46.43万辆，其中纯电动汽车（BEV）31.06万辆、占66.9%，插电式混合动力汽车（PHEV）15.37万辆、占33.1%。

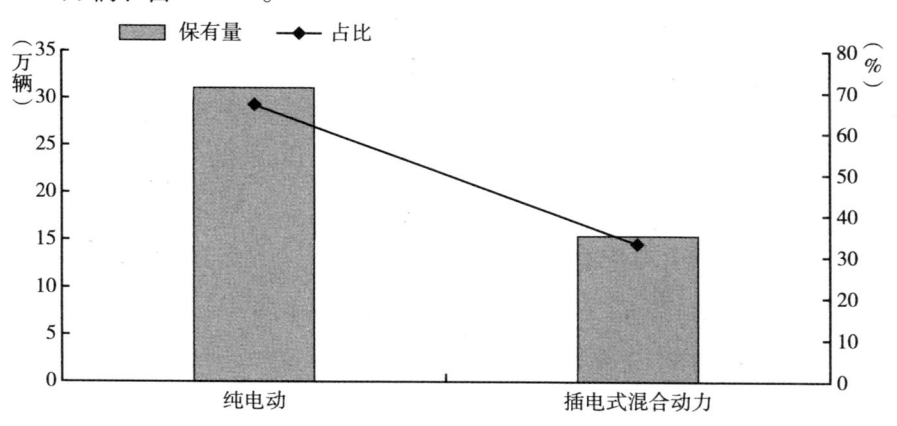

图4　2023年天津市不同燃料类型新能源乘用车保有量及占比

资料来源：中汽数据有限公司。

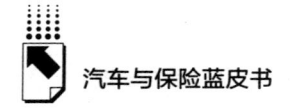

纯电动汽车是全球汽车电动化转型的主流技术路径，同时也在天津市新能源汽车领域占据主导地位，但2023年占比相较上年有所下滑。相比上年，2023年天津市插电式混合动力汽车占比由27.8%增长至33.1%，即占新能源汽车总量的近三分之一。插电式混合动力汽车占有量增长一方面体现了其灵活的能源形式能够更好应对充电基础设施配置不足带来的里程焦虑问题，同时这也与天津市插电式混合动力汽车可申领新能源指标的政策存在着一定关联。相比之下，部分城市和地区正在收紧对插电式混合动力汽车的绿牌发放。根据上海市插电式混合动力汽车车型新规，《上海市鼓励购买和使用新能源汽车实施办法》规定自2023年1月1日起，消费者（包括公司用户和个人用户）购买插电式混合动力（含增程式）汽车的，不再发放专用牌照。[①] 根据乘联会数据，新规执行前，上海市新能源汽车中插混车型渗透率激增，在2022年12月达到43.9%，而在新规执行后2023年4月，插混车型渗透率跌至8.3%，2023年全年上海插电式混合动力汽车渗透率仅为3.7%。可见，插电式混合动力汽车的市场渗透率与其是否享有与纯电动汽车同样的路权红利和免税优势等政策紧密相关。插电式混合动力汽车的碳减排潜力有限是其无法继续享受绿牌红利的主要因素。虽然插电式混合动力汽车可以使用电力驱动，降低排放，但其仍然依赖内燃机作为辅助动力源，碳减排量相较于纯电动汽车有限。上海作为全国最大的新能源汽车市场之一，插电式混合动力汽车新规将为全国各大城市带来示范性的影响，体现了碳减排量测算研究在政策制定层面的重要价值，对插电式混合动力汽车市场发展起到风向标的意义。

行驶里程方面，2023年天津市新能源乘用车年行驶里程46.6亿公里，其中纯电动汽车年行驶里程占主导，达到30.61亿公里，占全市新能源乘用车总行驶里程的65.42%，插电式混合动力汽车年行驶里程16.17亿公里、占比为34.56%（见图5）。插电式混合动力汽车年行驶里程占比略高于其保有量占比，表明插电式混合动力汽车灵活的能源形式一定程度上提升了其使用强度。

---

① 《2023年起上海停止为插电式混合动力汽车发放免费新能源汽车牌照》，《汽车与配件》2021年第5期。

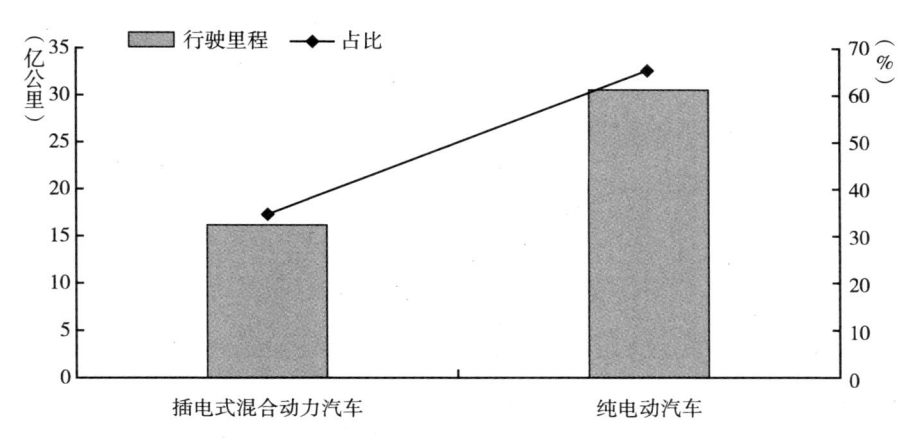

图 5　2023 年天津市不同燃料类型新能源乘用车年行驶里程及占比

资料来源：天津市新能源汽车数据中心。

新能源乘用车日均行驶里程阶梯分布见图 6，日均行驶里程（20，30］公里范围的车辆数量最多，占总体的 24%，其次为日均行驶里程［0，10］公里范围，占比为 18%。日均行驶里程处于（10，20］公里和（30，40］公里范围的车辆占比接近，分别为 15.7%和 15.6%，日行驶里程≤40 公里的车辆占总体的 73.3%，反映出新能源汽车整体仍以中短途出行为主。

相较上年，2023 年天津市新能源汽车日行驶里程显著增长，车辆数量占比最大的日行驶里程区间由（10，20］公里提升至（20，30］公里，反映出随着电池技术的提升和天津地区充电基础设施的逐渐完善，新能源汽车里程焦虑正在缓解，天津市居民正在更远途的出行场景中使用新能源汽车。[1]

纯电动汽车贡献碳减排主要份额，插电式混合动力汽车仍有大幅减碳量增长空间。

年碳减排量方面，2023 年天津市新能源乘用车减碳总量 26.40 万吨。其中纯电动汽车减碳量 22.81 万吨，占全市新能源乘用车减碳量的 86.4%，在天津市乘用车减碳工作中发挥了绝对的主力作用。插电式混合动力汽车年

---

[1] 侯慧、王逸凡、吴细秀等：《长时间尺度下计及里程焦虑心理效应的电动汽车充放电调度策略》，《高电压技术》2023 年第 1 期。

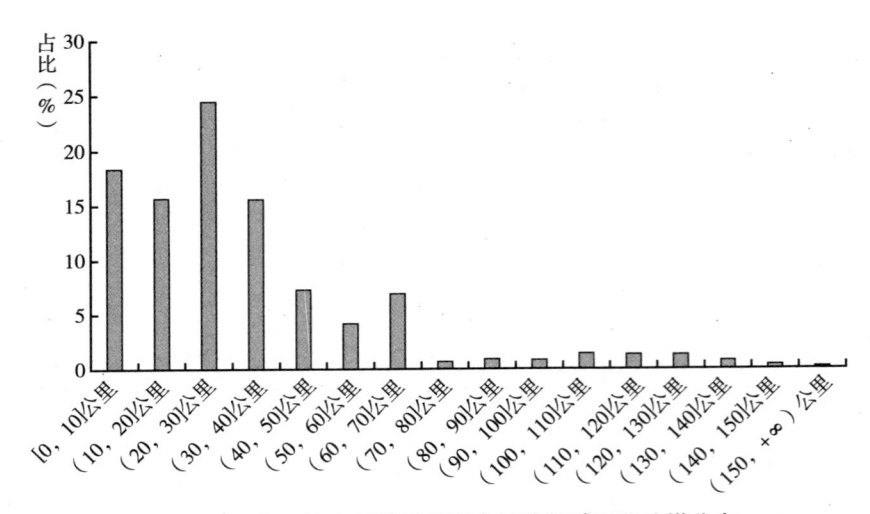

图 6　2023 年天津市新能源乘用车日均行驶里程阶梯分布

资料来源：天津市新能源汽车数据中心。

减碳量 3.59 万吨，占 13.6%（见图 7）。插电式混合动力汽车对消费者而言，既有纯电动车的优势，又拥有燃油车的灵活性，减少里程焦虑，势必有稳定的市场需求。① 通过政策补贴鼓励纯电动续航里程长的车型发展，同时通过技术进步进一步激励用户增加插电式混合动力汽车纯电行驶里程，将助力开发插电式混合动力汽车在减碳效果方面的更大潜力。

（二）类别分析

2023 年，天津市新能源乘用车各车辆类别中轿车的保有量最大，达到 27.58 万辆，占比 59.4%；其次是 SUV，保有量 17.8 万辆，占比 38.3%；MPV 和交叉型乘用车保有量较低，分别为 0.86 万辆和 0.15 万辆，占比 1.9% 和 0.3%（见图 8）。

2023 年，天津市新能源乘用车年行驶总里程达 46.6 亿公里。其中新能源轿车年行驶里程最大，达到 33.6 亿公里，占比 72.1%；SUV 年行驶里程

---

① 刘春辉、刘晓亚、陈亚西：《2022 年新能源乘用车市场发展趋势及热点产品对标研究》，《汽车与配件》2022 年第 20 期。

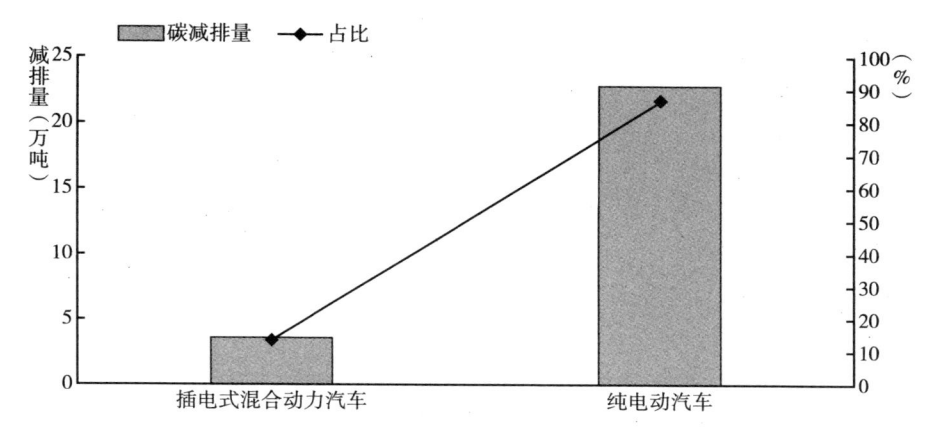

图7 2023年天津市不同燃料类型新能源乘用车年减碳量及占比

资料来源：天津市新能源汽车数据中心。

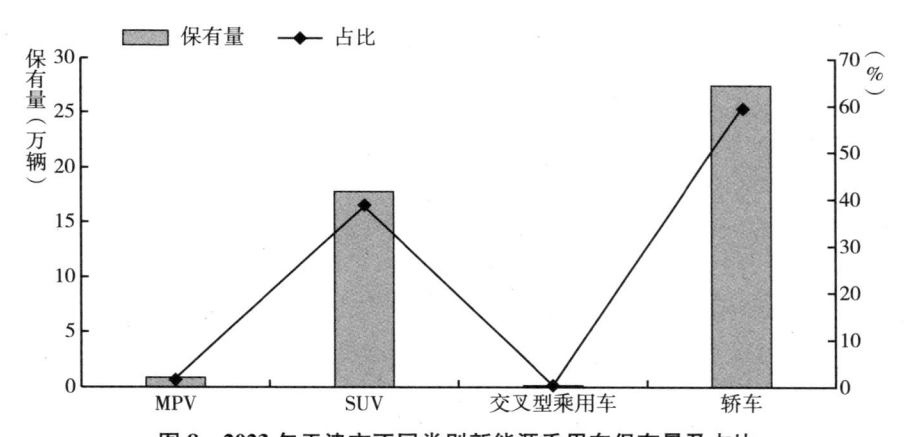

图8 2023年天津市不同类别新能源乘用车保有量及占比

资料来源：天津市新能源汽车数据中心。

12.6亿公里，占比27.0%；由于MPV与交叉型乘用车市场渗透率较低，其年行驶里程较小，分别为0.36亿和0.07亿公里，占比为0.8%和0.2%（见图9）。

2023年，天津市新能源乘用车出行碳减排量中，轿车的出行碳减排贡献最大，为17.9万吨，占比67.8%；其次为SUV，出行碳减排量为8.2万吨，占比31.1%；MPV和交叉型乘用车出行碳减排量较低，分别为0.24万

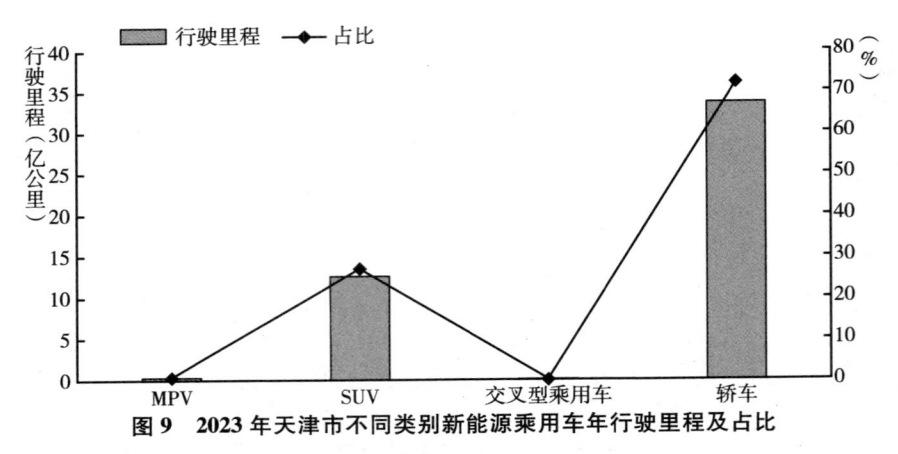

图9 2023年天津市不同类别新能源乘用车年行驶里程及占比

资料来源：天津市新能源汽车数据中心。

吨和0.04万吨，占比分别为0.9%和0.2%（见图10）。新能源轿车市场渗透率较高是其碳减排贡献大的主要原因。

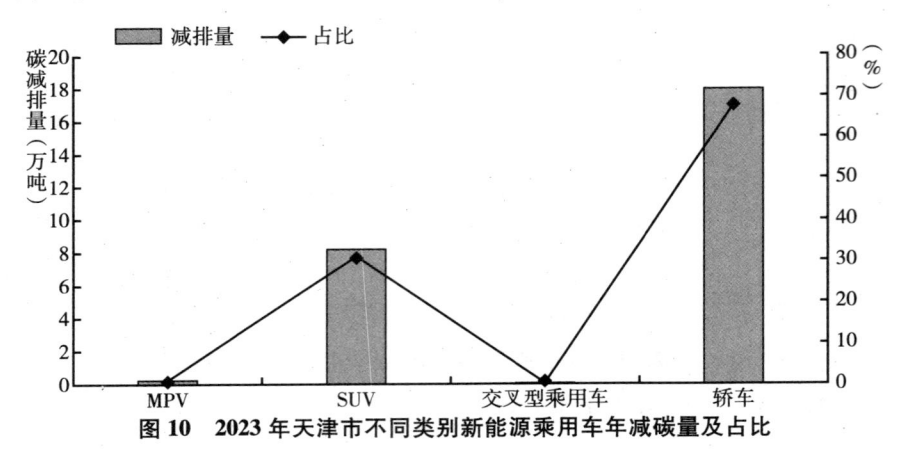

图10 2023年天津市不同类别新能源乘用车年减碳量及占比

资料来源：天津市新能源汽车数据中心。

（三）使用性质分析

保有量方面，2023年天津市新能源乘用车以非营业车辆占主导，保有量41.28万辆，占比达到88.9%；其次为出租租赁新能源乘用车，保有量5.1万辆，占比为11.0%；其他使用性质车辆占比较低（见图11）。

天津市新能源乘用车发展现状与碳资产开发潜力分析

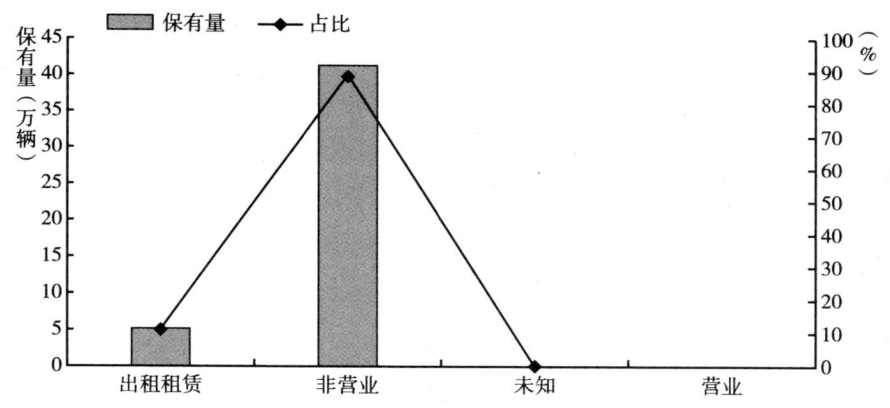

图 11　2023 年天津市不同使用性质新能源乘用车保有量及占比

资料数据来源：天津市新能源汽车数据中心。

行驶里程方面，2023 年天津市营业、非营业、出租租赁三类使用性质新能源乘用车车均年行驶里程均超过 1 万公里，分别达到 1.9 万公里、1.1 万公里、1.3 万公里。相比 2022 年，2023 年三类使用性质车辆的年行驶里程均有所增长，增幅分别达到 84%、66%、17%（见图 12）。

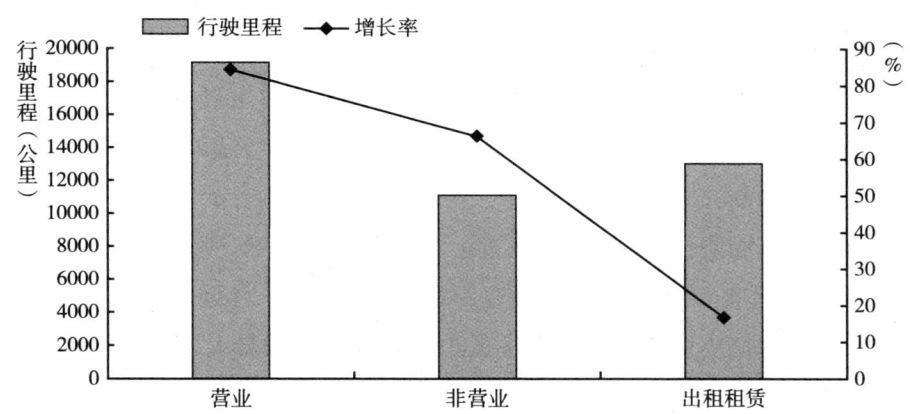

图 12　2023 年天津市不同使用性质新能源乘用车车均年行驶里程及同比增长率

资料来源：天津市新能源汽车数据中心。

2023 年，天津市新能源乘用车出行碳减排量中，非营业车辆出行碳减排量最高，为 19.04 万吨，占比达到 72.1%；其次为营业车辆，出行碳减排量为5.07万吨，占比为19.2%；出租租赁车辆的出行碳减排量仅为2.32万吨，占比为8.8%（见图13）。

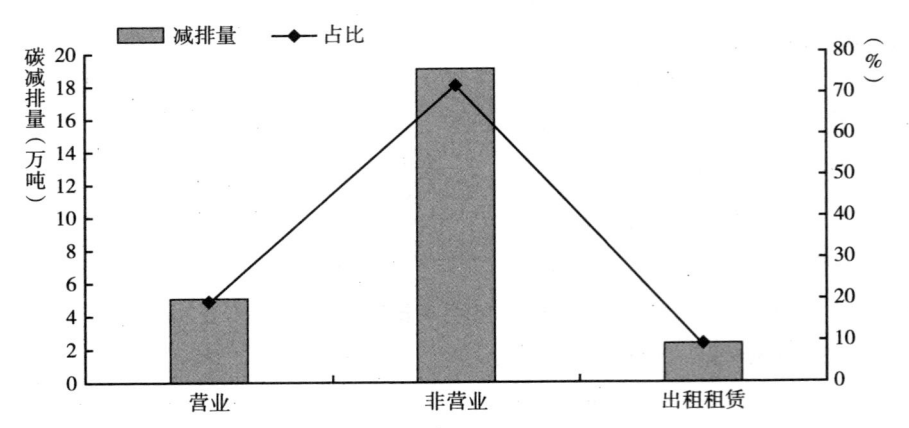

图13　2023年天津市不同使用性质新能源乘用车年碳减排量及占比

资料来源：天津市新能源汽车数据中心。

（四）百公里电耗分段分析

新能源汽车百公里平均电耗是评定产品核心技术优劣的重要指标，同时也能反映车辆的能源利用效率和能耗水平。[①] 按百公里电耗分段统计，2023年天津市新能源乘用车百公里平均电耗在（10，15］千瓦时区间的保有量最多，占比达64.2%（见图14）。

为研究不同能耗车辆的使用强度，本文根据汽车百公里电耗分布计算不同电耗性能车型的单车年行驶里程，如图15所示。百公里电耗在（10，15］千瓦时区间内的新能源乘用车的单车年行驶里程最大，该电耗段也是网约车、出租车主力车型，平均年行驶里程达到14403公里。百公里电耗低于10千瓦时属于节电型车型，以小微车型为主，电池容量一般较小，整体上续航里程偏低，从而对单车行驶里程产生一定影响。百公里电耗高于15

---

① 马欢欢、石攀、樊金娜：《基于能量流分析的电动汽车整车能耗研究》，《汽车实用技术》2021年第21期。

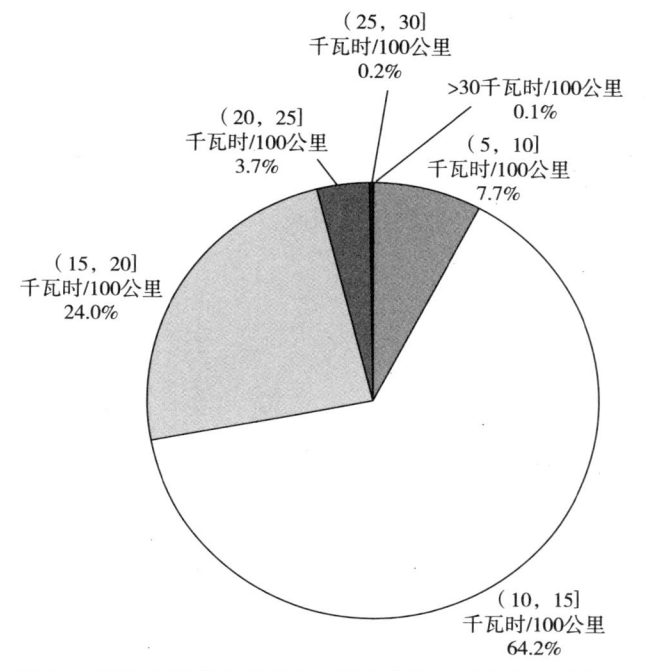

图 14　2023 年天津市不同电耗段新能源乘用车保有量占比

资料来源：中汽数据有限公司。

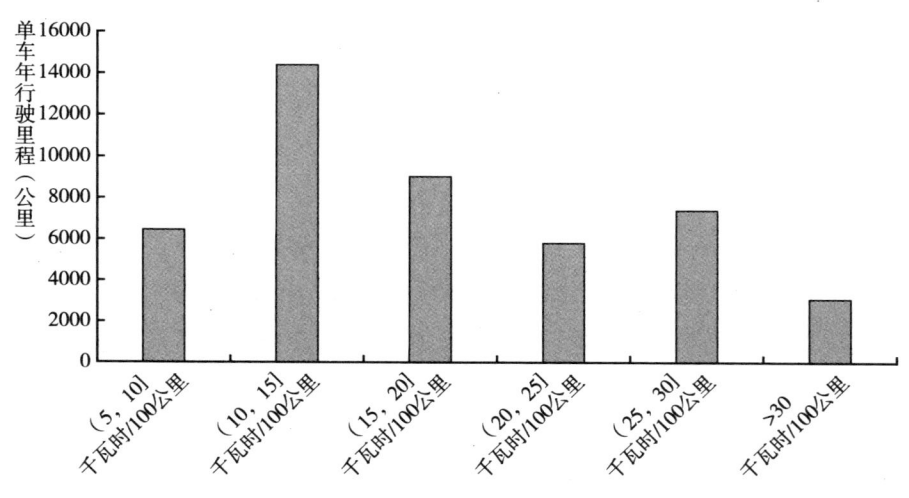

图 15　2023 年天津市不同电耗段新能源乘用车单车年行驶里程

资料来源：天津市新能源汽车数据中心。

千瓦时属于高电耗车型，该电耗段一般为豪华车，其单车行驶里程一定程度上受到耗电经济性和使用场景的影响。

根据电耗段统计碳减排量，能够发现百公里电耗在（10，15］千瓦时区间内的新能源乘用车的年减碳量最大，达到 21.93 万吨，这主要与该电耗段对应的乘用车保有量大和行驶里程较长存在关系（见图 16）。

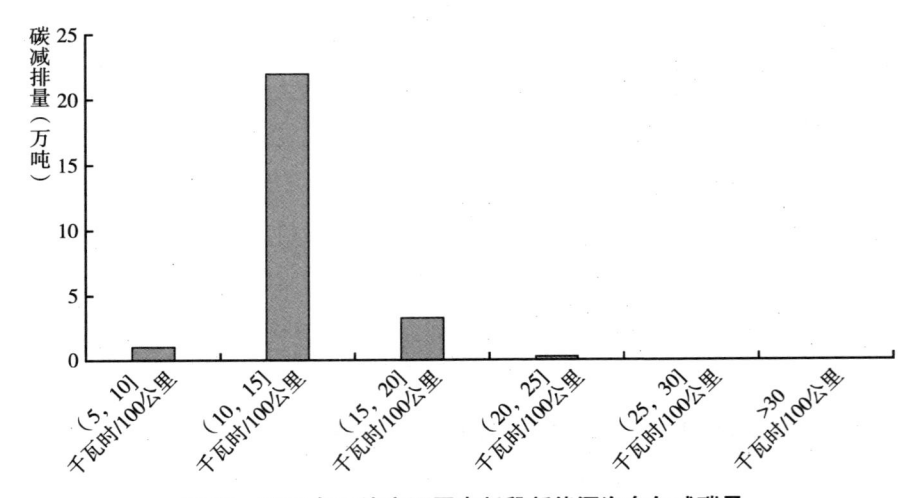

图 16　2023 年天津市不同电耗段新能源汽车年减碳量

资料来源：天津市新能源汽车数据中心。

（五）主流企业与车型分析

2023 年，在新能源乘用车生产企业中，广汽埃安、一汽丰田和比亚迪汽车旗下的新能源汽车在天津市出行碳减排方面贡献较大，出行碳减排量分别为 4.23 万吨、3.99 万吨、3.53 万吨，分别占全市出行碳减排量的 16.02%、15.11%和 13.37%。

广汽埃安是天津网约车主力车型，占比超过 64.3%，年均行驶里程较高，同时广汽埃安在天津市活跃车辆数也位于前列，故其出行碳减排贡献大。一汽丰田在天津出租车领域保有量巨大，同样具有较高的年行驶里程。比亚迪汽车活跃车辆数居于天津市首位，但由于比亚迪旗下车型主要为插电式混合动力汽车，单车平均年行驶里程碳减排量较低，虽然车辆数量超过广汽埃安和一汽丰田，但年碳减排总量位列第三。此外，特斯拉、长城欧拉、豪情帝豪、合众汽车、北汽新能源等同样由于活跃车辆数多，出行碳减排量贡献居于天津市前十位。豪情帝豪则与广汽埃安类似，网约车居多，单车年均行驶里程较高，但由于车辆保有量不高，其出行碳减排贡献位于第六位。

企业出行碳减排贡献由活跃车辆数和年均行驶里程两个因素共同决定。天津市新能源乘用车出行碳减排量贡献TOP10企业2023年碳减排总量为20.28万吨，约占总减排量的77%。由此可见，头部车企带动作用明显，马太效应下行业集中度快速提升（见图17）。①

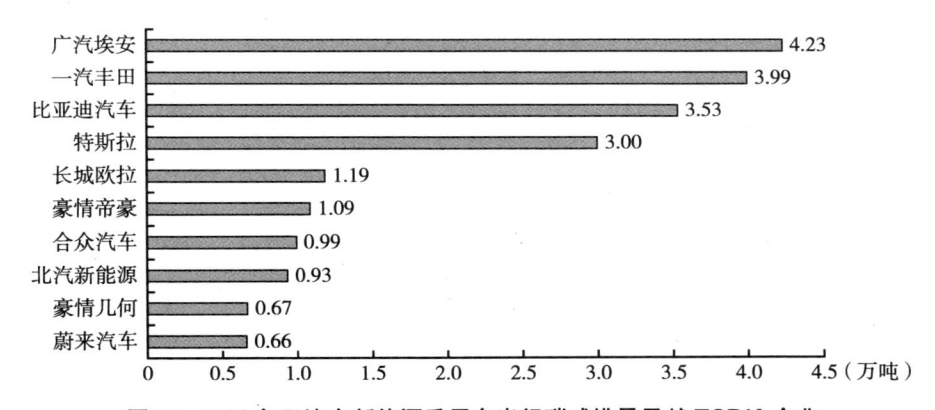

企业	碳减排量（万吨）
广汽埃安	4.23
一汽丰田	3.99
比亚迪汽车	3.53
特斯拉	3.00
长城欧拉	1.19
豪情帝豪	1.09
合众汽车	0.99
北汽新能源	0.93
豪情几何	0.67
蔚来汽车	0.66

图17　2023年天津市新能源乘用车出行碳减排量贡献TOP10企业

资料来源：天津市新能源汽车数据中心。

市场保有量方面，2023年天津市新能源汽车消费市场以中国品牌为主，且新能源保有量集中度很高，TOP10企业新能源乘用车活跃车辆数占总量的71.05%（见图18）。2023年天津市新能源乘用车车均行驶里程TOP10企业如图19所示。

2023年，天津市新能源乘用车车型中，广汽AION.S的出行碳减排贡献继续保持领先，出行碳减排量为3.19万吨，占全市12.1%，远超其余车型。

---

① 杨让晨、石英婧：《行业洗牌加速"马太效应"凸显造车新势力驶入下半场》，《中国经营报》2023年6月12日。

汽车与保险蓝皮书

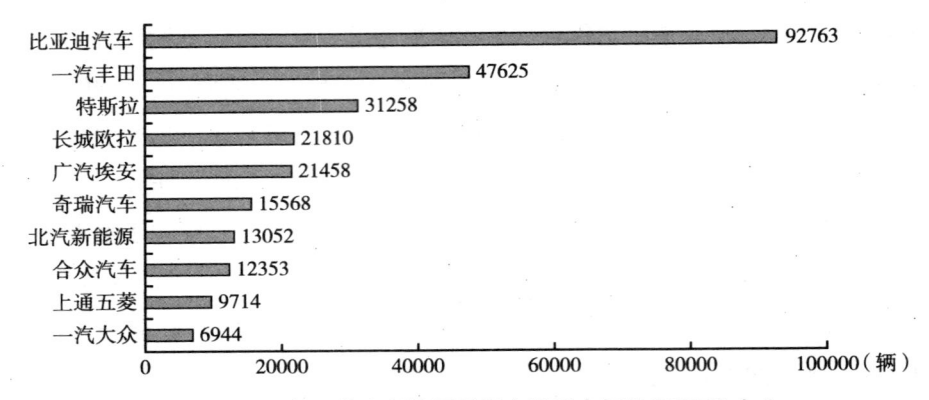

企业	活跃车辆数（辆）
比亚迪汽车	92763
一汽丰田	47625
特斯拉	31258
长城欧拉	21810
广汽埃安	21458
奇瑞汽车	15568
北汽新能源	13052
合众汽车	12353
上通五菱	9714
一汽大众	6944

图18　2023年天津市新能源乘用车活跃车辆数TOP10企业

资料来源：天津市新能源汽车数据中心。

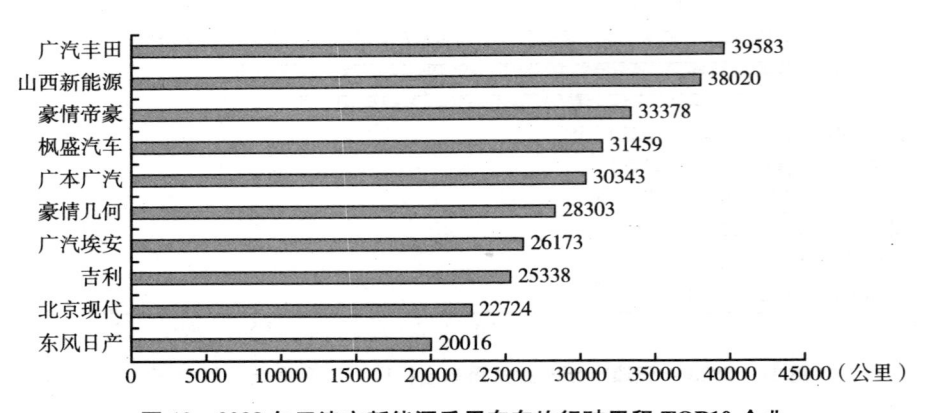

企业	车均行驶里程（公里）
广汽丰田	39583
山西新能源	38020
豪情帝豪	33378
枫盛汽车	31459
广本广汽	30343
豪情几何	28303
广汽埃安	26173
吉利	25338
北京现代	22724
东风日产	20016

图19　2023年天津市新能源乘用车车均行驶里程TOP10企业

资料来源：天津市新能源汽车数据中心。

这是单车年行驶里程高和活跃车辆数多双重因素共同作用的结果。天津市活跃的广汽AION.S车辆数居于全市第九位，共11096辆，且其中约90%为网约车，单车年行驶里程为37252公里，居全市第六位。AION.S续航里程长的优势一定程度上吸引了用车强度较高的用户，实现了减碳量在所有车型中的领跑地位。此外，特斯拉Model Y、丰田BZ3、卡罗拉、特斯拉Model 3等车型的出行碳减排贡献位于第二梯队，占全市出行碳减排量的4%~7%。特斯拉Model Y是天津市保有量最大的纯电车型，单车年行驶里程为9065

公里。丰田 BZ3 和卡罗拉是天津市出租车主力车型，同样具备较大的保有量和行驶里程（见图 20、21、22）。

车型	碳减排量（万吨）
广汽 AION.S	3.19
特斯拉 MODEL Y	1.78
丰田 BZ3	1.61
卡罗拉	1.40
特斯拉 MODEL 3	1.21
比亚迪秦	1.07
几何 A	1.01
传祺 AION Y	0.82
欧拉黑猫	0.78
北汽 EU 系列	0.78

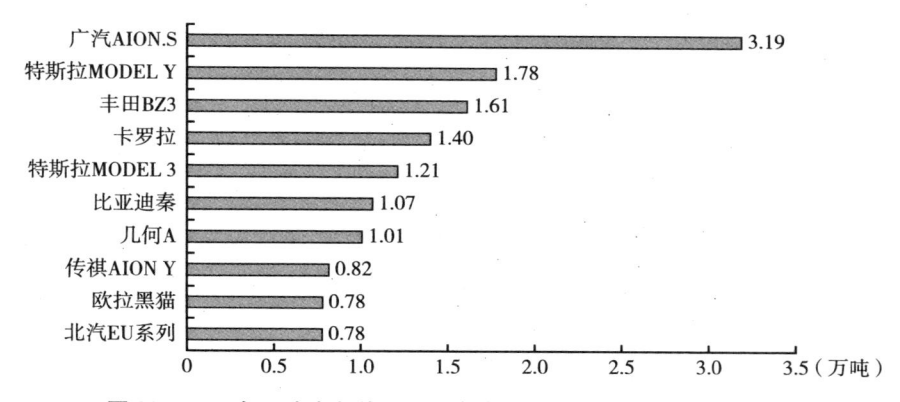

图 20　2023 年天津市新能源乘用车出行碳减排量贡献 TOP10 车型

资料来源：天津市新能源汽车数据中心。

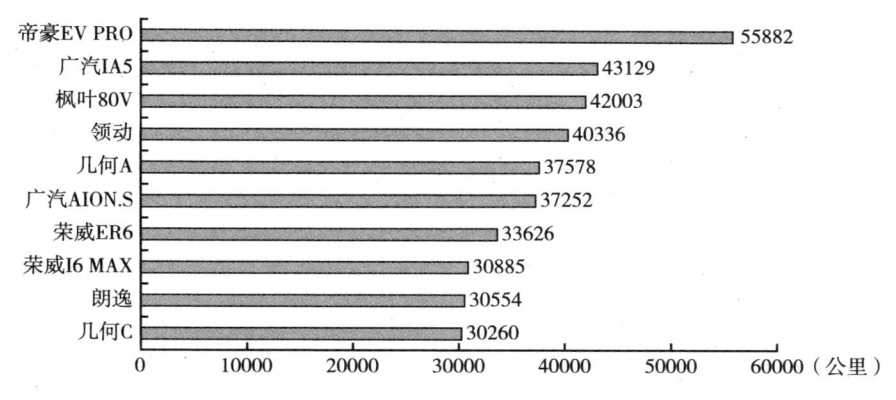

车型	年均行驶里程（公里）
帝豪 EV PRO	55882
广汽 IA5	43129
枫叶 80V	42003
领动	40336
几何 A	37578
广汽 AION.S	37252
荣威 ER6	33626
荣威 I6 MAX	30885
朗逸	30554
几何 C	30260

图 21　2023 年天津市新能源乘用车年均行驶里程 TOP10 车型

资料来源：天津市新能源汽车数据中心。

2023 年，天津市新能源乘用车价格区间为（10 万，25 万]元的车辆出行碳减排贡献较大。其中，（10 万，15 万]元价格区间车辆出行碳减排贡献最大，出行碳减排量达 5.9 万吨，占比为 22.3%；其次为（15 万，20 万]元和（20 万，25 万]元价格区间，出行碳减排量均为 4.2 万余吨，分别占全市总量的 15.9%；（5 万，10 万]元和（25 万，30 万]元价格区间

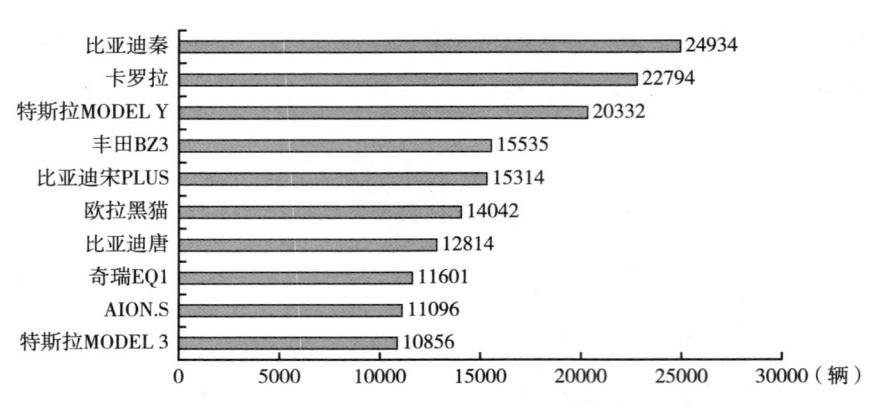

比亚迪秦　24934
卡罗拉　22794
特斯拉MODEL Y　20332
丰田BZ3　15535
比亚迪宋PLUS　15314
欧拉黑猫　14042
比亚迪唐　12814
奇瑞EQ1　11601
AION.S　11096
特斯拉MODEL 3　10856

图22　2023年天津市新能源乘用车活跃车辆数TOP10车型

资料来源：天津市新能源汽车数据中心。

车辆出行碳减排贡献为第二梯队，出行碳减排量分别为3.4万吨和2.7万吨，分别占全市的12.9%、10.2%。各价格区间车辆年行驶里程表现出明显的波动性，其波动变化与出行碳减排量分布无明显关联关系。而活跃车辆数变化趋势与出行碳减排量变化趋势表现出较强的一致性，说明不同价格区间出行碳减排贡献主要受活跃车辆数影响（见图23）。

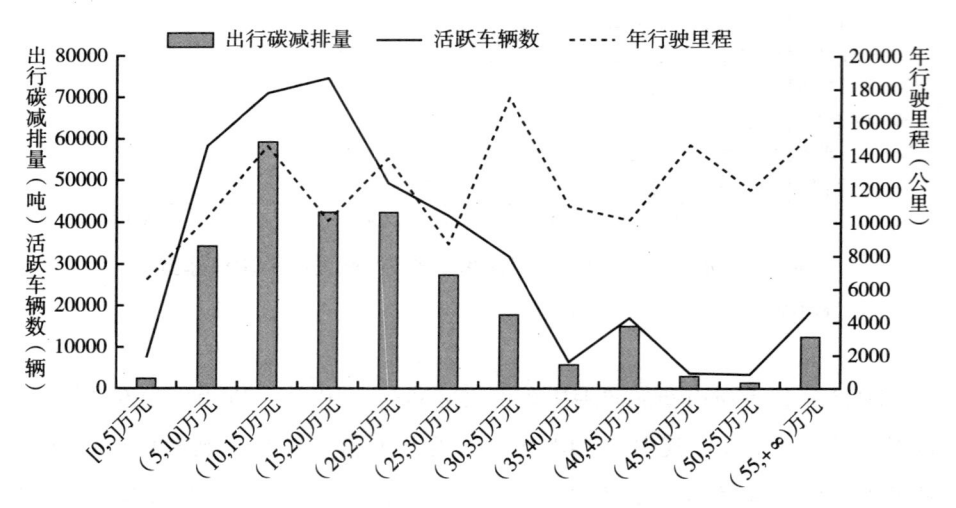

图23　2023年天津市新能源乘用车不同价格区间出行碳减排量、活跃车辆数及年行驶里程分布

资料来源：天津市新能源汽车数据中心。

相比2022年,2023年天津市新能源乘用车出行碳减排量贡献最大的价格段由(15万,20万]元价格段下探至(10万,15万]元价格段,这一方面与我国新能源汽车推广逐渐由高价位向低价位渗透有关,宏观表现为新能源汽车市场愈发激烈的竞争格局。另一方面,(10万,15万]元价格段在活跃车辆数并不占优势的情况下,在碳减排量方面实现了对(15万,20万]元价格段的反超,其主要原因为(10万,15万]元价格段新能源汽车行驶里程较高,侧面反映了该价格段车型广泛应用于网约车和出租车领域。

在低碳绿色发展的大趋势下,自愿减排交易机制已成为我国推动社会各界自发开展节能降碳行动的重要政策工具,为新能源汽车碳资产的开发和交易提供了政策保障。2023年也是我国自愿减排交易机制快速发展的一年,中国核证自愿减排交易(CCER)完成重启。[①] 2023年3月生态环境部发布的《关于公开征集温室气体自愿减排项目方法学建议的函》标志着2017年暂停的CCER正式进入重启进程。2023年10月生态环境部发布《温室气体自愿减排交易管理办法(试行)》,为温室气体自愿减排交易提供了法律和政策依据,有助于规范市场运作,保障交易的公平性和透明性,减少交易风险,从政策层面明确了CCER重启后的整体方向。同月,生态环境部发布《温室气体自愿减排项目方法学　造林碳汇(CCER-14-001-V01)》等4项方法学,方法学的发布明确了该项技术减排量的核算方法,为相关项目碳资产的开发提供了标准依据。2024年1月,全国温室气体自愿减排交易市场启动仪式在北京举行,标志着CCER正式重启。2024年6月国家市场监管总局发布第一批5家温室气体自愿减排项目审定与减排量核查机构名单,为碳资产的认证扫清了障碍。随着我国自愿碳减排交易的进一步发展,新能源汽车出行产生的碳减排量有望在未来纳入CCER交易。

---

① 常河山:《CCER市场重启,调动全社会力量共同参与"减碳"行动》,《现代物流报》2024年2月19日。

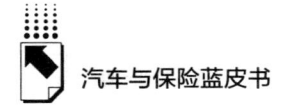

在CCER逐步重启的同时，另一类碳资产开发机制——碳普惠也取得了进展。[①] CCER与碳普惠都属于国家大力推动的碳减排交易机制，在定位上两者实现了互补。与面向集中项目制减排量开发场景的CCER不同，碳普惠则聚焦居民领域，目标是通过权益兑换的方式对居民绿色生活行为进行激励和引导。目前上海、武汉、天津等地已广泛开展碳普惠政策布局，并探索与当地试点碳市场的协同机制。2022年12月上海市发布《上海市碳普惠体系建设工作方案》，明确提出率先开发新能源汽车、充电桩、公共交通等相对成熟、数据基础较好的碳普惠项目，在消纳方面提出支持与鼓励本市纳入碳排放配额管理单位购买碳普惠减排量并通过抵消机制完成碳排放交易的清缴履约。2023年1月天津市发布《天津市碳普惠体系建设方案》，提出开展绿色出行、资源节约和回收利用、生态系统碳汇、可再生能源利用等领域碳普惠方法学研究，鼓励本市纳入管理企业购买碳普惠核证减排量运用于碳市场履约抵消。2024年6月，北京市、天津市、河北省三地共同发布《碳普惠项目减排量核算技术规范　低碳出行》，标志着天津市碳普惠减排量核算方法取得巨大进展，天津地区新能源汽车开发碳普惠减排量正逐渐成为可能。

随着碳排放交易与自愿碳减排机制发展日趋成熟，各车企通过碳减排量能够获取碳资产积累。[②] 根据生态环境部发布的《全国碳市场发展报告（2024）》，2024年全国碳市场第二个履约期每吨碳配额成交均价为65.62元。若以65.62元/吨的价值来测算，2023年天津市新能源乘用车出行运行阶段碳减排量的总经济价值达到1732万元。天津市部分高碳减排量代表企业年碳减排经济价值如图24所示，仅在天津市就能产生几十万元量级的经济价值，头部车企碳资产开发收益将达到上百万元。放眼整个市场，利用碳资产管理助力企业发展，能为企业创造可观的经济价值，同时有助于打造未来企业的核心竞争力。

[①] 高步安、徐家庆：《碳普惠的经济运行逻辑、实践模式及创新发展的现实进路》，《财会通讯》2024年第6期。

[②] 丁莉：《"碳达峰、碳中和"背景下，国内外汽车行业碳排放管理现状和发展建议》，《上海汽车》2023年第7期。

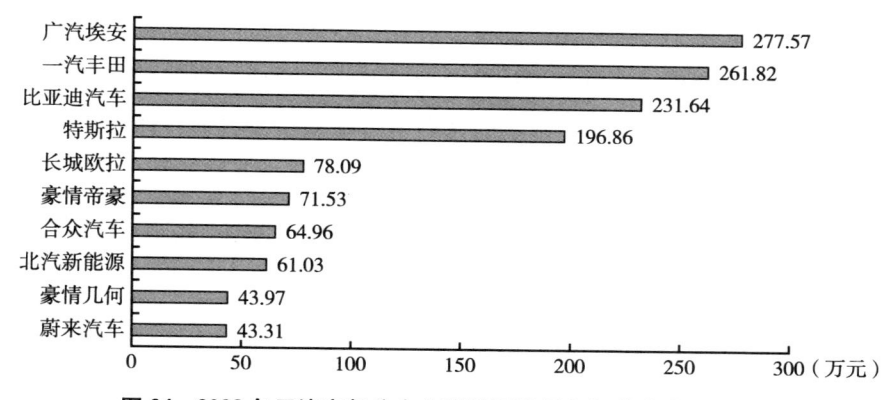

广汽埃安　277.57
一汽丰田　261.82
比亚迪汽车　231.64
特斯拉　196.86
长城欧拉　78.09
豪情帝豪　71.53
合众汽车　64.96
北汽新能源　61.03
豪情几何　43.97
蔚来汽车　43.31

图24　2023年天津市部分企业新能源乘用车年碳减排经济价值

资料来源：天津市新能源汽车数据中心。

三　天津市新能源汽车发展分析结论

（一）价格战愈演愈烈，碳资产开发为新能源汽车行业带来新机遇

2023年新能源汽车价格战如火如荼，企业间的竞争日趋激烈，利润空间不断被压缩。碳资产开发为行业带来了新的发展机遇。随着CCER与各地碳普惠政策的逐渐完善，通过积极参与碳交易市场和开展碳资产开发，新能源汽车企业不仅可以获得额外的经济收益，还能够获得更加亮眼的ESG表现。在国家政策的支持下，碳资产开发正成为新能源汽车企业提高竞争力和实现可持续发展的重要途径。[①]

（二）天津地区新能源汽车加速渗透，使用强度持续增长

天津地区新能源汽车市场正迅速扩展，渗透率显著提升。随着政府对新能源汽车推广力度的加大以及配套基础设施的不断完善，越来越多的消费者选择购买和使用新能源汽车。与此同时，新能源汽车的使用强度也在持续加

---

① 李文翔、李晔、董洁霜、李一鸣：《引入碳交易机制的新能源汽车发展路径研究》，《系统仿真学报》2021年第6期。

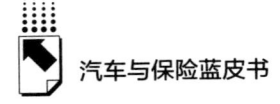

大，不仅在日常通勤中表现出色，还在长途出行等领域获得突破。随着新能源汽车技术的不断进步和基础设施的日益完善，天津地区有望实现新能源汽车对传统燃油汽车的进一步替代，这不仅有助于减少碳排放，还推动了绿色出行方式的普及，为城市的可持续发展贡献了力量。

（三）发挥好纯电动汽车碳减排的主力作用，挖掘插电式混合动力汽车碳减排的潜在能力

2023年，天津市纯电动汽车年减碳量占全市新能源车减碳量的86.4%；插电式混合动力汽车仅占13.6%。在天津市插电式混合动力汽车车型可申领新能源指标的政策背景下，插电式混合动力汽车仍有稳定的市场需求，因此有必要充分发挥插电式混合动力汽车车型的减排效果。通过政策鼓励与技术支持，优化插电式混合动力汽车纯电行驶的体验，鼓励用户增加插电式混合动力汽车纯电行驶里程。另外，也需要持续推进插电式混合动力汽车动力系统进一步发展，降低插电式混合动力汽车行驶过程的整体电耗，助力激发插电式混合动力汽车更大的减碳潜力。

（四）头部车企带动作用明显，行驶里程和活跃车辆数共同影响碳减排量

2023年天津市新能源乘用车出行碳减排量贡献TOP10企业年碳减排总量20.28万吨。头部车企带动作用明显，马太效应下行业集中度快速提升。碳减排量贡献高受单车年行驶里程高和活跃车辆数多双重因素的影响，如单车行驶里程较高的广汽AION.S、几何A，活跃车辆数多的一汽丰田卡罗拉、丰田BZ3和特斯拉Model Y等，均居于减碳量贡献前列。

综合以上分析，天津市新能源乘用车行业处于加速发展的阶段，"后补贴时代"市场竞争日益激烈，用户多元化需求激发核心技术创新，机遇与挑战并存。在发展市场增量的同时也应把握市场结构，引导汽车行业降碳减排，通过多维度把控，探索新能源汽车出行碳减排量的多元应用场景，助力实现"双碳"目标。

参考文献

［1］张钰鑫、唐煦桓：《"双碳"目标下中国新能源汽车产业发展现状、问题及对策》，《中国资源综合利用》2024年第6期。

［2］孙庭阳：《新能源汽车：从出口"新三样"到产业链出海》，《中国经济周刊》2023年第20期。

［3］李旦：《深入实施制造业高质量发展行动打造天津市新的支柱产业——以天津市新能源汽车产业发展为例》，《天津经济》2024年第2期。

［4］李稚、刘泽、张磊：《基于环境与心理因素对中国城市居民新能源汽车购买行为影响研究——聚焦天津市》，《工业工程》2021年第1期。

［5］《2023年起上海停止为插电式混合动力汽车发放免费新能源汽车牌照》，《汽车与配件》2021年第5期。

［6］侯慧、王逸凡、吴细秀等：《长时间尺度下计及里程焦虑心理效应的电动汽车充放电调度策略》，《高电压技术》2023年第1期。

［7］刘春辉、刘晓亚、陈亚西：《2022年新能源乘用车市场发展趋势及热点产品对标研究》，《汽车与配件》2022年第20期。

［8］马欢欢、石攀、樊金娜：《基于能量流分析的电动汽车整车能耗研究》，《汽车实用技术》2021年第21期。

［9］杨让晨、石英婧：《行业洗牌加速"马太效应"凸显造车新势力驶入下半场》，《中国经营报》2023年6月12日。

［10］常河山：《CCER市场重启，调动全社会力量共同参与"减碳"行动》，《现代物流报》2024年2月19日。

［11］高步安、徐家庆：《碳普惠的经济运行逻辑、实践模式及创新发展的现实进路》，《财会通讯》2024年第6期。

［12］丁莉：《"碳达峰、碳中和"背景下，国内外汽车行业碳排放管理现状和发展建议》，《上海汽车》2023年第7期。

［13］李文翔、李晔、董洁霜、李一鸣：《引入碳交易机制的新能源汽车发展路径研究》，《系统仿真学报》2021年第6期。

B.26
新能源汽车电安全技术验证体系（NESTA）研究进展

王铁城 李充 王斌*

摘　要： 2024年，中国新能源汽车市场实现历史性突破，7月新能源汽车零售量首超传统燃油车，渗透率超50%。技术进步、政策支持和消费意识转变推动市场增长，自主品牌取得显著成绩。中国新能源汽车产业正面临从增量市场向存量市场的竞争转变，行业进入优胜劣汰的关键时期。同时，电安全问题成为行业发展的关键，新能源汽车电安全技术验证体系（NESTA）应运而生，旨在提供系统客观的车辆电安全信息，推动行业健康发展。NESTA的实施有助于提升新能源汽车的电安全品质，降低保险费用，提高保值率，推动保险产品创新。

关键词： 新能源汽车　电安全　NESTA

一　新能源汽车发展现状

（一）中国新能源汽车市场发展新突破

根据全国乘用车市场信息联席会（以下简称"乘联会"）于2024年8

---

* 王铁城，高级工程师，中国汽车技术研究中心有限公司中汽研新能源汽车检验中心（天津）有限公司项目总监，研究方向为新能源汽车产业生态及行业管理支撑；李充，中国汽车技术研究中心有限公司中汽研新能源汽车检验中心（天津）有限公司综合管理部部长，研究方向为新能源汽车测试评价技术；王斌，正高级工程师，中国汽车技术研究中心有限公司中汽研新能源汽车检验中心（天津）有限公司技术总监，研究方向为新能源汽车测试评价技术。

月 8 日发布的数据，2024 年 7 月中国乘用车市场的零售量为 172 万辆，其中新能源汽车的零售量达到 87.8 万辆。这一数据标志着国内新能源汽车零售渗透率首次在月度内超过 50%，在历史上首次超越传统燃油车的零售销量。

乘联会秘书长崔东树指出，新能源汽车渗透率的上升表明新能源车型正获得越来越多消费者的青睐。详细数据显示，2024 年 1 月至 7 月，新能源汽车的生产量为 551 万辆、同比增长 28%，零售量为 499 万辆、同比增长 34%，而批发量则为 556 万辆、同比增长 30%。这些数据无一不印证了新能源汽车作为中国汽车市场增长引擎的关键角色，并预示着中国汽车产业的深刻变革。

在过去几年中，随着新能源汽车研发力度的不断增强，投放市场的新车型数量也在迅速增加，中国的新能源汽车变革步伐正在加速。重要的规划文件，例如工业和信息化部装备工业一司指导下由中国汽车工程学会在 2020 年 10 月编制的《节能与新能源汽车技术路线图 2.0》，以及国务院办公厅同年 11 月发布的《新能源汽车产业发展规划（2021—2035 年）》，都明确设定了发展目标。这些文件中提出，到 2035 年，预计节能汽车与新能源汽车的年销售量占比将达到 50%，推动汽车产业实现电动化转型，预计燃料电池汽车保有量将达到约 100 万辆，并且纯电动汽车将成为新销售车辆的主流。

新能源汽车市场的快速增长可归因于技术进步、消费意识的转变及政策支持。自主品牌在新能源汽车领域取得显著成绩。新能源汽车渗透率稳步提升，从 2021 年的 14% 增长至 2022 年的 27%，再到 2023 年的 33%，直至 2024 年 7 月，突破历史性的 50%。2023 年全球电动汽车销量超过 1300 万辆，中国市场占比高达 65%，新能源汽车不仅在国内市场上占据领先地位，还在国际市场上赢得广泛认可。2023 年，中国以 491 万辆的出口量成为全球最大的汽车出口国。由此可以客观地得出结论，新能源汽车不仅在中国市场扮演着日益重要的角色，而且在全球范围内推动了汽车行业的可持续发展和创新。

事实上，无论是跨国汽车企业还是国内品牌，均在积极推广新能源产品。数据显示，截至 2024 年 7 月 22 日，当年我国共推出了 94 个新乘用车系列，其中新能源车型占比高达75.53%。

新能源汽车市场全月渗透率的突破标志着其主导地位的进一步稳固，为产业发展带来了新的动力和信心。然而，这也意味着传统燃油车企业将面临更大的转型压力，市场竞争格局预计将发生深刻变化。尽管传统燃油车企业可能采取促销和提升产品性能等策略来维持市场地位，但这些努力可能难以抵消新能源汽车的冲击。电动化转型缓慢的车企，或将进一步丧失市场。

电动化是影响全球汽车格局的重要变量，中国新能源汽车行业的持续创新，为全球汽车行业的发展做出了重要贡献（见表1）。

表1　全球主要市场新能源汽车展望

国家或地区	新能源汽车渗透率(%)		新能源汽车销量(万辆)			
	2023	2030E	2023	2030E	增量空间	CAGR(%)
中国	36	80	774	2014	1240	15
日本	3	10	14	48	34	19
韩国	7	14	11	23	12	11
东南亚	4	45	11	161	150	46
印度	0	30	2	173	172	96
美国	9	30	148	522	374	20
拉美	1	28	3	90	87	67
西欧	24	40	277	494	218	9
其他	5	12	28	81	52	15

资料来源：Mark Lines，中金公司研究部。

（二）新能源汽车电安全遇到的挑战及现行保险产品的覆盖情况

汽车安全历来是政府、行业和消费者共同关注的焦点。对于新能源汽车，除了传统的碰撞安全问题外，电安全问题尤为关键，它直接关系新能源汽车行业的健康发展与可持续性。电安全问题的处理不当可能会导致人员触电、车辆失控、健康受损以及火灾和爆炸等严重后果。

新能源汽车的使用场景主要包括补能和行车两大类。在这些场景中，电安全技术的不足可能引发一系列安全风险。因此，从政府的行业安全监管到企业的产品设计，再到消费者个人安全的需求，各方面均对新能源汽车的电安全技术提出了迫切的提升需求。

随着新材料、新结构、新技术和新理论的应用，新能源汽车技术呈现高电压、高功率、高集成度以及向高速化、高效化和智能化的发展趋势。这些技术特点在提升新能源汽车性能的同时，也使得电安全问题变得更加多样化、复杂化和系统化，为电安全技术开发和评价带来了前所未有的挑战。

鉴于上述挑战，行业迫切需要建立一个基于用户实际应用场景的新能源汽车电安全技术验证体系。这一体系将为电安全产品的高效和高质量开发提供必要的技术支持和验证手段，确保新能源汽车在各种使用条件下的安全性能得到充分保障。

新能源汽车电安全技术是行业发展的关键，它不仅关乎产品的市场竞争力，更关乎消费者的生命财产安全。因此，构建一个科学、系统的评价体系，对促进新能源汽车行业的健康发展具有重要意义。政府、企业和研究机构需共同努力，推动电安全技术的进步，以应对日益增长的安全挑战。

（三）新能源汽车保险对电安全的覆盖情况及所遇到的问题

传统车险保费计算涉及多种因素，包括车辆型号、使用性质、车主驾驶习惯等。商业车险保费计算公式通常包括 NCD 系数（无赔款优待系数）、交通违章系数以及自主定价系数，其中自主定价系数范围一般设定为 [0.65，1.35]。这些系数共同决定了车险的最终价格。例如，连续三年未出险的车辆可以享受最低至 4.335 折的商业险折扣，而出险次数增加则会导致保费上浮。

中国保险行业协会于 2021 年 12 月 14 日发布了《新能源汽车商业保险专属条款（试行）》，这一条款的出台标志着新能源汽车保险进入了一个新的发展阶段，为电安全问题提供了明确的保险覆盖。

新能源汽车保险在实施过程中，则在风险评估、费率厘定和理赔管理等方面面临诸多挑战。新能源汽车的出险率和赔付率普遍高于传统燃油车，主要原因包括新能源汽车动力系统、驾驶方式、客户群体及供应链成熟度等方面与传统燃油车存在显著差异。新能源汽车的维修成本高，部分由于产品设计缺陷、新技术应用密集、维修方案不标准、配件供应链不成熟等因素。2023年，太保财险有关负责人表示，新能源汽车的案均赔付金额达到7201元，比燃油车高出约600元，且出险率高出燃油车出险率近一倍。中国人寿财险数据显示，新能源汽车出险率高于燃油车两倍多。而保险公司在新能源汽车电安全评价方面了解不足，且无足量的数据支撑车险精细化定价，因此在定价时无法细分车型，往往采用整体上浮的策略，以对冲高赔付率的风险。这一方式，从某种程度上使消费者在购买新能源汽车时产生迟疑，也增加了车辆的使用成本。

二 新能源汽车电安全技术验证体系（NESTA）介绍

（一）NESTA项目背景与发展目标

新能源汽车电安全技术验证体系（New Energy Vehicle Electrical Safety Technology Assessment，NESTA）的构建，响应了新能源汽车行业迅猛发展背后的电安全焦虑问题。随着新能源汽车产销量的持续增长，以及成为出口的新亮点，电安全问题如自燃、安全、辐射等，逐渐成为公众关注的焦点，并促使行业企业和技术机构共同寻求解决方案。

因此，中汽研新能源汽车检验中心（天津）有限公司于2023年11月正式发布了NESTA，旨在基于用户使用场景，通过全面而严格的电安全技术验证，提供系统客观的车辆电安全信息，以期传递产品电安全理念，守护用户安全出行。

NESTA的发展目标主要围绕实现"四个0"愿景，即"车辆0自燃、行车0失控、人员0伤亡、用车0焦虑"。这一愿景不仅体现了对新能源汽车安全性的高标准要求，也反映了NESTA致力于降低消费者对新能源汽车安全性的顾虑，推动形成安全用车的"新"生态。此外，NESTA还计划与保险公司、二手车公司等合作，解决消费者面临的新能源汽车保值率低和保险费用高的问题，实现"一升一降"的目标，即有效提升新能源汽车的保值率和降低保险费用。

（二）NESTA 的六大验证维度：充电安全、电磁安全、功能安全、高压安全、电池安全、消防安全

NESTA 作为全球唯一的新能源汽车电安全技术验证体系，以创新驱动、以科技赋能，推动新能源汽车迈入安全新时代。

基于以上行业背景，NESTA 旨在从充电安全、电磁安全、功能安全、高压安全、电池安全以及消防安全六个维度宽领域定义电安全；从用户、企业、行业三个角度立体化诠释电安全；打造基于用户典型应用场景，面向用户提供系统、客观的车辆电安全信息，助力提升新能源汽车产品力的全方位评价电安全的先进技术体系。

目前，NESTA-2024 版如图 1 所示，涵盖 6 个维度，共 20 个子项目。区别于行业内现有标准体系，NESTA 各维度项目的评价方案全部由中汽中心技术专家基于用户典型应用场景和行业测评大数据库牵头组织行业共同设计开发；同时，NESTA 各维度项目将基于中汽中心建设的世界一流、行业领先的新能源汽车科技创新基地实施，各项目测试系统能力全、精度高、覆盖广，可确保评价数据的准确性和可信度。

NESTA-2024 版评价项目计划分为 5 个测试序列进行。项目验证样品包括 4~8 辆整车、1 套电驱系统、1 套高压系统、3 套电池系统，项目试验周期约 40 天，项目交付物包括产品评价报告、产品认证证书、产品品宣数据等。

相关车型完成 NESTA 体系相关项目验证后，输出交付物将包括 1 个技术体系项目完成证明和若干子项自愿性认证证书。其中，证明由中汽中心新能源检验中心发放，自愿性认证证书由中汽中心华诚认证中心发放，具有行业唯一性和权威性。

充电安全评价维度。从复现用户充电使用故障场景出发，NESTA 提出

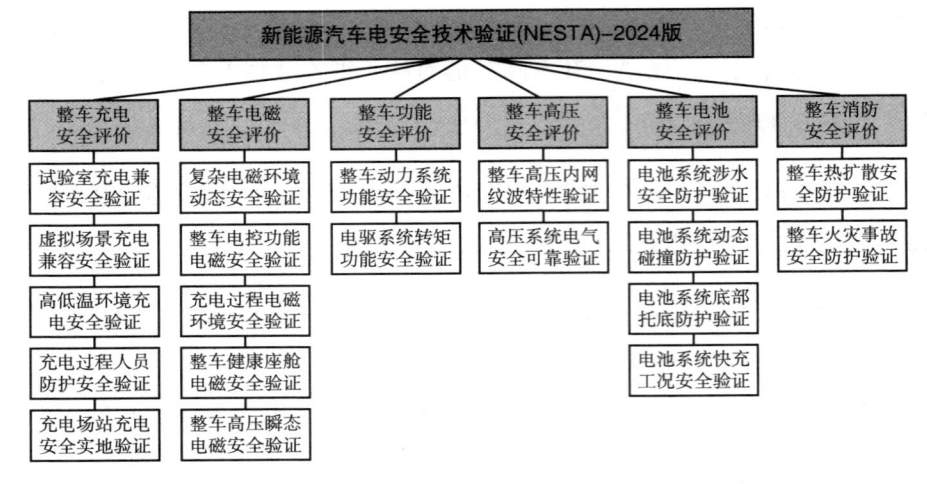

```
                  新能源汽车电安全技术验证(NESTA)-2024版
   ┌──────────┬──────────┬──────────┬──────────┬──────────┬──────────┐
整车充电     整车电磁     整车功能     整车高压     整车电池     整车消防
安全评价     安全评价     安全评价     安全评价     安全评价     安全评价

试验室充电   复杂电磁环境  整车动力系统  整车高压内网  电池系统涉水  整车热扩散安
兼容安全验证 动态安全验证  功能安全验证  纹波特性验证  安全防护验证  全防护验证

虚拟场景充电 整车电控功能  电驱系统转矩  高压系统电气  电池系统动态  整车火灾事故
兼容安全验证 电磁安全验证  功能安全验证  安全可靠验证  碰撞防护验证  安全防护验证

高低温环境充 充电过程电磁                            电池系统底部
电安全验证   环境安全验证                            托底防护验证

充电过程人员 整车健康座舱                            电池系统快充
防护安全验证 电磁安全验证                            工况安全验证

充电场站充电 整车高压瞬态
安全实地验证 电磁安全验证
```

图 1　新能源汽车电安全技术验证（NESTA）−2024 版

资料来源：中汽研新能源汽车检验中心（天津）有限公司企业资料。

了试验室充电兼容安全验证、虚拟场景充电兼容安全验证、高低温环境充电安全验证、充电过程人员防护安全验证和充电场站充电安全实地验证 5 个子评价项目。

依托于持续迭代和丰富完善的 200+充电桩"品牌超市"、2000+全场景测试用例、宽温度高功率测试工况、3000+代表性充电场站数据库等核心优势，该评价维度可以代替用户提前预判相关充电安全风险，有效解决新能源汽车典型充电安全故障，缓解用户出行的补能焦虑。

电磁安全评价维度。该维度主要考量用户在使用车辆行驶、充电的过程中，电磁环境对车辆侧和用户侧的影响，包括复杂电磁环境动态安全验证、整车电控功能电磁安全验证、充电过程电磁环境安全验证、整车健康座舱电磁安全验证和整车高压瞬态电磁安全验证 5 个子项目。

基于世界最大的快速搅拌法混响室和全国最全的复杂电磁环境数据库，NESTA 针对 30+真实道路电磁干扰场景行车安全、整车智能/网联/通信等电控系统电磁安全、整车交直流充电过程异常电磁兼容、佩戴植入式医疗器械特殊用户群体使用电磁健康以及系统级高低压耦合干扰和瞬态干扰等问题，进行系统排查验证，全面提升优化电磁安全性能。

功能安全评价维度。区别于电池、电驱和电控等产品级功能安全评价方法，该维度一方面结合安全性和可用性双维评价目标，面向整车动力系统进行系统级耦合功能安全评价，遴选整车测试用例覆盖实车典型故障场景，快速对车辆进行功能体检与安全摸底；另一方面，采用功率级硬件在环验证方案，基于极限工况、典型故障与极端故障等场景模拟，验证整车各类安全故障场景下的动力安全性，分析电驱系统转矩安全隐患，支撑动力安全改进提升。

高压安全评价维度。新能源汽车高压系统是区别于传统汽车的独特属性，尤其是随着"千伏闪充"快充技术的发展，高压安全问题正逐渐引起行业的关注。

该维度一方面从高压系统纹波产生机理出发，定义典型工况，构建整车高压内网纹波特性验证方案，包括实车高压内网纹波数据采集分析、系统阻抗特性分析、系统纹波注入与谐振点强化测试等，以消除高压系统潜在安全失效风险。另一方面，针对整车高压连接系统，以车规级匹配应用为验证目标，开展电气安全可靠验证，研究整车高压连接系统高压安全边界，指导系统设计选型和研发验证。

电池安全评价维度。该维度重点考虑了机械安全、涉水安全和快充安全等电池实车使用的安全问题，通过引入多序列测试的方案理念，在相关安全测试项目后增加充放电循环测试、三综合振动测试、IP 等级测试、盐雾环境测试等验证项目，模拟用户在实车使用过程中经历相关工况之后仍然继续使用的场景，以验证电池系统涉水安全防护特性、动态碰撞防护特性、快充工况安全防护特性和底部托底防护特性。经过多序列测试验证，可以向用户直观展示产品安全裕度水平，加强用户产品使用的信心。

消防安全评价维度。该维度一方面通过整车电池单点失效、小面积炙烤、侧面炙烤等贴近实际场景的常规滥用工况模拟，验证整车是否具备良好的热扩散安全防护特性；另一方面，采用极端滥用触发方式触发整车起火，从乘员应急撤离安全和车辆消防性能安全两个方面，解决用户普遍关注的在

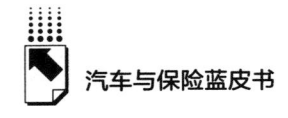

实车火灾事故发生后能否安全撤离的焦虑问题。

未来，NESTA将践行"1155"的规划发展方略，即：以"为助力企业打造具有全球竞争力的中高端新能源汽车提供坚实的技术保障和技术体系支撑"为工作愿景；以"从用户场景出发，以电安全为根本"为工作理念；围绕企业产品全流程，着力打造聚焦双维目标的设计开发平台、聚焦四级指标的研发验证平台、聚焦六项升级的性能优化平台、聚焦用户视角的品宣推广平台和聚焦信任传递的认证赋能平台5个企业产品服务平台；同时依托用户场景保障、技术专家保障、行业数据保障、测试硬件保障和三方认证保障5个保障，持续迭代升级，实现可持续发展。

（三）NESTA在新能源汽车电安全中的应用实例

2023年11月8日，中汽研新能源汽车检验中心（天津）有限公司成功举办了新能源汽车电安全技术大会暨首届NESTA电安全技术日交流活动，会上发布了NESTA，并围绕新能源汽车电安全技术进行了深入研讨和交流。

2024年3月，中汽研新能源汽车检验中心（天津）有限公司开设"NESTA电安全"公众号，全年向公众传播新能源汽车电安全专业知识和安全理念。

2024年4月，为切实打通"电安全"公开传递通道，提高公众对新能源汽车"电安全"的正确认知，中汽研新能源汽车检验中心（天津）有限公司举办全国首次媒体探秘NESTA活动——"聚焦电安全·探秘国家队"和车企交流活动。

在"2024（第十八届）北京国际汽车展览会"期间，中汽研新能源汽车检验中心（天津）有限公司为7款新能源汽车颁发了NESTA首批"六维电安全"车型证书，车型包括：吉利银河E8、奇瑞星途星纪元ES、星纪元ET、江淮瑞风RF8、极越07、AITO问界M9、广汽埃安昊铂HT，标志着这些车型在充电安全、电磁安全、功能安全、高压安全、电池安全、消防安全六个维度上通过了严格的测试与验证。

2024年6月，中汽研新能源汽车检验中心（天津）有限公司首届"电安全公众开放日"成功举行。在这次"开放日"上，首次将NESTA电安全理念及各个试验室面向公众开放展示，此举标志着NESTA"电安全"公开传递通道进一步打通，对提高公众对新能源汽车"电安全"的正确认知、打消用车焦虑、促进新能源市场发展起到了积极作用。

2024年7月，大众汽车ID.与众获得整车动力电池安全验证证书。

2024年8月，吉利银河E5车型获得NESTA证书。

2024年8月9日，中汽研新能源汽车检验中心（天津）有限公司在人民日报海外网正式上线新能源汽车电安全专题——NESTA新能源汽车电安全技术验证（New Energy Vehicle Safety Technical Assessment）专题（网址：https：//biz.haiwainet.cn/special/NESTA/）。中汽研新能源汽车检验中心（天津）有限公司总经理高继东表示：全球格局下的新能源汽车产业竞争是一场马拉松赛，打磨技术、提高品质，是中国新能源汽车产业向全球化转型发展的必修课。

随着全球范围内对绿色、安全出行的追求和电动汽车市场的快速发展，新能源汽车"电安全"技术水平正逐渐成为行业关注的焦点。NESTA海外网专题设置了技术解读、行业动态、大咖访谈、获证车型等多个子栏目，不仅能全面、系统解析新能源汽车电安全知识，持续普及电安全理念，同时，也能帮助用户一站式获取权威信息，遴选更加安全、可靠的新能源汽车产品。

三 新能源汽车电安全技术验证体系（NESTA）对新能源汽车保险的赋能

NESTA对新能源汽车保险的赋能具有重要意义和深远影响，它不仅有助于提升新能源汽车的电安全品质，增强消费者信心，也能够为保险公司提供更为精确的风险评估工具，有助于推动保险产品和服务的创新，实现保险费率的合理化，促进新能源汽车保险市场的稳定增长。

专属保险条款的制定。NESTA的实施将助力新能源汽车保险提供专属

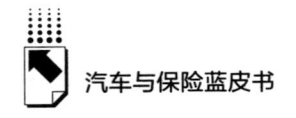

的条款,这将为中国保险行业协会于 2021 年 12 月 14 日发布的《新能源汽车商业保险专属条款(试行)》提供技术支持,使得保险条款能够更精准地覆盖新能源汽车的特有风险,包括电池、电机和电控系统等"三电"核心部件。

风险评估与管理。NESTA 通过严格的电安全技术验证,为保险公司提供新能源汽车的系统性电安全信息,这将有助于保险公司更准确地进行风险评估和车险定价。通过 NESTA 六个维度(充电安全、电磁安全、功能安全、高压安全、电池安全、消防安全)的测试,保险公司能够更好地理解车辆的风险状况,从而优化保险产品。

降低保险费用。NESTA 推动与保险公司、车企的三方合作,旨在解决消费者面临的新能源汽车保值率低和保险费用整体性偏高的问题。通过提升新能源汽车的整体安全性,NESTA 有助于降低电安全品质较高的车辆的保险费用,从而减轻消费者的经济负担。

提升新能源汽车保值率。NESTA 的技术验证工作有助于提高车辆的保值率。这对于二手车市场和消费者在购买新能源汽车时的决策具有重要影响,因为更高的保值率意味着更低的折旧成本。

推动保险产品创新。NESTA 的实施促进了保险公司开发与新能源汽车特性相匹配的新型保险产品。例如,针对新能源汽车充电桩损失等的附加险种的开发,都是传统车险中未曾涉及的领域。

综上所述,NESTA 项目不仅有助于提升新能源汽车的电安全品质,也为新能源汽车保险行业提供了新的发展机遇,通过更精准的风险评估和更合理的保险产品设计,稳定并增强消费者信心,为新能源汽车的普及和可持续发展提供了有力支持。

四 新能源汽车电安全技术验证体系(NESTA)发展规划与展望

NESTA 作为中汽研新能源汽车检验中心(天津)有限公司推出的重要

项目,旨在全面提升新能源汽车的安全性能,保障消费者驾乘安全,推动新能源汽车行业的健康可持续发展。以下是对 NESTA 的发展规划与展望。

(一)建立全球领先的新能源汽车电安全技术验证平台

未来,NESTA 将致力于构建全球领先的新能源汽车电安全技术验证平台。通过不断完善测试方法和标准,引进国际先进的测试设备和技术,NESTA 将能够覆盖更多的新能源汽车电安全维度,提供更为全面和深入的技术评估。这不仅有助于提升中国新能源汽车的国际竞争力,还能为全球新能源汽车的安全标准制定提供参考。

(二)推动新能源汽车行业标准化和国际化发展

随着新能源汽车市场的不断扩大,标准化和国际化已成为行业发展的必然趋势。NESTA 将积极参与国内外相关标准的制定工作,通过与国际知名机构的合作交流,推动中国新能源汽车标准的国际化。同时,NESTA 也将倡导行业内企业共同遵守统一标准,提高产品安全性和市场信任度。

(三)深化与保险行业的合作,推动新能源汽车专属保险产品的创新

为了进一步提升新能源汽车用户的安全保障,NESTA 将与保险行业展开更深层次的合作。基于 NESTA 提供的详细电安全评估报告和技术数据,保险公司可以更准确地评估风险,开发针对新能源汽车的专属保险产品。这不仅能够满足消费者的个性化需求,还能促进保险行业的创新发展。

(四)加强公众宣传教育,提高社会对新能源汽车电安全的认识

面对日益增长的新能源汽车用户群体,普及电安全知识至关重要。NESTA 将通过举办各种形式的宣传教育活动,如线上线下研讨会、公开课等,向公众普及新能源汽车电安全的重要性和应用技巧。这不仅能提高公众的安全意识,还能增强消费者对国产新能源汽车品牌的信任感。目前,中汽

中心新能源检验中心（天津）有限公司正在打造信息公示平台，旨在向公众传递最为公正、客观、专业的新能源汽车电安全测试评价结果。

（五）持续投入研发资源，不断优化和升级电安全技术验证能力

为了保持NESTA在电安全技术领域的领先地位，项目组将持续投入研发资源。通过引进高端人才、购置先进设备以及与高校和科研机构的合作，不断提升测试能力和技术水平。同时，NESTA还将定期更新测试标准和方法，确保评估结果的科学性和准确性。

通过以上发展规划与展望的实施，NESTA作为全球新能源汽车电安全技术验证领域的标杆项目，将为推动整个行业的发展做出重要贡献。

B.27
新能源汽车动力电池健康度评估与应用研究

刘雁鸣　武彦杰　马　欣*

摘　要： 近年来，我国新能源汽车产业发展驶入了快车道。随着新能源汽车渗透率的逐年攀升，安全性、充电速度、续航能力等一系列问题日益浮出水面，在一定程度上制约了产业发展。本文通过研究我国新能源汽车产业发展情况及趋势探究电池健康问题，深入分析影响新能源汽车动力电池健康度的因素，梳理传统电池健康度评估方法，从多维度论述电池健康度评估在后市场领域的应用价值。

关键词： 新能源汽车　电池健康度评估　汽车后市场

一　我国新能源汽车产业发展概况

（一）近年新能源汽车产业发展分析

近年来，全球科技浪潮推动着新一轮工业革命和产业变革的蓬勃兴起，促使能源、物联网、半导体等领域相关技术与汽车产业加速融合。在此背景

---

* 刘雁鸣，助理工程师，中国汽车技术研究中心有限公司中汽数据有限公司后市场业务部保险业务生态室研究经理，研究方向为汽车后市场保险及二手车产业；武彦杰，助理工程师，中国汽车技术研究中心有限公司中汽数据有限公司后市场业务部保险业务生态室高级主管，研究方向为汽车后市场保险及二手车产业；马欣，高级工程师，中国汽车技术研究中心有限公司中汽数据有限公司后市场业务部保险业务生态室技术经理，研究方向为汽车后市场保险及二手车产业。

下，新能源汽车作为汽车产业绿色转型的关键驱动力，已成为全球共识下的主流发展趋势。为应对气候变化与能源危机，切实履行碳排放承诺，发达国家持续加大投入，将发展新能源汽车产业升级为国家战略。同样，我国也已明确将新能源汽车产业升级为国家战略，展现了从汽车大国迈向汽车强国的坚定决心与前瞻视野。

我国新能源汽车产业从20世纪90年代起发展至今，经历了初始萌芽期（2008年及之前）、快速成长期（2009~2016年）、市场过渡期（2017~2020年）年以及市场化时期（2021年至今）四个典型阶段。尽管起步较晚，但得益于政府持续强化的政策扶持与科技创新能力的显著跃升，我国新能源汽车产业实现了跨越式发展，产值规模迅速攀升。2011年我国新能源汽车年产量尚未触及万辆门槛，随后数年，我国新能源汽车产业经历了显著的增长轨迹，产量与销量均实现了质的飞跃；尤其是在2018年产销量均里程碑式地突破了100万辆之后，我国新能源汽车市场迎来了爆发式增长。即使是在2020年疫情期间，国内新能源乘用车销量仍逆势增长，达到136.7万辆。根据中国汽车工业协会数据，我国新能源汽车销量从2019年的120.6万辆增长至2023年的949.5万辆，年均复合增长率为67.51%，连续9年位列世界第一（见图1、图2）。我国新能源汽车产业现已迈入一个叠加交汇、融合发展的新纪元。

图1　2012~2023年我国新能源汽车产量情况

资料来源：中国汽车工业协会。

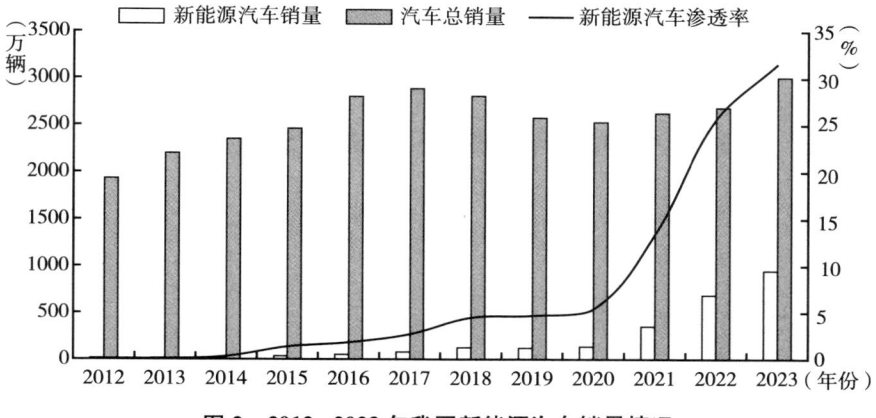

图 2　2012~2023 年我国新能源汽车销量情况

资料来源：中国汽车工业协会。

（二）新能源汽车产业发展趋势分析

随着"双碳"政策实施、国内经济结构的持续优化升级、能源供给侧结构性改革的深化推进以及"十四五"规划的全面部署，我国新能源汽车产业正步入一个前所未有的黄金发展期。根据中国汽车工程学会编著的《节能与新能源汽车技术路线图 2.0》一书，至 2035 年，新能源汽车与节能汽车销量各占 50%，新能源汽车领域纯电动车销量占比 95% 以上，节能汽车领域混合动力汽车销量占比 100%，汽车产业实现电动化转型。

为加快新能源汽车产业繁荣发展，国家密集出台了一系列政策，从财政补贴、税收优惠、购置指标、使用便利等方面大力释放利好信息。特别是 2020 年 10 月，国务院常务会议审议通过的《新能源汽车产业发展规划（2021—2035 年）》，从技术创新、产业生态、融合发展以及基础设施建设等多维度对我国新能源汽车产业进行了前瞻部署。与此同时，各地方政府积极响应，纷纷出台配套政策，进一步激发了新能源汽车的消费潜力。国家、地方政策两翼齐飞，为新能源汽车产业发展提供了多层次支撑体系。在此背景下，发展新能源汽车已成为我国汽车产业转型不可逆转的方向。未来，新能源汽车渗透率将持续提升，行业将迎来技术迭代加速与产

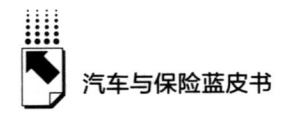

业链各环节协同创新的良好局面，我国新能源汽车产业也将迎来更加广阔的发展空间。

（三）新能源汽车动力电池健康问题日益凸显

我国新能源汽车产业的蓬勃兴起，犹如旭日东升，不仅为中国汽车企业实现"换道超车"提供了发展机遇，也让中国汽车工业在全球舞台上熠熠生辉。然而，随着新能源汽车保有量一路走高，问题也随之而来。作为新能源汽车的"心脏"，动力电池的重要性显而易见，其健康问题逐渐成为市场关注的焦点。充电慢、掉电快、续航里程短、电池使用寿命短是目前大众对新能源汽车存疑的关键因素，碰撞后起火、电池自燃等安全性问题更是成为消费者购买新能源汽车的拦路虎。应急管理部门统计数据显示，仅2023年第一季度，新能源汽车自燃率上涨了32%，平均每天就有8辆新能源车发生了火灾（含自燃）。

锂离子电池凭借低自放电率、长使用寿命、高能量密度、低噪声、无污染以及工作温度范围广等独特优势成为车载动力电池的首选。众所周知，电池的充放电过程包含电能、化学能和热能的相互转化，工作机理非常复杂。而这一过程的顺利进行，不仅依赖电池内部材料稳定性与结构合理性，更与电池的健康状态紧密相关。如若电池健康状态差，将直接影响其安全性与可靠性，甚至严重威胁新能源汽车驾驶者与乘客的生命财产安全，并造成无法估量的损失。因此，随着新能源汽车产业的蓬勃发展，动力电池健康度评估也成为亟待解决的重要议题。

二 新能源汽车动力电池健康度影响因素分析

（一）电池健康度

电池健康度（State of health，SOH）是用来衡量电池在其全生命周期内性能状态的关键参数，通常以百分比的形式来量化。截至目前，国内外还没有一个统一的标准来定义 SOH。根据电池性能参数选取与角度的不同，常用的 SOH 定义方法分为以下三类。

1. 容量定义法

$$\mathrm{SOH} = \frac{C_n}{C_e} \times 100\%$$

其中，C_n 表示电池当前最大可用容量，C_e 表示电池出厂时的额定容量。依照 IEEE 标准 1188-1996，当电池当前最大可用容量衰减至电池出厂时额定容量的 80% 以下，即 SOH 小于 80% 时，电池应终止服役。

2. 内阻定义法

$$\mathrm{SOH} = \frac{R_{EOL} - R_n}{R_{EOL} - R_e} \times 100\%$$

其中，R_{EOL} 表示电池终止服役时的内阻，R_n 表示电池当前内阻，R_e 表示电池出厂时的初始内阻。内阻是影响电池健康度的关键因素之一，随着电池充放电循环次数的增加，内阻随之变大，两者呈正相关趋势。若温度条件相同，当内阻较初始状态增长 25% 时，电池可能存在一定的安全风险，但通常不会带来太大影响；当内阻较初始状态增长 50% 时，则表明电池已接近其使用极限，应终止服役。

3. 循环次数定义法

$$\mathrm{SOH} = \frac{L_s}{L_e} \times 100\%$$

其中，L_s 表示电池当前剩余的充放电可循环次数，L_e 表示电池出厂时总的充放电可循环次数。随着电池充放电循环次数的增加，剩余可循环次数减少，电池的健康状态也将变差。但在实际工作中，鲜少采用这种方法来评估电池的健康状态。因为在车辆日常使用场景下，无法标准化用户行为，即用户难以每次都进行完整的充放电行为，从而导致数据获取难。

（二）电池健康度的影响因素分析

动力电池在运行过程中存在着诸多不可确定性，因此难以始终保持在理

想的工作环境下。比如,车辆在行驶过程中的加减速、天气寒冷或炎热,都会直接影响电池的健康状态。研究表明,电池的 SOH 会受到工况的影响,例如工作温度湿度、充放电倍率、充放电习惯等。电池 SOH 和这些参数之间的关系错综复杂,多为非线性关系,且各参数之间也互相影响,这也极大地增加了电池 SOH 评估的难度。因此,深入分析电池 SOH 的影响因素很有必要。

1. 电池内部材料老化

在基于理想状态的充放电过程中,电池内部的电化学反应是可逆的且无损耗的。然而在现实情况下,电池常常面临各种复杂的工作条件,此时电池内部的电化学反应会使正极上的金属氧化物离子溶解并包裹在负极表面,从而在导致锂离子含量不可逆转地降低的同时,阻碍锂离子的嵌入过程,进而使电池内阻增大。另外,电极与电解液间的氧化还原反应还会生成不可溶物,造成隔离膜孔隙堵塞,大大降低锂离子的传输数量与效率,进一步削减了电池可用容量。与此同时,电解液的分解还伴随着气体的生成,这些气体在电池内部积聚,使电池内部压力增加,严重时将导致电池膨胀甚至爆炸。

2. 电池一致性

电池一致性指的是在将同一规格型号的单体电池组成电池组时,各单体电池间在电压、内阻、容量、功率、温度等关键性能参数上表现出的差异性,通常包括电压一致性、容量一致性以及内阻一致性等。导致电池出现不一致问题的因素有很多。首先,制造工艺和材料的不确定性会导致电池原始特性存在差异;其次,电池装车后的使用环境差异也会导致单体电池的衰退差异。

研究表明,电池一致性对其健康状态有着直接影响。电压一致性差代表各单体电池间电压不平衡,这会导致电池组的可用容量会受到最低容量的单体电池限制。同时,在没有电压监测的情况下,极易导致电池的过充和过放,进而加速电池老化。容量一致性差代表各单体电池间可用容量的不平衡,由于电池组的可用容量会受到最低容量的单体电池限制,当电池组中任一单体电池结束充放电状态,电池组将停止充放电。内阻一致性差代表各单体电池间内阻的不平衡,内阻的不一致情况越严重,电池的可循环次数越少,电池衰减也就越严重。综上,电池一致性程度的优劣是影响电池 SOH 的直接因素,随着不一致性程度的增加,电池将加速老化。因此在车辆日常使用过程中,定期对电池一致性进行检测和评估至关重要。

3. 充放电次数

通过对电池老化机理的研究发现,电池的衰减程度与其充放电循环次数呈正相关。随着电池充放电循环次数的增加,电解液逐渐稀释,有效成分的含量也将随之减少,进而导致电池可用容量降低,电池衰减愈加严重。

4. 环境温度

不同种类的电池有其各自最适宜的工作温度区间,偏离此区间会对电池充放电能力造成一定影响,从而影响电池的健康状态。温度过低会导致电解液导电能力下降。当温度低于电解液的熔点时,电解液将发生冻结,内部电化学反应无法正常进行,从而导致电池发生故障。适当的温度上升可加速内部电化学反应,有助于电池性能的提升。但当温度攀升至过高水平时,可能会引起内部材料严重损耗,最终导致电池健康恶化。

5. 过度充放电

过度充电通常是指充电电压超过了设定的截止电压,这种情况通常发生在电池充满后用户没有及时拔掉充电枪,或者充电枪发生故障的场景下。过度充电会导致锂离子在负极严重沉积,从而对电池健康度产生不可逆的副作用,对电池容量衰减的影响相当严重,存在电压升高、电池变形、漏液的可能,严重的还会导致电池过热甚至起火。

过度放电通常是指在电池放电过程中,电压降至保护阈值的时候仍然继续放电,这种情况通常发生在车辆电池电量不足时,用户仍然强行使用或长时间不充电的场景下。过度放电会使电极活性物质遭到损伤,甚至失去反应能力,这同样会对电池健康造成不可逆转的伤害。当再次充电时,电池容量会发生严重衰减。

6. 电池自放电

动力电池即使不接通外部负载,内部的化学反应仍旧进行,也会损耗部

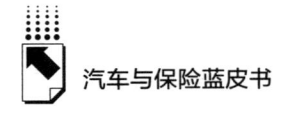

分电荷，这种现象即为电池自放电。电池在生产过程中，可能存在少量空气中的粉尘、金属粉末附着在极片或隔膜上的情况，这也可能引发电池内部微短路。另外，自放电现象可能加剧单体电池间的 SOC（State of Charge，电池剩余电量）差异，从而对整个电池组的安全性和健康状态产生不利影响。过度的自放电还可能导致电池热失控，进而引发更大的安全问题。

7. 充放电倍率

充放电倍率是用来衡量电池充放电速度快慢的技术指标。在车辆使用过程中，如果不按照设定的充放电倍率去进行充放电，会对电池健康度造成极大影响。充电倍率过高会导致电池内部温度上升加快，影响内部活性物质的正常工作，还有导致电池过充的可能。放电倍率过低虽然能使电池释放更多容量，但存在电池过放的可能，从而导致电池寿命缩短。

三 新能源汽车动力电池健康度评估方法

中国汽车动力电池产业创新联盟统计数据显示，2023 年，我国动力电池装车量累计达 387.7GWh，同比增长 31.6%。作为新能源汽车的核心部件，电池的健康状态严重影响着新能源汽车的安全性和可持续使用性，电池健康度评估是新能源汽车生命周期管理中不可或缺的一环。动力电池的使用过程也是其不断衰减的过程，通常伴随着内阻的增加，这意味着电池将产生更多的热量，热失控风险也随之上升。这不仅关乎车辆的性能和使用寿命，还直接影响用户的驾驶体验和生命安全。因此，电池健康度评估不仅是评估车辆续航里程的基础，还是优化电池 SOC 评估精度的重要参数，更是实施预防性维护策略的关键依据。

通过评估电池健康度，可以及时发现并解决潜在风险，识别性能不满足要求的单体电池，及时采取维护或更换措施，减少电池故障或安全事故发生的可能。另外，电池健康度评估对保险、二手车以及电池回收等行业同样具有重要的指导意义。因此，在新能源汽车及动力电池产业化发展进程中，作为表征动力电池性能的关键参数，电池的 SOH 早已成为国内外研究的热点。

当前，国内外电池 SOH 评估方法主要包括实验评估法、模型法、数据驱动法以及融合法等（见图 3）。

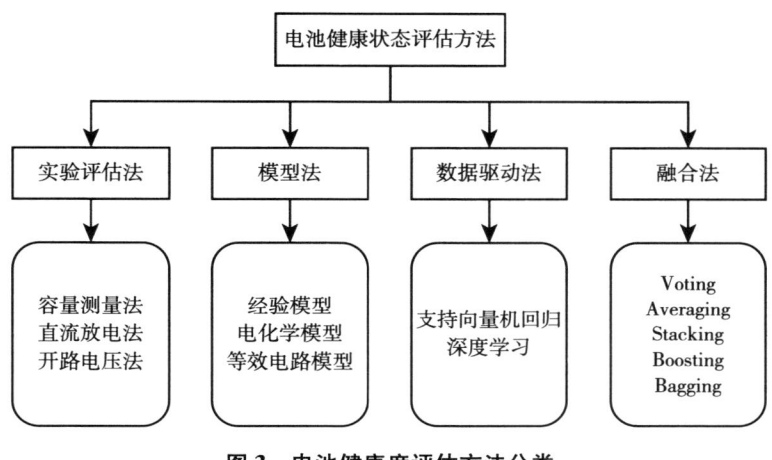

图 3　电池健康度评估方法分类

电池健康状态评估方法分为：
- 实验评估法：容量测量法、直流放电法、开路电压法
- 模型法：经验模型、电化学模型、等效电路模型
- 数据驱动法：支持向量机回归、深度学习
- 融合法：Voting、Averaging、Stacking、Boosting、Bagging

（一）基于实验评估法的电池健康度评估

实验评估法是一种依赖大量实验来分析电池衰减过程的 SOH 评估方法，可为模型法和数据驱动法提供一定的理论支撑。实验评估法主要用于实验室理论研究，通过直接对电池采取离线测量的方法，获取电池内阻及容量等数据，或者通过差分分析的方法，间接获取 SOH 相关特征参数。目前主流的实验评估法有开路电压法、直流放电法和容量测量法等。但由于此方法对设备要求较为严苛，实验时间较长，通用性较差，因此在实际应用中一般不采用此方法。

（二）基于模型法的电池健康度评估

由于锂电池是一种强非线性时变系统，其内部的动态变化较为复杂，无法用单一的静态模型进行描述。因此，要对锂电池内部的电化学反应和衰减机理进行深入研究，基于数据特征分析，建立与之相匹配的动态模型，同时

结合实验数据对电池 SOH 进行评估。目前，模型法大致可分为三类——经验模型、电化学模型以及等效电路模型。

1. 经验模型

经验模型基于电池衰减过程的历史数据，通过实验辅助，分析电压、电流、充放电循环次数以及温度变化对电池 SOH 的影响，从而进一步建立电池容量衰减的物理模型。此模型的优点在于简单、灵活且可扩展性较强，因此在新能源汽车动力电池发展的早期，此方法应用较广；但由于此模型的应用需要依赖大量电池衰减数据且在实际应用中的研究较少，虽然评估精度较高，也仍然存在计算量庞大、实时性较差等问题，因此难以用于电池 SOH 的实时评估。

2. 电化学模型

电化学模型是用于描述电池内部在充放电过程中的电化学反应与电池衰减之间关系的模型。此模型的优点是能够提供准确度较高的 SOH 评估结果，且理论基础坚实、物理意义明确。但缺点是模型包含的变量因素较多，要求使用者具备较高的专业素养和知识水平。

3. 等效电路模型

等效电路模型的原理是基于锂电池的电气特性，利用电容、电阻、恒压源等电气元件来模拟电池内部的动态特性。目前应用较多的主要有 PNGV 模型、Thevenin 模型、Rint 模型以及多阶 RC 模型等。虽然等效电路模型准确度较高，但电池的充放电特性与 SOH 之间存在复杂的非线性关系，导致参数难以确定，从而大大增加了构建有效的等效电路模型的难度。

（三）基于数据驱动法的电池健康度评估

与其他方法相比，数据驱动法不关注复杂的化学反应机理，而是基于电池衰减的历史数据提取特征向量，并建立描述其与电池 SOH 之间关联的方程，利用支持向量机回归、深度学习等智能算法，提取电池容量、内阻、电压、SOC 等关键参数对 SOH 进行评估。此方法由于简单灵活，备受学者青睐。缺点是对数据质量的依赖程度较高，评估精度可能受影响。

1. 支持向量机回归

支持向量机回归算法的优点是自适应能力较强,无须进行大量的数据训练,在避免维度灾难、解决非线性问题方面表现较好。

2. 深度学习

深度学习通过人工神经网络建立模型对电池健康度进行评估,其优点是能够对给定的数据进行非线性自主学习,具有鲁棒性且泛化能力较强。

(四)基于融合法的电池健康度评估

融合法是一种将多种评估方法融合到一起,取各方所长的电池健康度评估方法。通常来说,融合多种模型可能对提升机器学习的性能有帮助。因此,这种方法广泛应用于各种机器学习中。目前常见的融合法包括 Voting、Averaging、Stacking、Boosting 和 Bagging。

四 电池健康度评估在汽车后市场的应用研究

汽车后市场是指在汽车落地销售到报废这一过程中,基于汽车使用的相关需求所提供的一系列服务的总称。包括汽车金融、汽车保险、维修保养、二手车交易、电池梯次利用等。虽然我国汽车后市场发展起步较晚,但随着新能源汽车市场的迅速扩张,其保有量的急剧攀升也激发了后市场的巨大需求。其中,新能源汽车动力电池健康度评估逐渐占据了举足轻重的位置。

相较于传统燃油车,新能源汽车的核心技术集中在三电系统,动力电池是重中之重。作为车辆的动力来源,动力电池的健康度直接影响着车辆的性能与安全。受电池制造工艺、材料特性以及使用环境等因素影响,动力电池会在使用过程中衰减,这不仅会削弱车辆续航能力,更影响了车辆自身价值。除此之外,电池的先天制造缺陷以及后天使用不当等因素还可能导致电池起火、爆炸等安全事故。因此,不管是从车辆的性能安全角度,还是从二手车交易、保险服务、维修保养、电池梯次利用的角度考虑,通过检测电池关键参数对电池健康度进行评估都至关重要。

（一）电池健康度评估在日常维修保养中的应用

随着新能源汽车的快速普及，动力电池在我们的日常生活中扮演着越发重要的角色，电池的维修和保养也成了日益重要的一项工作。作为新能源汽车最重要的部件，电池在使用过程中难免会出现性能下降、内部损伤、容量衰减等问题，而车主们往往在发现车辆无法启动、电路故障、车载电子设备故障甚至造成安全事故等情况时才意识到问题的存在。定期进行动力电池健康度评估可以避免上述问题的发生，使问题早发现、早解决。通过选择合适的评估方法，有助于车主深入了解电池的使用情况，帮助车主制定更加科学合理的电池健康管理方案，如在充放电频率与深度、保养周期、维修与更换时间等方面做出更加及时且准确的决策，从而延长电池使用寿命，降低用车成本，排除安全隐患，保障行车安全。

（二）电池健康度评估在二手车交易中的应用

出于环境保护和经济性考虑，越来越多消费者倾向于购买二手车。众所周知，二手车市场是典型的"柠檬市场"，买卖双方之间存在严重的信息不对称现象。另外，对于传统燃油二手车而言，车型、车龄和里程数是买方重点关注的对象。而对于新能源二手车来说，这些指标将变得模糊，客户难以获取电池的相关信息，这就使电池成了一个信息黑箱，无论是个人消费者还是经销商，都难以识别电池的真实状况。一旦买到问题车，事后再追偿扯皮，将造成时间成本和金钱成本的损失。因此，在二手车市场上，电池健康度的评估同样至关重要。电池健康度是判断新能源二手车好坏的关键，也是影响新能源汽车整车保值率的主要因素。若电池健康度较差，则意味着充电速度变慢、续航里程降低等。电池健康度评估不仅可以帮助买家评估车辆残值、做出更明智的购买决策，还有助于卖家打造信誉，推动新能源汽车市场的健康发展。

（三）电池健康度评估在保险服务中的应用

新能源汽车动力电池以其成本高、事故赔付金额大且电化学机理复杂导致衰减过程难以评估,成为保险成本控制和理赔风控的重点关注对象,新能源汽车保险面临着电池风险数据不足、维修更换成本难以确定等现状。因此,电池健康度评估对保险行业来说至关重要,能够帮助保险公司科学开展新能源汽车承保风险筛查、保中风控预警、客户增值服务、理赔服务等工作。

在保险保单定价方面,电池健康度评估可为保险公司提供详细的数据支持,有助于保险公司更加准确地评估车辆风险,根据车辆真实情况确定保险费用,使保险费用更加公正合理,提高客户满意度。在保险定损方面,电池健康度评估可以帮助保险公司分析电池损伤程度、故障原因等,为定损工作提供可靠的数据支持。在保险展业方面,电池健康度评估可以为电池延保等保险服务提供支撑,有助于保险公司了解电池预期寿命和潜在风险,从而为客户提供更加精准的延保方案。

(四)电池健康度评估在电池梯次利用中的应用

随着汽车行业电动化进程的加快,动力电池正逐渐迈入大规模退役的阶段。所谓梯次利用,就是对退役电池进行重复利用,达到减少资源浪费、降低环境污染的目的。电池健康度评估可为动力电池的梯次利用提供划分依据:电池健康度≥80%时,可满足新能源汽车的使用要求,一旦低于80%,将到达设计使用寿命的终点,不能继续用于车辆供电,但可进入梯次利用环节。电池健康度在60%~80%时,电池可用于储能、太阳能、通信基站等领域;电池健康度在20%~60%时,可进行拆解重组,应用于用户侧或微电网;当电池健康度衰减至20%以下时,电池可进行报废处理,回收部分零件及金属元素。

参考文献

[1] 谢振、张江红、熊俊:《新能源汽车锂离子动力电池系统关键技术研究》,《有

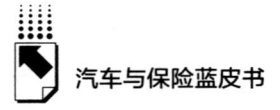

色金属工程》2022 年第 10 期。
［2］胡建成：《我国纯电动汽车发展概况及展望》，《南方农机》2020 年第 22 期。
［3］戴国洪、张道涵、彭思敏等：《人工智能在动力电池健康状态预估中的研究综述》，《机械工程学报》2024 年第 4 期。
［4］常沛祥、李荣宇、王芳等：《动力电池健康评估和老化机制分析技术》，《时代汽车》2024 年第 11 期。

B.28
充电桩风险保障的创新思考与实践

翟宇博 文 爽*

摘 要： 本文旨在探讨充电桩在建设运营过程中面临的风险及如何采取相应的保障措施和创新方案。目前，新能源汽车的普及使充电桩需求大增，但充电桩面临诸多风险，如设备风险、安全风险、数据风险、运营风险、政策风险等。本文深入剖析现有风险保障模式。创新思考上，提议从技术创新、管理创新、保险创新、数据安全创新等方面为充电桩风险保障开拓新思路与解决方案。

关键词： 充电桩 风险保障 创新思考与实践

一 引言

在全球能源转型和环境保护的大背景下，新能源汽车产业作为绿色出行的重要推手，正以前所未有的速度发展。而充电桩作为电动汽车的能源补给基础设施，其建设与运营直接关系新能源汽车的普及程度和用户的充电体验。然而，随着充电桩数量的激增，一系列风险与挑战也随之而来，包括但不限于设备风险、安全风险、数据风险、运营风险、政策风险等。因此，对充电桩风险保障进行深入的创新思考与实践，成为当前亟待解决的重要课题。

---

* 翟宇博，能链智电碳中和事业部总经理，研究方向为交通能源减碳实践、企业 ESG；文爽，能链智电碳中和事业部数字化总监，研究方向为交通数字化应用。

二 充电桩风险概述

（一）设备风险

充电桩作为电力设备，其稳定性和可靠性直接关系充电过程的安全与效率。设备风险主要包括充电设备故障与老化、兼容性问题等。

1. 充电设备故障与老化

充电设备故障与老化是新能源汽车充电过程中常见的问题。充电设备故障可能由多种原因引起，包括但不限于设备接线不良、电源故障、内部元器件故障、充电接口问题、过载和过电压保护不足等。同时充电设备在长期使用过程中，由于电源波动、超负荷使用、环境因素（如温度、湿度、腐蚀性气体等）以及机械损伤等原因，会逐渐出现老化现象。

2. 兼容性问题

由于新能源汽车起步较晚，缺乏统一的标准，各个充电桩厂家制造的汽车充电桩与新能源汽车之间存在不匹配的问题。此外，在设计时，不同充电桩之间的通信协议也相互不支持，存在类似于软件的封闭性，这也会导致它们无法混用的情况。虽然有新的国家标准，但汽车充电桩的更新换代较慢，从新能源汽车开始发展到现在的技术变革，导致汽车充电桩型号规格与现在的新能源汽车不匹配。

（二）安全风险

充电桩的使用环境复杂多变，可能面临电气安全、自然灾害、机械安全、人为因素等多重问题，安全风险尤为突出。以电气安全为例，短路是常见的隐患之一，例如线路老化、绝缘破损或者异物进入导致线路短接，瞬间产生的大电流可能引发火灾甚至爆炸。漏电现象也时有发生，可能对使用者带来触电危险。此外，过压和欠压情况若得不到有效控制，会损坏车辆电池，甚至影响整个电网的稳定运行。

此外，在充电过程中发生的火灾、用户在使用充电桩时的操作不当都可能引发安全事故。同时充电桩的防盗、防破坏能力也是保障安全的重要方面。一旦充电桩被恶意破坏或盗取，不仅会造成经济损失，还可能影响用户的充电体验。

（三）数据风险

在智能化、网络化的趋势下，充电桩已成为数据收集与传输的重要节点，充电桩在运行过程中，面临着数据泄露、黑客攻击等多种数据安全风险。首先，用户个人信息数据存在泄露风险，包括姓名、联系方式、车辆信息等，这些信息一旦被不法分子获取，可能导致用户遭受骚扰甚至诈骗。其次，充电交易数据的安全性至关重要，如支付信息、充电量和费用等，这些信息若被篡改或窃取，将给用户和运营方带来经济损失。再者，充电桩与车辆及后台系统之间的通信数据若未加密或防护不当，容易被拦截和破解，从而泄露关键的控制指令和敏感信息。如充电桩的位置数据若被恶意利用，可能威胁到特定区域的能源设施安全和公共安全。最后，充电桩的数据存储系统若遭受黑客攻击或遭受自然灾害等不可抗力因素影响，可能导致数据丢失或损坏，影响正常的业务运营和服务提供，产生严重后果。

（四）运营风险

充电桩的运营涉及多个环节，包括选址布局、充电服务、运维管理等。运营风险主要包括市场需求预测不准确、充电价格不合理、运维效率低下等问题。这些问题不仅会影响充电桩的盈利能力，还可能损害用户体验和品牌形象。同时，就目前数据来看，越来越多的企业积极加入充电桩业务布局，这样会导致充电桩企业之间的竞争态势加剧，不利于整个行业的健康持续发展。

（五）政策风险

充电桩在建设运营过程中也面临着一系列政策风险，需要保持高度关注和警惕。首先，补贴政策的变动是一个重要风险因素。政府为推动充电桩行

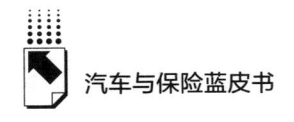

业发展可能会提供补贴,但补贴额度和条件并非一成不变的。补贴的减少、取消或者门槛的提高,都可能增加企业的建设成本和资金压力,影响项目的盈利能力和投资回报预期。其次,政策法规的频繁调整也带来不确定性。新的环保要求、建设用地政策、电力接入规定等的变化,可能导致已规划或在建的充电桩项目需要重新审批、调整设计甚至停工整改,从而拖延项目进度,增加额外的费用支出。最后,政策对充电桩布局和数量的规划调整也可能影响企业的投资决策。例如,政府根据城市发展和能源规划对特定区域的充电桩建设数量进行限制或重新分配,可能导致企业前期的投资布局失去优势。

三 充电桩风险保障的创新路径

(一)技术创新:提升设备安全与智能化水平

1. 引入先进硬件技术

采用高性能、高可靠性的硬件元件,如工业级芯片、高品质电容器等,提升充电桩的硬件质量。同时,加强硬件冗余设计,确保在部分元件故障时充电桩仍能维持正常运行。

2. 开发智能检测与预警系统

利用物联网、传感器等技术,实时监测充电桩的运行状态和环境参数。通过数据分析与算法预测,提前发现并预警潜在故障和风险。例如,当充电桩温度异常升高时,系统可自动启动散热装置并发送报警信息给运维人员。

3. 强化安全防护

加强充电桩的物理安全防护措施,如安装防盗锁、视频监控等,防止恶意破坏和盗取行为。

(二)管理创新:构建全方位的风险保障体系

1. 完善管理制度与标准

制定详细的充电桩管理制度和操作规程,明确各方职责和权利。同时，积极参与国家和行业标准的制定工作，推动充电桩标准化、规范化发展。

2. 建立应急响应机制

制定应急预案和演练计划，确保在突发事件发生时能够迅速响应、有效处置。加强与消防、公安等部门的联动协作，形成合力应对风险。

3. 引入第三方监管与认证

委托第三方机构对充电桩进行安全检测、质量认证和运营评估等工作，通过第三方监管和认证机制，提升充电桩的公信力和市场竞争力。

4. 加强政策风险管理

密切关注、及时了解政策动态，同时建立策略分析系统和应对机制，预判政策变化可能会对充电场站建设和运营带来的影响，最大限度地降低政策变化带来的风险。

（三）保险创新：提供多种类型的定制化保险产品

定制化的充电桩保险产品是为了满足充电桩所有者和运营者的特定需求而设计的保险方案。通过保险保障方面的创新，可以大幅度降低充电桩产业的风险。这种保险产品通常涵盖了多个方面的风险保障。例如，设备损坏保险，包括自然灾害、意外事故等导致充电桩硬件设施的损坏，像在暴雨天气中，充电桩被水淹而损坏。另外，还有责任保险，保障因充电桩故障引发的第三方人身伤亡或财产损失。比如，充电桩漏电导致他人受伤，保险会承担相应的赔偿责任。

此外，营业中断保险也是常见的保障内容。如果充电桩因保险事故而无法正常运营，导致收入损失，保险可以给予一定的补偿。

定制化还体现在可以根据充电桩的类型、使用场景、运营规模等因素灵活调整保险条款和保额。比如，对于在公共停车场大量运营的充电桩，保险方案可能会侧重于更高的责任保额；而对于私人充电桩，可能更注重对设备自身的保障。

目前，包括中国人保、太平洋保险、中国人寿等保险公司都已推出与充

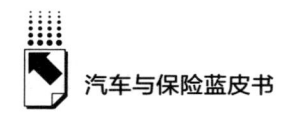

电桩相关的责任保险。2024年一季度,人保财险充电桩保费收入同比增长63.2%。

定制化的充电桩保险产品为充电桩的安全稳定运行提供了有力的经济保障,降低了运营风险,有助于推动充电桩行业的健康发展。

(四)数据安全创新:加强用户数据保护

充电桩的数据安全保障措施是多方面的,通过不同的技术手段可以保护用户隐私和充电过程中的数据安全。

采用加密技术。对充电桩收集和传输的数据进行加密处理,确保数据在传输过程中的保密性和完整性。例如,使用先进的加密算法对用户的充电记录、支付信息等敏感数据进行加密,即使数据被窃取,也难以被破解和解读。

建立严格的访问控制机制。只有经过授权的人员能够访问和处理充电桩数据。通过设置不同级别的用户权限,限制对关键数据的操作,比如只有高级管理员才能修改系统配置参数。

进行定期的安全审计和监测。实时监控充电桩数据的流动和使用情况,及时发现异常活动和潜在的安全威胁。比如,监测是否有异常的大量数据访问请求,或者是否有来自不明来源的访问尝试。

强化网络安全防护。安装防火墙、入侵检测系统等安全设备,防止黑客攻击和网络入侵。定期更新充电桩系统的软件和补丁,修复可能存在的安全漏洞。

对数据进行备份和恢复。定期备份重要的充电桩数据,并确保备份数据的安全性。在发生数据丢失或损坏的情况下,能够迅速恢复数据,保证业务的连续性。

加强员工的安全意识培训。让相关人员了解数据安全的重要性,掌握基本的安全操作规范,避免人为疏忽导致的数据泄露。

四　充电桩风险保障的实践案例

（一）特斯拉超级充电站

特斯拉作为全球领先的新能源汽车制造商之一，其超级充电站网络遍布全球多个国家和地区。特斯拉在充电桩风险保障方面采取了多项创新措施。

1. 完善的运维体系

充电桩的稳定运行离不开完善的运维体系。特斯拉建立了专业的运维团队，制定科学的运维计划，定期对充电桩进行检查和维护。通过及时发现和解决问题，保障充电桩的正常运行。

2. 智能管理系统

智能管理系统可以对充电桩进行远程监控和管理，提高运维效率。特斯拉可以通过部署智能管理系统，实时监控充电桩的运行状态，及时发现故障并进行处理。此外，智能管理系统还可以对充电桩的使用情况进行分析，优化充电桩的布局和运营。

3. 用户反馈机制

用户反馈机制是保障充电桩稳定运行的重要环节。特斯拉可以通过建立用户反馈渠道，及时收集用户的意见和建议，了解充电桩的使用情况和问题。通过对用户反馈的分析，特斯拉可以不断改进充电桩的设计和运营，提高用户满意度。

4. 应急预案

应急预案是保障充电桩稳定运行的最后一道防线。特斯拉需要制订详细的应急预案，明确故障处理流程和责任分工。通过定期进行应急演练，提高运维团队的应急处理能力，确保在突发情况下能够快速恢复充电桩的正常运行。

（二）能链智电 NEF 平台

能链智电 NEF 平台以数智技术为核心，具有对充电站、光伏、储能等

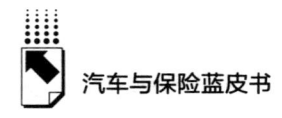

多种新能源资产的投资、建设、运营、运维的全生命周期数字化研判、分析和决策能力。平台依托充电站每一把充电枪每一天毫秒级充电数据，以及与之相关联的新能源车充电行为、充电价格、车辆电池、电机、电控系统的状态数据以及充电站周边的人群、地点等相关 POI 数据。NEF 平台基于物联网和大数据技术，对这些数据进行持续的采集、加工和关联分析，形成了海量的充电数据资产，并基于时序预测、回归分析、因果推断、深度学习、图神经网络等大数据挖掘和人工智能算法技术，不断地从时空维度挖掘数据深层价值，形成一系列具备行业洞察的预测和决策模型。基于这些能力衍生出几大核心应用功能。

1. 热力图分析

通过可视化方式，在地图上层叠展示充电、人流、车流和重点场所的热力图，帮助场站主和投资者识别高价值热点区域和研判竞争态势。

2. 网格评分

基于热力数据和深度学习模型，为全国 368 个城市主城区约 200 万个区域网格构建了动态的网格评分能力，可实现对充电发展高潜力区域的快速筛选和评估。

3. 一键投资报告

可以在 1 分钟内对任一地点，或 NAAS 连接的任一场站生成详细的投资分析报告，包含周边数据全维度分析和投资潜力预测。

4. 投后资产监测

投资者可以通过 NEF 平台，实现对已投场站每日的资金回收、运营状态、收益预测、风险告警的全面监测和分析（见图1）。

（三）新能源汽车添加充电桩损失相关险种

2021 年 12 月 14 日，中国保险行业协会（以下简称"保险业协会"）发布《新能源汽车商业保险专属条款（试行）》（以下简称《条款》），就公众关心的新能源汽车自燃风险、电池损害风险及充电桩损失，《条款》明确均可以通过保险获得理赔。《条款》的保险责任进一步放大，结合新能源

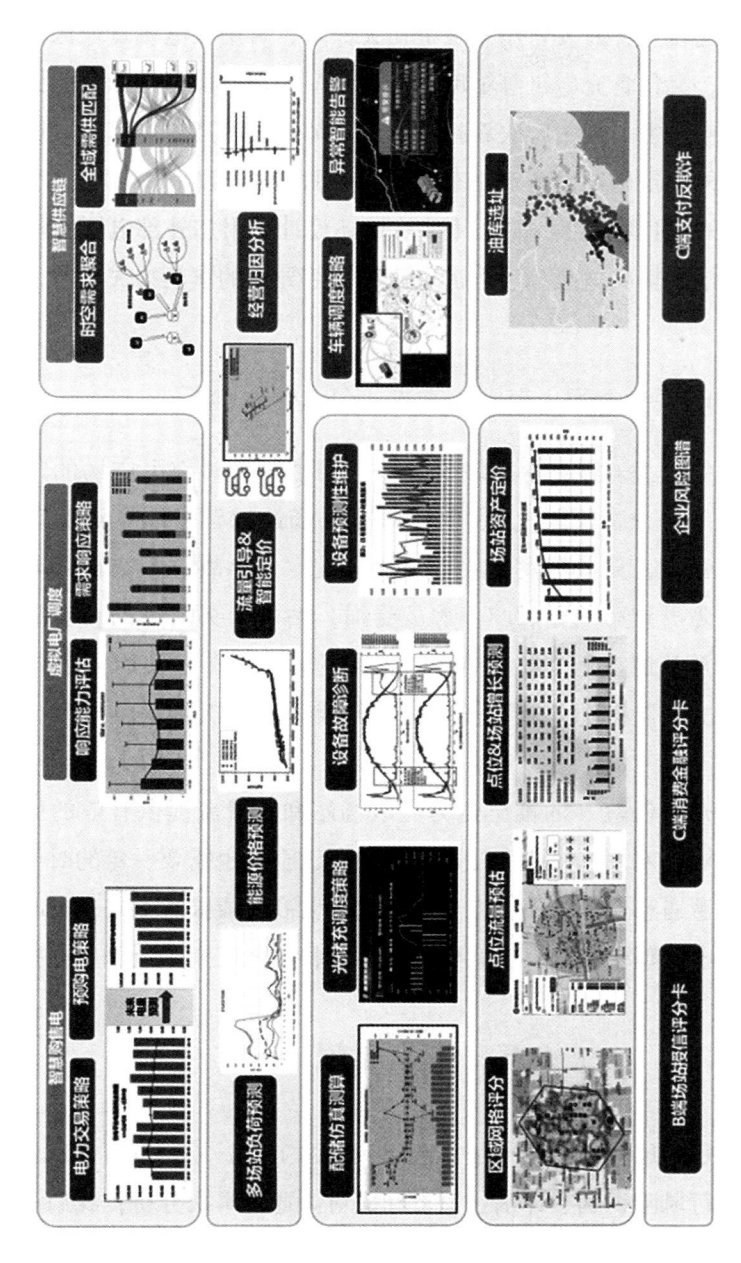

图 1 能链智电 NEF 平台

资料来源：能链智电。

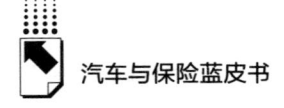

汽车充电使用的特点，开发自用充电桩损失保险、自用充电桩责任保险，既涵盖本车损失，又包含充电桩等辅助设备自身损失以及设备本身可能引起的财产损失及人身伤害，集中解决新技术应用中辅助设施产生的风险。这是车险首次承保车外固定辅助设备，是车险领域内的一次创新和探索。同时，结合新能源汽车充电过程中的风险，《条款》还设计了附加外部电网故障损失险，承保外部电网输变电故障、电流电压异常等导致的车辆损失，通过保险机制分散风险。

（四）快电联合中国人寿推出充电"公众责任险"

快电联合中国人寿财产保险股份有限公司推出针对充电市场的定制责任险——充电"公众责任险"，主要针对充电场站运营企业及消费者，如充电场站在运营时，充电桩发生故障导致突发意外事故；车主在充电过程中因充电桩故障导致第三方财产、人员受损，站内购买食品饮料等造成的人身安全事故及其他在充电场站消费时发生的各种意外，经保险公司及授权指定的第三方保险公司认定责任后，企业或个人单次可获得最高100万元的赔付。

充电"公众责任险"的推出也为充电场站和消费者提供有效的保障方案。由于充电桩投入大，在获得补贴的情况下，至少也需要一年的时间才能回收成本，如遭遇意外事故，将给充电场站运营商造成极大损失；同时，对车主而言，充电过程中一旦发生意外事故，也将带来巨大安全隐患与损失。

五 未来展望

充电桩项目的风险保障是一个复杂而系统的工程，需要项目管理者从多个方面入手进行风险识别、评估、监控和应对。通过本次分析，我们可以发现不同风险类型的特点和应对措施的异同点。未来随着技术的不断发展和政策的持续完善，充电桩项目的风险保障体系将更加完善和有效，为新能源汽车的普及和发展提供更加坚实的保障。

参考文献

［1］《国家发展改革委等部门关于进一步提升电动汽车充电基础设施服务保障能力的实施意见》，发改能源规〔2022〕53号文，https：//www.gov.cn/zhengce/zhengceku/2022-01/21/content_ 5669780. htm。

［2］《新能源汽车保险专属保险来了！自燃、充电桩损失都可理赔》，人民网，https：//baijiahao.baidu.com/s? id=1719118653875315749&wfr=spider&for=pc。

［3］《特斯拉今年部署5000个充电桩：巨额成本与合理性探讨》，网易，https：//www.163.com/dy/article/J7F1RSKT055655S5.html。

［4］杨然：《共寻新能源车险"三高"解药》，中国经济网，http：//www.ce.cn/xwzx/gnsz/gdxw/202407/31/t20240731_ 39087711. shtml。

Abstract

Big data, as a new factor of production in the digital age, is gradually replacing traditional factors of production and becoming an important force in driving industrial innovation, improving production efficiency, and building new quality of productive forces. The automotive and insurance industries, as two major pillars of the national economy, are entering a period where development and challenge coexist under the wave of the digital economy. On one hand, the data elements play an important role in the automotive industry CASE and the innovative development of digital insurance; on the other hand, issues such as data security and the imperfect mechanism of intercommunication and sharing also hinder the rapid development of industry.

Under this background, this book takes "Data Elements × Empowerment of the Development of the Automotive and Insurance Industries" as its theme, focusing on the digital development trends of the automotive and insurance industries, analyzing the important role of data elements in promoting the development of the automotive and insurance industries. By creating typical application scenarios, this book aims at haping new momentum for development, to provide suggestions for the formation of new quality productive forces in the new era.

The book includes five parts: the general report, the basics reports, the automotive application reports, the automotive insurance application reports, and the prospect section.

The basics reports introduce the foundation of data element implementation from three aspects: data supply, regional circulation, and safety management. Data supply focuses on the digital development of the automotive industry and the overall data analysis of the car insurance industry; regional circulation introduces the local data trading system and mature cases; safety management analyzes safety technology and asset management from the development process of data elements.

The automotive application reports and the automotive insurance application reports, based on the research and analysis of existing data elements, respectively introduce the application analysis from the perspectives of product, market, after-sales in the automotive industry, as well as from the perspectives of risk types and vehicle types in the automotive insurance industry.

The prospect reports discuss the development direction of the integration of the new energy automotive industry chain and insurance, and promotes mutual empowerment in terms of products, technology, and business models, around the new development trends of industrial integration, green and low-carbon, and vehicle power separation, and puts forward innovative suggestions and strategies for the application of data elements, providing decision support and direction guidance for the future development of the industry.

Keywords: Automobile and Insurance; Data Elements and Application; Integration and Innovation; New Quality Productive Forces

Contents

I General Report

B.1 Development Status and Prospect of Big Data of Automobile
and Insurance in China　　*Li Puchao, Jin Hao and Chen Hao* / 001

Abstract: In 2023, the establishment of the National Data Bureau and the release of various policies provided guidance for the circulation of data and the activation of the potential of data elements. Big data plays an increasingly important role in the construction of cross-industry ecosystems and the innovation of industry integration. This report first outlines the current state of development of China's big data industry, including policy support at the national level, technical applications, and innovative practices of local policies. At the same time, focusing on the automotive industry and the insurance industry, on the one hand, it analyzes the current status of automotive big data and insurance big data, and on the other hand, it puts forward suggestions and prospects for the innovative development of the integration of automotive and insurance big data.

Keywords: Big Data; Automotive Industry; Insurance Industry; Integration and Innovation

Contents

Ⅱ Basics Reports

B.2 Insight into the Development of Digital Transformation
in the Automotive Industry
Dong Fangqi, Wang Mian, Shang Boya and Liu Shu / 014

Abstract: With the advancement of the global digital wave, various industries are actively exploring the path of digital transformation. As a pillar industry of the national economy, the automotive industry is in full swing in digital transformation. This article aims to summarize the current status and characteristics of digital transformation in automotive companies, identify the problems in transformation, and propose feasible transformation plans based on existing work foundations, in order to provide reference and guidance for the transformation and development of industry enterprises and the business layout of related enterprises.

Keywords: Automobile; Digital Transformation; Business Layout

B.3 Analysis of the National Motor Insurance Market
in 2023 *Chen Pei, Liu Bin* / 026

Abstract: Motor vehicle insurance is closely related to the interests of the people, and has been the largest business in the property insurance field for a long time. This report is based on the data of the vehicle insurance information platform of CBIT (the China Banking and Insurance Information Technology Management Co., Ltd.), focusing on the analysis of the market scale status and development trend of traffic insurance and commercial insurance in 2023, and analyzes the automobile insurance industry from multiple different dimensions: in terms of underwriting, it analyzes from the perspectives of new or old vehicles, vehicle types, etc.; in the aspect of claims, it analyzes the average loss of cases. In the end of this report, it analyzes regional operations of the vehicle compulsory insurance and the commercial insurance.

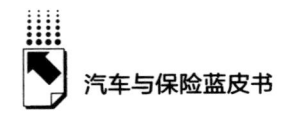

Keywords: Motor Insurance; Underwriting; Claim

B.4 Local Data Exchanging Institution System and Application Case Studies *Zhang Yi, Zheng Binbin and Tan Tianyi /* 039

Abstract: This report provides an in-depth exploration of the current status, characteristics, and developmental trends of China's data exchanging institution system. As the digital economy surges, the data exchanging market has swiftly expanded, emerging as a pivotal driver of economic growth. The government has implemented a series of laws and regulations to foster the standardization and marketization of data exchanging. This report examines the market size, growth trend, key stakeholders, and driving forces within the data exchanging market, with a particular emphasis on the innovative practices and institution system developments in Guangdong Province and Shanghai. It also addresses challenges such as data ownership rights, the unification of technical standards, regulatory consistency, and market maturity. Through three application case studies, the report showcases the potential of data exchanging to stimulate industrial development and enhance service efficiency.

Keywords: Data Exchange; Data Exchanging System; Data Compliance and Ownership Rights

B.5 Scenario-based Multi-source Data Fusion Empowerment for Innovative Applications in the Automotive Insurance Industry

Du Le, Du Xiaogang and Luo Xi / 051

Abstract: The automotive insurance industry in China has developed over several decades to become a major type of property insurance in the country. However, with the continuous deepening of comprehensive insurance reforms and the transformation towards electrification and intelligence in the automotive industry, automotive insurance has entered a new era. The total premium income growth has slowed down, and there is a relative lag in the development of new areas such as new energy, ride-hailing, and unmanned driving in terms of product development and risk control. Facing this challenge, enterprises need to integrate data from multiple sources and fully utilize big data technology to provide services such as risk analysis, risk pricing, and marketing.

Keywords: Multi-source Data; Automobile Insurance Innovation; Insurance Technology

B.6 Circulation Security Big Data Model in Complex Multidimensional Networks

Zhao Dongming, Zhang Jie and Tian Lei / 062

Abstract: To address the challenges of data integration across industries, while ensuring compliance with national and industry data security protection requirements, a cross-industry complex multidimensional secure big data model for "automotive circulation big data" is constructed to support secure data integration across industries and achieve intelligent security detection and analysis applications. By leveraging technologies such as federated learning, privacy computing, blockchain, knowledge graphs, and large language models, data sharing and interaction among multiple parties is enabled under the condition of meeting industry data protection requirements. A complex multidimensional secure big data model analysis architecture is built to realize data monitoring, analysis, and scenarios such as automotive market, marketing, and strategic product research, providing industry-specific analytical applications for the automotive industry.

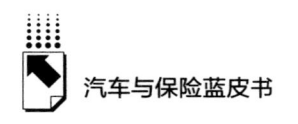

Keywords: Secure Big Data Model; Multimodal Heterogeneous Network; Trustworthy Data Circulation

B.7 Compliance Management of Data Assets in Data Element Development

Wu Shuyue, Shang Jie and Tian Haoran / 075

Abstract: Under the promotion of national data industry policies, the data factor market is accelerating its formation. In practice, there are still risks in the development process of data elements, such as unclear definition of data property rights, data quality risks, and default use of data. Enterprises need to pay attention to the construction of data asset compliance management systems. From the perspective of enterprise practice, this article proposes four suggestions: conducting compliance reviews of data transactions, registering data resources in tables, establishing a data lifecycle security management mechanism, and enhancing data compliance culture protection. At the same time, with the emergence of new formats in the data industry, enterprises can actively pay attention to third-party professional service models such as data insurance.

Keywords: Data Elements; Data Asset Management; Data Trading Risks; Compliance Management

Contents

Ⅲ Automobile Application Reports

B.8 Research on Healthy Automobile Technology Based
on User Survey and Data Analysis
Tian Boyang, Wang Xiuxu and Zhuang Mengmeng / 090

Abstract: With the increasing health awareness of our people, the health status of the interior environment has become the focus of general attention from all walks of life. After more than ten years of unremitting efforts, China has made remarkable achievements in the field of health vehicle technology, effectively responding to the urgent needs of consumers for healthy travel. In this paper, through in-depth investigation of Chinese consumers' in-car health performance perception, we can directly capture their real expectations and demands for healthy cars. On this basis, combined with the development status of the industry, according to the "healthy Vehicle Technical Rules (2022 edition)", the test analysis of the mainstream models sold in 2024 is carried out, revealing the current development status and industry level of China's healthy vehicle technology, and further clarifying the future development direction and improvement space. The results show that the health level of Chinese automobiles can meet the basic health needs of consumers, but the odor performance indexes such as odor concentration need to be improved.

Keywords: Healthy Automobile; Data Research; Consumer

B.9 Research on China Passenger Car Market and User Trends
Based on Big Data *Liu Chunhui, Xie Zhenxu and Chen Chuan* / 110

Abstract: In the first half of 2024, the economy continued to stabilize and repair. With the introduction of the central government's "trade in" policy, local governments actively responded and continued to increase the introduction of policies to promote consumption and trade in subsidies. At the same time, enterprises intensified their price wars to seize market share, and multiple factors jointly provided support for the prosperity of the automotive market. Due to the influence of changes in the penetration rate of new energy and the conversion rate, the user structure of products with different technological routes has gradually undergone differentiated evolution. This article deeply interprets the development trends of the passenger car market, explores characteristic trends from multiple dimensions such as market structure and user characteristics, and analyzes and insights the user profiles and consumption trends of typical markets.

Keywords: China Passenger Car Market; Market Structure; User Characteristics

B.10 Research on NEV Market Analysis and Application Forecasting Based on Big Data

Yang Jiankui, Fu Yujia and Han Xing / 136

Abstract: After years of policy guidance, technology accumulation and market cultivation, the domestic new energy passenger vehicle market has gradually formed a relatively stable development pattern and has become the key direction of enterprise product layout and development. In the past year, under the background of fierce price wars and continuous reshuffle of the industry, new energy passenger vehicles have also shown some new characteristics in terms of scale and structure. Overall, pure electric vehicles are still the key direction of the company's new energy passenger vehicle product layout, the layout speed of plug-in hybrid models has increased significantly compared with previous years, and the development of fuel cell models is slow due to the constraints of technology and industrial support. In addition, with the gradual improvement of the product layout of the new energy market and the demand for product power change in the product life cycle, the current market product launch has stabilized at a high level of new models, and the launch of annual and supplementary models has gradually increased. Focusing on the launch of new models, SUVs are still the focus of the layout, but the pace has slowed down slightly, and the number and proportion of MPVs have increased significantly. The proportion of C-and D-level new products continues to increase, and the trend of large-size and high-end positioning remains unchanged, but in the context of the industry price war, product prices have a downward trend. In terms of mileage, driven by factors such as the decline of subsidy policies, the upward layout of products and the upgrading of battery technology, the layout trend of high-pure electric mileage products is obvious, with a range of more than 500km being the focus of pure electric product investment, and the layout of plug-in hybrid products with a range of more than 150km is accelerating. The large-scale launch of new cars has also promoted further growth in the overall intelligent configuration level of automobiles. Consumers' expectations for cars are no longer limited to basic driving functions, but are more focused on their intelligent experience, such as the convenience of voice control, the accuracy of navigation systems, and the interconnectivity between vehicles and external devices such as mobile phones. In this diverse market, some intelligent configurations are gradually becoming standard basic functions, some are gradually becoming popular in low-priced markets, and some are configurations actively followed by various enterprises, with a rapid increase in installation rates.

Keywords: New Energy Vehicles; Delivery Characteristics; Product Competitiveness Analysis; Installation Rates

B.11 Research on the Integration and Application of Big Data and Human-computer Interaction Technology in the Automotive Industry

Wang Lei, Zhang Bo and Li Yanan / 154

Abstract: This paper briefly discusses the integrated application of big data and human-computer interaction technology in the automotive industry. By analyzing the concepts, characteristics and development status of big data and human-computer interaction technology, the important significance of the integration of the two in the automotive industry is expounded. The specific manifestations and advantages of integrated applications in fields such as automotive design and research and development, production, sales and service, and intelligent driving are studied in detail. At the same time, the challenges faced in the integration process are also pointed out, and corresponding solutions are proposed. Finally, the future development trend of the integrated application of big data and human-computer interaction technology in the automotive industry is prospected.

Keywords: Automotive Industry; Big Data; Human-computer Interaction Technology; Integrated Application

B.12 Research on the Optimization of the Classification Management System of New Energy Auto Parts Based on Big Data

Li Puchao, Xue Bing, Zu Tianli and Ding Shouchen / 175

Abstract: With the market penetration rate of new energy vehicles exceeding 50%, the importance of parts management as the key to after-sales has become more and more significant. Based on a large number of new energy vehicle vehicles, parts and their price data, this study comprehensively considers the classification and damage frequency of parts assembly, and uses a variety of data analysis techniques such as model construction to deeply discuss the optimization scheme of the classification management system of new energy vehicle parts. This study not only provides a new theoretical perspective and practical guidance for the classification management of new energy auto parts, but also provides valuable market analysis and decision-making support for related enterprises in the industrial chain.

Keywords: New Energy Vehicles; Accessories Classification; Spare Parts Management; Big Data Analytics

B.13 Research and Practice of Automotive Carbon Footprint Based on Big Data from China Automobile Industry Chain Carbon Publicity Platform

Li Jiaang, Zhang Ting, Zhao Jing,
Zhao Mingnan and Zhao Dongchang / 187

Abstract: In the context of advancing the "carbon peak" and "carbon neutrality" strategies, the low-carbon development of the automotive industry has become a widely recognized trend. Utilizing big data technology, this study constructs an automotive carbon footprint assessment model to quantify the carbon footprint throughout the vehicle life cycle. By delving into the analysis of the carbon footprint data for vehicle models published on the China Automobile Industry Chain Carbon Publicity Platform (CPP), this paper reveals the distribution characteristics of carbon footprints across different models. Furthermore, the study explores the causes and potential directions of carbon footprint changes from multiple dimensions, including policy regulations, corporate strategies, product technology, and consumer behavior. Ultimately, the research provides a scientific prediction of future trends in vehicle model carbon footprints, aiming to offer theoretical support and data for the low-carbon transformation of the automotive industry.

Keywords: Passenger Vehicles; Carbon Footprint; Big data

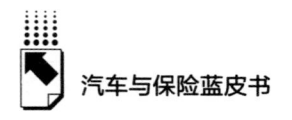

Ⅳ Automotive Insurance Application Reports

B.14 Analysis Report on the National Traffic Accident
Liability Insurance Coverage in 2023   *Nie Ying, Liu Bin* / 202

Abstract: Motor vehicle insurance, particularly Compulsory Traffic Accident Liability Insurance and Third-Party Liability Insurance, is pivotal in enhancing road traffic safety and ensuring that victims of traffic accidents are adequately compensated. Based on data from CBIT (China Banking and Insurance Information Technology Management Co., Ltd.), this report meticulously examines the national landscape of traffic accident liability insurance. It delves into various dimensions, including the breadth of insurance coverage, the geographic spread of risk protection, the prevalence of comprehensive insurance, and the sufficiency of liability risk coverage for fatal accidents. This analysis serves a dual purpose: it offers an objective assessment of the current state and future trajectory of China's traffic accident liability insurance sector. For insurance companies, it sheds light on business strategies and consumer behaviors within the industry. For the general public, the report provides insightful recommendations for making informed decisions about personal insurance purchases.

Keywords: Compulsory Traffic Accident Liability Insurance; Third-Party Liability Insurance; Insurance Coverage

B.15 Analysis Report on the National Commercial
Automobile Insurance Risk in 2023

Chen Lixin, Ying Yanxuan / 211

Abstract: In 2023, the comprehensive reform of automobile insurance continued to deepen, with the positive effects of " price reduction, coverage increase, and quality improvement" being consistently unleashed. The market development and loss risk of commercial automobile insurance in various regions showed different characteristics. Based on the underwriting and claim data of the National Automobile Insurance Information Platform, this report selects five underwriting indicators and four claim indicators to analyze the risk situation of commercial automobile insurance in various regions of China. The indicators include premium, insurance rate, average premium, average insured amount, and average discount rate, closing rate, severity, frequency, and loss ratio. Finally, preliminary analysis and recommendations will be made on the risk trends of commercial automobile insurance, providing reference for guiding the healthy and sustainable development of the automobile insurance industry.

Keywords: Commercial Automobile Insurance; Premium; Risk

B.16 Analysis Report on Market Stuation of New Energy Automobile Insurance in 2023   *Chen Lixin, Liu Bin* / 225

Abstract: With the increasing popularity of new energy vehicles, the market for new energy automobile insurance has continued to expand, and the proportion of new energy automobile insurance in the automobile insurance business has steadily increased. In 2023, the second year following the implementation of exclusive insurance for new energy vehicles, the market has demonstrated even more pronounced developmental characteristics. This report analyzes the business situation and risk characteristics of new energy automobile commercial insurance under different dimensions from the perspectives of underwriting and claims, and compares it with traditional automobile commercial insurance.

Keywords: New Energy Vehicles; Commercial Automobile Insurance; Underwriting; Claims

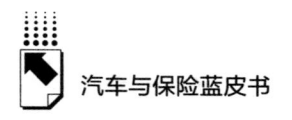

B.17 Analysis Report of the Motor Insurance Market of Private Car in 2023　　　　　　　　　　　　　*Nie Ying, Chen Pei* / 233

Abstract: The private car insurance market is a very important segment of the total motor insurance market, accounting for about 70% of the premium scale. This report, based on the data from CBIT in 2023, analyzes the underwriting situation of the private car insurance market from four dimensions: insurance types, regions, companies, and channels, and examines the claims and discount rate situations from two perspectives: insurance types and regions. In 2023, the premium scale of private car insurance market in China was 651.7 billion yuan, a year-on-year increase of 6.38%, with a cumulative amount of settled claims reaching 378.1 billion yuan, a year-on-year increase of 15.85%. in terms of regions, Guangdong, Jiangsu, and Zhejiang have the top three premium scales, while Ningbo, Beijing, and Fujian have the top three average claim amounts; in terms of companies, PICC, Ping An, and China Pacific all had premium incomes exceeding 50 billion yuan, with a combined market share of 72.8%. This analysis indicates that the private car insurance market is highly positively correlated with the level of regional economic development, with more economically developed areas having larger premium scales and higher average claim amounts for private car insurance market. The private car insurance market has a high concentration and a certain scale effect, with leading property and casualty insurance companies such as PICC, Ping An, and China Pacific having more advantages in auto insurance pricing and risk management.

Keywords: Private car; Underwriting; Claim; Discount rate

B.18 Analysis Report of the Motor Insurance Market of New Private Car in 2023　　　　　　　　　　　　*Guo Xu, Gao Yingxia* / 247

Abstract: This report conducts a comprehensive analysis of the new car signing situation from the perspectives of insurance type, region, company, and business channel. In terms of insurance types, the distribution of signed premiums remains relatively stable, with commercial insurance constituting a significant portion of the signed premiums for both family cars and new vehicles. Regarding market concentration, the premium scale for new car insurance pertaining to family vehicles is highly concentrated; indeed, the market share held by the top three companies exceeds 80% and has increased compared to last year, indicating robust market competitiveness. The distribution of premiums across business channels also exhibits relative stability. Furthermore, this report examines compensation related to new cars through an analysis of compensation amounts and case settlements. The notable rise in auto insurance payout indices in 2023 can be attributed primarily to COVID-19 prevention and control policy implemented in 2022 that led to decreased vehicle usage frequency and intensity; consequently, annual loss ratio indices continued their decline. However, as epidemic policies were optimized in 2023 and residents' travel patterns returned to normal levels alongside increased vehicle use, there was a marked recovery in loss ratio indices. Finally, this paper provides a brief overview of commercial auto insurance regarding its coverage options and discount structures.

Keywords: New Private Car, Premium, Claim Amount

B.19 Analysis Report of 2023 Commercial Truck Insurance

Xu Dan, Ying Yanxuan / 261

Abstract: As an important sub-market in the vehicle insurance industry, commercial truck insurance has a huge market potential. This report is based on the data from vehicle insurance information platform of CBIT (China Banking and Insurance Information Technology Management Co., Ltd.). By analyzing the core indicators of commercial truck insurance, it summarizes and analyzes the national commercial truck insurance market situation in 2023, helps the industry track the trend of business development, and promotes the high-quality development of commercial truck insurance business. By the perspective of underwriting and claims, this report analyzes the premium scale, trend of commercial truck insurance business, and the trend of change in terms of regions, companies, and channels. Secondly, in the claims aspect, the report focuses on the analysis of key claims indicators such as average claim amount. In addition, it analyzes the business development situation in each region. Finally, it summarizes the development trend of the national commercial truck insurance market in 2023.

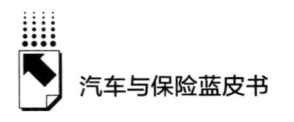

Keywords: Commercial Truck; Premium; Settled Loss

B.20 Analysis Report on Truck Third Party Liability Insurance in 2023

Xu Dan, Gao Yingxia / 276

Abstract: As one of the most important road transportation markets in the world, China has a huge truck insurance market. Due to operational characteristic, trucks have a higher risk of traffic accidents and are prone to causing serious harm to third parties. Therefore, as an important supplement to compulsory traffic insurance, the truck three party liability insurance plays an important role in maintaining social stability and serving economic development. This report uses data from the vehicle insurance information platform of CBIT (China Banking and Insurance Information Technology Management Co., Ltd.) to focus on the development and trends of truck third party insurance in 2023. Firstly, it analyzes the underwriting situation of trucks by dimensions such as category, tonnage and insurance amount. Then, it also analyzes the changes in claim indicators. This report aims to help the industry improve the overall business development of truck third party liability insurance and promote risk management.

Keywords: Truck; Third Party Insurance; Underwriting; Claim

B.21 2023 National Auto Insurance Involving Personal Injury
 Cases Notification and Risk Analysis

Wang Chao, Zhou Yang / 290

Abstract: This paper analyzes the resolved cases of auto insurance personal injury cases based on personal injury data. The research includes the analysis of the overall situation such as the number and proportion of the number and amount of auto insurance cases involving personal injury, the comparison of the average compensation of motor insurance cases and the average compensation of all cases, the number and proportion of the number and amount of cases involving personal injury of compulsory traffic insurance, and the analysis of regional risk differences in motor insurance cases involving personal injuries and the regional risk differences of motor insurance cases involving personal injuries. Through the data analysis of auto insurance personal injury cases, this paper provides a reference for realizing risk reduction and preventing the risk of auto insurance personal injury claims.

Keywords: Personal Injury in Car Insurance; Resolved Cases; Risk Differences

V Prospect Reports

B.22 Research on the Influence of Maintenance Economy
 on Vehicle Risk Based on Insurance Data

Wang Longliang, Miao Shu and Hu Botao / 304

Abstract: Auto insurance occupies an important position in the insurance market. The rapid updating of models bring greater challenges to the differentiation of auto insurance rates. This paper analyzes the defects of the current evaluation methods of vehicle insurance rates in the industry, introduces the low-speed crash test and the economic evaluation method for maintenance in detail. Based on the analysis of insurance data, the correlation between maintenance economy and vehicle claim risk is studied. Meanwhile, a scheme of applying the maintenance economic factor to the determination of insurance rates is proposed. It has important reference significance for the refined risk management of the auto insurance industry.

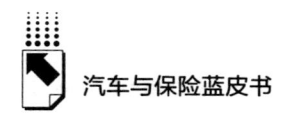

Keywords: Insurance Risk Assessment; Low-speed Crash Test; Vehicle Risk Classification

B.23 Research on the Application Trends of Automotive Parts Remanufacturing in Auto Insurance Claims under the "Dual Carbon"

Zhu Xu, Ma Xiaoqian and Li Dongyu / 319

Abstract: Under the global "dual carbon" policy context, reducing carbon emissions and achieving carbon neutrality have become important goals for governments worldwide. Automotive parts remanufacturing, as an effective resource recycling method, plays a significant role in achieving these goals. This paper studies the application trends of automotive parts remanufacturing in vehicle insurance claims by analyzing the mature experiences of the remanufacturing industries in Europe, the United States, and Japan, and their implications for the Chinese market. It explores the challenges and opportunities in the domestic market under policy support and market expansion. With the improvement of consumer awareness and government policy support, the application prospects of the remanufacturing industry are broad. In the vehicle insurance claims process, remanufacturing can help insurance companies reduce carbon emissions and costs while improving quality and efficiency. Additionally, the favorable dual carbon policies will promote the widespread application of remanufactured parts. The paper suggests promoting longb-term sustainable development of the automotive insurance and remanufacturing industries through policy support and industry collaboration to achieve a win-win situation for environmental and economic benefits.

Keywords: Dual Carbon Automotive; Parts Remanufacturing Vehicle; Insurance Claims

B.24 Research on the Development Status of Carbon Accounts for Vehicle Owners and the Practice of the Insurance Industry in China

Jiang Zelei, Xu Bin, Ma Qingjia and Peng Wei / 333

Abstract: Against the dire backdrop of global climate change, reducing greenhouse gas emissions and achieving green and low-carbon development have emerged as a consensus among the international community. China has explicitly set forth the "dual carbon" targets and vigorously advanced the implementation of relevant policies and measures. As a record-keeping account that defines the carbon footprint, carbon emission rights boundaries, and carbon reduction contributions of individuals, enterprises, and other social entities, the carbon account provides a dynamic monitoring tool for fulfilling the carbon reduction responsibilities of each participating entity, a new user operation lever for enterprises, and a complementary micro-foundation for the effective operation of the carbon market. It has attracted the attention of various sectors of society, including governments, automakers, insurance companies, and more. This paper systematically elaborates on the pivotal role of carbon accounts in advancing the "dual carbon" targets, compares and analyzes the differences between individual and corporate carbon accounts, and delves into the unique operating modes of vehicle owner carbon accounts in the transportation sector, as well as their characteristics under government and corporate leadership. Furthermore, by examining multiple practical cases in the insurance industry, the paper investigates the establishment of vehicle owner carbon accounts in the insurance sector, summarizes the characteristics and challenges faced by business models such as self-establishment, bank-insurance cooperation, and participation in local carbon inclusive platforms. Finally, the paper offers strategic recommendations and future outlooks for the development of vehicle owner carbon account services in the insurance industry, aiming to support the industry's contribution to the achievement of green and low-carbon development goals.

Keywords: Vehicle Owners' Carbon Account; Carbon Inclusiveness; Green Mobility; User Operation

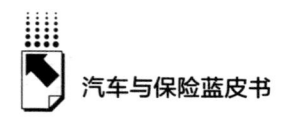

B.25 Analysis on the Current Status of New Energy Passenger Vehicles Development and Carbon Asset Development Potential in Tianjin *Lu Hao, Han Xu and Zhao Zhenjia* / 352

Abstract: Driven by the "carbon peaking and carbon neutrality" policy, new energy vehicles are experiencing accelerated development. As one of the earliest cities in China to develop the automobile industry, Tianjin's passenger car industry is facing a critical period of transformation to new energy. With the gradual improvement of my country's carbon market, the development of voluntary carbon emission reduction trading mechanisms such as CCER and Carbon Inclusive also provides new opportunities for the development of carbon assets of new energy vehicles. Therefore, it is necessary to focus on the development status of new energy passenger vehicles and explore effective coordination with carbon emission reduction mechanisms. To this end, this paper explores the current market structure and development status of new energy passenger vehicles through the mining and analysis of big data of Tianjin's new energy passenger vehicle market, and finely calculates the carbon emission reduction of each model to explore the relationship between the new energy market and carbon emission reduction effects. Finally, combined with the results of multi-dimensional indicator analysis, this paper provides a reference for the development of Tianjin's new energy passenger vehicle market and carbon asset development.

Keywords: New Energy Vehicle Market; Carbon Emission Reduction; Data Analysis

B.26 Research Progress of the New Energy Vehicle Electrical Safety Technology Assessment (NESTA) *Wang Tiecheng, Li Chong and Wang Bin* / 374

Abstract: In 2024, China's new energy vehicle (NEV) market achieved a historic breakthrough, with the retail volume of NEVs surpassing that of traditional fuel vehicles for the first time in July, with a penetration rate exceeding 50%. Technological advancements, policy support, and shifts in consumer awareness have driven market growth, with significant achievements made by domestic brands. The NEV industry in China is facing a transition from a growth market to a stock market competition, entering a critical period of survival of the fittest. At the same time, the issue of electrical safety has become key to the industry's development, and the New Energy Vehicle Electrical Safety Technology Assessment (NESTA) has emerged to provide systematic and objective vehicle electrical safety information, promoting the healthy development of the industry. The implementation of NESTA helps to improve the electrical safety quality of NEVs, reduce insurance costs, increase the value retention rate, and promote the innovation of insurance products.

Keywords: New Energy Vehicles; Electrical Safety; NESTA Verification System

B.27 Research on State of Health Assessment and Application of Power Batteries for New Energy Vehicles

Liu Yanming, Wu yanjie and Ma Xin / 387

Abstract: In recent years, China's new energy vehicle (NEV) industry has entered a fast lane of development. With the annual increase in the penetration rate of NEVs, a series of issues such as safety, charging speed, and battery life have emerged, which have, to a certain extent, constrained the industrial development. This paper explores the battery health issues by studying the development status and trends of China's NEV industry, deeply analyzes the factors influencing the SOH of NEVs' power batteries, reviews traditional SOH assessment methods, and discusses the application value of SOH assessment in the aftermarket sector from multiple dimensions.

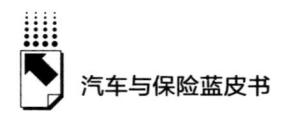

Keywords: New Energy Vehicle; Evaluation of Power Battery SOH; Automotive Aftermarket

B.28 Innovative Thinking and Practice on Risk Protection for Chargers *Zhai Yubo, Wen Shuang* / 401

Abstract: This research report discusses the risks faced by chargers during the construction and operation process and how to adopt corresponding safeguards measures and innovative solutions. At present, the popularity of new energy vehicles has greatly increased the demand for chargers, but chargers face many risks, such as equipment risks, safety risks, data risks, operational risks, policy risks, etc. This study provides an in-depth analysis of existing risk protection models. In terms of innovative thinking, it is proposed to develop new ideas and solutions to the risks of chargers from the aspects of technological innovation, management innovation, insurance innovation, data innovation, etc.

Keywords: Charger; Risk Protection; Innovative Thinking and Practice

权威报告·连续出版·独家资源

皮书数据库
ANNUAL REPORT(YEARBOOK) DATABASE

分析解读当下中国发展变迁的高端智库平台

所获荣誉

- 2022年，入选技术赋能"新闻+"推荐案例
- 2020年，入选全国新闻出版深度融合发展创新案例
- 2019年，入选国家新闻出版署数字出版精品遴选推荐计划
- 2016年，入选"十三五"国家重点电子出版物出版规划骨干工程
- 2013年，荣获"中国出版政府奖·网络出版物奖"提名奖

皮书数据库　　"社科数托邦"微信公众号

成为用户

登录网址www.pishu.com.cn访问皮书数据库网站或下载皮书数据库APP，通过手机号码验证或邮箱验证即可成为皮书数据库用户。

用户福利

- 已注册用户购书后可免费获赠100元皮书数据库充值卡。刮开充值卡涂层获取充值密码，登录并进入"会员中心"—"在线充值"—"充值卡充值"，充值成功即可购买和查看数据库内容。
- 用户福利最终解释权归社会科学文献出版社所有。

数据库服务热线：010-59367265
数据库服务QQ：2475522410
数据库服务邮箱：database@ssap.cn
图书销售热线：010-59367070/7028
图书服务QQ：1265056568
图书服务邮箱：duzhe@ssap.cn

社会科学文献出版社 皮书系列
卡号：538241713547
密码：

S 基本子库
SUB DATABASE

中国社会发展数据库（下设12个专题子库）

紧扣人口、政治、外交、法律、教育、医疗卫生、资源环境等12个社会发展领域的前沿和热点，全面整合专业著作、智库报告、学术资讯、调研数据等类型资源，帮助用户追踪中国社会发展动态、研究社会发展战略与政策、了解社会热点问题、分析社会发展趋势。

中国经济发展数据库（下设12专题子库）

内容涵盖宏观经济、产业经济、工业经济、农业经济、财政金融、房地产经济、城市经济、商业贸易等12个重点经济领域，为把握经济运行态势、洞察经济发展规律、研判经济发展趋势、进行经济调控决策提供参考和依据。

中国行业发展数据库（下设17个专题子库）

以中国国民经济行业分类为依据，覆盖金融业、旅游业、交通运输业、能源矿产业、制造业等100多个行业，跟踪分析国民经济相关行业市场运行状况和政策导向，汇集行业发展前沿资讯，为投资、从业及各种经济决策提供理论支撑和实践指导。

中国区域发展数据库（下设4个专题子库）

对中国特定区域内的经济、社会、文化等领域现状与发展情况进行深度分析和预测，涉及省级行政区、城市群、城市、农村等不同维度，研究层级至县及县以下行政区，为学者研究地方经济社会宏观态势、经验模式、发展案例提供支撑，为地方政府决策提供参考。

中国文化传媒数据库（下设18个专题子库）

内容覆盖文化产业、新闻传播、电影娱乐、文学艺术、群众文化、图书情报等18个重点研究领域，聚焦文化传媒领域发展前沿、热点话题、行业实践，服务用户的教学科研、文化投资、企业规划等需要。

世界经济与国际关系数据库（下设6个专题子库）

整合世界经济、国际政治、世界文化与科技、全球性问题、国际组织与国际法、区域研究6大领域研究成果，对世界经济形势、国际形势进行连续性深度分析，对年度热点问题进行专题解读，为研判全球发展趋势提供事实和数据支持。

法律声明

"皮书系列"(含蓝皮书、绿皮书、黄皮书)之品牌由社会科学文献出版社最早使用并持续至今,现已被中国图书行业所熟知。"皮书系列"的相关商标已在国家商标管理部门商标局注册,包括但不限于LOGO( )、皮书、Pishu、经济蓝皮书、社会蓝皮书等。"皮书系列"图书的注册商标专用权及封面设计、版式设计的著作权均为社会科学文献出版社所有。未经社会科学文献出版社书面授权许可,任何使用与"皮书系列"图书注册商标、封面设计、版式设计相同或者近似的文字、图形或其组合的行为均系侵权行为。

经作者授权,本书的专有出版权及信息网络传播权等为社会科学文献出版社享有。未经社会科学文献出版社书面授权许可,任何就本书内容的复制、发行或以数字形式进行网络传播的行为均系侵权行为。

社会科学文献出版社将通过法律途径追究上述侵权行为的法律责任,维护自身合法权益。

欢迎社会各界人士对侵犯社会科学文献出版社上述权利的侵权行为进行举报。电话:010-59367121,电子邮箱:fawubu@ssap.cn。

社会科学文献出版社